Vjačeslav Ivanov und
deutschsprachigen Ver
Eine Chronik in Briețen

Русская культура в Европе
Russian Culture in Europe

Edited by Fedor B. Poljakov (Vienna)

VOL. 14

PETER LANG

Vjačeslav Ivanov und seine deutschsprachigen Verleger: Eine Chronik in Briefen

Herausgegeben von
Michael Wachtel und Philip Gleissner
Unter Mitwirkung von Wladimir Janzen

PETER LANG

Bibliographic Information published by the Deutsche Nationalbibliothek
The Deutsche Nationalbibliothek lists this publication in the Deutsche
Nationalbibliografie; detailed bibliographic data is available in the internet at
whttp://dnb.d-nb.de.

Redaktionelle Mitarbeit: Mariam Appel (Wien)

Umschlagbild:
Serge Ivanoff, Porträt von Vjačeslav Ivanov
Gedruckt mit freundlicher Genehmigung von Andrej Chichkine,
Centro Studi Vjačeslav Ivanov (Roma)

ISSN 1860-045X
ISBN 978-3-631-77275-1 (Print)
E-ISBN 978-3-631-77420-5 (E-Book)
E-ISBN 978-3-631-77421-2 (EPUB)
E-ISBN 978-3-631-77422-9 (MOBI)
DOI 10.3726/b15485

This publication has been peer reviewed.

www.peterlang.com

Inhaltsverzeichnis

Zur Edition

Dieser Band setzt sich zum Ziel, Vjačeslav Ivanovs Verhältnis zu zwei deutschsprachigen Verlagen zu erhellen. Jedoch geht es hier relativ selten um Ivanovs eigene Briefe, sondern vielmehr um Briefe, die den Kontext seiner Publikationen erklären. Es wurde manches herangezogen, was nur flüchtige oder überhaupt keine Erwähnung von Ivanov macht, aber doch zum Verständnis dieses Kontextes beiträgt. Wir bieten eher zu viel als zu wenig an, denn so leicht kommt man nicht in die verschiedenen Archive.

Da alle Briefe – egal, von wem und an wen – zusammenhängen, schien es den Herausgebern angebracht, sie chronologisch zu ordnen. Wer einen bestimmten Briefwechsel lesen möchte, kann ihn anhand des Registers der Korrespondenten leicht rekonstruieren. In den meisten Fällen drucken wir die Briefe (bzw. den ganzen Briefwechsel) ungekürzt und vollständig. In wenigen Ausnahmefällen werden Stellen ausgelassen, die weder Ivanov noch die russische Kultur berühren. Solche Auslassungen sind mit spitzen Klammern <...> gekennzeichnet.

Um den Umfang des Bandes überschaubar zu halten, begrenzen wir uns auf deutschsprachige Briefe. Einen Ausnahmefall stellt der Anhang dar, in dem wir den ganzen – übrigens nicht sehr langen – russischen Briefwechsel zwischen Ivanov und A. L. Bem anführen, da er vieles zur Erläuterung der von uns in den dritten Teil aufgenommenen deutschen Rezension von Bem zu Ivanovs Dostoevskij-Buch beiträgt. Dieser Briefwechsel erscheint in Originalsprache mit deutscher Übersetzung. In den Fußnoten und der Einführung werden Auszüge aus russischen Briefen angeführt, wenn eine gewisse Stelle sonst nicht zu erklären ist. Unveröffentlichte russische Texte werden im Original zitiert und mit einer deutschen Übersetzung versehen. Bereits veröffentlichte russische Texte erscheinen nur in unserer deutschen Übersetzung mit Angabe der gedruckten Quelle.

Die Schreibweise der Daten erscheint immer genau so, wie sie im jeweiligen Brief geschrieben wurde. Daher findet man z. B. „d. 30.VI.1928", „26. Juli 1928" oder „31.7.28" usw. Dies ist eine bewusste Entscheidung gegen die Vereinheitlichung, die es künftigen Forschern vereinfachen soll, die Originale im Archiv aufzufinden. Allerdings erlauben wir uns die Freiheit, das Datum eines jeden Briefes immer oben rechts zu drucken, auch wenn es sich im Brief selbst an anderer Stelle befindet, damit die Leser unseres Bandes der Chronologie leicht folgen können.

Offensichtliche Tipp-, Grammatik- und Flüchtigkeitsfehler sowie durch Schreibmaschinennutzung bedingtes Fehlen von Sonderzeichen (besonders „ß") werden stillschweigend korrigiert. Die Rechtschreibung wird weitgehend an die gegenwärtige angeglichen, wobei offensichtliche Eigenarten der Autoren beibehalten werden. Da viele der hier gedruckten Briefe maschinengeschrieben sind, kommt mitunter Sperrung vor. Wir ersetzen sowohl Sperrung als auch Unterstreichung durch Kursivdruck. In den Briefen von Evsej Schor werden mitunter Interpunktion, Genusfehler und sonstige grammatische Einzelheiten verbessert.

Bei der Transkription russischer Namen tauchen besondere Schwierigkeiten auf, denn viele Russen benutzten selbst mehrere Schreibweisen. Evsej Schor hat als „J. Schor" sowie als „I. Schor" unterzeichnet. Ivanov war manchmal „Ivanow", manchmal „Iwanow", „Ivanov" oder „Iwanoff". Außerdem haben viele Russen ihre Namen verdeutscht, wenn sie Werke im Westen veröffentlichten. So wurde „Nikolaj Bubnov" zu „Nicolai von Bubnoff" und „Ėmilij Metner" zu „Emil Medtner". In den Briefen ändern wir darum die Schreibweise nicht. Dagegen benutzen wir in den Anmerkungen zwei Systeme. Wenn deutschsprachige Publikationen zitiert werden, werden alle Namen so angeführt, wie sie in der Veröffentlichung vorkommen. Bei russisch geschriebenen Werken halten wir uns allerdings an die heute gebräuchliche wissenschaftliche Transliteration. Diese Transliteration benutzen wir auch in der Einführung, mit Ausnahme von Namen wie „Schor", die im Briefwechsel immer „auf deutsche Art" erscheinen, so dass es zu Verwirrung führen könnte, wenn dieser Name in der Einführung als „Šor" vorkommt.

Die überwiegende Mehrzahl der Briefe erscheint hier zum ersten Mal. Auszüge aus einigen Briefen im ersten Teil wurden in dem Artikel „Adventures in Publishing: Oskar Siebeck and the Russian Emigration" angeführt. Viele Briefe im zweiten Teil erschienen im Anhang des 2012 bei Mohr Siebeck herausgegebenen Buches *Dionysos und die vordionysischen Kulte*. (Die genauen bibliographischen Angaben zu diesen Publikationen sind in der ersten Anmerkung zur Einführung zu finden.) Nachdem das Buch *Dionysos und die vordionysischen Kulte* veröffentlicht wurde, tauchten unverhofft im Archiv des Schwabe Verlags viele mit der Geschichte des Werkes verbundene Briefe auf, die nun erstmalig veröffentlicht werden.

Für die Erlaubnis, die jeweiligen Briefe zu veröffentlichen, sei folgenden Personen und Institutionen gedankt: Herrn Professor Sergej Davydov (Nachlass Alfred Bem), Herrn Professor Christof Höntzsch (Nachlass Fred Höntzsch), Herrn Professor Frido Mann (Nachlass Katia Mann), Frau Tatjana Popović (Nachlass Hans Prager), Herrn Professor Andrej Šiškin (Nachlass Vjačeslav Ivanov), Herrn Doktor Georg Siebeck (Nachlass Oskar Siebeck), Herrn Tobias Landau (Nachlass Edwin Landau), dem Schwabe AG Verlag (Nachlass Benno Schwabe), Frau Monika Caroline Hanna Waibel (Nachlass Josef Waibel).

Unsere Arbeit wurde durch die amerikanische Akademie in Berlin und das Committee for Research in the Humanities and Social Sciences (Princeton University) gefördert. Für Hilfe bei der Materialiensammlung danken wir Kirill Ospovat, Andrej Šiškin, Elizabeth Stern und Hannah Wagner. Für die sorgfältige stilistische Überprüfung sind wir Gerda Panofsky und Carmen Sippl zu besonderem Dank verpflichtet.

Michael Wachtel

Zur Einführung

Vjačeslav Ivanovs einzigartiges Schicksal –
russische Tradition, deutsche Sprache, italienisches Exil

Seit drei Jahrzehnten wächst das Interesse am Dichter Vjačeslav Ivanov (1866–
1949) stetig – nicht nur in seinem Heimatland, wo sein Name längere Zeit in
der sowjetischen Literaturwissenschaft verpönt war, sondern auch im Ausland.
Als „russischer Europäer" war Ivanov mit Westeuropa sowohl biographisch als
auch sprachlich und weltanschaulich verbunden. Geht man den mannigfaltigen
Spuren dieses Kontakts nach, so kommen einige vergessene Kapitel der europäischen Kulturgeschichte zum Vorschein.[1]

Das vorliegende Buch, das als Ergänzung zu dem schon 1995 erschienenen
Band *Vjačeslav Ivanov: Dichtung und Briefwechsel aus dem deutschsprachigen
Nachlass* angesehen werden kann, verfolgt ein doppeltes Ziel. Einerseits möchte
es anhand meist erstveröffentlichter Dokumente einige im Dunkeln verblie-
bene Episoden der Emigrationszeit des Dichters erhellen. Andererseits leistet es
einen allgemeinen Beitrag zur Geschichte der russischen Emigration. Bemerkenswert ist, dass die Idee der deutschen Publikation der Werke Ivanovs nicht
von dem Dichter selbst ausging, sondern von einer ganzen Reihe literarisch
und philosophisch engagierter Freunde und Verehrer. Darunter waren sowohl
führende Vertreter der russischen Emigration (vor allem F. A. Stepun) als auch
in Vergessenheit geratene Figuren, unter ihnen Russen (E. D. Schor), Deutsche (Fred Höntzsch, Martin Kaubisch, Edwin Landau, Käthe Rosenberg) und
Schweizer (Fritz Lieb). Diese Vermittler, die auch von den Historikern der russischen Emigration oft übersehen worden sind, kommen im Buch zu Wort, denn
sie waren es, die die Publikationspläne zu verwirklichen versuchten.

---

[1] Teile dieser Einführung beruhen auf folgenden Veröffentlichungen: Michael Wachtel,
„Adventures in Publishing: Oskar Siebeck and the Russian Emigration". In: Catherine
Ciepiela und Lazar Fleishman (Eds.), *New Studies in Modern Russian Literature and
Culture: Essays in Honor of Stanley J. Rabinowitz*. Stanford, 2014, vol. 2, pp. 56–73;
Michael Wachtel, „Vjačeslav Ivanov und sein Dionysos-Buch". In: Vjačeslav Ivanovič
Ivanov, *Dionysos und die vordionysischen Kulte*. Tübingen, 2012, S. XI–XXVI.

Das Buch besteht aus drei Teilen. Der erste Teil umfasst die Periode 1928–1936 und befasst sich hauptsächlich mit dem J. C. B. Mohr (Paul Siebeck) Verlag, der zwei Werke Ivanovs veröffentlichte, darunter das für sein ganzes Schaffen zentrale Dostoevskij-Buch. Der zweite Teil beschäftigt sich mit dem Benno Schwabe Verlag, der 1936 mit Ivanov über sein Dionysos-Buch in Verhandlungen trat, welche erst 1949 mit dem Tod des Dichters endeten. Im dritten Teil werden zeitgenössische Rezensionen zu Ivanovs deutschen Büchern wiederabgedruckt.

Ivanovs ausführliche Biographie zu schreiben ist hier nicht beabsichtigt, aber eine kurze Skizze ist doch erforderlich, um den Kontext der nachfolgend gedruckten Materialien verständlich zu machen. 1886 kam der zwanzigjährige, in Moskau aufgewachsene Ivanov nach Berlin, um sein Studium der Altertumswissenschaft fortzusetzen. Er hatte bereits zwei Jahre an der Moskauer Universität hinter sich und wurde von seinen Professoren angespornt, bei den bekanntesten Vertretern der Wissenschaft zu promovieren. Ivanov wählte die Friedrich-Wilhelms-Universität in Berlin, an der er neun Semester verbrachte. Der sprachbegabte Russe erlernte die deutsche Sprache schnell und vertiefte seine Kenntnisse im Seminarraum und im Umgang mit seinen Kommilitonen. Somit konnte er ein fehlerloses Deutsch sprechen und schreiben, was ihm auch in späteren Jahren zugute kam.[2] Der junge Dichter studierte Literatur und Philosophie des Altertums, konzentrierte sich aber auf römische Geschichte, die er bei Theodor Mommsen und Otto Hirschfeld hörte. Diese zwei hervorragenden Gelehrten betreuten sein Studium und nahmen auch seine auf Latein verfasste Dissertation ab.

Die Entstehungsgeschichte der Dissertation ist lang und kompliziert. Ivanovs Doktorväter hatten damit gerechnet, dass er diese Arbeit in ein paar Monaten fertigstellen könnte. Ivanov jedoch reiste nach Italien, wo er drei Jahre am Deutschen Archäologischen Institut in Rom forschte. Gegen Ende dieser Zeit lernte er die russische Sängerin und spätere Schriftstellerin Lidija Zinov'eva-Annibal kennen, was zur Scheidung von seiner ersten Frau führte. Kurz nach diesem Bruch in seinem persönlichen Leben kam die Entscheidung, die akademische Laufbahn aufzugeben und Dichter zu werden. Es muss aber betont werden, dass

---

2   Ivanovs auf Deutsch verfasste Briefe legen reiches Zeugnis über seine Sprachkenntnisse ab. Dass er das Deutsche ebenso gut im Gesprochenen beherrschte, darf man aus den Worten eines seiner Hörer schließen, nachdem Ivanov am 30. Oktober 1934 einen Vortrag in Zürich hielt. „Ganz besonderes Staunen erweckte auch Ihre gediegene deutsche Ausdrucksweise. Sie sprachen ein so natürlich schönes Deutsch, dass viele es kaum glauben konnten, dass Deutsch nicht Ihre Muttersprache sei." Brief vom 5. November 1934 von Otto Kaufmann (CS).

die Wissenschaft und die Dichtung bei Ivanov seit jeher miteinander verwandt waren. Gedichtet hatte Ivanov schon lange, sah aber Dichtung nicht als seine Berufung. Und auch nach dem Entschluss, Dichter zu werden, entzog sich Ivanov der Welt der Wissenschaft nicht. Er befasste sich jahrzehntelang mit Religionsgeschichte, vor allem mit der Dionysos-Religion.

Die Dissertation blieb allerdings streng historisch. Es ging um die römischen Steuergesellschaften, ein zur Dichtung nicht geeignetes Thema. Ivanov reichte sie trotzdem ein und erntete damit den Beifall seiner Lehrer:

> Die Arbeit des Herrn Ivanow geht in vieler Hinsicht über das Maß hinaus, welches wir bei Promotionen anzulegen gewohnt sind. Sie zeigt selbständige Quellenbenutzung sowohl der Schriftsteller wie der Inschriften, in umfassender Weise, sorgfältige Berücksichtigung der philologischen wie der juristischen Literatur, eigenes Denken, endlich die Fähigkeit den für lateinische Bearbeitung recht spröden Stoff in correcter, freilich nicht immer bequemer, hie und da verkünstelter Form darzulegen.

So hieß es in Mommsens handgeschriebenem Gutachten (HU). Ungeachtet dieses Lobes fürchtete Ivanov Mommsens Kritik. Er traute sich nicht, sich von dem „Altmeister" examinieren zu lassen. Nach jahrelangem Schwanken entzog er sich dem Rigorosum und verzichtete damit endgültig auf die Promotion in Berlin. Für einen Dichter war eine Promotion zwar nicht nötig, aber in späteren Jahren hätte der Berliner Doktorgrad mehrfach helfen können.

1905 kehrte Ivanov nach langen Wanderjahren in Europa (Griechenland, der Schweiz, Frankreich, England) nach Russland zurück. Außer mit Dichtung hatte Ivanov sich auch wissenschaftlich beschäftigt, und zwar Archäologie bei Dörpfeld in Athen und Sanskrit bei de Saussure in Genf studiert. Beide Fächer waren mit der Frage der religiösen Erfahrung verbunden, die bei Ivanov im Mittelpunkt der Dichtung und der Dichtungstheorie stand. In Russland wählten Ivanov und seine Frau Sankt Petersburg als Lebensort. Sie mieteten eine Wohnung im fünften (obersten) Stock eines Gebäudes direkt am Taurischen Garten, die in die russische Kulturgeschichte als „der Turm" eingegangen ist. In Petersburg nahm Ivanov schnell eine führende Stellung unter den einflussreichen russischen Symbolisten ein. Für Ivanov und seine Mitkämpfer war der Symbolismus nicht bloß eine literarische Bewegung, sondern vielmehr eine Weltanschauung. Ivanov verkörperte eine Lebensweise, die den Bruch zwischen Leben und Schaffen verleugnete, und eine Philosophie, die scheinbar entgegengesetzte Ideen und Traditionen versöhnen wollte. Der in Berlin klassisch gebildete und mit Europa vertraute Dichter wurde bald zur treibenden Kraft der ganzen Petersburger Kultur. Er war Dichter, Übersetzer (aus mehreren Sprachen), Religionsphilosoph und Theatertheoretiker. Denn im „Turm" sammelten sich mittwochabends die begabtesten Vertreter der Dichtung, des Theaters, der bildenden Kunst und auch des Universitätslebens, um sich mit den geistigen Strömungen der Zeit auseinanderzusetzen. Manchmal nahmen auch politisch Radikale teil – z. B. Anatolij Lunačarskij, der Freund Lenins und sein künftiger erster „Kommissar für Volksaufklärung". Es kam im „Turm" auch zur Aufführung eines Theaterstücks (Calderons „Die Andacht zum Kreuze") unter der Regie von Vsevolod Meierhold, einem der regelmäßigen Gäste Ivanovs.

Im Jahre 1907 starb Lidija an Scharlachfieber. Diese Katastrophe erschütterte Ivanov, aber selbst in dieser finsteren Zeit blieb er eine Schlüsselfigur der russischen Kultur. Zwar zog er sich etwas zurück, schrieb dennoch Gedichte und Aufsätze und nahm am kulturellen Leben der Hauptstadt teil. Zu den Schriften dieser Jahre gehören zwei (zuerst als öffentliche Vorträge gelesene) Aufsätze, die später im J. C. B. Mohr (Paul Siebeck) Verlag erschienen. Allerdings darf man diese deutschen Publikationen nicht gerade als Übersetzungen bezeichnen. Im Falle der „Russischen Idee", in Russland erstmals im Jahre 1909 veröffentlicht, ging es um einen für das deutsche Publikum erweiterten und erläuterten Text; beim Dostoevskij-Buch bildete der russische Aufsatz aus dem Jahre 1911 den Keim einer viel längeren Abhandlung.[3]

In der Hoffnung, die verstorbene Frau geistig zu erreichen, wandte sich der verzweifelte Ivanov der Mystik zu. Nach einem Programm mitternächtlicher Gebete und automatischen Schreibens fand der Dichter einen Ausweg aus der Einsamkeit in seiner Stieftochter, in der er die Wiederverkörperung seiner Frau zu entdecken glaubte. Als ihre Schwangerschaft nicht mehr zu übersehen war, begleitete Ivanov sie (und auch die Tochter aus der Ehe mit der verstorbenen Lidija) nach Europa, um einen Skandal zu vermeiden. Sein Sohn Dimitri (1912–2003) wurde im Dorf Neuvecelle (Frankreich) geboren.

Nach einem einjährigen Auslandsaufenthalt kehrte die Familie Ivanov wieder nach Russland zurück, lebte nun aber in Moskau. Dort lernte Ivanov eine

---

3   „Meine früheren (bereits 1911 und 1917 in der Petersburger Monatschrift ‚Rússkaja Mysl' erschienenen und sodann im zweiten und im dritten Bande meiner gesammelten Essays wiederabgedruckten) Ausführungen über die Romantragödie und die Religion Dostojewskijs liegen dem ersten und dritten Teil (‚Tragodumena' und ‚Theologumena') zugrunde, sind aber so radikal umgearbeitet, dass sie in ihrer neuen Gestalt nicht bloß der Form, sondern auch dem Inhalt nach von der ursprünglichen Fassung wesentlich abweichen; der zweite Teil (‚Mythologumena') wird – mit Ausnahme weniger Seiten über das Wesen des Mythos und die Grundidee der ‚Dämonen' (Essays, Bd. II) – überhaupt zum erstenmal veröffentlicht." Wjatscheslaw Iwanow, *Dostojewskij: Tragödie, Mythos, Mystik*. Tübingen, 1932, S. VI.

Gruppe religiöser Denker und Philosophen kennen. Wichtig war auch seine enge Freundschaft mit dem von der Mystik stark geprägten Komponisten Aleksandr Skrjabin. Auch nach der Revolution blieb Ivanov in Moskau, und nahm, wie alle Intellektuellen, die nicht verhungern wollten, an den revolutionären Kulturorganisationen teil. Er wurde Mitglied der Theaterkommission, wo er seine alten Theorien über die Bedeutung der antiken Bühne für die Moderne leicht sowjetisierte. Als er 1920 einen hoch begehrten Platz in einem gut versorgten Sanatorium „für Arbeiter der Wissenschaft und Literatur" bekam und seinen alten Freund, den Historiker und Philosophen Michail Geršenzon als Zimmernachbarn vorfand, verfassten die beiden den „Briefwechsel zwischen zwei Zimmerwinkeln", eine Streitschrift über das Schicksal der Kultur in einer Zeit des geistigen Umbruchs.

Das Moskauer Alltagsleben wurde immer schwieriger, und Ivanovs Stieftochter (jetzt seine dritte Frau) erlag einer Tuberkuloseerkrankung. Um sich und seine Kinder zu retten, floh der doppelt verwitwete Ivanov nach Süden, wo er eine friedliche Oase an der neu gegründeten sowjetischen Universität in Baku fand. Hier unterrichtete er eine ganze Reihe geisteswissenschaftlicher Fächer: Altertumswissenschaft (Philologie, Philosophie, Religion), italienische Dichtung (Dante und Petrarca), deutsche Romantik, Byron, Nietzsche, Dostoevskij und Puškin. Hier beendete er auch seine wissenschaftliche Untersuchung über Dionysos, an der er jahrzehntelang gearbeitet hatte, die als Dissertation anerkannt und als Buch gedruckt wurde. Dadurch erhielt er endlich den fehlenden Doktorgrad. Dass eine solche Dissertation überhaupt verteidigt werden konnte, zeigt, wie sehr Baku an der sowjetischen Peripherie lag. Nach der Revolution war ein solches Thema höchst unwillkommen, wenn nicht direkt verboten. Außer einer kleinen Zahl von Autorenexemplaren blieb somit auch fast die ganze Auflage in Baku, wo sie bald verschwand. Für Jahrzehnte blieb es Ivanovs Hoffnung, das zur bibliographischen Seltenheit gewordene Buch übersetzen zu lassen, so dass sich die europäische Wissenschaft mit ihm auseinandersetzen könne.

Im Jahre 1924 gelang es Ivanov, mit seinen zwei Kindern aus der UdSSR auszureisen. Dank seiner Beziehungen zu Lunačarskij durfte er offiziell im Auftrag der sowjetischen Regierung fahren, um die Biennale in Venedig zu besuchen und die Möglichkeit der Gründung einer russischen Akademie in Rom zu sondieren. Letzteres blieb selbstverständlich erfolglos, aber Ivanov erhielt dadurch die Ausreiseerlaubnis und sogar eine kleine Rente von der UdSSR. Außerdem durfte er weiterhin in Russland veröffentlichen, was ihm ein kleines, wenn auch unregelmäßiges Einkommen gab. Um solche Möglichkeiten auszunutzen, behielt Ivanov seinen sowjetischen Pass bis Mitte der 1930er-Jahre, wenngleich es nie seine Absicht war, zurückzukehren.

Abgesehen von ein paar kurzen Abstechern in die Schweiz blieb der einst so reiselustige Ivanov die letzten 25 Jahre seines Lebens in Italien. Dabei war Italien keineswegs ein Zentrum der russischen Emigration, was Ivanov erfreute, denn er wollte sich von den Emigrantenkolonien fernhalten. Einerseits hatte er sich bei der Ausreise aus der UdSSR verpflichtet, nicht zur Presse der russischen Emigration beizutragen. Andererseits war ihm die in den Emigranten-Kreisen weit verbreitete Sehnsucht nach der verlorenen Heimat weltanschaulich fremd. Als russischer Denker konnte und wollte er sein russisches Geisteserbe nicht verleugnen, meinte aber, der russische Flüchtling solle im Einklang mit den westlichen Nationen leben. Er ist diesem Vorhaben treu gefolgt, indem er 1926 im römischen Petersdom zum Katholizismus übertrat. Diese Entscheidung enttäuschte und erschreckte sogar seine früheren Freunde, war aber ein folgerichtiger Schritt im Geiste seines ehemaligen Freundes und Mentors Vladimir Solov'ev, der in seinem französisch verfassten und in Russland verbotenen Buch „La Russie et l'Église universelle" das Problem der Ost- und Westkirchen zugunsten der letzteren gelöst hatte. (Es ist bemerkenswert, dass Ivanov in einem Brief vom 19. Dezember 1937 [CS] schrieb, dieses Buch gehöre „zum Wichtigsten, was Wladimir Solovjev geschaffen hat".[4]) Für Ivanov war der Katholizismus keine Ablehnung seines früheren Glaubens, sondern eine Versöhnung der beiden Kirchen, die Wiederentdeckung einer verlorenen Einheit.

Im selben Jahre 1926 erhielt Ivanov einen Lehrauftrag für moderne Sprachen am „Collegium Borromeo" der Universität Pavia, unweit von Mailand, wo er fast zehn Jahre lang unterrichtete. Obwohl die bescheidene Stelle viel Zeit in Anspruch nahm, war die geistige Atmosphäre kongenial. Martin Buber, Benedetto Croce, Ernst Robert Curtius, Charles Du Bos und Karl Muth besuchten Pavia, um den russischen Dichter kennenzulernen. Nach seiner Emeritierung zog Ivanov wieder nach Rom, wo er eine ebenso bescheidene Stelle am Päpstlichen Orientalischen Institut innehatte. Dort lehrte u. a. Altkirchenslawisch, Dostoevskij und russische Philosophie.

Da Ivanov mehrere Fremdsprachen beherrschte, konnte er leichter als die meisten seiner Landsleute am europäischen Kulturleben teilnehmen. In der Emigrationsperiode schrieb er Aufsätze auf Deutsch, Italienisch und Französisch für verschiedene Zeitschriften in verschiedenen Ländern. In vielerlei Hinsicht fand seine wichtigste Veröffentlichung schon im Jahre 1926 statt, als der „Briefwechsel zwischen zwei Zimmerwinkeln" in deutscher Übersetzung in Martin Bubers

---

4   Der Adressat des Briefes ist unbekannt, aber aus dem Kontext ist zu ersehen, dass er ein Verleger war, der wissen wollte, ob es sich lohne, den Text übersetzen zu lassen.

Zeitschrift *Die Kreatur* erschien. Sechs Jahre später wurde eine französische Übersetzung dieses Werkes in Charles Du Bos' katholischer Zeitschrift *Vigile* gedruckt. Der „Briefwechsel" erregte in Europa großes Aufsehen und rief eine besondere Sympathie für Ivanov hervor, der im Gegensatz zu seinem fatalistischen Freund Geršenzon die Kulturwerte der Vergangenheit und die mystischen „Initiationen" seiner Vorgänger verteidigte. Ivanov war fest davon überzeugt, dass in einer Zeit der Auflösung der Gesellschaft und der Kultur das abendländische Geisteserbe umso wichtiger werde. In den Worten Charles Du Bos' stellte das Werk „l'opposition contemporaine fondamentale, celle qui marque la ligne de partage des eaux, entre le salut du *thésaurus* et la hantise de la *tabula rasa*" dar.[5] Für Martin Buber war es „sicherlich eines der wichtigsten geistigen Dokumente unserer Zeit".[6] Im Jahre 1932 las E. R. Curtius den Briefwechsel als eine Offenbarung. „The ideas of Ivanov have supplied me with the missing link which I needed for the chain of my thoughts", erklärte er seinem Freund, dem Anglophilen Du Bos.[7] Kurz danach veröffentlichte Curtius seine Schrift *Deutscher Geist in Gefahr*, wo er auf Ivanov als eine Lösung der Krise hinweist:

> Die beiden Freunde haben sich nicht verständigen können. Aber für uns bedeutet die Durchführung der humanistischen Idee bei Iwanow eine schlechthin entscheidende Klärung <...> Weite Kreise im heutigen Deutschland würden mit Gerschenson gegen Iwanow stimmen. Aber wenn im bolschewistischen Russland noch eine Apologie des Humanismus möglich war, sollte sie im heutigen Deutschland noch nicht unmöglich sein.[8]

Die Entstehungsgeschichte des deutschen „Briefwechsels" verlief nicht typisch, denn Ivanov erfuhr von der Publikation erst, als sie schon im Druck war. Das Werk erschien in Bubers Zeitschrift, aber es ist nicht bekannt, wer die Herausgeber auf den ihnen unzugänglichen russischen Text aufmerksam gemacht hatte. Vieles weist auf den in Deutschland schon seit 1922 lebenden Fedor Stepun hin, an den Buber wegen einer Übersetzung des Textes herangetreten war.[9] Wie dem

---

5   Brief vom 11. Juli 1930. Julia Zarankin and Michael Wachtel, „The Correspondence of Viacheslav Ivanov and Charles Du Bos". In: *Archivio Italo-Russo III: Vjačeslav Ivanov – Testi inediti*, a cura di Daniela Rizzi e Andrej Shishkin. Salerno, 2001, p. 507.

6   Brief vom 21. VIII. 1926. *DB*, S. 33.

7   Brief vom 5. Januar 1932. Herbert und Jane Dieckmann (Hg.), *Deutsch-Französische Gespräche 1920–1950: La Correspondance de Ernst Robert Curtius avec André Gide, Charles Du Bos et Valery Larbaud*. Frankfurt/M., 1980, S. 318.

8   Ernst Robert Curtius, *Deutscher Geist in Gefahr*. Stuttgart, 1932, S. 118, 119. Vgl. dazu den Brief von Schor an Siebeck vom 26. 8. 32 (Brief 170).

9   Vgl. Stepuns Brief an Buber vom 4. 2. 26 (BA). „Dresden. W. Schillerstr. 26. Sehr geehrter Herr Doktor, es tut mir sehr leid, aber ich kann unmöglich auf Ihren Vorschlag

auch sei, Ivanov hatte keine Gelegenheit, den Text der Übersetzung zu kontrollieren. Das war in vielerlei Hinsicht ein Glück, denn bei Ivanov führten solche
Überprüfungen immer zu Problemen. Bei seinen ausgezeichneten Deutsch-
kenntnissen und hohen stilistischen Ansprüchen war die Herstellung einer autorisierten Übersetzung ein langwieriges und anstrengendes Unternehmen. Dazu
kam ein weiteres Hindernis ins Spiel, wie Ivanov es selber formulierte:

> Ich habe die schlechte Gewohnheit, die mir vorgelegten Stücke der Übersetzung gründ-
> lich umzuarbeiten, nicht etwa um dieselbe dem Urtext näher zu bringen, sondern aus
> unüberwindlichem Bedürfnis, das einst Geschriebene, meinen heutigen Forderungen
> entsprechend, durchweg neu gestaltet zu sehen.[10]

Ironischerweise beherrschte Ivanov seine Fremdsprachen so gut, dass es zu
seinem Nachteil wurde. Dieser Drang zum Redigieren zieht sich wie ein roter
Faden durch Ivanovs Jahre in der Emigration und daher auch durch die Briefe
des vorliegenden Buches.[11]

Im Buch stehen zwei Verleger im Vordergrund. Sowohl Oskar Siebeck (1880–
1936) als auch Benno Schwabe (1884–1950) waren Nachkommen bekannter
Verlegerfamilien, die ihre jeweiligen Betriebe in einer höchst schwierigen Zeit
fortzuführen suchten. Beide Verlage, die übrigens bis zum heutigen Tag gedei-
hen, hatten eine lange und beachtenswerte Tradition. Die Geschichte der Firma
J. C. B. Mohr (Paul Siebeck) reicht in die Zeit der Romantiker zurück, während

---

eingehen. Erstens bin ich mit verschiedener Terminarbeit geradezu überladen, aber
auch ganz abgesehen davon möchte ich mich mit Übersetzungen nicht abgeben (das
Verbessern von misslungenen Arbeiten ist noch viel schlimmer): – es ist so unangenehm seine Arbeit, als Zerstörung und Entstellung zu empfinden, und das ist doch jede
Übersetzung. Ich schreibe ja ab und zu einen deutschen Aufsatz, aber das Übersetzen
meiner russischen Arbeiten besorge ich nie selber, trotzdem ich es wahrscheinlich
besser machen würde wie meine Übersetzer. Iwanoff schreibt ein sehr preziöseses <sic>
und etwas schwerfälliges, altmodisch verschnörkeltes und altmodisch elegante Russisch; Herschenson <sic> dagegen ein sehr schlichtes und doch sehr eigenartiges. All'
das wiederzugeben ist sehr schwer und doch absolut notwendig, wenn der Briefwechsel
wirksam bleiben soll. Mit vorzüglicher Hochachtung Fedor Stepun (Steppuhn)."
10 DB, S. 83. Im Vorwort zum Dostoevskij-Buch schrieb er: „Was den vorliegenden Text
angeht, fühle ich mich dem verehrten Übersetzer gegenüber verpflichtet, meine Schuld
vor ihm zu bekennen – die Schuld, seine fertiggestellte vortreffliche Leistung durch
gelegentliche, zum Teil längere Einschaltungen (zu denen auch das poetische Autozitat
auf S. 23 gehört), ja hier und dort durch manchen eigenwilligen stilistischen Einfall
verunstaltet zu haben <...>". Wjatscheslaw Iwanow, *Dostojewskij: Tragödie, Mythos,
Mystik.* Tübingen, 1932, S. VI–VII.
11 Ausführlich dazu: Wachtel, 2004.

der Schwabe Verlag (ehemaliger Petri Verlag) noch älter ist. Im Jahre 1988 konnte er sein 500-jähriges Bestehen feiern. Die uns interessierende Periode von den 1920er bis zu den 1940er-Jahren gehört zu den schwierigsten des deutschsprachigen Verlagswesens, in Deutschland ebenso wie in der Schweiz, denn der mögliche Gewinn eines deutschsprachigen Buches hing größtenteils von dem deutschen Markt ab.[12] In den frühen 1920er-Jahren hatte die deutsche Hyperinflation zur allgemeinen Wirtschaftskrise geführt, die verheerende Konsequenzen für den Buchhandel hatte.[13] Und als sich die finanzielle Situation am Ende der 1920er und Anfang der 1930er-Jahre etwas stabilisiert hatte, stürzten die deutsche Bankenkrise im Sommer 1931, der Aufstieg der NSDAP und die darauffolgende Gleichschaltung alles ins Chaos. Den Verlag J. C. B. Mohr (Paul Siebeck) trafen die neuen Maßnahmen besonders hart, da zu seinen Autoren viele Juden und politisch Oppositionelle zählten. Dies führte dazu, dass der Umsatz im Jahre 1935 nur ein Viertel der Zahlen für 1931 erreichte.[14] Aus diesen bedrückenden Zuständen sah Oskar Siebeck keinen Ausweg. Nach einem Treffen mit den Nazi-Behörden in Berlin beging er im Februar 1936 Selbstmord.

Oskar Siebeck hatte Nationalökonomie in Tübingen und dann in Leipzig studiert, wo er 1904 promovierte. Ab 1906 arbeitete er im Tübinger Verlag seines Vaters, unterbrach 1914 die Verlagsarbeit für den Wehrdienst. Schon im August 1914 wurde Siebeck schwer verwundet und musste sich einer Reihe von Operationen unterziehen. Nach seiner Ausmusterung arbeitete er im Kriegspresseamt. Bei Kriegsende kehrte er zum Familienverlag zurück, wo er nach dem Tod seines Vaters im Jahre 1920 Verlagsdirektor wurde. Er fühlte sich zu dieser Arbeit berufen und nahm die Herausforderungen, denen ein wissenschaftlicher Verlag gegenüberstand, sehr ernst. Er führte einen regen Briefwechsel, wobei er jeden an ihn gerichteten Brief akkurat beantwortete. Außerdem machte er alljährlich eine lange Dienstreise durch das deutschsprachige Europa, um mit seinen Stammautoren den Stand der Forschung zu besprechen und neue Autoren zu gewinnen. Da Siebeck sich in den Geisteswissenschaften wenig auskannte, suchte er sich Berater, auf deren Urteil er sich verlassen konnte.

Auf einer seiner Dienstreisen lernte er den Schweizer Fritz Lieb (1892–1970) kennen. Lieb war Theologe mit starkem Interesse an russischer Geistigkeit. Er beherrschte die russische Sprache, kannte persönlich mehrere Denker der

---

12 *Hundert Jahre Schweizerischer Buchhändlerverein 1849–1949.* Zürich, 1949, S. 17.

13 Silke Knappenberger-Jans, *Verlagspolitik und Wissenschaft: Der Verlag J. C. B. Mohr (Paul Siebeck) im frühen 20. Jahrhundert.* Wiesbaden, 2001, S. 633.

14 Knappenberger-Jans, *ibid.,* S. 29.

russischen Emigration und zählte zu den wenigen westlichen Experten für russische Kultur und Politik. Er besaß eine unübertroffene russische Büchersammlung, die mit der Zeit bis auf 10.000 Bände anwuchs.[15] Lieb war dermaßen von der Wichtigkeit der russischen Philosophie überzeugt, dass er eine Zeitschrift dafür begründete, die er auch jahrelang mit Zuschüssen aus eigener Tasche versorgte.[16] Liebs Buch *Das westeuropäische Geistesleben im Urteil russischer Religionsphilosophie* erschien bei Mohr (Siebeck) im Jahre 1929, und er wurde zum ständigen Gewährsmann in Fragen der russischen Kultur.

Mitte der 1920er-Jahre vollzog Siebeck eine Neuorientierung, indem er die Verlagsproduktion auf drei Fachbereiche beschränkte: Philosophie und Geschichte, Theologie und Religionswissenschaft, Rechts- und Staatswissenschaften, wobei der kleinste Anteil (etwa 10%) dem Gebiet Philosophie und Geschichte gewährt war.[17] Es versteht sich von selbst, dass unter diesen Büchern russische Themen einen höchst bescheidenen Platz einnahmen. Ohne besondere Empfehlung von Lieb war es nahezu unmöglich, ein russisches Werk zu veröffentlichen.

Weder im Siebeck noch im Schwabe Verlag war man bereit, einen Vertrag mit einem russischen Denker zu schließen, ohne sich beraten zu lassen – einerseits darüber, ob der Autor Wichtiges zu sagen hätte, und andererseits, ob das Werk dem deutschen Publikum zugänglich und interessant wäre. Bei beiden Verlagen bürgte für die Qualität und das Gewinnpotenzial von Ivanovs Werken derselbe Mann: Fedor Stepun (1884–1965). In der vorrevolutionären russischen Kultur war Stepun eher eine Randfigur gewesen – bekannt, aber keineswegs berühmt. Dagegen war Ivanov einer der einflussreichsten Dichter und Denker der Epoche. In der Emigration war die Situation ironischerweise umgekehrt. Unter den unzähligen Russen, die sich in Deutschland in den frühen 1920er-Jahren befanden, war Stepun fast der einzige, der zu einigem Renommée gelangte.[18] Vieles trug dazu bei. Erstens war er zweisprachig aufgewachsen; dank seiner

---

15 Der berühmte Philosoph Berdjaev meinte, diese Sammlung zur russischen Geistigkeit sei wahrscheinlich die beste auf der Welt. Er wandte sich an Lieb, um Bücher auszuleihen. Janzen 2002, S. 288, 329.

16 Dorothea Trebesius und Hannes Siegrist, „Die Gründung der Zeitschrift *Orient und Occident* im J. C. Hinrichs Verlag 1928/1929: Publikationsstrategien und die Beziehung zwischen Herausgeber und Verleger“. In: Patricia F. Blume, Thomas Keiderling, Klaus G. Saur (Hg.), *Buch macht Geschichte: Beiträge zur Verlags- und Medienforschung*. Berlin, 2016, S. 28–29.

17 Knappenberger-Jans, *Verlagspolitik und Wissenschaft*, S. 179.

18 Ausführlich dazu: Hufen.

ostpreußischen Herkunft lernte er zu Hause Deutsch und Russisch. Zweitens war Stepun eine gesellige Natur; ihm fiel es leicht, Freundschaften zu schließen. Drittens hatte er ein Talent zum öffentlichen Vortragen; in seiner Jugend wollte er Schauspieler werden, und als Redner wirkte er charismatisch. Viertens war er mit dem deutschen Universitätsleben gut vertraut. Er hatte mehrere Jahre an der Universität Heidelberg verbracht, wo er 1910 mit einer Dissertation über Vladimir Solov'ev promoviert wurde.

Bereits als Student wusste Stepun sich gut zu profilieren. Kurz nach seinem Studium begründete er zusammen mit einigen Kommilitonen eine mehrsprachige „internationale Zeitschrift für Philosophie" unter dem vielversprechenden Namen *Logos*. Schon bei der Inszenierung der offiziellen Gründung zeigte sich Stepuns Einfallsreichtum.[19] Sie fand nämlich in der Wohnung seines berühmten Lehrers Heinrich Rickert statt und wurde von dem bekannten russischen Dichter Dmitrij Merežkovskij und dessen Frau Zinaida Hippius wie auch dem Verleger Paul Siebeck besucht.[20] Rickert war Stammautor des J. C. B. Mohr (Paul Siebeck) Verlages, und seine Unterstützung bedeutete daher sehr viel. Siebeck wurde somit überzeugt, dass er es nicht mit einer Gruppe enthusiastischer Studenten, sondern mit bejahrten und anerkannten Philosophen zu tun hatte. Aber Rickerts Rolle bei *Logos* – ganz zu schweigen von Merežkovskij und Hippius – war eher symbolisch. In vielerlei Hinsicht war Stepun der *Spiritus Rector* des ganzen Unternehmens. Die Beziehungen, die er damals knüpfte, trugen wesentlich dazu bei, dass er nach seiner Ausweisung aus Sowjetrussland so schnell neue Wurzeln schlagen konnte. Direkt nach seiner Ankunft in Deutschland schrieb er an seine alten *Logos*-Kollegen (v. a. Rickert und Richard Kroner), die ihm sofort mit großer Hilfsbereitschaft begegneten.[21] In den frühen 1920er-Jahren lebte sich Stepun bei alten Freunden (u. a. Kroner) an der Universität Freiburg ein. Als Kroner 1926 einen Ruf an die TH Dresden erhielt, folgte Stepun ihm nach. Zunächst zogen Stepun und seine Frau in ein kleines Haus auf dem Grundstück Kroners ein. Kroner sorgte dann dafür, dass der russische Freund eine Professur für Soziologie an derselben Hochschule bekam.[22] Stepuns Vorträge und Kurse

---

19 Fedor Stepun, *Vergangenes und Unvergängliches: Aus meinem Leben*. München, 1949, Bd. I, S. 152–154. Laut Stepun hat er zusammen mit Sergius Hessen diesen Plan ausgedacht.

20 Paul Siebeck (1855–1920) war der Vater von Oskar, der damals schon im Verlag angestellt war.

21 Brief von Stepun an Ol'ga Schor vom 19. 11. 1922. Volkov und Šiškin, S. 256.

22 Diese Entscheidung hing natürlich nicht allein von Kroner ab, aber ein undatierter Brief von Stepun an Schor zeigt eindeutig, dass Kroner den Plan in Gang gesetzt hatte

waren immer gut besucht – so gut, dass er von seinem Kollegen an der TH Victor Klemperer mehrmals als „Komödiant" abgetan wurde. Die Popularität seiner Auftritte hatte aber auch praktische Vorteile, indem sie zu Stepuns Reputation beitrug und unter seinen gefesselten Zuhörern zusätzliche Hilfskräfte für ihn gewann.

Auch wenn er in Deutschland als vorderster Russlandkenner angesehen wurde, bildete Stepun sich keineswegs ein, er sei der wichtigste Vertreter der Kultur der russischen Emigration. Er versuchte ständig seinen weniger erfolgreichen Landsleuten zu helfen. Besonders galt das Vjačeslav Ivanov, der weniger als Stepun veranlagt war, im Westen Karriere zu machen. In seinen Memoiren erinnert sich Stepun begcistert an seinen ersten Besuch bei Ivanov, der zu einer lebenslangen Freundschaft führte:

> Wjatscheslaw Iwanow begrüßt mich freundlich mit einer hohen, singenden Stimme, sagt mir leicht und ungezwungen ein paar mich überaus verwirrende Schmeicheleien, sieht mir mit scharfem Blick tief in die Augen und lässt sich im Lehnsessel an seinem Schreibtisch nieder. Mühelos entspinnt sich eine jener beschwingten, fesselnden Unterhaltungen über das alte Hellas, Nietzsche und Dionysos, über das neue Christentum und die theurgische Kunst, deren Aufgabe es ist, der Welt zur Entbindung der in ihr verborgenen göttlichen Schönheit, die zugleich Wahrheit ist, zu verhelfen, über Symbol und Allegorie, Manier und Stil: eine jener Unterhaltungen, in denen der älteste Künder des Symbolismus stets ein so unvergleichlicher Meister gewesen ist.
>
> Jedesmal wenn Wjatscheslaw Iwanow auf Plato und Aischylos, Dante und Shakespeare, Goethe und Novalis zu sprechen kam, begrüßte er diese „ewigen Gefährten" seiner geistigen Wanderungen in ganz natürlicher Weise, als folge er dem Gesetz einer selbstverständlichen Liebenswürdigkeit, mit leicht archaisierenden Intonationen, mit bald hellenisierenden, bald germanisierenden Gesten seiner russischen Sprache, deren Charakter einer alt-slawischen Schwerfälligkeit zuneigte.
>
> Ich war für zwei Tage nach Petersburg gekommen, blieb aber eine ganze Woche als Gast bei Wjatscheslaw Iwanow: wie großzügig, gastfreundlich, müßig und dennoch

---

(Segal und Segal 2002, S. 514). Vgl. dazu: Victor Klemperer, *Ich will Zeugnis ablegen bis zum letzten. Tagebücher 1933–1945.* Berlin, 1995, Bd. 1, S. 271 (Tagebucheintrag vom 11. Juni 1936). „Stepun der Russe, Offizier im Weltkrieg gegen Deutschland, Komödiant, Sophist, geistreicher Causeur, alles, nur kein Mann der Wissenschaft, ist durch das leidenschaftliche Eintreten seines jüdischen Freundes Kroner, dazu durch <Robert> Ulich, zu seiner Professur gekommen." Klemperer weist in diesem Eintrag auf einen gewissen Opportunismus (bzw. Heuchelei) hin; Kroner und Ulich waren schon in der Emigration, während Stepun den „Führereid" geschworen hatte und immer noch an der TH Dresden tätig war. (Es hat ihn aber nicht lange verschont; Stepun wurde 1937 zwangsemeritiert.)

ausgefüllt haben wir im alten Russland gelebt! In jenen acht Tagen lernte ich in dem berühmten Turmzimmer eine ganze Reihe hervorragender Menschen kennen <...>[23]

Im Jahre 1934 veröffentlichte Stepun in der führenden katholischen Zeitschrift *Hochland* einen längeren Aufsatz über Ivanovs Leben und Werk, der den Weg für Ivanovs eigene Schriften vorbereiten sollte. Für Stepun war Ivanov eine synthetische Persönlichkeit, ein einmaliges Ereignis in der russischen Kultur:

> In Pelz und Pelzmütze sah er wie ein russischer Geistlicher, im Gehrock am Rednerpult wie ein typischer deutscher Professor aus. Sein Alter war seiner äußeren Erscheinung nicht abzulesen: es hing ganz von dem Thema des Gespräches und vom Grade seiner Interessiertheit am Thema ab. Oft hörte er wie ein älterer Mann zu und antwortete wie ein Jüngling von zwanzig Jahren. In seiner Gestalt war etwas typisch Altmodisches: ein Porträt aus der Galerie unserer Ahnen, in der Plastik seiner Bewegungen aber etwas beinahe Modernistisches im Sinne des Jahrhundertanfangs <...> Nie habe ich, weder früher noch später, einen Menschen kennengelernt, der in dem Maße, wie es bei Iwanow der Fall war, über die Gabe des Hörens und damit auch des Eingehens auf die Welt seiner Diskussionspartner verfügt hätte. Am tiefsten, zugleich aber auch am glänzendsten – und diese Einheit von Tiefe und Glanz ist vielleicht der charakteristischste Zug der Iwanowschen Geistigkeit – war er, wenn er auf eine ihm entgegengebrachte Beichte mit einer improvisierten Predigt antwortete. Wenn in unserer Zeit „symposionale" Seelen überhaupt möglich sind, dann war Iwanow eine. Seine Tätigkeit, sein Leben und Schaffen waren in den Jahren 1905–1918 ein einziges Symposion in des Worts edelster Bedeutung. Er stand in ununterbrochener Diskussion mit allen bedeutenderen Geistern seiner Zeit, verschwendete nach allen Seiten seine sprühenden Gedanken, formte Talente, schuf Reputationen, ermunterte und warnte, prophezeite und kritisierte, spiegelte sich – ohne sich dabei zu bespiegeln – in Hunderten von Menschenseelen und blieb trotz dieser beständigen Selbstverschwendung immer eine geschlossene und in sich ruhende Einheit.[24]

Als Ivanov im Jahre 1924 in Italien eintraf, stand Stepun mit Rat und Tat bereit, wenngleich er stets überlastet war. Zu dieser Zeit suchte er sich einerseits an einer deutschen Hochschule zu etablieren und andererseits eine führende Rolle in der russischen Exilkultur einzunehmen. Er schrieb viele publizistische Aufsätze und hielt unzählige öffentliche Vorträge.[25] Er konnte Ivanovs Werke empfehlen und

---

23 Stepun, *Vergangenes*, Bd. I, S. 334–335. Dieser erste Besuch fand im Jahre 1910 statt. *PS*, S. 352.

24 *PS*, S. 352–353.

25 Laut Fred Höntzsch hat Stepun von 1922 bis 1937 in ungefähr 80 Städten Deutschlands, Österreichs und der Schweiz über 300 Vorträge über Russland und das Problem des Bolschewismus gehalten. Fred Höntzsch, „Fedor Stepun – ein Mittler zwischen Russland und Europa", *Hochland*, Heft 9, 1936/37 (Juni), S. 190.

deren deutsche Übersetzungen überprüfen, hatte aber wenig Zeit, Publikationsmöglichkeiten auszusuchen, oder an der Realisation solcher Pläne intensiv zu
arbeiten. Dafür gab es andere Leute. An erster Stelle ist hier Evsej Schor (1891–
1974) zu nennen.

Schor stammte aus einer jüdischen Musikerfamilie und wuchs in Moskau
auf. Sein Vater David war einer der bekanntesten Pianisten seiner Zeit, Gründer des „Moskauer Trios", Pädagoge und Zionist. Evsej Schor war ebenfalls ein
ausgezeichneter Musiker, aber seine Interessen galten den Geisteswissenschaften
generell, besonders der Philosophie. An die Wohnung dieser Familie erinnerte
sich Stepun als eine Oase in den dunklen sowjetischen Jahren 1919–1920:

> Bei jeder Versammlung <der „Freien Religiös-Philosophischen Akademie"> war in den
> ersten Reihen Olga Alexandrowna Schor zu sehen, die Nichte des in Moskau bekannten
> Pianisten David Schor, ein sehr begabtes, ausnehmend kluges und vielseitig gebildetes
> Mädchen, das bei allen möglichen Arbeiterlehrgängen mit großem Erfolg Vorlesungen
> über Kunstgeschichte hielt. Des gastfreundlichen Hauses ihrer Eltern, das meine Frau
> und ich stets aufsuchten, wenn wir vom Land nach Moskau kamen, gedenke ich in tiefer
> Dankbarkeit. Bei Schors hatten sich länger als anderwärts einige letzte Vorräte gehalten,
> mit denen sie, ohne an die Zukunft zu denken, freigebig und sorglos jedermann bewir-
> teten, der gerade bei ihnen einkehrte, alte Freunde und zufällige Bekannte. In Schors
> verhältnismäßig noch komfortabler Wohnung traf ich recht häufig mit Wjatscheslaw
> Iwanow <...> zusammen.[26]

Interessanterweise befanden sich alle an dieser Stelle benannten Leute innerhalb von fünf Jahren im Ausland. David Schor wanderte als überzeugter Zionist
nach Palästina aus. Stepun wurde im Herbst 1922 auf dem sogenannten „Philo-
sophenschiff" aus Sowjetrussland ausgewiesen. Ivanov siedelte 1924 nach Italien über. Ende 1926 oder Anfang 1927 folgte auch Olga Schor dorthin, wo sie
zum Mitglied der Familie Ivanov wurde. Auch der hier nicht explizit genannte
Evsej Schor fuhr im Jahre 1923 nach Deutschland im Auftrag der sowjetischen
Kulturorganisationen.[27] Schor, dessen Absicht es war, im Westen zu bleiben,
hatte große Hindernisse zu überwinden. Er hatte keinen akademischen Titel
(außer „Mitglied der russischen Akademie für Kunstwissenschaft")[28], begrenzte

---

26 Stepun, *Vergangenes*, Bd. III, S. 86.

27 Schor wurde beauftragt, ein Büro in Berlin zu gründen, das ausländische Literatur
    zur Kunstwissenschaft sammelte. N. P. Podzemskaja, „Nauka ob iskusstve v GAChN i
    teoretičeskij proekt V. V. Kandinskogo". In: N. S. Plotnikov i N. P. Podzemskaja (red.),
    *Iskusstvo kak jazyk – jazyki iskusstva: Gosudarstvennaja akademija chudožestvennych
    nauk i estetičeskaja teorija 1920-ch godov*. Moskva: NLO, 2017, t. 1, S. 64.

28 Der Titel „Professor", mit dem er sich in den 1930er-Jahren bezeichnete, war zwar in
    Sowjetrussland gültig, entsprach allerdings dem westlichen Titel nicht. Vgl. Ivanovs

Sprachkenntnisse und kannte sich im Westen wenig aus.[29] Dafür hatte er aber Beziehungen – vor allem zu Stepun – sowie Enthusiasmus und Ausdauer. Durch Stepuns Anregung und unmittelbare Hilfe gelang es ihm, sich als Student der Philosophie in Freiburg einzuschreiben.[30] Innerhalb von zwei Jahren begann er, Ivanovs Aufsätze ins Deutsche zu übersetzen.[31]

Schor war fest davon überzeugt, dass die deutschen Philosophen und auch das deutsche Publikum von den zeitgenössischen russischen religiösen Denkern lernen könnten. Seine Studien gingen daher Hand in Hand mit einer breit angelegten aufklärerischen Arbeit. Einerseits versuchte er, unter seinen Professoren (darunter Husserl und Heidegger) die neuesten Entwicklungen russischen Denkens zu verbreiten. Andererseits führte er von Freiburg – später Berlin, Rom und sogar Tel-Aviv – aus einen regen Briefwechsel mit deutschsprachigen Verlagen, um Publikationsmöglichkeiten für „seine" Autoren zu gewinnen. Der in unserem Band abgedruckte Briefwechsel zwischen Schor und Oskar Siebeck legt reichlich Zeugnis davon ab, wie ernsthaft und zielstrebig Schor diese Arbeit angegangen ist.

Brief an Martin Buber vom 19. Juni 1934: „Erlauben Sie mir nun, Ihre gütige Aufmerksamkeit zu richten auf meinen jüngeren Freund Evsebius J. Schor, vormals Professor (Dozenten) der Aesthetik in Moskau, Übersetzer meiner ‚Russischen Idee' und einiger Werke von Berdjajew, meinen Mitarbeiter bei Abfassung der Dostojewski-Schrift, Verfasser einer interessanten Arbeit über Lessing, einen vortrefflichen Menschen und sehr begabten, in Freiburg gut geschulten, Philosophen. Er ist jüdisch, aus Russland emigriert, jetzt auch aus Deutschland, sehr benötigt, z. Z. in Rom (via G. B. De Rossi 22, presso Stoli), will im Herbst (Ende September) mit seiner Frau und dem Schwesterchen der letzteren nach Palästina fahren, wo sein alter Vater, den ich hoch achte, ein Musikprofessor im Konservatorium ist." *DB*, S. 45.

29 Laut einem 1922 in Russland verfassten Lebenslauf hatte Schor 1910, 1912 und 1913 Kunstwissenschaft in Heidelberg und München studiert. Wie viele Monate insgesamt er im Westen war, lässt sich nicht sagen. Dort steht auch, dass Schor kunstwissenschaftliche Bücher übersetzt hat. Nach einem 1921 geschriebenen Fragebogen konnte er Deutsch und Französisch. Man darf daher schließen, dass er Lesefertigkeit besaß. Aber Sprech- und Hörfertigkeit waren etwas anderes. Auf Deutsch konnte er sich nur mit großer Mühe verständigen, wie aus seinem eigenen Brief an Stepun vom 30. V. 23 klar wird (Segal und Segal, 2002, S. 481). Für die in dieser Anmerkung angeführten Auskünfte aus den Papieren Schors bedanken wir uns bei N. A. Bogomolov, der sie auf unsere Bitte im Russischen Staatsarchiv für Literatur und Kunst, Moskau (RGALI 941.10.705) sammelte.

30 Segal und Segal 2002, S. 478–479.

31 Segal und Segal 2002, S. 517–518.

Der unermüdliche „junge Mann mit der Schreibmaschine", wie Ivanovs Tochter Lidija ihn scherzhaft bezeichnete, pflegte seine Korrespondenz mit Durchschlag zu tippen, damit er sich mühelos auf frühere Briefe berufen konnte. Er ließ sich nicht entmutigen, auch wenn die überwiegende Mehrzahl seiner Publikationspläne nicht verwirklicht werden konnte. An der Wichtigkeit seiner Arbeit als Vermittler russischen Denkens zweifelte er nie. Wie er selbst mit Stolz konstatieren konnte, hätte ohne ihn die deutschsprachige Bibliographie von Ivanov und besonders von Berdjaev ganz anders ausgesehen.[32]

Trotz seines reichen, bisher nur in geringem Ausmaß veröffentlichten Nachlasses wissen wir sehr wenig über Schors Leben. In seinen vielen Briefen ist zumeist die Rede von Publikationsprojekten, aber nur selten von Persönlichem. Über die dramatischen Ereignisse in Berlin, wo er die Jahre 1932–1933 verbrachte, wird kaum berichtet. Zum Teil mag das an seiner einsiedlerischen Lebensweise liegen, wie er Fritz Lieb im Brief vom 10. 9.3 2 (UB) berichtete:

> Ich lebe in Berlin in derselben Zurückgezogenheit, wie in Freiburg. Vielleicht ist die Zurückgezogenheit hier noch tiefer und entschiedener. Es beginnt <sich> zwar ein kleiner philosophisch und theologisch interessierter und künstlerisch bestimmter Kreis um uns zu bilden. Allein das Berliner Klima ist meiner Frau nicht gut bekommen; sie ist

---

32 Am 25. XII. 32 schrieb Schor an Stepun (NL): „В моих отношениях к Бердяеву и Вяч. Иванову есть момент маевтики (в Сократовом смысле), духовной режиссуры. Без моего участия не только бы не были изданы ни «Русская Идея», ни «Достоевский», но и самая форма их была бы совершенно иная, если их издание было бы все же когда-нибудь осуществлено. Это в достаточной мере подтверждается моей перепиской с Вяч. Ив. и пятью редакциями «Русской Идеи» и многими изменениями «Достоевского». Еще яснее моя задача по отношению к Бердяеву: хаос Бердяевского мышления превратить в Бердяевский же космос." [„In meinen Beziehungen zu Berdjaev und Vjač. Ivanov gibt es einen Moment der Mäeutik (im sokratischen Sinn), der geistigen Regie. Ohne meine Teilnahme wären weder ‚Die russische Idee' noch ‚Dostoevskij' herausgekommen; selbst ihre Form wäre völlig anders gewesen, wenn auch ihre Drucklegung irgendwann realisiert worden wäre. Dies wird zur Genüge bestätigt durch meinen Briefwechsel mit Ivanov, durch die fünf Redaktionen der ‚Russischen Idee' und durch viele Veränderungen im ‚Dostoevskij'. Noch klarer ist meine Aufgabe in Bezug auf Berdjaev: das Chaos des Berdjaev'schen Denkens in einen Berdjaev'schen Kosmos zu verwandeln."] Zum Thema Schor-Berdjaev s. Reichelt, S. 170–184; Hertfelder-Polschin, S. 120–126; N. M. Segal (Rudnik), „O perepiske N. A. Berdjaeva s E. D. Šorom (1927–1946)". In: A. A. Tacho-Godi, E. A. Tacho-Godi (otv. red.), *Sbornik ‚Vechi' v kontekste russkoj kul'tury*. Moskva, 2007, S. 410–422; Alexandra Moik, *Vjačeslav Ivanovs Werk im deutschsprachigen Raum: Autoversion und Fremdübersetzung*. Dissertation, Universität Wien, 2015, S. 71–74.

öfters krank. Und die unendlichen Entfernungen Berlins guillotinieren endgültig den geistigen Verkehr. Die Staatsbibliothek ist das einzige Ziel meiner Ausflüge.

Immerhin hätte Schor die neuesten politischen Entwicklungen kaum ignorieren können. Allem Anschein nach war er in Berlin, als die Bücherverbrennung am 10. Mai 1933 stattfand, aber davon ist kein Widerhall in seiner Korrespondenz zu finden, wenn man von einem Brief an Heinrich Lanz vom 6. Juni 1933 (NL) absieht, in dem er anmerkt, dass die Lage der russischen Gelehrten und Philosophen sich in der letzten Zeit sehr verschlimmert habe. Als er Anfang November 1933 Deutschland endlich verließ, hatten Bücherverbrennungen in mehr als 70 Städten stattgefunden.[33] Auch nach der Flucht verfolgte Schor trotz großer Hindernisse seine deutschsprachigen Projekte weiterhin über schweizerische Verlage. Er übersetzte mehrere Arbeiten von Berdjaev und fand auch Zeit, sein eigenes (und einziges) Buch zu veröffentlichen, in dem er die Ursprünge der damaligen Krise in der deutschen geistigen Kultur untersuchte.[34] Ende 1934

---

33 Ernst Fischer und Reinhard Wittmann (Hg.), *Geschichte des deutschen Buchhandels im 19. und 20. Jahrhundert*. Bd. 3, T. 1. Berlin, 2015, S. 7–16. Zu Schors Ausreise s. Segal und Segal 2012, S. 441.

34 J. Schor, *Deutschland auf dem Wege nach Damaskus*. Luzern, 1934. In einem Brief an Alexandre Marc vom 5. 6. 35 (NL) schreibt Schor über sein Buch: „Ich habe versucht, mich in das Zentrum des christlichen Bewusstseins zu stellen und von hier aus die Schicksale, das Wesen und die innere Struktur einer christlichen Kultur (– der deutschen –) zu bestimmen. Ihr Eindruck, ich wäre ein Christ, scheint für mich eine Bestätigung dessen zu sein, dass mein Versuch gewissermaßen gelungen ist. Meine Schrift läuft aus in einen platonisierenden Dialog; in der Tat aber wird der Dialog nicht von den Personen des ‚Ausblicks' geführt, sondern von zwei Konzeptionen des Schicksals der christlichen Kirche: der Auffassung, die die Tatsache eines steigenden Zerfalls feststellt und sie im Kapitel ‚Kirchenspaltung' zum Ausdruck bringt, – und der anderen Auffassung, die die Spaltung der Kirche in der Vision der Drei-Einigkeit zu retten und zu rechtfertigen sucht. In dieser Schrift stelle ich den Leser vor die Wahl und überlasse es ihm, die Wahl zu treffen. Für den Protestanten bedeutet diese Wahl: entweder die Auflösung des Protestantismus und der Übergang zum Katholizismus, oder aber den Aufbau einer echten christlichen Kirche aus der Erneuerung des Protestantismus und seiner mystischen Urerfahrung zu vollziehen. Für mich, als einen Juden, steht das christologische Problem im Zentrum des kosmischen, geistigen und politischen Geschehens. Nicht anders ist es für einen Christen. Hier, auf diesem zentralen Problemgebiet begegnen sich die Perspektiven des Judentums und Christentums. Das Christentum ist die zentrale jüdische Frage; aber auch das Judentum ist die zentrale Frage des christlichen Bewusstseins." Im „Ausblick" (*Deutschland auf dem Wege nach Damaskus*, S. 70) legt Schor einem protestantischen Theologen folgende

nach Palästina geflüchtet, versuchte er somit nach wie vor auf die deutschsprachige Kultur zu wirken.[35]

Durch die Hilfe des Dresdner Studienrats Martin Kaubisch (1888–1941) wurde Schors Übersetzungsarbeit um Vieles erleichtert. Kaubisch war Dichter und auch Autor literarischer und philosophischer Aufsätze. In seinem ersten Brief an den J. C. B. Mohr (Paul Siebeck) Verlag vom 19. 9. 26 (SBB) schrieb er:

> Heute möchte ich mir nur die ev<en>t<uelle> Anfrage erlauben, ob ich H<er>r<n> Dr. Siebeck einmal einige m<ein>er philosoph<ischen> Arbeiten, *nur zur Prüf<un>g u<nd> Kenntnisnahme*, vorlegen dürfte (Aufsätze). Vielleicht darf ich hinzufügen, dass besond<ers> Ed<uard> *Spranger*–Berlin, mit dem ich persönlich befreundet bin, an m<ein>em Schaffen (philosophischem wie dichterischem) steten persönl<ichen> Anteil nimmt; ebenso Karl Joël u<nd> Ernst Bertram. Jederzeit würden die genannten Herren Ihnen auch Auskunft geben über mich. Ferner: schon lange plane ich eine kleine konzentrierte Schrift über „Die Brüder Karamasoff" (Dost<jewski>s philos<ophische> Metaphys<ik>. – Da hatte ich nun gedacht, ob vielleicht in Ihrer Sammlung „gemeinverständlicher Vorträge" ev<en>t<uell> eine Veröffentlichungsmöglichkeit liegen könnte. Ich weiß, *wie* schwer die Lage ist; aber eine *Anfrage* steht ja wohl frei. Endlich noch die Mitteil<un>g, dass ich ev<en>t<uell> bei H<er>rn Prof<essor> Th<eodor> Litt – Leipzig noch promovieren will über E<rnst> *Troeltsch: „Historismus"*, das ich unendlich schätze.

Im November 1926 schloss Kaubisch mit dem J. C. B. Mohr (Paul Siebeck) Verlag einen Vertrag für die Arbeit „Dostoevskij als Metaphysiker und Tragiker" (zu den „Brüdern Karamasoff"). In einem Brief an Siebeck vom 20.X.1926 (SBB) schrieb Kaubisch ausführlich davon, wie er seine Aufgabe verstand:

---

bemerkenswerte Beobachtungen in den Mund: „Ich glaube und hoffe, dass unserem vielgepeinigten Volk eine große und gnadenreiche Sendung bestimmt ist. Aber die geistigen Horizonte unseres Volkes sind schon längst trübe geworden, und ich fürchte, dass uns bald eine furchtbare Zeit überkommt. Die größte Gefahr unseres Landes besteht aber darin, dass die dunklen Gewalten ans Werk gehen werden überall da, wo die Kräfte der Kirche versagt haben."

35 Schors langer und aufschlussreicher Briefwechsel mit Rudolf Roeßler, der im Rahmen unseres Buches nur gestreift werden kann, verdient eine selbstständige Publikation. Unter den vielen Projekten, die Schor in Roeßlers Vita Nova Verlag durchzusetzen versuchte, war ein Buch von V. Ivanov. Wie aus einem Brief von Schor an Roeßler vom 17. 1. 35 (NL) hervorgeht, ist dieser Plan daran gescheitert, dass die Schriftleitung der Zeitschrift *Corona* nicht bereit war, auf ihre Publikationsrechte zu verzichten. Ein Ivanov-Band hätte in der Reihe „Schriften der Corona" erscheinen sollen, ist dann wegen der politischen Entwicklungen nicht zustande gekommen. S. den Brief von Herbert Steiner an Ivanov vom 10. 12. 1945, *DB*, S. 211 und den Brief von Benno Schwabe an den Verlag Oldenbourg vom 26. April 1937. (Brief 214)

Sehr verehrter Herr Doktor Siebeck!

Ich möchte Ihr so freundliches Angebot, das mich, wie ich Ihnen schon mitteilte, überaus erfreute, sofort annehmen. Schwierigkeiten macht, wie ich glaube, nur der *Termin*. Ich bin ja amtlich ziemlich belastet; dazu kommt, dass das *Material* zu der Dostojewskischrift erst in *Vortrags*form vorliegt und mannigfach umgeformt werden muss. Auch ist die Problemfülle ja unerschöpflich; zumal ich *nicht* nur Dostojewski an sich behandeln möchte, sondern die zeitüberdauernden Grundprobleme, vor allem religiöser und metaphysischer Art, die durch Dostojewski teilweise in ein ganz neues Licht gerückt sind. Endlich möchte ich mich bemühen, der spezifisch russischen Problematik die *abendländische*, besonders die *deutsche* Geistesentwicklung *gegenüber*zustellen, wie sie vor allem in *Goethes* und *Nietzsches* Weltauffassung hervortritt. Denn eine wirklich *philosophische* Würdigung Dostojewskys müsste den Dichter nicht nur vom russischen und auch nicht allein vom deutschen, sie muss ihn vom *europäischen* Standpunkt behandeln. Natürlich ist das auf dem begrenzten Raum von fünfzig Druckseiten auch nur *begrenzt* möglich. Um so mehr strebe ich deshalb nach *äußerster Konzentration*. Denn wenn ich einmal Ihr so freundliches Angebot annehme, dann möchte ich auch versuchen, die größere Aufgabe einer *Gesamt*deutung Dostojewskis wenigstens in Umrissen sichtbar zu machen. Aus diesem Grunde werde ich wahrscheinlich auch die „Brüder Karamasoff", als das zentralste und umfassendste Werk des Dichters, in den Mittelpunkt stellen. Aber gerade da ist, bei der Fülle der Perspektiven, die Auswahl nicht leicht. Aus allen diesen Gründen möchte ich Sie *fragen*, ob es Ihnen recht ist, wenn ich mir für die Ablieferung dieser Dostojewskischrift *ungefähr ein Jahr* als Frist erbitte <...>[36]

Kaubisch lernte Stepun Ende 1927 oder Anfang 1928 kennen, was den Beginn einer Freundschaft und gegenseitige Bereicherung darstellte. Stepun führte Kaubisch in die russische geistige Tradition ein und ließ sich von Kaubisch in

---

36 Die Arbeit ist nie erschienen, weil Kaubisch die Termine immer wieder verschoben hat. Vgl. seinen Brief vom 30. Mai 1937 (nach dem Tod von Oskar Siebeck) an den J. C. B. Mohr (Paul Siebeck) Verlag (SBB): „Sehr geehrte Leitung! Hiermit möchte ich Sie erg<e>b<en>st bitten, mir doch freundlichst mitzuteilen, ob ein *Vertrag* über eine kleine Schrift (über Dostojewsky), *den* H<er>r Dr. O. Siebeck 1926 mit mir abschloss, *noch jetzt* in Gültigkeit ist. Ich wäre Ihnen *sehr* dankbar, wenn er in Kraft bleiben würde. Denn: da ich ent<weder> <in> diesem oder im kommenden Jahre – teils aus Gesundheitsgründen, teils infolge der großen Not der Junglehrerschaft – in den *vorzeitigen Ruhestand* versetzt werde, so hoffe ich die kleine Schrift, die für eine Ihrer drei Vortragsreihen bestimmt war, bis Herbst 1938 Ihnen einreichen zu können. Als *Thema* wollte ich wählen: die Gestalt des *Großinquisitors* aus den ‚Brüdern Karamasoff' <...> In steter, dankbarer Verbundenheit u<nd> mit deutschem Gruß! Martin Kaubisch, Stud. Rat. Mitglied der Reichsschrifttumskammer Nr. 1858." Da Kaubisch an einen Unbekannten schrieb, war dieser „deutsche Gruß" sicherlich eher Tarnung als Überzeugung. Auf jeden Fall bekam Kaubisch in einem Brief vom 2. Juni 1937 (SBB) die Antwort, der Vertrag sei noch in Kraft. Das Werk wurde aber nie eingereicht.

Fragen der deutschen Stilistik beraten.[37] Auch Schor, der solche Nachhilfe viel mehr als Stepun benötigte, nahm diese Möglichkeit dankbar an. Selbst Ivanov schickte seine eigene Übersetzung der Dichtung „Der Mensch" an Kaubisch mit der Bitte um stilistische Verbesserungen.[38]

Weitere Auskunft über den heute völlig vergessenen Kaubisch gab Schor in einem Brief vom 7. 3. 31 an den Redakteur der Zeitschrift *Orient und Occident* Fritz Lieb (UB).

> Endlich: von Kaubisch selbst. Ist Dichter, Denker, hat manche Essais in verschiedenen Zeitschriften veröffentlicht (u. a. in der Diderichs'schen „Tat"). Sehr mit Stepun befreundet; hat mit ihm den ganzen „Pereslegin" durchgearbeitet für die deutsche Ausgabe. Aus pekuniären Gründen bekleidet er ironischer Weise das Amt eines Studienrats – jedenfalls von seinen Schülern sehr geliebt. In den letzten Jahren durch Umgang mit Russen und die Lektüre von Dostoewsky leise russifiziert. Im Frühling erscheinen seine Gedichte bei Lichtenstein in Weimar. Steht in der Linie der deutschen, mystischen Lyrik; hat Affinitäten mit Rilke. <...> Er führt nämlich ein in-sich-gekehrtes Leben, ist öfters krank, und der Briefwechsel ist für ihn eine Form der Teilnahme am geistigen Leben und eine Realisation der Gemeinschaft mit seinen Nächsten im Geiste. (Brief 58)

Am 30.9.1933 schrieb Ivanov selbst über Kaubisch in einem Brief an Herbert Steiner, den Herausgeber der Zeitschrift *Corona*:

> Erlauben Sie mir nun von Dr. Martin Kaubisch (Studienrat in Dresden A., Ermelstr. 9) zu Ihnen im Vertrauen zu sprechen. Ich bin mit ihm befreundet, ohne ihn jemals gesehen zu haben (seine Photographie hat er mir doch zugesandt nebst vielen gedruckten und ungedruckten Sachen von ihm); er ist übrigens Prof. F. Stepuns intimer Freund. Diesem Verhältnis liegt ein Briefwechsel zugrunde, wozu mein Dostojewski Buch den Anlass gegeben hat. Kaubisch ist eine tiefe Seele, ein tief und scharf denkender, fein fühlender Mensch von weiter Schau und hohem geistigem Flug. Seine gehaltvollen, von hoher Geistigkeit getragenen, nach neuen Synthesen ringenden, auf eine neue Selbstbesinnung der deutschen Seele hin arbeitenden Aufsätze sind bemerkenswert und meist auch der Form nach schön. Er schrieb über Leonardo, Goethe, Hölderlin, Nietzsche, über Tod und Totenkult, über „die Grenzen des faustischen Menschen"; eine Schrift über Dostojewskis Großinquisitor erscheint bei Siebeck. An seinen lyrischen Gedichten liebe ich eine tiefe Innerlichkeit; einige prägen sich ins Gedächtnis ein durch ihre

---

37 Stepun sprach zwar fließend Deutsch, holte sich aber gerne Rat, wenn es um stilistische Feinheiten ging. Vgl. seinen Brief an O. Schor von 1924 (ohne genaues Datum), in Volkov und Šiškin, S. 272.

38 Die von Kaubisch redigierte Fassung erschien im *DB*, S. 275–282. Ivanovs Reinschrift (ohne die Verbesserungen von Kaubisch) erschien in: Roman Dubrovkine, „Nemeckaja versija melopei ‚Čelovek' ", *Cahiers du monde russe*, vol. XXXV (1–2), 1994, S. 319–325.

mystisch-zarte Melodik; einige – wie seine sei es soliloquia, sei's Gespräche mit Gott – sind ergreifend. Eine kleine Sammlung seiner Gedichte ist wohl im vorigen Jahre erschienen; jetzt ist eine zweite vermehrte Auflage in Vorbereitung.[39]

Zum Kreis Kaubisch-Stepun gehörte auch eine jüngere Generation, für die Fred Höntzsch (1905–1993) als stellvertretend angesehen kann. In der Rezeption russischer Kultur in Deutschland hat Höntzsch wenige, aber wichtige Spuren hinterlassen. Von seinem Leben vor dem Krieg ist wenig bekannt. Er interessierte sich für Literatur und Philosophie, absolvierte eine Lehre als Buchdrucker und schrieb für viele Zeitschriften und Zeitungen.[40] Die Bekanntschaft mit Stepun stellte einen Wendepunkt in seinem Leben dar.

> An einem Juliabend im Sommer 1926 hatte ich Fedor Stepun zum erstenmal gesehen. Es war ein Diskussionsabend im Dresdner Studentenhaus. Was gesprochen wurde an jenem Abend, weiß ich nicht mehr. Aber noch immer sehe ich vor mir die imposante Erscheinung des mächtigen Mannes, umringt von Studenten, aufgestützt auf ein kleines Tischchen, von dem aus er das Gespräch dirigierte. Er sah nicht aus wie ein Professor der Soziologie, als welcher er soeben nach Dresden gekommen war, eher wie ein Schauspieler.[41]

Höntzsch besuchte Stepuns Vorlesungen an der TH Dresden und half ihm – wie auch Kaubisch – bei der Verdeutschung seines Romans.[42] Er hatte selbst vor, einen Roman zu schreiben, und wurde sogar von Kaubisch als „junger Schriftsteller" bezeichnet.[43] Unter dem Einfluss von Stepun veröffentlichte Höntzsch

---

39 *DB*, S. 144–145.
40 In einem Brief vom 1. 9. 1946 (BL), dem ersten nach der russischen Gefangenschaft, bat er Stepun, ihm bei der Suche nach einer Stelle in einem Verlag zu helfen: „Denn so dick gesät sind die Menschen ja wohl auch nicht, die im Geistigen und im Praktischen der Verlags-Arbeit so viele Kenntnisse mitbringen wie sie bei mir im Laufe der Jahre sich angesammelt haben."
41 Alfred Höntzsch „Dem Andenken Fedor Stepuns", *Hochland* 57 (1965), S. 488.
42 S. den Brief von Höntzsch an Stepun vom 28. 11. 57 (BL): „Ich habe heute nur eine Bitte, lieber Fedor Stepun – ich besitze Ihren Briefroman ‚Die Liebe des Nicolai Pereslegin' nicht mehr. Hätten Sie zufällig ein Exemplar bei der Hand, das Sie mir mit Ihrer Handschrift zueignen könnten? Mein eigenes mit Ihrer lieben Widmung ‚Zur Erinnerung an die gemeinsame Arbeit...' wurde zu Asche in Dresden. Ich weiß es noch so gut, wie Sie mir die drei gelben Bände der van-Gogh-Briefe schenkten, als wir mit der Arbeit fertig waren (die ich damals wahrscheinlich mehr schlecht als recht gemacht habe)."
43 Im Brief an Lieb vom 24. 4. 31 (UB) schreibt Kaubisch: „Dr. Pfarrer Schütz schickt Ihnen eine Arbeit zu Tillich von einem mir befreundeten j<un>gen Schriftsteller, der auch viel mit Prof. Stepun disputiert, u<nd> auf den ich auch Sie noch aufmerksam machen möchte: Fred Höntzsch." Paul Schütz (1891–1985) war Mitherausgeber (zusammen mit Fritz Lieb) der Zeitschrift *Orient und Occident*. Höntzschs Aufsatz

in den 1930er-Jahren mehrere kleinere Aufsätze zur russischen Literatur. Als Ivanovs Dostoevskij-Buch erschien, waren es weder Kaubisch noch Stepun, sondern Höntzsch, der es rezensierte – und zwar zweimal. Höntzsch rezensierte auch mehrere Werke von Stepun und verfasste einen längeren Aufsatz über ihn, der 1937 in der katholischen Zeitschrift *Hochland* erschien. Nach dem Krieg bekam Höntzsch eine Stelle als Kulturredakteur bei einer regionalen Zeitung (Kempten, Allgäu), wo er zwanzig Jahre lang arbeitete. Stepun blieb er bis zu dessen Tod nah. Höntzsch schrieb auch den im *Hochland* erschienenen Nachruf auf Stepun.[44] Ein Buch über Stepun schwebte ihm immer vor, ist aber nie zustande gekommen.

Die Geschichte der Publikationen Ivanovs im J. C. B. Mohr (Paul Siebeck) Verlag lässt sich anhand der erhaltenen Dokumentation ausführlich verfolgen. Ivanovs erste deutsche Veröffentlichung erschien schon 1911 in der Übersetzung von Stepun in der von Mohr (Siebeck) herausgegebenen Zeitschrift *Logos*.[45] Aber es ist kaum denkbar, dass Oskar Siebeck sich in den 1920er-Jahren an den Autor dieses einzigen Beitrags erinnert hätte, umso mehr als er an der Gründung der Zeitschrift nicht beteiligt war. Es war also notwendig, Ivanov erneut zu lancieren.

„Religiöse Verwirklichung: Dank und Erwiderung an Paul Tillich" und seine Rezension zu Tillichs *Protestantisches Prinzip und proletarische Situation* erschienen in: *Sächsische Evangelisch-Soziale Blätter*, Nr. 23 (1931), S. 19–28. Vgl. Hufen, S. 283–284. Zu seinem geplanten Roman ist Höntzsch nie gekommen. In einem undatierten Brief (wohl 1950 oder 1951; BL) an Stepun schreibt er, „Das große Stück ist noch ungeschrieben, der große Roman pocht mit vergeblichen Schlägen an die Torflügel meines Geistes <...> Lange, lange ist es her, Sie wohnten damals noch im Dresdener Waldschlösschen-Viertel, auf der Löbauer Straße, da sprach ich zu Frau Natascha von einem Roman-Projekt <...> und ich höre noch heute ihre Stimme, mit der sie mir abriet von solchem Unternehmen: ‚Dafür sind Sie noch viel zu jung'. Wahr, wahr – heute weiß ich, wieviel man leben, erleben, unter wieviel Schmerzen die Bitternisse des unendlich Köstlichen unserer kurzen Jahre sich in den Honig der Weisheit wandeln muss, ehe man reif ist für solch ein Unternehmen. Von Martin Kaubisch, von Ihnen habe ich sie gelernt, die leidenschaftliche Liebe zum Wort, die Leidenschaft zum Schriftsteller, der alles, was er ist, und weiß, alles, was ihn brennt, und sein eigenes, dem antwortendes Feuer hineinreißt in das, was er schreibt, in das geschriebene Wort."

44 „Dem Andenken Fedor Stepuns", *Hochland* 57 (1965), S. 487–490.

45 In der Tat war Ivanov kein enthusiastischer Mitarbeiter von *Logos*. Er hatte die Einladung abgelehnt, Mitglied des Beirats zu werden, denn er meinte, dass die *Logos*-Redaktion Kultur als „civitas Rationis" verstehe, während sie für ihn das Werden einer geistigen Theokratie bedeute. A. I. Reznichenko, „Dlja menja kul'tura – stanovlenie duchovnoj feokratii...': Nezivestnoe pis'mo Vjač. Ivanova k S. I. Gessenu.". In: N. Ju. Grjakalova, A. B. Šiškin (otv. red.), *Vjačeslav Ivanov: Issledovanija i materialy*. Sankt-Peterburg, 2016, vyp. 2, S. 395.

Die Idee der Veröffentlichung von Ivanovs Werken in deutscher Sprache ging diesmal von Schor aus, der diese Frage zum ersten Mal gestellt hatte, als Ivanov noch in der UdSSR war.[46] In Freiburg lernte Schor einen Buchhändler namens Josef Waibel kennen, der angeblich die Möglichkeit hatte, Bücher zu drucken.[47] Als Probestück wurde ihm Ivanovs erster Aufsatz über Dostoevskij anvertraut. Diese erste Stufe der Arbeit lässt sich anhand eines Briefes von Waibel an Schor vom 6. November 1924 (NL) präzisieren:

> Sehr geehrter Herr Schor!
> Der Ordnung halber übersende ich Ihnen eine kurze Zusammenfassung unserer gestrigen Unterredung. Einen Durchschlag werde ich auch Herrn Kressling[48] übergeben. Wenn ich nicht irre, haben wir uns wie nachstehend aufgezeichnet geeinigt:
> Bis spätestens 15. Dezember erlege ich den Gesamtbetrag von 20% vom Verkaufspreis des ersten 1000 der Arbeit: Wjatscheslaff Iwanoff, Dostojewski als tragischer Dichter.[49] Bei einem Ladenpreis von 2. das Stück betragen die 20% für das Stück 40 Pfennig, also für 1000 Stück 400. (vierhundert) Mark.
> Sollte die erste Auflage erhöht werden, dann wird über die die Zahl 1000 überschreitenden Stücke jeweils monatlich abgerechnet, und zwar je über die verkauften Stücke.
> Die Verteilung des Betrages unter Verfasser und Übersetzer ist grundsätzlich nicht meine Angelegenheit, doch scheint es richtig und angemessen beim ersten Tausend den

---

46 Segal und Segal 2002, S. 532.

47 Josef Friedrich Wilhelm Waibel (1897–1972), Besitzer eines Antiquariats. Schor hat Waibel sehr früh kennengelernt. Im Brief von Čiževskij an Schor vom 23. III. 24 werden schon Verlagspläne bei Waibel besprochen. Janzen 2006, S. 149.

48 Aleksandr Karlovič Kresling (1897–1977), Übersetzer des Dostoevskij-Buches. Abitur (1915) an der Schule der Reformierten Gemeinden in seiner Heimatstadt St. Petersburg, Studium der Volkswirtschaft und Philosophie in Berlin (1919–1921) und Freiburg i. Br. Ab 1927 Lektor für Russisch an der Universität Freiburg. „Lange bevor der Lehrstuhl für Slawistik gegründet wurde und die Wissenschaft in Freiburg sich der Welt Osteuropas zuwandte, weckte Alexander Kresling in seinen Übungen und Vorlesungen – sei es Grammatik, Volkswirtschaft, Literatur – ein lebhaftes Interesse für alles Russische und vermittelte ein farbiges Bild der schöpferischen Kräfte, die in dem russischen Volk leben." Svetlana Geier, in: *Freiburger Universitätsblätter* 55 (April 1977). Wiederabgedruckt in: *Alexander Kresling: Gedenkschrift anlässlich der Gedenkfeier am 10. Februar 1978 in der Universität Freiburg.* Freiburg i. Br., 1978, S. 55.

49 Am 8. November 1924 schrieb Schor an Ivanov, um ihn von der Existenz dieser Vereinbarung zu unterrichten und um seine Erlaubnis für die Übersetzung und Veröffentlichung zu bekommen (russ. Originalbrief in CS). Am 25. November 1924 schrieb Ivanov aus Rom an Schor: „Für alles, was Fedor Avgustovič <Stepun> und Sie für die Neuauflage meines Aufsatzes in sachgerechter Form tun, bleibt mir nur zu danken. Den vorgeschlagenen Titel (Dostojewski als tragischer Dichter) genehmige ich." Segal und Segal 2002, S. 533.

Übersetzer mit drei Vierteln und den Verfasser mit einem Viertel zu beteiligen, später
aber den Verfasser mit ¾ und den Übersetzer mit ¼.
    Mit bestem Gruß!
    <J. F. Waibel>

Bei Waibel sollte auch „Die russische Idee" erscheinen.[50] Aber mit der Zeit
erkannte Schor, dass es sinnvoller wäre, mit einem solideren Verlag zu arbeiten.
Als Außenseiter konnte er sich schwerlich an einen so renommierten Verleger
wie Oskar Siebeck wenden. Daher kam der Vorschlag, Ivanovs „Russische Idee"
herauszugeben, nicht direkt von Schor, sondern von Stepun, der dem J. C. B.
Mohr (Paul Siebeck) bereits seit 15 Jahren bekannt war. Am 17. 7. 28 (Brief 2)
schickte Stepun an Siebeck die von Schor besorgte Übersetzung der „Russischen
Idee" und legte einen Brief bei, in dem er bei dem deutschen Verleger für Ivanov
plädierte. „Wenn er bis jetzt in Europa noch kaum bekannt ist, so liegt das wohl
ausschließlich an der persönlichen Vornehmheit und an dem ästhetischen Feinsinn und seiner ganzen Art und Weise zu sein und zu schreiben." Stepun erinnert
an den frühen *Logos*-Beitrag, erwähnt das „demnächst" erscheinende Dostoevskij-Buch und meint, dass Ivanovs Aufsatz sehr gut in die von Siebeck herausge-
gebene Reihe „gemeinverständlicher Vorträge und Schriften aus dem Gebiet der
Theologie und Religionsgeschichte" passen würde. Aus der Unzulänglichkeit der
Übersetzung macht er keinen Hehl, versichert aber, dass er selber für die stilistische Überarbeitung sorgen werde. Interessanterweise bemerkt er, dass „ein Herr
Schor" den Text übersetzt habe, wobei er verschweigt, dass dieser Herr Schor
sein guter Freund ist, mit dem er schon jahrelang die Übersetzung von Ivanovs
Werken ins Deutsche plant. Es dürfte kein Zufall sein, dass diesem Schreiben
kurz zuvor ein Brief an Siebeck vom Stepun-Verehrer Martin Kaubisch vorangegangen war. In diesem Schreiben an Siebeck (Brief 1) erwähnt der Studienrat,
der bald für Siebeck eine Schrift über Dostoevskij einreichen sollte, Ivanov als
„vielleicht den bedeutendsten russischen Philosophen, der jetzt lebt".
    Einerseits war Stepun für Siebeck eine Autorität, dessen Vorschläge nicht von
der Hand zu weisen waren. Andererseits wollte Siebeck jedoch nicht vorschnell
eine Vereinbarung eingehen, denn er hatte mit der russischen Philosophie schon

---

50 Am 17. Juni 1928 schrieb Ivanov an Herbert Steiner: „Die Sache liegt nämlich so, dass
    Herr Waibel in Freiburg i/B. auf seine Kosten die Übersetzung meiner beiden von
    ihm zu verlegenden Arbeiten (des Buches über Dostojewski und der Schrift über ‚Die
    russische Idee') veranstaltet hat (es ändert an der Sache nichts, wenn ich die besagte
    Übersetzung von neuem, und zwar sehr langsam, umarbeite); ja er hat mir bereits vor
    zwei Jahren, als die Übersetzungsarbeit begonnen worden war, eine kleine Geldsumme
    als Honorar avanciert." *DB*, S. 89.

eine schlechte Erfahrung gemacht. Ein 1927 gedruckter Berdjaev-Band hatte sich kaum verkauft, und Siebeck hegte daher große Zweifel am Gewinnpotenzial russischer Autoren. An dieser vorsichtigen Haltung war bereits Nicolai von Bubnoff gescheitert, Siebeck zu überreden, Bücher von anderen führenden Vertretern der russischen Emigration (Losskij, Frank, Karsavin) übersetzen zu lassen. Trotz Fritz Liebs enthusiastischer Unterstützung lehnte Siebeck diese Vorschläge in einem Brief vom 19. Juni 1929 ab (Brief 17). An demselben Tag schrieb er aber an Lieb in Bezug auf Ivanovs „Die russische Idee" (Brief 18). Allmählich hatte er erkannt, dass Schor, Stepun und Kaubisch eine Einheitsfront bildeten, und er suchte in Lieb einen unparteiischen Berater. Lieb, der tatsächlich weder mit Ivanov noch mit dieser Troika seiner Bewunderer persönlich bekannt war, vertiefte sich in die Lektüre und riet zur Veröffentlichung, was den Fall zugunsten Ivanovs entschied. „Die russische Idee" erschien bei Siebeck in der Reihe „Philosophie und Geschichte" Ende Februar (oder Anfang März) 1930. Die deutsche Fassung hebt sich vom russischen Original dergestalt ab, dass inzwischen eine Rückübersetzung aus dem Deutschen ins Russische veröffentlicht worden ist.[51]

Schors Beitrag zu dieser Veröffentlichung ist schwer zu übertreiben. Schon im Jahre 1925 war Schor auf die Idee gekommen, „Die russische Idee" als Vorbote einer Reihe von Ivanov-Aufsätzen zu übersetzen.[52] Aus einem Brief an Ivanov vom 28. Juni 1927 (CS) geht hervor, dass Schors erste Übersetzung schon 1927 fertig vorlag, und dass er sie „im engen Professorenkreis" vorgelesen hatte.[53] Diese Fassung sandte er an Ivanov, der sie gründlich umarbeitete und am 26. Oktober 1927 zurückschickte.[54] Es dauerte daraufhin aber mehr als ein Jahr, bis Schor bereit war, seine Übersetzung dem Verlag einzureichen, was er erst durch Stepuns Vermittlung tat. Und eben diese mit so viel Mühe vorbereitete

---

51 Übersetzung von Marija Koreneva. Vjačeslav Ivanov, *Nesobrannoe i neizdannoe* (*Simvol*, Nr. 53–54), 2008, S. 96–134. In einem Vorwort zur Übersetzung (S. 85–96) beschreibt Robert Bird die Entstehungsgeschichte und vergleicht die beiden Fassungen.

52 Aus einem Brief von Ivanov an Schor vom 11. Juli 1925 wird klar, dass der Vorschlag von Schor stammte. Segal und Segal 2002, S. 542.

53 „Должен просить прощения: без Вашего разрешения читал перевод Русской Идеи в тесном профессорском кругу. Содержанием – как я предполагал – потряслись." („Ich muss um Verzeihung bitten. Ohne Ihre Erlaubnis habe ich die Übersetzung der ‚russischen Idee' im engen Professorenkreis gelesen. Wie ich vermutet hatte, waren alle vom Inhalt erschüttert.")

54 „Sie bekommen nicht das frühere Manuskript mit Verbesserungen, sondern eine neue – und viel größere – Fassung des Aufsatzes über die russische Idee". Originalsprache Russisch. Segal und Segal 2008, S. 343.

Fassung wurde von Siebeck als stilistisch „mangelhaft" abgewiesen (Brief 3). Die Schwierigkeiten, denen Schor begegnete, als er aus seiner frühen Fassung einen druckfertigen Text herzustellen versuchte, sind aus seinem Brief an Ivanov vom 2. September 1929 (CS) ersichtlich:[55]

Дорогой Вячеслав Иванович,

<…> Прежде всего: «Русская Идея» была немедленно по приезде моем во Фрейбург переписана на пишущей машинке со всеми исправлениями, сделанными в результате нашей совместной с Каубишем работы. В июне Русская Идея была послана Зибеку в Тюбинген. Зибек подтвердил ее получение и просил повременить с ответом, ввиду того, что он очень загружен работой.

Фрагмент из I ч<асти> «Достоевского» должен был быть послан Штейнеру в начале апреля. Т<ак> к<ак> я в это время собирался во Фрейбург и хотел дать Александру Карловичу <Креслингу> образчик Вашего редактирования, то я послал фрагмент из Берлина в Церинген с просьбой немедленно дать переписать его на машинке и отправить 1 экземпляр в Цюрих. Фрагмент был немедленно переписан, но отправка его в Цюрих задержалась. Причиной этой задержки был целый ряд вопросов и сомнений, касающихся перевода и Русской Идеи и фрагмента, – сомнений, о которых я не решался Вам писать до тех пор, пока не получил их подтверждения.

Дело в том, что замечательный стиль Вашей русской литературной речи непередаваем в детальной точности на немецком языке. Иная структура языка, иная постановка слов, употребление члена – все это превращает Ваше изысканное русское предложение в непомерно тяжелую немецкую фразу. В этом, быть может, и заключалась самая большая трудность перевода: сохранить до последней возможности внутренний ритм Вашей мысли, движение Вашей речи, и в то же время не погрешить против требований *современного* немецкого языка.

Вы знаете, дорогой Вячеслав Иванович, как далек я от мысли о том, что владею немецким литературным языком. Я не раз сомневался, правы ли Вы, сохраняя в Вашей немецкой фразе ту сложность, что способен выдержать только русский язык. Это кажется, быть может, парадоксальным: ведь, немецкая научная литература издавна славилась сложностью своего языка; однако, я все же думаю, что только сложность простого есть правая сложность; немецкая же речь сложности не выдерживает, сложностью себя губит – может быть потому что в ней никогда не было подлинной простоты и прозрачности.

Как бы то ни было, все сомнения свои я оставлял про себя, и своей верою в правую сложность Вашей русской речи не только лишил себя беспристрастного отношения к немецкому языку, но и заразил своим энтузиазмом нашего немецкого друга Каубиша; в беседах, затягивавшихся до поздней ночи, я пытался передать ему контуры Вашего миросозерцания, которые просвечивают в Русской

---

55 Die von uns angeführten Auszüge aus diesem russischen Brief erschienen teilweise in V. I. Ivanov, *Sobranie sočinenij*. Bruxelles, 1987, t. 4, S. 765–767.

Идее, и, увлеченные открывавшимися нам духовными горизонтами, мы забывали о немецком читателе и об особенностях немецкого языка. Так продолжалось до тех пор, пока Русская Идея не оказалась полностью переписанной на машинке; в мае я решил в последний раз прочесть ее и немедленно отослать издателю. В последний момент я вдруг увидел, что сомнения мои были правильны, что перевод требует большей прозрачности.

Естественно, что я стал себя проверять. Мои сомнения встретились с сомнениями Александра Карловича <Креслинга>. В ответ на мои вопросы, связанные с Русской Идеей, он высказал свои вопросы по поводу фрагмента. Мы решили проверить себя и прочесть «Р.И.» и фрагмент кому-либо из наших немецких друзей, на которых мы можем положиться. Мы обратились к двум близким нам здешним профессорам и одному писателю фрейбургскому – религиозному социалисту, который одно время был очень известен в Германии и теперь, вместе с ростом религиозных настроений в рабочих кругах, снова начинает выдвигаться. Каждый из них (мы читали им в отдельности) с напряженным вниманием слушал наше чтение, был захвачен содержанием и Русской Идеи, и Фрагмента, но каждый из них обрушился на нас за перевод: его сложность затрудняла понимание и местами, утверждали они, им невозможно было следить за развитием мысли. Последние два десятилетия, говорили они нам, идут под знаком борьбы против старой немецкой фразы; перевод иностранного автора, сделанный в старом немецком академическом стиле, будет враждебно принят как раз теми кругами немецкого общества, которые больше всего интересуются поставленными в Ваших произведениях проблемами.

Что было делать? Все эти переговоры, беседы и чтения грозили затянуться на бесконечное время. Я не хотел задерживать отправку «Русской Идеи» Зибеку, и, сделав самую необходимую ретушь, отослал ее в Тюбинген; в корректуре можно было бы окончательно установить желательный Вам немецкий текст.

Однако, и тогда еще я не остался удовлетворенным переводом. Я решил на время его отложить, чтобы потом со свежим ощущением вновь проработать его. Недавно я это сделал. Оказалось, что исправления в сущности небольшие. На-днях исправления будут отпечатаны на машинке и я их Вам пришлю. За это время мне пришлось вести беседы с различными немецкими издателями. Все в один голос утверждают, что условия немецкого книжного рынка становятся все более и более напряженными, и что современный немецкий читатель обращает большое внимание на язык: лишь только ему почудится возврат к старой немецкой речи, он сейчас же враждебно настораживается и книга остается лежать на полке книжного магазина.

<…> Дорогой Вячеслав Иванович, из того, что я только сегодня пишу Вам обо всем этом, Вам, ведь, ясно, сколько раз я обдумывал и взвешивал все эти соображения. Я бы не стал высказывать их, если бы не считал, что мое умолчание может нанести Вам несомненный ущерб. Только поэтому я беру на себя смелость делать изменения в немецком тексте Ваших статей, и прошу Вас со всей откровенностью высказать мне, если Вы считаете это излишним и неуместным. До тех пор

же я буду продолжать делать все возможное, чтобы привести к желанному концу
столь затянувшееся осуществление наших давних планов.

<…> Не кажется ли Вам, что все трудности и осложнения, связанные с окон-
чательной выработкой текста «Р И» на немецком языке, явились неизбежным
результатом сложной диалектики переводной работы? Ведь в переводе, просма-
триваемом автором, встречается двойная диалектика: диалектика содержания и
формы, идеи и воплощения, и диалектика встречи переводчика и автора. У нас
же нагромождается новая осложненность: автор стал частично своим собствен-
ным переводчиком, и таким образом диалектика оказалась возведенной в новую
степень.

<*Übersetzung*>
Lieber Vjačeslav Ivanovič,

<…> Zuallererst: „Die russische Idee" wurde direkt nach meiner Ankunft in Freiburg
mit der Schreibmaschine abgeschrieben mit allen Verbesserungen, die Kaubisch und
ich als Resultat unserer gemeinsamen Arbeit vorgenommen hatten. Im Juni wurde „Die
russische Idee" an Siebeck nach Tübingen geschickt. Siebeck bestätigte ihren Empfang
und bat um Geduld mit der Antwort, da er sehr beschäftigt sei.

Ein Fragment aus dem ersten Teil des Dostoevskij-Buches sollte Anfang April an
<Herbert> Steiner geschickt werden. Da ich zu dieser Zeit im Begriff war nach Frei-
burg zu reisen und Alexander Karlovič <Kresling> einen Eindruck Ihrer Überarbeitung
geben wollte, sandte ich einen Ausschnitt aus Berlin nach Zähringen mit der Bitte, ihn
umgehend auf der Maschine abzuschreiben und ein Exemplar nach Zürich zu schicken.
Der Ausschnitt wurde umgehend abgeschrieben, aber der Versand nach Zürich verspätete sich. Der Grund dafür war eine ganze Reihe von Fragen und Bedenken, die die
Übersetzung der „russischen Idee" und das Fragment betrafen – Bedenken, von denen
Ihnen zu schreiben ich mich nicht entscheiden konnte, bevor ich sie bestätigt bekäme.

Das Problem besteht darin, dass Ihr ausgezeichneter russischer literarischer Schreib-
stil sich in der deutschen Sprache nicht mit Genauigkeit wiedergeben lässt. Eine andere
Struktur der Sprache, eine andere Wortfolge, eine andere Funktion der Satzteile – all das
verwandelt Ihren eleganten russischen Satz in eine übermäßig schwere deutsche Phrase.
Darin bestand womöglich die größte Schwierigkeit der Übersetzung: bis zum Äußersten
den inneren Rhythmus Ihres Denkens, die Bewegung Ihrer Sprache zu erhalten und
sich zur gleichen Zeit nicht gegenüber den Forderungen der *gegenwärtigen* deutschen
Sprache zu versündigen.

Sie wissen, werter Vjačeslav Ivanovič, wie weit entfernt ich mich davon sehe, die
deutsche Literatursprache zu beherrschen. Nicht selten habe ich mich gefragt, ob Sie
nicht recht hätten, in Ihrer deutschen Phrase jene Komplexität beizubehalten, die nur
die russische Sprache zu ertragen fähig ist. Dies erscheint womöglich paradox: schließlich rühmt sich die deutsche wissenschaftliche Literatur seit Langem der Komplexität
ihrer Sprache; allerdings glaube ich, dass nur die Komplexität des Einfachen die rechte
Komplexität ist. Die deutsche Sprache jedoch erträgt keine Komplexität, sie ruiniert sich
selbst durch die Komplexität – vielleicht da in ihr niemals echte Einfachheit und Klarheit existiert haben.

Wie dem auch sei, behielt ich alle meine Zweifel für mich und brachte mich mit meinem Glauben an die rechte Komplexität Ihrer russischen Sprache nicht nur um das unbefangene Verhältnis zur deutschen Sprache, sondern steckte auch unseren deutschen Freund Kaubisch mit meinem Enthusiasmus an. In Unterhaltungen, die sich bis in die späte Nacht erstreckten, versuchte ich ihm die Konturen Ihrer Weltanschauung wiederzugeben, die in der „russischen Idee" leuchten, und, mitgerissen von den uns sich eröffnenden geistigen Horizonten, vergaßen wir den deutschen Leser und die Eigenschaften der deutschen Sprache. Dies setzte sich fort bis zu dem Zeitpunkt, als die „Russische Idee" schon vollständig mit der Maschine abgeschrieben worden war. Im Mai hatte ich entschieden, sie ein letztes Mal durchzulesen und unverzüglich dem Verleger zuzuschicken. Im letzten Moment stellte ich plötzlich fest, dass meine Zweifel berechtigt waren, dass die Übersetzung größerer Klarheit bedarf. Es versteht sich, dass ich mich dessen zu vergewissern suchte. Meine Zweifel stimmten überein mit denen von Alexander Karlovič <Kresling>.

In Antwort auf meine Fragen im Zusammenhang mit der „russischen Idee" brachte er seine Fragen bezüglich des Fragments zum Ausdruck. Wir beschlossen, uns zu vergewissern und die „Russische Idee" einem von unseren deutschen Freunden vorzulesen, auf den wir vertrauen können. Wir wandten uns an zwei uns nahestehende hiesige Professoren und an einen Freiburger Autor – einen religiösen Sozialisten, der einige Zeit sehr bekannt war in Deutschland und der jetzt, mit dem Zuwachs der religiösen Stimmung in Arbeiterkreisen, erneut beginnt sich hervorzutun. Jeder von ihnen (wir lasen ihnen getrennt vor) hörte unserer Lesung mit gespannter Aufmerksamkeit zu, war gefangengenommen vom Inhalt der „russischen Idee" und des Fragments, aber jeder von ihnen drang auf uns ein wegen der Übersetzung: ihre Komplexität erschwerte das Verständnis und stellenweise, bestätigten sie, wäre es ihnen unmöglich, der Entwicklung des Gedankens zu folgen. Die letzten zwei Jahrzehnte, sagten sie uns, hätten unter dem Zeichen des Kampfes gegen die alte deutsche Phrase gestanden; eine Übersetzung eines ausländischen Autors, angefertigt im alten deutschen akademischen Stil, würde feindselig wahrgenommen gerade von denjenigen Kreisen der deutschen Gesellschaft, die am meisten an den in Ihren Werken betrachteten Problemen interessiert wären.

Was blieb zu tun? All diese Verhandlungen, Gespräche und Lesungen drohten, sich über eine endlose Zeit hinzuziehen. Ich wollte den Versand der „russischen Idee" an Siebeck nicht aufhalten und schickte sie nach den allernötigsten Verbesserungen nach Tübingen; in einer Korrektur könnte man endgültig den Ihnen wünschenswerten deutschen Text festhalten.

Allerdings war ich auch zu diesem Zeitpunkt nicht zufrieden mit der Übersetzung. Ich beschloss, sie für einige Zeit aufzuschieben, um sie danach mit frischem Geist erneut durchzuarbeiten. Vor Kurzem habe ich dies getan und es stellte sich heraus, dass die nötigen Korrekturen tatsächlich nicht sehr groß sind. Dieser Tage werden sie auf der Maschine abgetippt und ich sende sie Ihnen zu. Währenddessen gelang es mir, Gespräche mit verschiedenen deutschen Verlagen zu führen. Alle bestätigen einstimmig, dass die Bedingungen des deutschen Buchmarktes zunehmend angespannt sind, und dass der gegenwärtige deutsche Leser große Aufmerksamkeit der Sprache zuwendet: nimmt er auch nur einen Anschein der Rückkehr zur alten deutschen Sprache wahr, horcht er umgehend feindlich auf und das Buch bleibt in den Regalen des Buchhandels liegen. <…>

Verehrter Vjačeslav Ivanovič, daraus, was ich Ihnen erst heute über all dies schreibe, ist
Ihnen sicher ersichtlich, wie viele Male ich all diese Überlegungen überdachte und abwägte.
Ich hätte sie nicht dargelegt, wenn ich nicht der Meinung wäre, dass ihr Verschweigen
Ihnen zweifellos Schaden zufügen könnte. Nur deshalb maße ich mir an, die Korrekturen
im deutschen Text Ihrer Aufsätze durchzuführen, und bitte Sie, mir völlig offen mitzuteilen,
wenn Sie dies für überflüssig oder unangemessen halten. Bis dahin aber werde ich weiterhin alles Mögliche tun, um die so verzögerte Verwirklichung unserer seit Langem gemach-
ten Pläne zum gewünschten Ende zu bringen. <…>
Scheint es Ihnen nicht, dass alle Schwierigkeiten und Verwicklungen, die mit der endgültigen Überarbeitung des Textes der „russischen Idee" auf Deutsch verbunden sind, ein
unumgängliches Resultat der komplexen Dialektik der Übersetzungsarbeit sind? Schließlich findet sich in einer Übersetzung, die vom Autor redigiert wurde, eine doppelte Dialektik: die Dialektik von Inhalt und Form, von Idee und Umsetzung, und die Dialektik der
Begegnung von Übersetzer und Autor. Bei uns aber häuft sich eine neue Erschwerung: Der
Autor ist teilweise zu seinem eigenen Übersetzer geworden, und auf diese Weise stellte sich
die Dialektik als auf eine neue Stufe erhoben heraus.

Von der Entscheidung, den relativ kurzen Text ins Deutsche zu übertragen, bis
zu seiner Veröffentlichung vergingen etwa fünf Jahre. Rückblickend auf diese
Arbeit erwähnt Schor in einem Brief vom 25. XII. 32 an Stepun (NL) seine
fünf verschiedenen Redaktionen des Textes. Aber Schor hat diese „kompli-
zierte" Arbeit nie bereut. Diese Erfahrung lehrte ihn, die „doppelte Dialektik"
in Zukunft zu vermeiden, denn sein endgültiges Ziel war es, das Erscheinen von
Ivanovs Werken zu beschleunigen. Mit der Publikation der „russischen Idee"
war er allerdings völlig zufrieden, da sie eine ganze Reihe von Ivanov-Veröf-
fentlichungen vorbereiten sollte – eine Absicht, die er keineswegs verhehlte.
Er gestand sie in seinem ersten Brief an Siebeck (Brief 16) und wiederholte sie
mehrmals in späteren Briefen sowohl an Siebeck als auch an Ivanov. Auch in seiner Einleitung zur „russischen Idee" wollte er von diesem großen Projekt berichten, bis Siebeck ihm ausdrücklich davon abriet (Brief 23). Solche Sammelbände
einem russischen Denker zu widmen, wäre für einen deutschen Verleger dieser
Zeit unerhört gewesen. Es war für Schor charakteristisch, dass er trotzdem versuchte, sein utopisches Vorhaben durchzusetzen. Dank seines unermüdlichen
Enthusiasmus erreichte er auch einen Vertrag für ein Buch von Ivanovs Schriften
zum Theater, das nur wegen der politischen Entwicklungen scheiterte.[56]
Mit „Die russische Idee" hätte also Schors Zusammenarbeit mit dem J. C. B.
Mohr (Paul Siebeck) Verlag geendet, wäre die Publikation des Dostoevskij-Buches

---

56 Das Buch sollte im Verlag des Bühnenvolksbundes erscheinen. Zur Geschichte dieser
    Organisation gibt es einen handgeschriebenen Text von Rudolf Roeßler, Verlagsleiter
    (NL): „Zeitraum und Sammelplatz der nationalen Theaterkultur in Deutschland war

pünktlich zustande gekommen. Für dieses Projekt hatte Schor schon 1925 im Kreis seiner Freiburger Bekannten ein Abkommen erreicht. Anhand früherer Aufsätze und neu geschriebener Teile sollte eine Dostoevskij-Monografie von Ivanov entstehen. Laut der (übrigens nie schriftlich festgelegten) Vereinbarung sollte der zweisprachige Alexander Kresling das Werk für den Buchhändler und Druckerei-Besitzer Josef Waibel übersetzen. Der Werdegang des Buches wurde aber kompliziert, denn Waibel war kein eigentlicher Verleger und Kresling von Beruf kein Übersetzer. Ersterer gab anscheinend gar seine Druckerei auf, ohne je ein Buch produziert zu haben.[57] Letzterer hatte zwar gute Sprachkenntnisse, war aber anscheinend zerstreut, unsicher und überlastet.[58] Er arbeitete sehr

---

seit Ende des Weltkriegs, im Gegensatz zu der herrschenden politischen und geistigen Richtung, der Bühnenvolksbund. Er war unterm Eindruck der Revolution von 1918 als Organisation christlich und national gesinnter Theaterbesucher und Theaterfreunde errichtet worden, verdankte seine Entstehung im Wesentlichen der Initiative von Persönlichkeiten des religiösen, vor allem des katholischen Lebens und verbreitete sich im Laufe der Jahre, vom Westen und Süden des Reiches aus, über ganz Deutschland. <...> Große Bedeutung erlangte in dem Kampf um die neue nationale Mission der Bühnenkunst das reiche und einheitlich geführte Theaterschrifttum des Bundes, vor allem die Zeitschrift ‚Das Nationaltheater‘, die monatlich erscheinenden ‚Deutschen Bühnenblätter‘ sowie die Reihe von Theaterbüchern, die nacheinander die wichtigste Problematik des Theaters, der dramatischen Dichtung und der Schauspielkunst in Darstellungen und Untersuchungen grundsätzlichen Charakters in Beziehung setzten zu den Lebensfragen der deutschen und abendländischen Kultur überhaupt. Zeugnis von der Weite und Tiefe der Anschauung, mit der hier wieder, von der Position des Theaters aus, einer Wiedervereinigung der künstlerischen, religiösen und nationalen Erlebniswelt des Volks der Weg gebahnt wurde, geben u. a. das Theaterwerk ‚Thespis‘, das Rudolf Roeßler 1930 herausgab, sowie Fedor Stepuns bahnbrechendes Buch über ‚Theater und Kino‘, dem nun noch ein Werk von Wiatscheslaw Iwanow ‚Das Schicksal des Theaters‘ folgen sollte." Zur Entstehungsgeschichte dieses Textes s. den Brief von Roeßler an Schor vom 8.9.1933 (NL): „Lieber Herr Professor Schor, anbei sende ich Ihnen, wie vereinbart, die kleine Skizze über die Entwicklung des Bühnenvolksbunds in den letzten Jahren. Hoffentlich ist sie für ihre Zwecke verwendbar." Vgl. den Brief von Schor an Siebeck vom 8. 10. 33 (Brief 193) und die Abbildung des Vertrags für dieses Buch (Abb. 4, S. 298).

57 Erst Ende des Jahres 1928 gab Waibel zu, sein Verlag sei „aussichtlos". Kondjurina, S. 338. In einem Brief an Michael Wachtel vom 22. 7. 2017 schreibt Monika Caroline Hanna Waibel: „Es war geplant, dass mein Vater Josef-Friedrich als Ältester das Haus Bertoldstr. 20 mit Buchhandlung übernehmen sollte. Meine Großeltern Waibel ahnten damals schon, dass mein Vater Josef-Friedrich zwar idealistisch eingestellt war, aber nicht geschäftstüchtig sein würde."

58 In einem Brief an Herbert Steiner vom 24. November 1930 meinte Ivanov: „Kresling ist ein biederer Mann, er versteht meinen Text gut, und seine Übertragung von

langsam und kümmerte sich nicht um die von Ivanov auf Russisch geschriebenen Textteile, sobald er sie übersetzt hatte, was letzten Endes zum Verschwinden des Urtextes führte.[59] An der Verzögerung des Buches war Ivanov allerdings
zum Teil auch selbst schuld, da er der Versuchung nicht widerstehen konnte,
Kreslings deutsche Fassungen stilistisch und manchmal auch inhaltlich immer
wieder umzuschreiben. Bei diesem ganzen Unternehmen hat Schor nur eine
bescheidene, wenn auch unentbehrliche Mittlerrolle gespielt. Wie er Siebeck
erklärte:

> Meine Mitarbeit bestand bloß darin, dass ich einerseits, während meines Aufenthalts
> in Rom Prof. Iwanow dazu bewogen habe, einen Aufsatz über Dostojewski („Dosto-
> jewski als tragischer Dichter") mit zwei weiteren Aufsätzen zu ergänzen, und so aus
> einem Essai ein Buch, ich will hoffen, *das* Buch über Dostojewski zu schaffen; und dass
> ich andererseits Herrn Kresling bei seiner Übersetzungsarbeit immer zur Seite stand.[60]
> (Brief 63)

,Dostojewskij' ist recht anerkennenswert." *DB*, S. 116. Aber in einem früheren Brief an
Schor (vom 22. September 1929) beschwerte er sich, dass Kresling in Eile übersetze und
dabei viele stilistische Fehler begehe. Segal und Segal 2008, S. 351. Kresling übersetzte
auch Aufsätze von Stepun. Er war ein begabter Musiker (professioneller Bratschist
und Leiter eines bekannten russischen Chors). Möglicherweise hat seine vielseitige
musikalische Tätigkeit ihn von der Übersetzung abgelenkt.

59　Rückblickend verteidigte Schor den Verleger, aber nicht den Übersetzer. In einem
　　Brief vom 8. August 1931 (CS) schrieb er an Ivanov: „В вашем письме я заметил
　　раздражение по отношению к ,Вайбелю-Креслингу', которое несомненно связано
　　с непростительной задержкой перевода и поэтому вполне справедливо. Должен,
　　однако, взять под защиту Вайбеля. Его несомненная заслуга в том, что оплатив
　　перевод до его окончательного выполнения, он сделал возможным самое
　　выполнение его. Его упущение в том, что он в свое время не связал Креслинга
　　сроками и поэтому был невольной причиной задержки, но и сам пострадал,
　　т<ак> к<ак> в течение нескольких лет лишен был сумм, уплаченных за перевод."
　　(„In Ihrem Brief bemerkte ich eine gewisse Gereiztheit gegenüber ,Waibel-Kresling',
　　was zweifellos mit der unverzeihlichen Verzögerung der Veröffentlichung verbun-
　　den und somit vollkommen gerechtfertigt ist. Ich muss Waibel allerdings in Schutz
　　nehmen. Sein zweifelloser Verdienst besteht darin, dass er durch die Bezahlung der
　　Übersetzung bereits vor ihrer Durchführung diese erst ermöglichte. Sein Versäumnis
　　lag darin, dass er Kresling seinerzeit keine verbindliche Frist gab und somit unbeab-
　　sichtigt die Verzögerung verursachte. Aber er erlitt auch selbst Schaden, da er mehrere
　　Jahre hindurch um diesen für die Übersetzung bezahlten Betrag gebracht war.") Vgl.
　　dagegen Brief 159, in dem Schor sich deutlich kritischer über Waibel äußert.

60　Aus verschiedenen Quellen wird klar, dass diese Behauptungen zu bescheiden waren. In
　　einem Brief an Ivanov (CS) vom 29. X. 25 schreibt Schor: „Он <Креслинг> хочет, чтобы
　　я принял участие в работе (я редактировал и перевод первой статьи и Фед<ора>

Als das Manuskript endlich bereit lag, erkannte Schor, dass er sich nach einem anderen Verlag umsehen musste. Schor dachte an Siebeck, der schon „Die russische Idee" herausgegeben hatte und der immer wieder (wenn auch selten) russische Denker veröffentlichte. Da er sich nicht traute, selbst wieder an Siebeck heranzutreten, wandte er sich an den ihm mittlerweile bekannten Fritz Lieb mit der Bitte, dass er sich für das Projekt einsetzen möge. Lieb nahm die Sache in die Hand, und abermals sorgte sein Gutachten dafür, dass Siebeck das Buch herausgab. (Briefe 55–61)

Im Licht der Bedenken, die Siebeck gegenüber russischen Autoren hegte, ist es überraschend, wie schnell er auf diesen Vorschlag einging. Bei seiner Entscheidung kamen anscheinend mehrere Faktoren zusammen. Erstens bedeutete Liebs Wort für Siebeck viel. Zweitens hatte Ivanovs „Russische Idee" sich relativ gut verkauft. Drittens war Ivanovs Name mittlerweile in Deutschland sowohl durch „Die russische Idee" als auch durch eine Reihe von Aufsätzen in der *Corona* einigermaßen bekannt geworden. Und viertens ging es im Buch um Dostoevskij, einen der wenigen Russen, dessen Werke in Deutschland stark rezipiert wurden. Wie Lieb andeutete, konnte man sowohl mit einer wichtigen Arbeit als auch mit einem Gewinn rechnen. (Brief 64)

Jedoch erschien das Buch zu einer ungünstigen Zeit. Die im deutschsprachigen Raum gedruckten Rezensionen waren zwar positiv, aber es waren zu wenige, um die Aufmerksamkeit des Publikums auf das Buch zu lenken. Die politischen Ereignisse von 1932–1933 trugen dazu bei, dass das Buch – zumindest

---

Авг<устовича> <Степуна> мы притянули для последней отделки)". („Kresling möchte, dass ich an der Arbeit teilnehme. [Ich habe die Übersetzung des ersten Teils redigiert, und wir haben Stepun für die letzte Bearbeitung herangezogen]".) In einem Brief an Schors Cousine Olga vom 30. April 1926 bemerkt Ivanov: „Evsej Davydovič <Schor> hat mich gezwungen, die von mir vernachlässigte Dostoevskij-Schrift wieder aufzugreifen, hat viel von mir Diktiertes auf seiner Remington getippt, und wir haben für eine deutsche Ausgabe ein Buch über Dostoevskij zusammengestellt – ‚Tragödie, Mythos und Mystik in Dostoevskijs Dichtung'". Originalsprache Russisch (mit einigen deutschen Worten) in: Kondjurina, 213. Im Dezember 1931 schrieb Ivanov im Vorwort zum gedruckten Text: „Es ist mir endlich eine angenehme Pflicht, der Teilnahme meines Freundes J. Schor z. Z. in Freiburg an der Vorbereitung und Verwirklichung dieser Publikation mit tiefem Dankgefühl zu gedenken: jahrelang war er nicht müde, die Sache mit liebevoller Hingabe am tätigsten zu fördern; ja, ich verdanke ihm die erste Anregung, Gedrucktes und Ungedrucktes von mir über Dostojewskij zu einer einheitlichen Darstellung umzubilden, so dass die gegenwärtige Veröffentlichung ohne seine einsichtsvolle Initiative und feste Treue überhaupt nicht zustande gekommen wäre." Wjatscheslaw Iwanow, *Dostojewskij: Tragödie, Mythos, Mystik*. Tübingen, 1932, S. VII.

offiziell – kaum beachtet wurde. Ob es überhaupt eine Leserschaft fand, kann man anhand schriftlicher Zeugnisse nur schwer beurteilen.

* * *

Beim Thema „Ivanov und der Schwabe Verlag" hat man es zwar mit einem anderen Land und anderen Personen zu tun, aber das Vorhaben war in vielerlei Hinsicht dem obigen ähnlich. Benno Schwabe (1884–1950) hatte wie Oskar Siebeck als junger Mann die Leitung eines erfolgreichen Familienverlags übernommen. Wie Siebeck interessierte sich Benno Schwabe nicht nur für den eigenen Verlag, sondern für das Verlagswesen generell. Er war Mitbegründer des Vereins Schweizer Verlagsbuchhändler und zweimal, 1927 und 1928, Präsident desselben. 1930–1931 war er Präsident des Schweizer Buchhändlervereins. Im Gegensatz zu Siebeck stand er den Geisteswissenschaften nah. Er schrieb selbst Gedichte und hatte breite künstlerische und literarische Interessen.[61] Unter seiner Leitung brachte der Schwabe Verlag Gesamtausgaben zweier hervorragender schweizerischer Denker heraus: Jacob Burckhardt und J. J. Bachofen.[62]

Während Ivanov für den J. C. B. Mohr (Paul Siebeck) Verlag als Vertreter der russischen Kultur wichtig war, tritt das spezifisch Russische für den Schwabe Verlag in den Hintergrund. Hier verstand man seine Arbeit vor allem als die wichtige Mythenforschung eines europäischen Gelehrten. Auch wenn Schwabe grundsätzlich geneigt sein mochte, eine Abhandlung über Dionysos zu veröffentlichen, so muss noch geklärt werden, warum es ein Schweizer Verlag ausgerechnet im Jahre 1936 wagen würde, ein solches scheinbar marginales Werk herauszugeben. Um diese Frage zu beantworten, muss man sich den kulturellen Kontext vergegenwärtigen. Der schweizerische Buchhandel, von dem die überwiegende Mehrzahl der Bücher immer in deutscher Sprache erschien, war mit dem deutschen Markt eng verflochten. Seit Hitlers Machtübernahme waren in Deutschland immer weniger Bücher intellektuellen Inhalts gedruckt worden, während der Bedarf nach ihnen ständig wuchs.[63] Bezeichnend ist beispielsweise

---

61 Nachruf auf Benno Schwabe, *Basler Nachrichten*, 8. Juni 1950. Wiederabgedruckt in: Frank Hieronymus (Hg.), *1488 Petri-Schwabe 1988: Eine traditionsreiche Basler Offizin im Spiegel ihrer frühen Drucke*. Basel, 1997, Bd. 1, S. XX–XXI.

62 Fritz Lieb vergleicht Ivanov in einem Brief an Siebeck vom 17. Juli 1929 (Brief 19) überraschenderweise ausgerechnet mit diesen beiden Denkern. „Besonders in den Schlussabschnitten ist eine ganz seltene Schönheit und Tiefe der Gedankenführung erreicht, die zugleich an J. Burckhardt und an Bachofen erinnert." Schwabe wusste selbstverständlich nichts von der Existenz dieses Briefes.

63 „Publikationen wurden seit 1933 en masse verboten. Die Zahl der Neuerscheinungen, die 1932 zum ersten Mal 32.000 Titel überschritten hatte, sank dramatisch und

die Situation der 1930 gegründeten Zeitschrift *Corona*, in der Ivanov mehrfach veröffentlicht hat. Von einem Schweizer (Martin Bodmer) unterstützt und mit einem schweizerischen Juden als Schriftleiter (Herbert Steiner) war die *Corona* eine ausgesprochen elitäre Publikation, zu deren Autoren Thomas Mann, Hermann Hesse und auch Richard Beer-Hofmann zählten. Trotz des Inhalts und der Mitarbeiter wurde die Zeitschrift, die sogar in Deutschland gedruckt wurde, von den Nazis toleriert, erstens als Devisenbringer und zweitens als „Beweis" der Toleranz nationalsozialistischer Kulturpolitik.[64] So konnte Steiner am 23. Juni 1934 Beer-Hofmann berichten: „Die ‚Corona' selbst hatte bis vor zwei Monaten alle Subskribenten behalten, ja eher hinzugewonnen – wahrscheinlich gibt's jetzt Leute, die lieber etwas ihnen Unverdauliches als etwas ‚Politisches' lesen." (HL). Ähnliches ist bei der katholischen Zeitschrift *Hochland* zu bemerken, deren Subskribenten in den Nazi-Jahren gestiegen sind.[65]

Trotz Gleichschaltung konnten die Schweizer Verlage also ihre Publikationen in Deutschland weiterhin verkaufen. Die ersten Jahre der Nazi-Diktatur waren daher eine recht gute Zeit für den schweizerischen Buchhandel.[66] Es gab zwar

---

erreichte 1934 nur noch 24.000 neue Titel. Der Rückgang lag an der Unmenge an Verboten, aber auch an der Tatsache, dass so gut wie alle bedeutenden und angesehenen Autoren emigriert oder mit Schreibverbot belegt waren und so nichts mehr publizieren konnten <...> Nicht nur die Zahl der Neuerscheinungen, sondern auch die Zahl der Verlage reduzierte sich." Klaus G. Saur, „Verlage im Nationalsozialismus." In: Klaus G. Saur (Hg.), *Verlage im „Dritten Reich"*. Frankfurt a. M., 2013, S. 8.

64 „Die ‚Corona' steht in mehrfacher Hinsicht völlig vereinzelt in der Literaturszenerie des Dritten Reiches. Die Verantwortung für den Inhalt lag in der Schweiz, was den Zugriff der Zensurinstanzen zumindest verzögerte, gleichsam exterritorial war sie als erwünschter ausländischer Druckauftrag, der Devisen brachte, und schließlich mochte ihr hoher Auslandsabsatz auch der Reputation des Regimes dienen. <...> Wer die ‚Corona' aufmerksam las – und anders konnte man sie kaum lesen – , der wusste, was dem herrschenden, alles erstickenden Ungeist entgegenzusetzen war." Reinhard Wittmann, „Ein konservativer Verlag im Dritten Reich – das Beispiel Oldenbourg". In: Klaus G. Saur (Hg.), *Verlage im „Dritten Reich"*, S. 49–50.

65 Konrad Ackermann, *Der Widerstand der Monatsschrift* Hochland *gegen den Nationalsozialismus*. München, 1965, S. 91–93.

66 „Die Ära des Nationalsozialismus hat durch den Einbau des ständischen Prinzips zu tiefgreifenden Änderungen in der Struktur des Börsenvereins <der Deutschen Buchhändler> geführt. Zwar wurde mit Rücksicht auf die internationale Bedeutung dieser Organisation so lange wie möglich der Anschein gewahrt, als ob sich trotz den internen Änderungen für den Auslandsbuchhandel kaum etwas geändert hätte". Auf der Generalversammlung des Schweizerischer Buchhändlervereins im Juni 1934 „gelang es Herrn Ernst Reinhardt, München, der als Delegierter des Börsenvereins anwesend war,

Schwierigkeiten, jedoch eher wirtschaftlicher als politischer Art. In den frühen Jahren der Nazi-Diktatur konnte auch der antifaschistische Schweizer Verlag Vita Nova einige Erfolge in Deutschland erzielen. Bezeichnend ist das Schicksal des Buches von A. S. Steinberg, *Die Idee der Freiheit: Ein Dostojewskij-Buch*, das seinerzeit von Siebeck abgelehnt worden war und im Jahre 1936 bei Vita Nova erschien. In einem Brief an Schor vom 11. November 1936 (NL) schrieb Rudolf Roeßler, der Verleger:

> Das Buch von Steinberg, das mir vor allem als ein außerordentlich wichtiger Beitrag zur Dostojewski-Literatur erscheint, geht besser, als man bei den Ansprüchen, die das Buch an den Leser stellt, ohne weiteres erwarten kann. Auch in Deutschland zeigt sich ganz gutes Interesse. Das Buch hat auch den Vorteil, dass es in Deutschland ohne weiteres verbreitet werden kann und doch gerade die Menschen innerlich stärkt, auf die es ankommt.[67]

Allerdings liefen die Verlage immer Gefahr, dass die Nazi-Zensur eingreifen würde. Am 20. Juli 1936 schrieb Roeßler an Schor (NL):

> Gleichzeitig teile ich Ihnen mit, dass Ihr Buch „Deutschland auf dem Wege nach Damaskus", nachdem es in Deutschland ungehindert seit Winter 1934 vertrieben werden konnte, plötzlich durch die Leipziger Polizei beschlagnahmt worden ist. Der Polizei fielen etwa 60 Exemplare, die bei unserer Leipziger Auslieferungsstelle lagen, in die Hände. Wir haben energisch gegen die Beschlagnahme protestiert, doch wird dieser Protest vermutlich nicht den geringsten Erfolg haben.

---

die Versammlung zu beruhigen, indem er die Versicherung abgab, dass dem Schweizer Buchhandel nicht die geringsten Schwierigkeiten bereitet würden". Hans Girsberger, *Hundert Jahre Schweizerischer Buchhändlerverein*, S. 22.

67 Interessanterweise war Schor gegen die Veröffentlichung des Buches. In Antwort auf Roeßlers Frage, ob es sich lohne, das Buch herauszugeben, schrieb Schor aus Tel-Aviv in einem Brief an Roeßler vom 3. I. 35 (NL): „Meinen Sie ‚Das System der Freiheit bei Dostojewski' von Steinberg? Dieses Buch kenne ich. Es ist eine sehr ernste Studie über die Freiheitsidee von Dostojewski. Stepun schrieb mir einmal, dass dieses Buch im Gotthelfverlag erscheinen soll. Ich bin nicht sehr überzeugt, dass dieses Buch für einen breiten Kreis geeignet sein wird und dass man ihm eine aktuelle Wendung verleihen könnte. (Dies – also vom verlegerischen Standpunkt aus). Aber vielleicht irre ich mich, und Steinberg hat ein neues Buch geschrieben. Dieses neue Buch kenne ich nicht und wusste auch nicht, dass solch ein Buch dieses Verfassers russisch herausgegeben wurde. Jedenfalls ist Steinberg ein ernster Denker und ein Mensch mit einem interessanten Schicksal: er gehörte zu den so genannten Sozialisten-Revolutionären, <der> russischen sozialistischen Partei, die einen Volkscharakter hatte und dem Marxismus gefühlsmäßig fremd war. Steinberg bekleidete eine Zeit lang einen Ministerposten (während der Revolution)."

Rückblickend ist hier besonders hervorzuheben, dass dies erst 1936 geschah, dass in Nazi-Deutschland ein Buch von einem Juden über die deutsche geistige Kultur fast zwei Jahre hatte frei verkauft werden können.[68]

---

68 Ende der 1930er-Jahre wurde alles wesentlich strenger geregelt. Der Vita Nova Verlag, bei dem Schors Buch erschien, fand sich plötzlich auf der Liste derjenigen Verlage, deren Gesamtproduktion in Deutschland verboten war. *Liste des schädlichen und unerwünschten Schrifttums* (Stand vom 31. Dezember 1938). Wiederabgedruckt vom Topos Verlag, Liechtenstein, 1979, S. 181. Über die kompromisslose Stellungnahme des Verlages Vita Nova und ihre Folgen berichtet Rudolf Roeßler in einem Brief an Schor vom 27. 8. 1945 (NL): „Die Vergangenheit hat uns natürlich geschäftlich sehr übel mitgespielt. Wir gehörten zu den wenigen Verlagen deutscher Sprache, die infolge ihrer entschiedenen Haltung im ganzen von Deutschland beherrschten Teil Europas vom Buchvertrieb durch nationalsozialistische und faschistische Verbote unserer Literatur ausgeschlossen waren und deren Bücher in den Kommissionslagern der ausländischen Vertreter nacheinander, jeweils sofort bei der Besetzung der einzelnen Länder durch die deutschen Truppen, beschlagnahmt und verboten worden sind. Durch alle diese Dinge sind uns natürlich schwere Verluste erwachsen, von denen wir uns erst wieder erholen müssen. Andere Verlage – u. a. die meisten schweizerischen – machten es sich demgegenüber leicht: sie verlegten schon lange vor dem Krieg nur noch farblose, neutral-unpolitische oder den weltanschaulichen Ansprüchen des Nationalsozialismus in dieser oder jener Form angepasste Literatur und taten auf diese und jene Weise alles, um ihre geschäftlichen Beziehungen zum deutschen und deutschbeherrschten Buchhandel zu erhalten und über die Leipziger Kommissionshäuser ungestört weiterverkaufen zu können. Merkwürdigerweise nimmt ihnen dieses Verhalten heute niemand übel, wenigstens keine Behörde, und nicht einmal eine solche in den alliierten Ländern." Vgl. Roeßlers Brief an Fedor Stepun vom 30. 4. 48 (BL): „Der Umstand, dass wir viele Jahre lang, von 1934–1943, als einziger Verlag im deutschen Sprachgebiet gegen die weltanschauliche und politische Diktatur und gegen die auf so vielfältige Weise mit den deutschen und italienischen Nationalisten zusammenwirkenden Kräfte entschieden Stellung genommen und dabei bedeutende Verluste (Verbote unserer Produktion im größten Teil Europas, Massenvernichtung unserer Bücher in den von Deutschland überfallenen Ländern usw.) in Kauf genommen haben, ist uns schlecht bekommen. Wir haben dabei unser Kapital aufgebraucht und Schulden machen müssen, während die anderen Verleger außerhalb von Hitlers und Mussolinis Machtbereich sich entweder durch ‚Neutralität' das deutsche und europäische Absatzgebiet weiter erhalten oder sich bei irgendeinem der diktatorischen Systeme durch eine entsprechend entgegenkommende Produktion Förderung und Subvention erbettelt haben. Das hat bewirkt, dass wir nach dem Krieg geschäftlich lahmgelegt und der eingetretenen Teuerung in keiner Weise mehr gewachsen, die charakterlosen, aber klugen Verleger dagegen sehr aktiv waren und, nach eiliger Umstellung ihrer Produktion auf die amerikanischen Bedürfnisse und Sitten, die begünstigten Geschäftspartner der ‚Sieger' werden konnten. Die Entwicklung, die damit im schweizerischen (ebenso aber auch im sonstigen

Der Reiz von Ivanovs Buch über Dionysos war zweifach. Einerseits mag die Erfahrung von Erwin Rohdes quasi zum Bestseller gewordener *Psyche* noch frisch in der Erinnerung der Verleger gewesen sein. Sie zeigte, dass man tatsächlich ein ernsthaftes wissenschaftliches Buch über altgriechische Religion herausgeben konnte, das von einem großen Publikum geschätzt – und gekauft – wurde.[69] Es wurde mehrmals ausdrücklich betont, Ivanov sollte sein Buch nicht nur an Fachleute, sondern auch an „interessierte Laien" richten. Andererseits zielte der Benno Schwabe Verlag sicherlich auf den deutschen Markt, wo selbst in den immer strenger werdenden Verhältnissen des Jahres 1937 eine Arbeit zum Dionysos-Mythos mit der Zensur schwerlich in Konflikt geraten würde.[70]

Bei den Verhandlungen mit dem Schwabe-Verlag wurde die Vermittlerrolle, die Schor seinerzeit beim J. C. B. Mohr (Paul Siebeck) Verlag gespielt hatte, von Edwin Landau (1904–2001) übernommen. Landau war ein begabter und mutiger Mensch. Er entstammte einer kunstliebenden Familie, die ihm die Wahl des Berufs freigestellt hatte. Nach einem Studium der Literatur, Kunst und Philosophie wurde er 1927 in Breslau mit einer Dissertation über Karl Wolfskehl promoviert, ein Thema, das sein Interesse für den George-Kreis getreu widerspiegelt. Was nun folgte, war ein Wagnis: Landau beschloss, Verleger zu werden.

---

europäischen) Verlagswesen eingetreten ist, wird vielleicht durch nichts besser charakterisiert als durch die Allianz der großen amerikanischen Verlagstrusts selbst mit jenen Verlagen, die bis zu den ersten Anzeichen der deutschen militärischen Niederlage offen auf die nationalsozialistische und faschistische Karte gesetzt haben."

69 *Psyche* erschien erstmals 1876 und erlebte bis 1925 zehn Auflagen. Hubert Cancik, „Erwin Rohde". In: Ward W. Briggs und William M. Calder III (Eds.), *Classical Scholarship: A Biographical Encyclopedia*. New York, 1990, p. 400.

70 Interessant ist hier die Tatsache, dass der Schocken Verlag, der erstaunlicherweise unter der Leitung des Nicht-Juden Lambert Schneider bis 1937 immer noch veröffentlichen durfte (Klaus G. Saur, *Verlage im „Dritten Reich"*, S. 8), ebenfalls versuchte, Ivanovs Dionysos-Buch zu verlegen. Am 8. 6. 38 schrieb Schneider an Ivanov (CS): „Sehr verehrter Herr Professor, bei meiner letzten Zusammenkunft mit Professor Buber erzählte er mir von einer Ihrer Arbeiten mit dem Titel ‚Dionysos'. Ist sie schon in einer Buchausgabe erschienen? Nach dem, was mir Prof. Buber sagte, könnte ich mir denken, dass eine deutsche Ausgabe wichtig und wünschenswert wäre, und ich interessiere mich verlegerisch dafür. Ich wäre Ihnen für eine baldige Antwort sehr dankbar. Mit den besten Grüßen Ihr sehr ergebener Lambert Schneider". Der Briefwechsel zwischen Ivanov und Buber hatte schon im Jahre 1934 aufgehört. (*DB*, S. 29–47.) Es ist daher besonders bemerkenswert, dass Buber vier Jahre später immer noch an dieses Werk dachte. Anscheinend meinte auch Buber, dass die Dionysos-Thematik keinen Hindernissen bei der NS-Zensur begegnen würde.

Er tat dies aus reiner Liebe zur Kultur, dachte eher an Ästhetik als an Gewinn. Für mehrere Jahre volontierte er als Geselle bei renommierten Buchdruckern der Zeit. Als er endlich – gemeinsam mit Wolfgang Frommel – seinen eigenen Verlag namens „Die Runde" gründete, war er sich der ihm bevorstehenden Schwierigkeiten vollkommen bewusst:

> Die rein technischen Voraussetzungen schienen also recht günstig zu sein. Der Zeit-punkt für den Start weniger, denn in den Jahren 1930/31, der Planung zunächst, befan-den wir uns bereits tief in der Wirtschaftskrise mit ihrer großen Arbeitslosigkeit. Das Programm stand überdies in solchem Widerspruch zu den damaligen Strömungen, dass es großer Überzeugungskraft und des Glaubens an die Richtigkeit unseres Tuns bedurfte, um das Wagnis auf sich zu nehmen, zumal keine großen Mittel zur Verfü-gung standen. Wenn ich von ‚uns' spreche, so ist damit auf das Gemeinschaftliche des Unternehmens hingewiesen, das sich in der Namensgebung für den Verlag ausdrückte. Wir waren eine Runde, ein weiterer Kreis um den eigentlichen ‚Kreis der Blätter für die Kunst'. Studium, Freundschaften und vor allem die gemeinsame Besinnung und Beru-fung auf den Dichter Stefan George hatte<n> uns zusammengeführt.[71]

Landaus „Runde" suchte, den Wirren der Zeit zum Trotz, Wegweiser für die moderne Kultur als Erbin der Antike zu sein. Zu den bekanntesten Büchern des Verlags zählte *Der dritte Humanismus*, ein kleiner Band von Frommel, den Landau als „Programmschrift des Verlages" bezeichnete.[72] In dem Buch vertei-digte Frommel eine übernationale Auffassung von Humanismus, ein Weltbild, „dessen Entwurf sich von Homer über Platon, von Shakespeare bis zu Goethe, Nietzsche und Stefan George vollzieht".[73] An einer von Landau hervorgehobe-nen Stelle meinte Frommel:

> Im Sinne der Überlieferung und Bildung ergeben sich zwei Gesichtspunkte: erstens *die Wahrung des menschlichen Bildes* und der menschlichen Aufgabe im vollen Umfang durch die Schau auf die Antike, die zeitlich-überzeitlich den homo als Herrscher sei-ner selbst und der Dinge zum erstenmal beispielhaft verwirklicht hat. Zweitens wird er, um seiner abendländischen Bildungsaufgabe gerecht zu werden und um die dauernd

---

71 Edwin M. Landau, *Verlorene Wege, bleibende Wege: ‚Die Runde', Paul Claudel und Reinhold Schneider*. Paderborn, 1994, S. 12–13. George selbst war diese Anerkennung von unbekannten jungen Dichtern nicht immer willkommen. Ulrich Raulff, *Kreis ohne Meister: Stefan Georges Nachleben*. München, 2009, S. 454.

72 Landau, *Verlorene Wege*, S. 21.

73 Lothar Helbing [Pseudonym für Wolfgang Frommel], *Der dritte Humanismus*. Berlin, 1935, dritte, veränderte Auflage, S. 11. Nach Helbing war dieser dritte Humanismus als Fortsetzung des ersten (der Wimpfeling, Hutten, Celtis und Erasmus) und des zweiten (der deutschen Klassik) zu verstehen.

gefährdete menschliche Form vor Zerstörung zu wahren, auch die nachantiken Errungenschaften unseres geistigen und seelischen Weltgebäudes erhalten.[74]

Frommel wird zwar von seinem Verleger und Mitkämpfer Landau als kompromissloser Gegner der damaligen politischen Entwicklung in Deutschland dargestellt, die jüngste Forschung zeichnet jedoch ein differenzierteres Bild von ihm. Günter Baumann findet in Frommels Buch durchaus Berührungspunkte mit der frühen Ideologie des Nationalsozialismus, allem voran mit dem Glauben an die „konservative Revolution".[75] Es ist kaum zu übersehen, dass bereits der Titel von Frommels Schrift an die Hauptparole des Nationalsozialismus erinnert. Laut Baumann vertrat Frommel „einen gemäßigten, aber bewussten Nationalsozialismus ohne die antisemitische Tendenz".[76] Auch Ulrich Raulff versteht den „dritten Humanismus" eher als einen „Flirt des Verfassers mit der Sprache des Faschismus", bemerkt aber, dass „seine Konzessionen an die politischen Zeitumstände immer noch umstritten sind".[77]

Woran Frommel auch geglaubt haben mag, er sah sich im Jahre 1937 genötigt, Deutschland zu verlassen. Landau selbst fand sich in einer ähnlichen, vielleicht noch gefährlicheren Situation. Im Februar 1936 verfügte die deutsche Reichsschrifttumskammer, dass Landau sein „kulturförderndes" Unternehmen wegen seiner jüdischen Herkunft aufgeben musste. Hinzu kamen offensichtlich noch andere Gründe:

> Überdies hatte die Schrift „Nationalsozialismus vom Ausland gesehen", im August 1933 erschienen und bis 1935 in rund 10.000 Exemplaren verkauft, mit seiner scharfen Kritik an der Rassengesetzgebung und der Wirtschaftskonzeption der Partei den Unwillen der Machthaber in höchstem Maße erregt. Es war die einzige, offen gegen den Nationalsozialismus Stellung beziehende Schrift, die in dieser Zeit in Deutschland veröffentlicht wurde. Nicht minder empörte man sich über die Schrift des Norwegers Arvid Brodersen „Stefan George, Deutscher und Europäer", 1935 verlegt, die in einem Kapitel „Die Äußersten" die Bedeutung der jüdischen Freunde des Dichters klar herausstellte.[78]

Aber Landau war nicht bereit, auf seinen Beruf und noch weniger auf seine innere Berufung zu verzichten. Er überzeugte Benno Schwabe, das Programm der „Runde" in der Schweiz fortzusetzen. Dass es eben um eine Fortführung

---

74 Zitiert bei Landau, S. 22. Im Original: *Der dritte Humanismus*, S. 31–32.

75 Günter Baumann, *Dichtung als Lebensform: Wolfgang Frommel zwischen George-Kreis und Castrum Peregrini*. Würzburg, 1995, S. 148.

76 Baumann, S. 152.

77 Raulff, S. 454–455.

78 Edwin M. Landau, Samuel Schmitt (Hg.), *Lager in Frankreich*. Mannheim, 1991, S. 145–146. Ausführlicher in Landau, *Verlorene Wege*, S. 40–44.

ging, kann man daraus schließen, dass ab 1937 auch Wolfgang Frommel eine Stelle bei Schwabe bekam.[79] In Landaus Worten: „Auch die Zusammenarbeit (von Berlin aus) mit dem Basler Verlag Benno Schwabe & Cie, auf ein Programm abgestimmt, das ein Schweizer Verleger noch wagen, ein deutscher nicht mehr durchführen konnte, war ständig gefährdet."[80]

So kam es, dass dem immer noch in Deutschland weilenden Landau die Vermittlerrolle zwischen Ivanov und dem Verlag Benno Schwabe zufiel. Dass Landau seine ersten an Ivanov gerichteten Briefe in einem etwas holprigen Französisch statt in seiner Muttersprache schrieb, zeigt, dass er zunächst wenig über den russischen Dichter wusste.[81] (Wie alle gebildeten Russen beherrschte Ivanov zwar Französisch, aber Landau hätte sich die Mühe sparen können.) Andererseits hatte sich Landau über das Wichtigste schon gut beraten lassen. Die in seinem Brief erwähnten Namen gehörten zu den relativ wenigen Leuten im Westen, die Ivanov und seine Schriften beurteilen konnten. An erster Stelle war – wie bei Oskar Siebeck – Fedor Stepun, den Landau persönlich kennengelernt hatte, und dessen Beitrag „Wjatscheslaw Iwanow: Eine Portraitstudie"

---

79 „Wolfgang Frommel verließ Deutschland 1937. Zunächst kam er in Basel als Lektor im Verlag Benno Schwabes unter, von wo aus er das alte Runde-Projekt einer Zeitschrift, nun auf europäischer Ebene, zusammen mit Wilhelm Fraenger weiterbetrieb." Wilhelm Fraenger und Wolfgang Frommel im Briefwechsel, *Castrum Peregrini*, 1990, S. 170. Vgl. den auf S. 156 derselben Publikation abgedruckten Brief vom 23. 3. 1936 von Wilhelm Fraenger an Frommel. (Am Anfang des Briefes werden die Schließung der „Runde" und manch andere deutsche Verlagsschwierigkeiten erwähnt.) „Umso erfreulicher war mir nach alledem zu hören, dass die B<enno> Sch<wabe>sache in löblicher Ordnung geht. Auf dieser Alm wollen wir nun ruhig unsere Sonnenkühe weiden und, solang es geht, in arkadischem Frieden unser Tagwerk tun." In einem Brief an seine Eltern vom 26. 9. 1938 schreibt Frommel von seiner „neuen Bekanntschaft <...> mit Iwanow, dem bedeutenden alten russischen Lyriker." *Castrum Peregrini*, 226–228 (1997), S. 136. In demselben Absatz geht es um ein Treffen mit Benno Schwabe, wobei Frommel erklärt, dass er „auf dem Duzfuß" mit ihm stehe.

80 Edwin M. Landau, Samuel Schmitt (Hg.), *Lager in Frankreich*, S. 146. Es ist bezeichnend, dass der Verlag eine Zweigstelle in Leipzig hatte, die in den ersten Monaten des Jahres 1937 geschlossen wurde. Dies ersieht man aus Landaus Schreiben mit dem Briefkopf „Benno Schwabe & Co., Basel, Buchdruckerei und Verlagsbuchhandlung, Gegründet 1494 durch Johannes Petri, Leipzig C I, Inselstraße 20". In sämtlichen nach dem 17. 3. 37 datierten Briefen ist die Leipziger Adresse durchgestrichen.

81 Mit der Zeit (anscheinend in der französischen Internierung, vgl. Edwin M. Landau, Samuel Schmitt (Hg.), *Lager in Frankreich*, S. 148) wurde Landaus Französisch ausgezeichnet. In den Nachkriegsjahren wurde er einer der besten deutschen Übersetzer und Kenner der französischen Literatur.

Landau in der Zeitschrift *Hochland* hätte lesen können. Außerdem erwähnt Landau Herbert Steiner, den Herausgeber der bekannten Zeitschrift *Corona*, worin mehrere Aufsätze von Ivanov veröffentlicht worden waren. Steiner gehörte zum kleinen, aber begeisterten Kreis der nichtrussischen Ivanov-Verehrer. Er versuchte sowohl in seiner eigenen Zeitschrift als auch durch seine Beziehungen zu anderen Periodika ein europäisches Publikum für Ivanovs Werk zu gewinnen.[82] Manche russisch (oder französisch) geschriebene Arbeit von Ivanov übergab er dem ebenfalls von Landau erwähnten Heidelberger Professor Nicolai von Bubnoff zum Übersetzen. Bubnoff selbst hatte ausführlich in seinem Buch *Kultur und Geschichte im russischen Denken der Gegenwart* (Berlin, 1927) über Ivanov geschrieben.

Aus diesen Quellen konnte Landau erfahren, dass Ivanov weltanschaulich eine Figur war, die sich in die geistige Sphäre der „Runde" leicht einpasste. Wenn Landau nicht schon durch Stepun über Ivanov unterrichtet gewesen wäre, hätte auch der italienische Germanist Alessandro Pellegrini seine Aufmerksamkeit auf den russischen Dichter gelenkt haben können. Pellegrini hatte im Jahre 1934 sowohl eine George-Studie bei der „Runde" veröffentlicht, als auch eine Ivanov gewidmete Sondernummer der Zeitschrift *Il Convegno* ediert.[83]

Wenn der immer hilfsbereite Landau eine Entscheidung fasste, war er nicht leicht davon abzubringen. Landau verstand, dass mancher Autor Ermunterung braucht. Er hatte schon wesentlich dazu beigetragen, dass Frommels *Der dritte Humanismus* zustande kam: „Ursprünglich als protestantische Doktorarbeit geplant, aber immer wieder aus Zweifeln und Selbstkritik vom Verfasser liegengelassen, musste ich auch in seinem Fall mit der Schreibmaschine, oder wie er es ausdrückte, Haarmann mit dem Hackebeil, bei ihm anrücken, um sie ihm

---

82 Vgl. seinen Brief an Ivanov vom 3. 1. 37. „Das Abkommen wegen des Dionysos mit der ‚Runde', d. h. mit Schwabe, scheint mir ein gutes und schönes Omen <...> Sie wissen ja, dass ein enger Mitarbeiter Landaus mich in Zürich aufgesucht hatte und dass ich ihm von dem Buch sprach. Aus bestimmten Gründen rein äußerer Art hatte ich nicht mehr hingeschrieben. Wie gut, dass die Leute ernstlich *wollten*!" *DB*, S. 198.

83 „Offiziell" sind die Veröffentlichungsdaten 1933 (für die Zeitschrift) und 1935 (für das George-Buch), aber tatsächlich ist erstere Anfang 1934 und letzteres Ende 1934 erschienen. In der Sondernummer erschien auch Ivanovs „offener Brief" an Pellegrini „Lettera ad Alessandro Pellegrini sopra la ‚Docta pietas'" (*Il Convegno*, 1933, no. 8–12, pp. 316–327). Zu Pellegrinis Buch s. Landau, *Verlorene Wege*, S. 39–40. Ivanov hat anscheinend versucht, eben dieses Buch der Schriftleitung der Zeitschrift *Hochland* zu unterbreiten, vgl. Michael Wachtel, „Vjačeslav Ivanov i žurnal *Hochland*", *Europa Orientalis* XXI, 2 (2002), S. 90.

endgültig zu entlocken".[84] Bei dem deutschen „Dionysos" beobachtet man etwas Ähnliches. Nachdem Landau sich von dem Wert des Projektes überzeugt hatte, unternahm er alles in seinen Kräften Stehende zu dessen Verwirklichung.

Bereits ganz am Anfang des Unternehmens zeigte sich Landau zielbewusst. Nachdem er zehn Tage lang vergebens auf Ivanovs Antwort gewartet hatte, schrieb er ihm einen zweiten Brief, in dem er sich erkundigte, ob der erste vielleicht verloren gegangen sei, und stellte seine Frage erneut. Auf diesen zweiten Brief hat Ivanov anscheinend reagiert. Damit begann ein mehrjähriger (jetzt deutschsprachiger) Briefwechsel, an dem nicht nur Landau und Ivanov, sondern auch der damals in Rom lebende Kirchenrechtshistoriker Stephan Kuttner, Benno Schwabe und am Schluss gar die Schweizerische Gesandtschaft in Rom teilnahmen.

In den Briefen von Landau an Ivanov erkennt man einen Verleger, der ständig bemüht ist, seinen Autoren das Leben zu erleichtern. Um Ivanov von der „alltäglichen" Seite des Unternehmens zu befreien, beauftragte Landau seinen Bekannten Kuttner, mit dem Autoren alle Fragen technischer Art zu klären. Während Landau die Interessen des Verlages im Auge hatte, verhielt sich Kuttner eher als Ivanovs Agent. Aus seinen Randnotizen in Landaus Briefen geht hervor, dass er dem Dichter einen immer günstigeren Vertrag unterbreitete. Allerdings sollte betont werden, dass bei aller Treue zu Kulturpflege und Humanismus der Verlag auf den Vertrag nicht eingegangen wäre, ohne ein profitables Geschäft zu wittern. Zwar meinte Landau (Brief 208), „dass die Herausgabe des Werkes für den Verlag ein nicht unerhebliches Risiko bedeutet", drückte aber diese Bedenken im Kontext der angebotenen Honorarerhöhung aus. Sonst dachte er doch an „einen netten Erfolg", was auch aus Benno Schwabes Brief an Ivanov sofort nach Erhalt des Vertrages (Brief 212) ersichtlich ist.

Das Problem der Übersetzung war nicht leicht zu lösen, und sobald Landau sich der deutschen Sprachkenntnisse seines Autors bewusst geworden war, riet er dem Dichter, seinen Text selber zu übersetzen. Aber Ivanov war nicht bereit, darauf einzugehen. Zur Zeit des Vertrages war die Wahl des Übersetzers noch nicht endgültig getroffen. Zu guter Letzt fand sich jedoch eine Übersetzerin, und zwar eine ziemlich bekannte. Interessanterweise wird ihr Name in den Briefen von Landau immer wieder verschwiegen. So findet man im Brief vom 9. 6. 37 einen ersten Hinweis auf diese „von Ihnen freundlicherweise akzeptierte Übersetzerin". Es kann wohl daran gelegen haben, dass Landau es vorzog, den jüdischen Namen der Übersetzerin nicht zu erwähnen, falls seine Briefe von den Nazi-Behörden zensiert wurden. Käthe Rosenberg war eine erfahrene Übersetzerin

---

84 Landau, *Verlorene Wege*, S. 21.

aus vielen Sprachen. Aus dem Russischen hatte sie u. a. schon zwei Bücher von Stepun übertragen. (Möglicherweise hatte sie Stepun daher an Landau empfohlen.) Rosenberg wurde von russischen Dichtern der Emigration hoch geschätzt. Von ihr schrieb beispielsweise im Jahre 1932 der russische Schriftsteller Ivan Šmelev:

> Käthe Rosenberg <...> Eine wunderbare Seele! Sehr intelligent. Ihre Cousine ist Thomas Manns Frau. Sie hat viele Bekannte in der literarischen Welt <...> Sie liebt Russen. (Sie war einst mit einem Russen verlobt, der an Verzehrung gestorben ist). Damals hat sie seinem Gedächtnis zur Ehre die russische Sprache erlernt. Sie hat vieles (Klassik) gelesen, und jetzt liest sie bei S. Fischer englische, französische und russische Literatur und macht Vorschläge für den Verlag.[85]

Allerdings war Käthe Rosenberg eine Übersetzerin von Belletristik, nicht von wissenschaftlichen Texten. Die Tatsache, dass sie bereit war, ein ihr so fremdes Thema anzunehmen, ist wahrscheinlich dadurch zu erklären, dass damals eine jüdische Übersetzerin – offiziell – keinen „kulturfördernden" Beruf betreiben durfte.[86] Ihre Auftragslage für Übersetzungsarbeiten war also denkbar schlecht. Unter den zweifelsohne schwierigen Umständen sowohl wissenschaftlicher als auch weltpolitischer Art hat Rosenberg ihre Arbeit pünktlich und sorgfältig erledigt. Mit Erleichterung vernimmt man, dass sie der Nazi-Vernichtungsmaschinerie entkommen konnte, und dass das Honorar für die Dionysos-Übersetzung die Not der ersten Periode ihres Flüchtlingslebens in England etwas milderte (Briefe 235–248). Aber diese Episode, so interessant sie auch ist, lenkt uns von der Entstehungsgeschichte des „Dionysos" ab. Ab 1938 spielt auch Landau keine Rolle mehr, denn er war der Übersetzerin in die Emigration nach England vorangegangen.[87] In den folgenden Jahren sollte Ivanov das von Rosenberg übersetzte Manuskript umarbeiten. Die anfangs noch vergnügten und höflichen Briefe Benno Schwabes an Ivanov wurden immer verzweifelter, nachdem er

---

85 I. A. Il'in, *Sobranie sočinenij: Perepiska dvuch Ivanov (1927–1934)*. Moskva, 2000, t. 1, S. 256–257. (Originalsprache Russisch)

86 Schon 1933 kam es zu Problemen dieser Art. Als dem Russen Ivan Bunin der Nobelpreis verliehen wurde, stellte sich heraus, dass die Übersetzungsrechte Käthe Rosenberg gehörten. Ihr Name durfte aber nicht mehr in Bunins Büchern erscheinen. Hufen, S. 442–443. Es versteht sich von selbst, dass 1937, als Rosenberg den Auftrag annahm, Ivanovs Buch zu übersetzen, die Situation noch mehr zugespitzt war.

87 In den nächsten Jahren pendelte Landau zwischen England und der Schweiz. Durch unglückliche Fügung befand er sich bei Kriegsausbruch gerade in Paris, was zu seiner Internierung in Frankreich führte. Vgl. Edwin M. Landau, Samuel Schmitt (Hg.), *Lager in Frankreich*, S. 146.

begriff, dass mit dem Erhalt des mit einem großzügigen Vorschuss vergoltenen Manuskripts nicht mehr zu rechnen war. Ab 1940 wandte sich der Verlag an die Schweizerische Gesandtschaft in Rom, deren Sekretär dem Dichter sogar verbot, andere Aufträge anzunehmen, bevor er das „Dionysos"-Manuskript zu Ende geschrieben habe (Brief 260).

Ivanov war allem Anschein nach mit dem Vertrag zufrieden. An Herbert Steiner schrieb er heiter gestimmt schon am 25. 12. 36 von einer

> Vereinbarung hinsichtlich meines Dionysos-Buches <...>, die nicht nur pekuniär sehr günstig ist, sondern mich auch deshalb außerordentlich befriedigt, weil es sich nicht mehr um Übersetzung meiner ersten Schrift (Sie wissen ja, wie schwer meine Bedenken waren, sie, wie sie daliegt, zu veröffentlichen) handelt, sondern um Übersetzung meiner großen Dionysos-Monographie, welcher jene frühere Schrift etwa in Auszug oder in einigen Partien – nach meiner Auswahl – als Einleitung vorangeschickt werden muss.[88]

Dem kurz danach unterschriebenen Vertrag (Anlage zum Brief 210) zufolge sollte Ivanov einen Text liefern, der aus diesen zwei Werken über Dionysos bestand. Auszüge aus seiner „Religion des leidenden Gottes" sollten als „erster Versuch der Fragestellung" das spätere Werk einleiten. Ferner waren die Anmerkungen zu „ergänzen, bzw. kürzen", um ein möglichst weit gestreutes Publikum zu erreichen. (Interessanterweise schreibt Ivanov selbst etwa ein Jahr nach Vertragsdatum [Brief 233], dass die Anmerkungen „umgearbeitet und *erweitert*" werden müssten!)

Wir wissen nicht genau, wann Ivanov angefangen hat, sich dieser Arbeit ernsthaft zu widmen. Belegt ist, dass er die Biblioteca Nazionale in Rom gegen Ende des Jahres 1937 mehrfach konsultierte, wo er ein dickes Arbeitsheft mit Zitaten aus der seit 1920 erschienenen Fachliteratur füllte.[89] Höchstwahrscheinlich ging es hier um die neu zu bearbeitenden Anmerkungen, und zwar suchte Ivanov in der seit der Zeit des Baku-Buches erschienenen Fachliteratur eine Bestätigung seiner Hauptkonzeption, die sich offensichtlich nicht geändert hatte. Auch aus der Idee, Auszüge aus dem ersten Buch zu benutzen, ist letzten Endes nichts geworden. Zwar versicherte Ivanov selbst (Brief 233), er sei „bei der Arbeit",

---

88 *DB*, S. 193–194.
89 Ein im Arbeitsheft zufällig noch erhaltener Leserzettel (für Rostovzevs *Mystic Italy*, worauf Ivanov sich im deutschen „Dionysos" auch beruft) trägt das Datum 16. X. 37. Der Auszug aus Rostovzevs Buch befindet sich auf der sechzehnten Seite des Heftes; so kann man schätzen, dass die Bibliotheksforschungen in den letzten Monaten des Jahres 1937 angefangen haben. Bedenkt man die Fülle des im Heft zitierten Materials, so muss diese Arbeit wohl einige Monate in Anspruch genommen haben.

einen neuen Text daraus zu schreiben, aber von einem solchen Text ist im fast
lückenlos erhaltenen Nachlass des Dichters keine Spur zu finden.

Aus Ivanovs Briefen an den Verlag (bzw. an die Schweizerische Gesandtschaft) darf man keineswegs schließen, dass er sich nicht gründlich mit der Aufgabe befasst hätte. Das sorgfältig umgeschriebene Manuskript zeigt deutlich,
dass der Autor sich Mühe gab, das Vorhaben zu vollenden. Dies gilt nicht nur
für die poetischen Zitate, die Ivanov liebevoll als Dichtung wiedergab, sondern
vor allem für den Text der Übersetzerin, den er immer wieder zu verbessern
suchte. Es wäre nicht übertrieben zu sagen, dass der deutsche Dionysos Ivanov
zum Verhängnis wurde. Jahrelang, bis zu seinem Tod, litt und arbeitete er an
diesem Buch.

Nach der Familienlegende wurde die Arbeit am „Dionysos" durch den Krieg
und dann durch den Tod von Benno Schwabe unterbrochen.[90] Da Italien schon
1940 gegen England und Frankreich den Krieg erklärte und da Schwabe erst
1950 starb, treffen diese Entschuldigungen offensichtlich nicht zu. Andererseits
versteht sich, dass ab Sommer 1943 die Schweizerische Botschaft in Italien wich-
tigere Angelegenheiten als die Verhandlungen über Ivanovs Buch zu erledigen
hatte. Es sei daran erinnert, dass die faschistische Regierung in Italien im Juli
1943 kapitulierte und dass Rom am 11. September 1943 von den Nazis okku-
piert wurde. Man liest daher mit Erstaunen in dem Brief von der Gesandtschaft
an den Schwabe Verlag vom 24. September 1943, „dass die Gesandtschaft nicht
unterlassen hat, verschiedene Male bei Professor Ivanov auf die Fertigstellung
der für Sie bestimmten Arbeit zu dringen." (Brief 277) Mit diesem Brief aber
kamen die Verhandlungen vorläufig zu ihrem Ende.

Im Sommer 1947 erinnerte sich Schwabe an seinen russischen Autor und
erkundigte sich bei der Schweizerischen Gesandtschaft in Rom, ob er noch lebe.
Sobald er eine positive Antwort bekommen hatte, wandte er sich wieder an Ivanov. Ein gewisses Schuldgefühl kommt zur Sprache in Ivanovs Brief vom 3. Juni
1947 an den russischen Philosophen Semen Frank:

> Das Buch <Dionysos und die vordionysischen Kulte> hat der Verlag Benno Schwabe in
> Basel übersetzen und mir dem unterschriebenen Vertrag gemäß diese Übersetzung
> samt einem Vorschuss schicken lassen. Aber die Übersetzung erforderte eine sorgfäl-
> tige Korrektur, der Text eine Reihe Veränderungen und Ergänzungen, und wegen dieser

---

90   Dimitrij Ivanov, „Dioniso e i culti predionisiaci di Viaceslav Ivanov". In: *Dalla forma
     allo spirito: Scritti in onore di Nina Kauchtschischwili*, a cura di Rosanna Casari, Ugo
     Persi, Gian Piero Piretto. Milano, 1989, pp. 220–221; Ol'ga Deschartes (Šor), „Vstuple-
     nie". In: Vjačeslav Ivanov, *Sobranie sočinenij*. Bruxelles, 1987, t. 1, S. 198–199.

mühseligen Arbeit stelle ich schon viele Jahre die Geduld des ungehalten gewordenen Verlags auf eine harte Probe.[91]

Kurz danach hat Ivanov an den Schwabe Verlag geschrieben, dass er die „von mir nunmehr fast vollständig durchgesehene Übersetzung" innerhalb von sechs Monaten einschicken werde. (Brief 282)

So schnell ist die Arbeit aber nicht fortgeschritten. In einem Brief an Ivanov vom 19. September 1948 schrieb der Oxforder Gelehrte Cecil Maurice Bowra, der den Dichter in Rom kurz zuvor besucht hatte: „I much look forward to the appearance of your ‚Dionysos' and will try to find some of the recent books in English on the subject, though I fear that they may all be out of print."[92] Dieser Auszug belegt, wie Ivanov bis zum Lebensende an seinem deutschen Dionysos arbeitete und allen Ernstes an sein Erscheinen dachte.

Dionysos und die vordionysischen Kulte erschien erst 2012 im Mohr Siebeck Verlag, Tübingen. Dem verwickelten Schicksal des Buches wurde ein Kapitel in der Geschichte des Schwabe Verlags gewidmet.[93]

---

91 V. S. Frank, „Perepiska S. Franka i Vjač. Ivanova", *Mosty*, X (1963), S. 363–364. (Originalsprache Russisch)

92 Pamela Davidson, *Vyacheslav Ivanov and C. M. Bowra: A Correspondence from Two Corners on Humanism.* Birmingham, 2006, p. 108.

93 Corina Lanfranchi, „Ein Bücherschicksal in schwierigen Zeiten". In: *Gut zum Druck! Streifzüge durch 525 Jahre Druck- und Verlagsgeschichte in Basel.* Basel, 2013, S. 270–277.

Teil I
Briefwechsel mit dem J. C. B. Mohr
(Paul Siebeck) Verlag

Korrespondenz aus dem Jahr 1928

Brief 1)   Kaubisch an Siebeck (Auszug; SBB)

Dresden A21
Ermelstr. 9 II
d. 30.VI.1928

Sehr verehrter Herr Dr. Siebeck!
Leider haben Sie lange nichts von mir gehört. Wohl aber ich von Ihnen.
Einmal durch Prof. Joël, der zu Ostern hier war in Dresden u<nd> den ich zu
m<einer> großen Freude nun auch persönlich kennen lernte. Wieder nahm er
den herzlichsten Anteil an m<einen> Arbeiten u<nd> m<einem> Ergehen. Von
ihm erfuhr ich auch, dass s<ein> neues Werk nun bei Ihnen erscheint.[1] Auch das
vernahm ich mit großer Freude. <...> Nun ein schweres u<nd> ernstes Wort von
mir und m<einer> Arbeit.

Ich muss Sie zu m<einem> großen Schmerze noch um gütige *Frist*verl-
änger<un>g bitten. Ich sprach schon mit Prof. Joël darüber.

Und zwar aus folg<en>den Gründen:

Ich hatte die große Freude in der Zeit v<on> *Weihn<achten>* bis *Ostern* 27/28
hier die Dozenten der *geisteswissenschaftl<ichen>* Abt<ei>l<un>g der „Tech<ni-
schen> *Hochschule"* kennen zu lernen. Zunächst Prof. *Stepun* vor allem. Dann
auch Prof. Tillich, Prof. Janentzky, Prof. Kroner.[2] Von ihnen hat Prof. Stepun,
dem ich bei der deutschen Fass<un>g eines sehr schönen philos<ophischen>
Briefromans behülflich bin,[3] besonders an m<einer> Dostoj<ewskij->Schrift

---

1   Karl Joël (1864–1934), Philosoph, ab 1902 Professor an der Universität Basel. Der erste
     Teil seiner *Wandlungen der Weltanschauung* erschien 1928 bei J. C. B. Mohr (Paul Sieb-
     eck).
2   Zusammen mit Stepun bildeten der Literaturwissenschaftler Christian Janentzky
     (1886–1968) und die Philosophen Richard Kroner (1884–1974) und Paul Tillich
     (1886–1965) den Kern der Geisteswissenschaft an der TH Dresden.
3   Stepuns Roman *Die Liebe des Nikolai Pereslegin* erschien 1928 bei Carl Hanser in der
     Übersetzung von Käthe Rosenberg. Der deutsche Text wurde von Kaubisch (und
     Höntzsch) stilistisch überprüft.

Anteil genommen u<nd> sich bereit erklärt, sie mit mir durchzugehen. Vor allem möchte er mir an entscheidenden Stellen das *russische Original* vorführen, denn er ist ja selbst Russe, kennt u<nd> beherrscht die russ<ische> u<nd> die europäische Problematik m<eines> E<rachtens> noch tiefer als selbst Berdjajiew, S. Frank u<nd> W. *Iwánoff.*[4]

Es bedeutet dies also eine *ganz einzigartige Hilfe* für mich. Auch riet er mir unbedingt eine russische Schrift über Dostoj<ewskij> von *Iwánoff*, der jetzt in Pavia lebt, noch heranzuziehen. Denn sie behandelt: „Dostoj<ewskij> u<nd> das *Tragische!*" Und Iwánoff ist vielleicht der bedeutendste russ<ische> Philosoph, der jetzt lebt (65 J<ahre> alt, vertrieben, am Borromäus-Collegium in Pavia).[5]

Er wird das M<anu>skr<i>pt der neuerweiterten Schrift an Prof. Stepun schicken; auch die 1. d<eu>tsche Übersetz<un>g – als M<anu>skr<i>pt. Endlich wird Prof. Stepun gern bereit sein, nach Erscheinen eine *Besprech<un>g* zu geben, wie er auch in s<einen> zahlreichen, glänzenden Dostojewsky-*Vorträgen* darauf hinweisen wird (dies sogar schon tat in Fr<an>kfurt a<m> Main); auch die Emigranten in ganz Europa, er leitet die Haupt*zeitschrift* der russ<ischen> Emigranten, wird er darauf aufmerksam machen.[6]

Mit Prof. Janentzky aber besprach ich vor allem das 2. Kapitel – leider noch nicht abgeschlossen – über die Grundprobleme des Tragischen. Er arbeitet seit drei Jahren darüber u<nd> gestand: „es werde immer schwieriger". Für mich ein sehr willkommener Trost. Auch mit Prof. J<oël> werde ich, da ihn diese Dinge brennend interessieren, die Schrift nach Abschluss besprechen. Mit Prof. Tillich komme ich in den nächsten Tagen zusammen. Da handelt es sich vor allem um die Probleme der Abgrenz<un>g der „drei Reiche": 1) d<as> Dämonische (vgl. Tillichs Schrift bei Ihnen!)[7] 2) d<as> Tragische 3) d<as> Heilige. Auch das muss ich grundsätzlich berühren. Für letzte Fragen der begrifflichen Formulierung hoffe ich H<er>rn Prof. Kroner, sofern er hier bleibt, bitten zu können.

---

4   Nikolaj Berdjaev (1874–1948) und Semen Frank (1877–1950) wurden wie auch Stepun 1922 aus Sowjetrussland ausgewiesen. Der damals in Baku weilende Ivanov wanderte 1924 aus.

5   Im Brief gibt es Unterstreichungen in Tinte und Bleistift. Da der Brief selbst in Tinte geschrieben ist, kann nicht bezweifelt werden, dass diese Unterstreichungen aus Kaubischs Feder stammen. Was das mit Bleistift Unterstrichene anbelangt, so ist es anzunehmen, dass Siebeck solche Vermerke machte. So ist der Name „Iwánoff" jedes Mal mit Bleistift unterstrichen wie auch der Satz: „Und Iwánoff ist vielleicht der bedeutendste russ<ische> Philosoph, der jetzt lebt."

6   Stepun war Mitglied des Beirats der Pariser Zeitschrift *Sovremennye zapiski.*

7   Paul Tillich, *Das Dämonische: Ein Beitrag zur Sinndeutung der Geschichte.* Freiburg, 1926.

Darf ich nun sagen, dass Sie es verstehen werden, wenn ich diese *außerordent-lichen* Möglichkeiten noch ausnutzen möchte zugunsten der Sache? Aber das ist nur möglich, wenn Sie die große Güte haben, mir noch Frist zu gewähren. (Ich bin ja auch amtlich so sehr belastet u<nd> oft auch körperlich gehemmt durch ein altes Gallenleiden). Darf ich also nochmals um gütige Nachsicht bitten, wenn ich auch einsehe, d<as>s Sie immer „liebenswürdig die Peitsche ein wenig schwingen" müssen, wie Prof. Joël köstlich sagte?

Besuchen Sie nicht einmal *Dresden* auf Ihren Reisen? Das wäre köstlich. Dann könnten wir vieles münd<lich> besprechen. –

Ich bitte herzlich um gütige Erwiderung.

Mit vielen Grüßen u<nd> Wünschen!

Stets Ihr dankb<ar> erg<ebener>

Martin Kaubisch

Brief 2)   Stepun an Siebeck (SBB)

Dresden, d. 17.7.28

Paradiesstr. 6b

Sehr verehrter Herr Dr.!

Ich erlaube mir, Ihnen ein Manuskript zur Einsicht zu schicken. Es heißt: „Die russische Idee" und ist von Wjatscheslaw Iwanoff verfasst und von einem Herrn Schor übersetzt. Sollte die Übersetzung des stilistisch sehr schweren und sehr bedeutenden Aufsatzes nicht vollkommen gelungen sein, so bitte ich Sie sich daran nicht zu stoßen. Ich würde dafür Sorge tragen, dass sie umgearbeitet wird.

Wjatscheslaw Iwanoff gehört zu den bedeutendsten Dichtern und Kunsttheoretikern Russlands. Wenn er bis jetzt in Europa noch kaum bekannt ist, so liegt das wohl ausschließlich an der persönlichen Vornehmheit und an dem ästhetischen Feinsinn seiner ganzen Art und Weise zu sein und zu schreiben. Übrigens hat der „Logos" seinerzeit einen Aufsatz aus seiner Feder, und zwar einen Aufsatz über Tolstoi gebracht.[8] Es ist ein Buch über Dostojewsky, das er schon früher geschrieben <hat> bei einem andern Übersetzer in Arbeit und wird wohl demnächst erscheinen. Es ist sicher eine der allerbedeutendsten Arbeiten über den großen russischen Dichter. Ich glaube, dass die russische Idee sich sehr gut als Einzelstudie in der Serie der von Ihnen herausgegebenen Aufsätze abdrucken ließe. In der Serie, in welcher beispielsweise auch die Tillich'sche Arbeit „über das Dämonische" erschienen ist.[9] Sollte Ihnen die Arbeit gefallen, so könnte ich

---

8   Wjatscheslaw Iwanow, „L. Tolstoj und die Kultur", *Logos*, Bd. II. 1911/1912, S. 179–191.

9   Das Werk erschien in der Reihe „Sammlung gemeinverständlicher Vorträge und Schriften aus dem Gebiet der Theologie und Religionsgeschichte".

Ihnen noch weiteres von Wjatscheslaw Iwanoff zuschicken. Es könnte eine Arbeit über Kunst und Symbol angeboten werden und eine zweite über das Schicksal des Theaters. Ich glaube, dass das zweite Buch sich in den Rahmen Ihres Verlags nicht ganz glücklich fügen würde; wohl aber das erste.

In Erwartung Ihrer Antwort zeichne ich mit vorzüglicher Hochachtung als Ihr

Ihnen sehr ergebener

Fedor Stepun

Brief 3)   Siebeck an Kaubisch (SBB)

Dr.S./he.A.–   26. Juli 1928

Herrn Studienrat Martin Kaubisch
Dresden A21
Ermelstr. 9

Sehr verehrter Herr Kaubisch,

Sie müssen sehr entschuldigen, dass Ihr Brief vom 30. Juni wieder so lange liegen geblieben ist, bis ich dazu gekommen bin, Ihnen darauf zu schreiben. Wegen Ihrer kleinen Arbeit über Dostojewsky habe ich wirklich keinen Anlass, Sie zu bedrängen. Wenn deren Umfang die für meine Schriftenreihen geltende Höchstgrenze von drei Druckbogen nicht überschreitet, so kann ich sie jederzeit unterbringen. Nur werde ich Ihnen dankbar sein, wenn Sie mir rechtzeitig vorher, also mindestens einige Wochen vor Ablieferung des druckfertigen Manuskriptes, bestimmte Nachricht zukommen lassen wollten.

Dass meine Mahnungen bei Herrn Professor Joël häufiger sind, hat seinen guten Grund. Denn nichts ist für den Verleger so undankbar wie der Vertrieb eines Torsos; deshalb habe ich das größte Interesse daran, dass dem ersten Band seiner ‚Geschichte der antiken Philosophie' so bald als möglich die weiteren folgen; ich habe, nur um ihm die Möglichkeit zu geben, diese Arbeit so bald als möglich abzuschließen, alles getan, was in meinen Kräften steht, damit seine ‚Wandlungen der Weltanschauung' so schnell als möglich als Buch hinausgehen können.[10]

Über Viatscheslav Ivanov hat mir neulich Herr Professor Stepun geschrieben und mir die Übersetzung seiner Schrift ‚Die russische Idee' eingeschickt. Diese ist, wie Herr Professor Stepun selbst zugibt, in einem recht mangelhaften Deutsch geschrieben. Da Sie mit ihm ohnehin in Verbindung stehen, brauche ich nicht zu

---

10 Der zweite Band der *Wandlungen der Weltanschauung* erschien erst 1934, wiederum bei J. C. B. Mohr (Paul Siebeck).

befürchten, von irgend jemandem falsch verstanden zu werden, wenn ich Ihnen vertrauensvoll die Frage vorlege, ob Sie Herrn Professor Stepun bei der von ihm angebotenen Durchsicht des Manuskriptes nicht unterstützen könnten?[11] Denn ich möchte annehmen, dass es ihm als Russen nicht so leicht fällt, wie einem so sprachgewandten Schriftsteller wie Ihnen, einer solchen Übersetzung die letzte Feile zu geben.

Auch ich würde mich sehr freuen, Sie bei Gelegenheit in Dresden persönlich kennen zu lernen; nur kann ich einstweilen noch nicht übersehen, wann es mir einmal möglich sein wird, dorthin zu kommen. Einstweilen gehe ich am Sonntag für den Monat August in Urlaub und würde mich freuen, inzwischen wieder von Ihnen zu hören.

Mit freundlichen Grüßen verbleibe ich stets Ihr ganz ergebener
Dr. O. Siebeck

Brief 4)   Siebeck an Stepun (SBB)

He.A.–   26. Juli 1928

Herrn Professor Dr. Fedor Stepun
Dresden A20
Paradiesstr. 6b

Sehr verehrter Herr Professor,

Sie müssen sehr entschuldigen, dass ich Ihnen erst heute für Ihren freundlichen Brief vom 17. ds. Mts. und für die Übersendung des Manuskriptes „Die russische Idee" von Viatscheslav Ivanov meinen verbindlichsten Dank sagen kann. Da ich aber Ende der Woche meinen Urlaub antrete und über den ganzen Monat August fern vom Geschäft sein werde, nehmen mich gegenwärtig die Vorbereitungen für diese Zeit außerordentlich stark in Anspruch, zumal in diesem Jahre durch eine ausgedehnte Produktion mein Betrieb besonders angespannt ist.

---

11 Am 6. 9. 28 schrieb Kaubisch an Siebeck (SBB): „Zur Durchsicht der Schrift v<on> W. *Iwánoff* bin ich *sehr* gern bereit. Und zwar *zuerst* mit dem Übersetzer: H<er>r *Schor*, der jetzt hier in Dresden <wohnt>; dann mit Prof. Stepun, der freilich *sehr* belastet ist. Ich bitte deshalb erg<eben>st, dass die Zeit bis zum Erscheinen nicht zu knapp ist. H<er>r Schor ist ein *persönl<icher> Freund* v<on> Prof<essor> Iwánoff; ich gehe mit ihm auch die Schrift über *Dostoj<ewski> u<nd> das Tragische* (v<on> Iwánoff) durch". In einem Brief vom 21. X. 28 schrieb er abermals an Siebeck (SBB): „Im Novemb<er> beginne ich mit d<er> Durchsicht d<er> Schrift von Iwánoff ‚d<ie> russ<ische> Idee' erst mit d Übersetzer: H<er>r Schor. Dann mit Prof. Stepun."

Aus diesem Grunde ist auch meine Entscheidung über Ihren freundlichen Vorschlag nicht ganz einfach. Da aber Ihre Empfehlung für mich stark ins Gewicht fällt, bin ich an sich nicht abgeneigt, die Schrift in Verlag zu nehmen. Voraussetzung hierfür ist allerdings, dass die Übersetzung einer gründlichen Durchsicht unterzogen wird. Herr Studienrat Kaubisch, mit dem ich ohnehin in Verbindung stehe, hat mir gleichfalls über Ivanov geschrieben. Vielleicht kann er Sie bei der Arbeit, der Übersetzung die letzte Feile zu geben, unterstützen; ich habe in entsprechendem Sinn an ihn geschrieben.

Meine endgültige Stellungnahme darf ich mir vorbehalten, bis das Manuskript in einer wirklich einwandfreien Übersetzung vorliegt.

Das mir freundlichst übersandte Manuskript lasse ich Ihnen mit gleicher Post unter Einschreiben wieder zugehen.

In vorzüglichster Hochachtung empfehle ich mich Ihnen als Ihr ganz ergebener

Dr. O. Siebeck

Brief 5)   Stepun an Siebeck (SBB)

Dresden, A.20.   d. 31.7.28
Paradiesstr. 6b

Sehr geehrter Herr Dr.!

Besten Dank für Ihr Schreiben. Ich werde Herrn Schor Ihre Stellungnahme zu dem Problem Wjatscheslaw Iwanow mitteilen und die Übersetzung auf ihre Fehler hin durchsehen, damit er sie mit seinen deutschen Freunden umarbeitet. Wjatscheslaw Iwanow sieht dann die Sache auch selbst noch durch und da unter seinen Gedichten sich auch deutsche Gedichte befinden, so wird er wohl für eine gute Übersetzung selbst sorgen können.[12]

Zum Schluss noch eine Bitte: Verzeihen Sie bitte, dass ich immer mit Bitten komme, aber das liegt darin begründet, dass ich als einer der ganz wenigen Russen in Deutschland festen Fuß gefasst habe, warum meine Landsleute sich auch veranlasst fühlen an mich mit allen Ihren Schwierigkeiten zu appellieren. – Im letzten Logos-Heft erscheint ein Artikel von Prof. Frank; ich glaube, dass die Nummer schon heraus ist oder jeden Tag heraus kommen muss.[13] Wäre es nicht

---

12 Ivanov hatte einen Zyklus deutscher Gedichte dem Übersetzer Johannes von Guenther gewidmet und sie unter dem Titel „Gastgeschenke" im zweiten Teil seines Gedichtbands *Cor Ardens* (Moskva, 1912) veröffentlicht.

13 S. Frank, „Erkenntnis und Sein", *Logos*, Bd. XVII (1928), S. 165–195. Es war Stepuns Verdienst, dass Franks Arbeit im *Logos* überhaupt erschien. Vladimir Kantor, „Stepun

möglich, sich mit der Auszahlung des Honorars für Prof. Frank ausnahmsweise
zu beeilen? Er muss nämlich am 1. seine Wohnung bezahlen und auch andere
Rechnungen. Und das ist in seiner Situation nicht ganz leicht. Darf ich Sie bitten,
diese meine große Bitte mir nicht zu verübeln und auch zu erfüllen?

Hochachtungsvoll Ihr sehr ergebener
Fedor Stepun

Brief 6)   Siebeck an Stepun (SBB)

He. A.–   4. August 1928
Herrn Professor Dr. F. Stepun
Dresden A20
Paradiesstr. 6b

Sehr verehrter Herr Professor,

in Abwesenheit meines Herrn Dr. Siebeck, der bereits zu Anfang dieser
Woche seinen Sommerurlaub angetreten hat, sage ich Ihnen meinen verbindlichsten Dank für Ihre freundlichen, an Herrn Dr. Siebeck gerichteten Zeilen
vom 31. v. Mts. Von Ihren Mitteilungen betreffs der Übersetzung der Schrift
von Iwanow habe ich bestens Vormerkung genommen und sehe Ihren weiteren
Nachrichten gern entgegen.

Zu meinem lebhaften Bedauern bin ich nicht in der Lage, Ihrer Bitte, das
Logos-Honorar für Herrn Professor Frank im voraus auszubezahlen, zu entsprechen. Ich musste bisher derartige Bitten, von welcher Seite sie auch an mich her-
angetragen worden sind, stets ablehnend bescheiden, und es würde für mich zu
den unangenehmsten Konsequenzen führen, wenn ich nun eine Ausnahme von
dieser prinzipiellen Handhabung machen würde. Das Logos-Heft wird in der
kommenden Woche zur Ausgabe gelangen, sodass Herr Professor Frank auch so
bald in den Besitz seines Honorars gelangen wird. Aber Sie werden sicher verstehen, dass es mir aus grundsätzlichen Erwägungen unmöglich ist, das Honorar
vor Druckvollendung auszubezahlen.

In vorzüglichster Hochachtung Ihr ergebenster
J. C. B. Mohr (Paul Siebeck)

---

i Frank: žizn' v izgnanii, ili tragedija neuslyšannosti" in: Holger Kuße (Hg.), *Kultur als
Dialog und Meinung: Beiträge zu Fedor A. Stepun (1884–1965) und Semen L. Frank
(1877–1950)* München, 2008, S. 250.

Korrespondenz aus dem Jahr 1929

Brief 7)   Bubnoff an Siebeck (SBB)

Univ.-Prof. Dr. N. v. Bubnoff
Heidelberg Kleinschmidtstraße 44

Heidelberg, den 24. Jan. 1929

Sehr geehrter Herr Doktor!

Im Jahre 1925 ist im Berliner „Obelisk"-Verlag in russischer Sprache ein Buch des russischen Philosophen und Historikers *Karsawin* erschienen, von dem seiner Zeit ein Originalaufsatz in dem von Ehrenberg und mir herausgegebenen „Östlichen Christentum" veröffentlicht wurde und über den ich kürzlich eine Notiz für Ihr Handwörterbuch (Religion in Geschichte und Gegenwart) schrieb.[14] Dieses Buch, dessen Titel lautet: „Von den Prinzipien" (Versuch einer Metaphysik des Christentums) ist nach meinem Dafürhalten in wissenschaftlicher Hinsicht gewichtiger als Berdjajews „Sinn des Schaffens" und seine „Philosophie des freien Geistes".[15] Ich gestatte mir daher die höfliche Anfrage, ob Sie den Gedanken in Erwägung ziehen wollen, das genannte Buch Karsawins in meiner Übersetzung in Ihrem Verlage erscheinen zu lassen.

Vielleicht darf ich mir erlauben, Ihre Aufmerksamkeit noch auf ein anderes Buch zu lenken, welches in russischen philosophischen Kreisen als eine der bedeutendsten russischen Erscheinungen auf dem Gebiete der Philosophie in den letzten zwanzig Jahren gilt: *S. Frank, „Der Gegenstand der Erkenntnis".* Es verdiente, dem deutschen Publikum zugänglich gemacht zu werden. Gewisse Grundgedanken aus diesem Buche hat Frank kürzlich im „Logos" veröffentlicht; es wird Ihnen also seinem allgemeinen Charakter nach bekannt sein.[16] Zu einer

---

14 Leo Karsawin, „Der Geist des russischen Christentums". In: Nicolai v. Bubnoff und Hans Ehrenberg (Hg.), *Östliches Christentum: Dokumente.* Heidelberg, 1925, Bd. 2, S. 307–377. Der von Bubnoff erwähnte Eintrag zu Karsawin erschien in *Religion in Geschichte und Gegenwart,* Tübingen, 1929, Bd. 3, S. 638–639.

15 Berdjaevs *Sinn des Schaffens: Versuch einer Rechtfertigung des Menschen* erschien 1927 bei J. C. B. Mohr (Paul Siebeck) in der Übersetzung von Reinhold von Walter. Seine *Philosophie des freien Geistes: Problematik und Apologie des Christentums* kam erst 1930, ebenfalls in von Walters Übersetzung und ebenfalls bei J. C. B. Mohr (Paul Siebeck) heraus. Es ist wahrscheinlich, dass Bubnoff wusste, dass diese zweite Publikation schon in Vorbereitung war.

16 S. Frank, „Erkenntnis und Sein," *Logos,* Bd. XVII (1928), S. 165–195. In einer Anmerkung schreibt Frank: „Der vorliegende Aufsatz versucht in gedrängter Form einige Hauptgedanken meines Systems der Erkenntnistheorie und Ontologie darzustellen, das ausführlich in meinem in russischer Sprache erschienenen Werke ‚Der Gegenstand

Übertragung dieses Buches ins Deutsche wäre ich bereit. Indem ich Ihrer gef. Rückäußerung entgegensehe, bin ich mit vorzüglicher Hochachtung Ihr sehr ergebener

Bubnoff

Brief 8)   Siebeck an Lieb (SBB)

Dr.S./he A.–   30. Januar 1929

Herrn Privatdozenten Lic. Fr. Lieb[17]
Basel
Grenzacherstr. 120

Sehr verehrter Herr Licentiat,

gemäß unserer Abrede bei unserem Zusammensein in Basel möchte ich Ihnen heute mit der Bitte um vertrauliche Behandlung die in Abschrift beiliegende Anfrage des Heidelberger Extraordinarius Professor N. v. Bubnoff vorlegen. Berdiajews „Philosophie des freien Geistes" liegt schon seit einiger Zeit in der druckfertigen Übersetzung von Herrn Hofrat von Walter bei mir.[18] In den letzten Monaten hatte ich aber so viel zu tun, dass ich das Manuskript einstweilen noch nicht in Satz geben konnte. Ich könnte daher auf eine der Anregungen Bubnoffs nur eingehen, wenn es sich um ein besonders interessantes Werk handeln würde.

Von dem Heft des „Logos", in dem der Aufsatz von Frank erschienen ist, lasse ich Ihnen gleichzeitig ein Exemplar zugehen.

Bei dieser Gelegenheit möchte ich Sie auch an die kleine Schrift über „Das westeuropäische Geistesleben im Urteil russischer Religionsphilosophie"

---

der Erkenntnis. Über die Grundlagen und Grenzen der begrifflichen Erkenntnis' (Petersburg 1915) entwickelt ist." (S. 165).

17 Ab 1928 wurde Lieb der unoffizielle Gewährsmann für Russland. In einem Brief an Lieb vom 14. Juni 1928 schrieb Siebeck (SBB): „Es war mir sehr lehrreich, mich mit Ihnen über die wichtigsten Repräsentanten der russischen Religionsphilosophie zu unterhalten <...> Ganz besonders freuen würde ich mich, wenn Sie bis Ende des Jahres Ihre Absicht verwirklichen könnten, mir für die ,Sammlung gemeinverständlicher Vorträge' ein Manuskript von etwa 2 Bogen über ,Das Westeuropäische Geistesleben im Urteil der russischen Religionsphilosophie' zu übergeben. – Im übrigen wollen wir es so halten, dass wir uns von Fall zu Fall verständigen, was an Schriften aus diesem Kreise verdient übersetzt zu werden <...>."

18 Der zweisprachig aufgewachsene Reinhold von Walter (1882–1965) galt als einer der besten Übersetzer aus dem Russischen ins Deutsche. *DB*, S. 117. Zu seinen Berdjaev-Übersetzungen vgl. Reichelt, S. 63–68 und Hertfelder-Polschin, S. 106–113.

erinnern, die nach unserem Plan in der „Sammlung gemeinverständlicher Vorträge" erscheinen sollte. Wenn ich nächstens mit dem neuen „Berdiajew" herauskomme und eventuell in der Folgezeit weitere Werke russischer Philosophen bringe, so wäre mir eine Schrift wie die von Ihnen mir freundlichst in Aussicht gestellte unter dem Gesichtspunkt der Verlagspropaganda besonders erwünscht.[19] Ich würde mich daher besonders freuen, wenn ich deren Manuskript bald bekommen könnte.

Mit freundlichen Grüßen bin ich stets Ihr ganz ergebener

Dr. O. Siebeck

Brief 9)   Lieb an Siebeck (SBB)

Basel, den 15. Febr. 1929

Sehr verehrter Herr Doktor!

Endlich komme ich dazu, Ihnen zu schreiben.

Ich wollte Ihnen gerade meines Schriftchens wegen schreiben, da kam Ihr freundlicher Brief. Ich war nämlich gerade daran, mein Manuskript der letzten Durchsicht zu unterziehen. Eigentlich wollte ich damit ja schon im Herbst fertig werden. Aber alle möglichen anderen Arbeiten haben mich daran gehindert – vor allem aber habe ich mein Manuskript noch einmal stark umgearbeitet und stark erweitert unter Heranziehung der russischen Originalliteratur. So ist es eben Winter geworden. Ich schickte Ihnen nun gleich das fertige Manuskript – um gegen eigene und anderer Leute Gewohnheit einmal das Versprochene vor dem Versprechen zu schicken.

Mit Ihrem Vertrage bin ich einverstanden. Denselben schicke ich in einem Exemplare unterschrieben hiermit zurück. Was den Titel anbetrifft, möchte ich es Ihnen überlassen zu entscheiden, was besser ist. „Das westeuropäische Geistesleben im Urteil russischer *Religionsphilosophie* oder *Religionsphilosophen*". Da das Schriftchen keinen Anspruch auf Vollständigkeit macht, ist dieser Titel besser, weil wahrer, als: im Urteile der russischen Religionsphilosophie. Ich habe in demselben durch Zitate die Russen ausgiebig zu Worte kommen lassen, ich glaube, das ist für den von mir (und auch Ihnen) beabsichtigten Zweck, Interesse zu wecken und zu orientieren, das Richtigste und besser als langes und breites kritisches Raisonnement über den Gegenstand.

---

19 Lieb hatte anscheinend Siebeck überzeugt, einen zweiten Berdjaev-Band („Philosophie des freien Geistes") zu veröffentlichen. S. Berdjaevs Brief an Lieb vom 14 November <1928>: „Doch wäre es unangebracht, irgendwelche Teile meiner ‚Philosophie des freien Geistes' in der Zeitschrift zu drucken, da mein Buch bald im Verlag Mohr-Siebeck erscheinen soll, was ich Ihnen zu verdanken habe." Janzen 2002, S. 265–266.

Nun hätte ich noch eine kleine Bitte. Ich bin im Begriff zusammen mit Berdjajew und anderen eine Zeitschrift herauszugeben – das aber ganz im *Vertrauen*. Dieselbe soll (erste Nr.) etwa im Mai erscheinen bei Hinrichs „Orient und Okzident".[20] Inhalt u. a. ein Artikel *über* Berdjajew und wohl einer *von* ihm.[21] Ich glaube es wäre in Ihrem wie in unserem Interesse, wenn Sie in meinem Schriftchen vielleicht durch einen eingelegten Prospekt für die neue Zeitschrift Propaganda machten, wie umgekehrt Hinrichs, wenn er dies in der neuen Zeitschrift zugleich für mein Schriftchen und die bei Ihnen herausgekommenen Bücher von Berdjajew machen würde. Ich habe darüber aber mit Hinrichs noch *nicht* korrespondiert. Ich möchte Sie darum zunächst bitten, *mir* zu schreiben, was Sie davon denken.

Und nun zum Vorschlage v. Bubnoffs. Ich kann demselben nur zustimmen, vor allem was *Frank* anbetrifft.[22] Dessen Предмет знания (Predmet znanija) „Gegenstand der Erkenntnis" 504 S. ist unter allen streng wissenschaftlichen erkenntnistheoretischen und metaphysischen Büchern neben denen Losskijs (und vielleicht noch diesen übertreffend) das Bedeutendste und Originellste. Ich glaube gerade bei der starken Tendenz zur Metaphysik auf dem Wege über die Phänomenologie und hinweg von Kant dürfte dieses Buch wohl die verdiente Beachtung finden im deutschen Publikum.

Bei dieser Gelegenheit darf ich vielleicht noch beifügen, dass Frank, den ich persönlich kenne und sehr schätze, in einer ganz furchtbaren finanziellen Lage ist mit seiner Familie (ca 6 Kindern!). Er war bis letztes Jahr von der YMCA unterstützt, dann hat sie ihn ganz plötzlich abgebaut. Ich möchte ihn im Frühjahr hierher bringen, dass er einen Vortrag in der Studentenschaft und in der Kantgesellschaft halten kann. Wäre nicht dasselbe in Tübingen möglich? In Basel wird er wohl sprechen über: „Russische und deutsche Geistesart". Außerdem aber schlägt er noch vor: „Tolstoi als Denker"; „Der russische Nietzsche (Konst<antin> Leontiew)"; „Russlands Schicksal und die gegenwärtige Weltanschauungskrise", „Psychoanalyse und Mystik".[23] Könnten Sie nicht etwas in Tübingen dafür

---

20 Die erste Nummer der Zeitschrift ist im Juni 1929 herausgekommen. Janzen 2004, S. 612.

21 In der ersten Nummer der Zeitschrift erschien Berdjaevs „Die Krisis des Protestantismus und die russische Orthodoxie. Eine Auseinandersetzung mit der dialektischen Theologie" in der Übersetzung von Benjamin Unruh, *Orient und Occident*, 1929, S. 11–25. Es gab keinen Aufsatz über Berdjaev, aber er wurde im Artikel von Boris Vysheslavtsev „Tragische Theodizee" erwähnt.

22 Ein sehr angenehmes Schriftchen ist seine *„Die russische Weltanschauung"* Philos. Vorträge der Kantgesellschaft Nr. 29. Panverlag. 1926. (*Liebs Anmerkung*)

23 Für Franks Brief an Lieb (vom 5. II. 1929), s. Janzen, 2002, S. 437–439.

unternehmen und vielleicht in Stuttgart? Das ist alles zugleich Propaganda für „unsere" Russenbücher! Frank stammt aus einer jüdischen Familie, ist aber ganz und gar Orthodox geworden und genießt das größte Ansehen bei seinen Freunden Berdjajew, Losskij, Struve etc. Franks Adresse ist: Prof. Simon Frank, Berlin W 30, Passauerstr. 22.

Übrigens habe ich mit Prof. N. Losskij, der diese Tage bei mir war, wegen Franks Buch gesprochen.[24] Auch er empfiehlt es sehr warm.

Ich bin einer der wenigen glücklichen Besitzer seines Buches. Ich habe es im Okt<ober> in Reval in einem Antiquariat gefunden. Es ist von größter Seltenheit. Sollten Sie, resp. v. Bubnoff es benötigen, so steht es Ihnen zur Verfügung.

Dann zu *Karsawin*. Derselbe gehört ohne Zweifel zu den genialsten und interessantesten und zugleich auch gerade jetzt umstrittensten Personen in der russischen Emigration. Sein Werk „O natschalach" „Von den Prinzipien" ca. 185 Seiten ist eine dem Neuplatonismus (vgl. Origenes „Περὶ ἀρχῶν") verpflichtete sehr interessante Religionsphilosophie. Die Übersetzung dieses Werkes würde sich jedenfalls auch lohnen. Karsawin schreibt konzentrierter, „philosophischer" und darum auch schwerer als Berdjajew, dieser Meister des Essays. Irgend eine Dämonie steckt ja in all diesen Russen. Bei Berdjajew äußert sie sich in seinem Freiheitsbegriff, bei Karsawin in seiner Neigung zum Pantheismus (Alleinheitslehre). Sehr interessant ist übrigens Karsawins Besprechung der Dostojewskiliteratur in dem Beiheft zu Una Sancta „Die Ostkirche".[25] Gegenwärtig besteht ein großer Krach unter den russischen Emigranten, in dessen Mittelpunkt K<arsawin> steht. Er ist ja einer der Führer der „Eurasier" und Herausgeber einer Wochenschrift „Evrasija" (Paris). Nun kam's zu einer Spaltung der Eurasier, da Karsawin und einige andere den meisten Eurasiern zu „bolschewistenfreundlich" scheint. Jedenfalls ist K<arsawin> auch ein bedeutender und origineller Geschichtsphilosoph (er ist ja auch ursprünglich Historiker und jetzt Professor für Geschichte an der Univ<ersität> Kovno).

Wenn ich gefragt würde, welche russischen philosophischen Bücher aus den letzten 20 Jahren ich in erster Linie zur Übersetzung empfehlen würde, würde ich

---

24 Zu dieser Zeit besuchten Lieb und Losskij das unweit von Basel liegende Dornach, wo sie Asja Turgeneva, die ehemalige Frau von Andrej Belyj, kennenlernten. Vladimir Jancen, „N. O. Losskij: Pis'ma k Fricu Libu (1928–1936)". In: M. A. Kolerov (red.), *Issledovanija po istorii russkoj mysli 2016–2017*. Moskva, 2017, S. 769.

25 Leo P. Karsawin, „Neuere Dostojewski-Literatur". In: Nicolas von Arseniew und Alfred von Martin (Hg.), *Die Ostkirche: Sonderheft der Vierteljahrsschrift ‚Una sancta'*. Stuttgart, 1927, S. 101–113.

unbedingt diese nennen – etwa noch neben Eug. Trubeckoj „Sinn des Lebens"[26] und Büchern von Losskij (die aber meist schon übersetzt sind).[27]

Was übrigens gerade Losskij anbetrifft, so würde er gerne seine Schrift über die „Willensfreiheit" ins Deutsche übersetzten lassen. Dieselbe ist vor kurzem im Verlage der YMCA in Paris erschienen und hat u. a. den Vorteil kurz zu sein (ca. 120 <S.>) – ich habe sie leider gerade verlegt.[28] Vielleicht wird Ihnen auch Prof. Joël noch dazu schreiben, dem Losskij in vielem (Organische Weltauffassung, Bejahung der Willensfreiheit, starke Anklänge an Schelling und die Romantische Naturphilosophie) nahesteht.[29] Doch ich will Ihnen nicht noch eine Schrift zu den anderen „aufdrängen".

Für möglichst schnelle Drucklegung meiner Schrift bin ich Ihnen sehr dankbar; ich beabsichtige mich nämlich im Herbst nach Marburg für Russische Theologie umzuhabilitieren.

Ihr ergebener Fritz Lieb

Brief 10)   Siebeck an Bubnoff (SBB)

Dr.S./he. A.–   20. Februar 1929

Herrn Professor N. von Bubnoff
Heidelberg Kleinschmidtstraße 44

Sehr verehrter Herr Professor,
    Sie müssen sehr entschuldigen, dass ich Ihnen erst heute auf Ihren freundlichen Brief vom 24. Januar schreiben kann. Ihre Anregungen wegen der Übersetzung

---

26 Knjaz' Evgenij Trubeckoj, *Smysl žizni*. Moskva, 1918. Nachdruck Berlin, 1922.

27 Von Nikolaj Losskij (1879–1965) waren folgende Bücher schon in deutscher Sprache erschienen: *Die Grundlehren der Psychologie vom Standpunkte des Voluntarismus*. Leipzig, 1904; *Die Grundlegung des Intuitivismus: Eine propädeutische Erkenntnistheorie*. Halle, 1908; *Handbuch der Logik*. Leipzig, 1927.

28 N. Losskij, *Svoboda voli*. Paris, <1927>. In der Tat ist das Buch 182 Seiten lang.

29 In einem Brief aus Basel (SBB) vom 14. 2. 29–16. 2. 29 schreibt Joël an Siebeck: „In der vorigen Woche hat Prof. Loskij, früher in Petersburg, hier in unsrer Kant-Gesellschaft und in der philolos<ophischen> Arbeitsgemeinschaft gesprochen und nach dem Eindruck von seiner geistigen Persönlichkeit begreife ich, dass er als der führende wissenschaftliche Philosoph Russlands anerkannt ist. In Übereinstimmung mit Lic. Lieb, der mit Ihnen ja über die Herausgabe russischer Denker verhandelt, möchte ich Ihnen ans Herz legen, eins seiner philosophischen Bücher deutsch herauszubringen. Er empfiehlt dazu in erster Linie die nicht umfangreiche Schrift über <die> ‚Freiheit des Willens', die auch bereits ins Englische übersetzt ist".

weiterer Werke russischer Philosophen erreichten mich zu einem Zeitpunkt, da ich ohnehin alle Hände voll zu tun hatte, um die für das laufende Jahr übernommenen Verpflichtungen einigermaßen so einzuteilen, dass deren ordnungsgemäße Abwicklung sichergestellt werden konnte. Dazu ist neuerdings die Anregung zu einem weiteren groß angelegten Unternehmen an mich herangetreten, das mich für die nächsten zwei bis drei Jahre stark in Anspruch nehmen wird, wenn es so rasch zur Ausführung gebracht werden kann, wie es jetzt beabsichtigt ist. Um über diese Frage ins Reine zu kommen, fahre ich kommende Woche nach Berlin, und ich werde daher erst nach den für meinen dortigen Aufenthalt vorgesehenen Besprechungen übersehen können, ob ich daran denken kann, weitere Übersetzungen der von Ihnen angeregten Art zu übernehmen, zumal schon jetzt ein weiteres Werk von Berdjajew in der Übersetzung von Herrn Hofrat von Walter im Druck ist, das ebenfalls im Laufe dieses Jahres erscheinen wird.

Für heute kann ich Ihnen daher nur für das freundliche Interesse, dass Sie mir mit Ihren Anregungen bewiesen haben, meinen verbindlichsten Dank sagen und Sie bitten, sich wegen einer endgültigen Stellungnahme dazu noch etwas zu gedulden.

In vorzüglichster Hochachtung empfehle ich mich Ihnen als Ihr ganz ergebener

Dr. O. Siebeck

Brief 11)   Siebeck an Lieb (SBB)

Dr.S./he.A.–   20. Februar 1929

Herrn Privatdozenten Lic. Fritz Lieb
Basel, Grenzacherstr. 120

Sehr verehrter Herr Licentiat,

für Ihren freundlichen Brief vom 15. ds. Mts. sage ich Ihnen meinen verbindlichsten Dank. Ihr Manuskript für die „Sammlung gemeinverständlicher Vorträge" ist inzwischen in Satz gegeben worden.

Im Titel würde mir das Wort „Religionsphilosophie" doch besser gefallen als die so viel bescheidenere Wendung „Religionsphilosophen". Von einer Schrift von noch nicht drei Bogen, die über das „Urteil russischer Religionsphilosophie" berichtet, erwartet nach meinem Dafürhalten kein Mensch, dass diese Literatur auch nur einigermaßen vollständig berücksichtigt ist. Auf der anderen Seite klingt „Urteil russischer Religionsphilosophen" so schwerfällig, dass ich mir geradezu denken könnte, dass sich mancher dadurch vom Kauf des Schriftchens abschrecken lässt. Ich möchte Ihnen daher angelegentlich empfehlen, es bei der bisher in Aussicht genommenen Fassung des Titels zu lassen.

Wenn Hinrichs Ihrer Schrift einen Prospekt über „Orient und Okzident" beilegen will, so will ich gerne mit ihm ein in solchen Fällen nicht seltenes Tauschabkommen treffen, nachdem er in der ersten Nummer seiner Zeitschrift eine Buchkarte meines Verlages beilegen müsste. Es wird nur die Frage sein, ob Hinrichs Prospekt so zeitig fertig wird, dass er Ihrem Hefte gleich bei Erscheinen beigelegt werden kann.

Herrn Professor von Bubnoff habe ich eben geschrieben, ich müsse mir die Entscheidung über die Übernahme weiterer Übersetzungen russischer Philosophen solange vorbehalten, bis ich über den Fortgang eines großen Unternehmens, über das ich nächste Woche in Berlin verhandele, klarer sehe, als es im Augenblick der Fall ist.

Über die Möglichkeit, Herrn Professor Frank zu Vorträgen in Tübingen und Stuttgart aufzufordern, habe ich mit Herrn Professor Haering Rücksprache genommen, der diese Dinge hier in der Hand hat.[30] Er meinte, für Anfang des Sommersemesters sei schon jetzt ein für Tübingens Verhältnisse fast überreiches Vortragsprogramm zusammengekommen. Dagegen hält er es nicht für ausgeschlossen, dass die Stuttgarter Kantgesellschaft gerne die Gelegenheit wahrnehmen würde, Herrn Professor Frank kommen zu lassen, wenn er in Basel spricht. Ich habe daher in diesem Sinne an Herrn Oberlandsgerichtsrat Zumtobel, den Vorsitzenden der Stuttgarter Kantgesellschaft, geschrieben.[31]

Auf unsere Übersetzungspläne darf ich mir erlauben, eventuell später zurückzukommen. Bis dahin bin ich mit freundlichen Grüßen Ihr ganz ergebener

Dr. O. Siebeck

Brief 12)   Siebeck an Lieb (SBB)

Dr.S./he A. –   19. März 1929

Herrn Privatdozenten Lic. Fr. Lieb
Basel/Grenzacherstr. 120

Sehr verehrter Herr Licentiat,
    im Verfolg meines Briefes vom 20. Februar habe ich mich an Herrn Oberlandsgerichtsrat Zumtobel wegen einer Aufforderung des Herrn Professor Frank zu einem Vortrage in Stuttgart gewandt.[32] Herr Zumtobel hat mir auf meine Anfrage berichtet, dass es dort seit Jahren üblich sei, nur im Winter-Semester Vorträge

---

30 Theodor Haering (1884–1964), Professor für Philosophie an der Universität Tübingen.
31 Nach der Jahresschrift *Kant-Studien* (1930, S. 588) handelt es sich nicht um „Zumtobel", sondern um Robert zum Tobel, Präsident des Landgerichts, Stuttgart.
32 In der Berliner Staatsbibliothek ist ein Durchschlag dieses vom 20. Februar 1929 datierten Briefes zu finden.

abzuhalten. Deshalb bedauert er, die Gelegenheit von Herrn Professor Franks Reise nach Basel nicht benützen zu können, um ihn auch für einen Vortrag in der Stuttgarter Kantgesellschaft zu gewinnen.[33]

Weitere Übersetzungen russischer Werke möchte ich zunächst nicht in Angriff nehmen. Mein Programm für 1929 ist derart ausgefüllt, dass es schon jetzt allerhand Vorbelastungen für 1930 mitenthält. In dieser Lage möchte ich zunächst einmal abwarten, ob der neue Band von Berdjajew einem größeren Interesse begegnet, als es bei seinem „Sinn des Schaffens" bisher der Fall gewesen ist.

Ihr Sammlungsheft über „Das Westeuropäische Geistesleben im Urteil russischer Religionsphilosophie" ist nun ausgedruckt, sodass ich jetzt für dessen Ankündigung in Buchkarte und „Grünem Heft" die übliche Selbstanzeige aus Ihrer Feder brauche.[34] Wie Sie aus dem beiliegenden letzten Heft ersehen, steht für diese Selbstanzeige jeweils eine halbe Druckseite zur Verfügung. Wenn Sie für die kurze Charakterisierung des Inhalts das beiliegende Manuskriptblatt benützen, wird sie im Druck ziemlich genau den verfügbaren Raum einnehmen.

Ferner lege ich Ihnen in der Anlage den Entwurf einer Versendungsliste für die Rezensionsexemplare vor und nehme Ihre eventuellen Ergänzungs- oder Änderungsvorschläge gern entgegen.

---

33 Der Brief von „R. zum Tobel" trägt das Datum 3. 3. 29 (SBB).
34 Im „Grünen Heft" erschien folgender Text:
   1929 Tübingen, 14. Dezember Nr. 3: S. 48 (Sammlung gemeinverständlicher Vorträge)
   Lic. Fritz Lieb, Privatdozent in Basel, Das westeuropäische Geistesleben im Urteil russischer Religionsphilosophie.
   In der vorliegenden kleinen Schrift versucht der Verfasser in knapper Form die großen Linien einer kontinuierlichen Auseinandersetzung aufzuweisen, die bis in die letzte Gegenwart eine geradezu grundlegende Bedeutung für Russlands geistige Entwicklung hat. Es handelt sich um die Auseinandersetzung mit dem westeuropäischen Geistesleben, mit humanistischer Philosophie, mit Katholizismus und Protestantismus, wie sie sich am tiefsten im Schoße der russisch-orthodoxen Religionsphilosophie vollzog. Sie setzte ein im ersten Viertel des 19. Jahrhunderts mit dem Prototyp aller russischen Geschichts- und Religionsphilosophie *Tschaadajew*, beherrschte die gesamte russische Intelligenz im Kampfe von Westlertum und Slawophilentum (*J. Kirejewskij* und *Chomjakow*), fand ihre umfassendste Berücksichtigung in dem Lebenswerke *Solowjews* und ihre tiefste Behandlung in der eschatologischen Philosophie *N. Berdjajews* im Sinne einer Synthese, die den individualistischen Humanismus und den abstrakten Internationalismus so gut wie den Nationalismus und eine falsche Romantik zu überwinden sucht durch den christlichen Glauben an den tragischen Charakter und transzendenten Sinn der Geschichte und durch die Erwartung eines neuen kirchlich-ökumenischen und zugleich schöpferischen Zeitalters.

Über Ihre Freiexemplare wollen Sie bitte verfügen. Wenn Sie dieselben an Adressen zu verschicken beabsichtigen, so bin ich gerne bereit, die Versendung von hier aus unter Berechnung meiner Portoauslagen vorzunehmen; Sie müssten mir dann die betreffenden Adressen aufgeben.

Mit freundlichen Empfehlungen bin ich Ihr ganz ergebener
Dr. O. Siebeck

Brief 13)   Bubnoff an Siebeck (SBB)

Univ.-Prof. Dr. N. v. Bubnoff   11. 5. 29
Heidelberg Kleinschmidtstraße 44

Herrn Dr. Siebeck
Verlag J. C. B. Mohr (Paul Siebeck)

Sehr geehrter Herr Doktor!

Ich gestatte mir auf einen Briefwechsel zurückzukommen, den wir vor einiger Zeit wegen einer ev<entuellen> Übersetzung zweier russischer Werke (Frank u<nd> Karsawin) geführt haben. Sie schrieben mir zuletzt, dass Sie in dieser Sache noch keine definitive Entscheidung treffen könnten. Das dürfte allerdings jetzt schon ungefähr 2 Monate her sein. Inzwischen sind mir in Bezug auf das Buch von Karsawin gewisse Bedenken gekommen. Es ist am Ende trotz vieler positiver Qualitäten doch reichlich subtil und wohl auch zum Teil scholastisch. Dagegen scheint mir eine Verdeutschung des Frankschen Buches nach wie vor sehr wünschenswert zu sein. Außerdem möchte ich aber bei Ihnen die Inverlagnahme eines anderen Werkes anregen, das voraussichtlich einen weit größeren Leserkreis finden dürfte. Es handelt sich um das Buch des russischen Religionsphilosophen Fürst Eugen Trubetskoj „Der Sinn des Lebens".

Ihrer freundlichen Rückäußerung entgegensehend mit vorzüglicher Hochachtung

Prof. Dr. N. v. Bubnoff

Brief 14)   Siebeck an Bubnoff (SBB)

Dr.S./he. A.–   16. Mai 1929
Herrn Professor N. v. Bubnoff
Heidelberg Kleinschmidtstraße 44

Sehr verehrter Herr Professor,

für Ihren freundlichen Brief vom 11. ds. Mts. sage ich Ihnen meinen verbindlichsten Dank. Wenn ich auf unsere Korrespondenz vom Ende des

Wintersemesters seither nicht wieder zurückgekommen bin, so liegt das hauptsächlich daran, dass das groß angelegte Sammelwerk, von dessen Vorbereitung
ich Ihnen damals gesprochen habe, mir in den letzten Monaten erheblich mehr
Arbeit gemacht hat, als ich bei der Übernahme erwarten konnte. Ich hoffe, die
erste Lieferung noch vor Ende des Sommersemesters hinauszubringen, vorher
wird aber aller Voraussicht nach das Manuskript von zwei weiteren großen Werken in Satz gegeben werden, deren erste Lieferung bis zum Anfang des kommenden Wintersemesters vorliegen soll.

Unter diesen Umständen kann ich die von Ihnen empfohlenen Übersetzungen russischer Religionsphilosophen auch weiterhin nur mit größter Behutsam-
keit in Angriff nehmen. Da der Druck von Berdjajews „Philosophie des Geistes"
demnächst zum Abschluss kommen wird, wäre aber immerhin zu erwägen, ob
ich eine Übersetzung des Buches von Frank oder desjenigen von Fürst Trubetzkoj in Auftrag geben kann. Ich wäre Ihnen daher sehr dankbar, wenn Sie mir
über den Umfang beider Werke Näheres mitteilen und mich zugleich wissen
lassen wollten, ob Sie auch heute noch die Übertragung eines der beiden Werke
ins Deutsche übernehmen könnten.

Ich sehe Ihren weiteren Nachrichten jederzeit gerne entgegen und verbleibe
in vorzüglicher Hochachtung Ihr ganz ergebener

Dr. O. Siebeck

Brief 15)   Bubnoff an Siebeck (SBB)

Heidelberg, den 22. Mai 1929

Univ.-Prof. Dr. N. v. Bubnoff
Heidelberg Kleinschmidtstraße 44

Herrn Dr. Siebeck
Verlag J. C. B. Mohr (Paul Siebeck) Tübingen

Sehr verehrter Herr Doktor!

In Beantwortung Ihres freundlichen Briefes vom 16. ds. Mts. gebe ich Ihnen
sehr gern Auskunft über den Umfang der beiden von mir genannten russischen
Werke. Das Buch von Prof. Frank „Der Gegenstand des Wissens" hatte ich mir
seinerzeit aus der Leipziger Univ<ersitäts>-Bibl<iothek> kommen lassen. Ich
habe es augenblicklich nicht bei der Hand, aber, soweit ich mich erinnere, ist es
ungefähr 400 Seiten stark. Das Buch des Fürsten Eugen Trubetzkoj „Der Sinn
des Lebens" hat den Umfang von 280 Seiten (erschienen 1922 im Verlag „Slowo"
Berlin).

Zur Übertragung eines der beiden Werke ins Deutsche wäre ich auch heute noch bereit.

Mit vorzüglicher Hochachtung Ihr sehr ergebener
Prof. Dr. N. v. Bubnoff

Brief 16)   Schor an Siebeck (SBB)

Freiburg-Zähringen, den 16. VI. 29

Sehr verehrter Herr Doktor Siebeck,

Entschuldigen Sie bitte die etwas verspätete Zusendung der „Russischen Idee" von Prof. Dr. Wiatscheslaw Iwanow. Diese Verspätung ist dadurch verursacht worden, dass ich nach einer sorgfältigen Durchsicht der Übersetzung zusammen mit Herrn Martin Kaubisch das Manuskript nochmals an den Verfasser nach Pavia gesandt habe, mit der Bitte, die für den deutschen Leser notwendig erscheinenden Ergänzungen einzufügen.

Wenn ich zusammen mit Herrn Prof. Stepun die Initiative ergriffen habe, ein Werk von W. Iwanow dem deutschen Leser zugänglich zu machen, so geschah es aus zweierlei Gründen. Die „Russische Idee" ist ein Versuch, das widerspruchsvolle Wesen des russischen Volkes, die innere Dialektik seiner Seele und das dualistische Prinzip seiner Geschichte aus einer tiefliegenden religiösen Grundtendenz seines Charakters abzuleiten und alles Rätselhafte und Wunderliche des russischen Lebens von den Eigentümlichkeiten der russischen Religiosität her zu deuten. Die „Russische Idee" ist in den Jahren 1907–1908 entstanden und im Jahre 1909 im Drucke erschienen. Die Ereignisse der Russischen Revolution 1917 haben die ideologischen Konstruktionen des Verfassers bestätigt. So ist dieser Aufsatz eine Selbstbesinnung des russischen Geistes und ein Dokument der Zeit zugleich. Andererseits wird durch die Veröffentlichung dieses Aufsatzes ein russischer Denker in die deutsche Kultur eingeführt, der wohl geeignet ist, ein Band zwischen dem geistigen Deutschland und Russland zu bilden.

Da es mir als sehr wesentlich erscheint, dass auch die übrigen Werke von W. Iwanow in Ihrem Verlag erscheinen, erlaube ich mir eine kurze Charakteristik seines Schaffens zu geben. Professor Iwanow vereint die strenge westeuropäische wissenschaftliche Zucht und eine umfangreiche Erudition mit einer echt russischen Unmittelbarkeit des Erlebens und einer tiefgreifenden Intuition. Er ist Philosoph, Philologe und Poet zugleich. Mit Andrej Bielij und Alexander Block hat er die neue russische symbolische Dichterschule ins Leben gerufen und war ihr erster Vertreter, Vorkämpfer und Ideologe. Mit seinen Gefährten übernahm er das Erbe von Wladimir Ssolowjew und Dostojewskij und gab der russischen Poesie eine neue mystisch-religiöse Vertiefung und neue Möglichkeiten der künstlerischen Gestaltung. Er hat die symbolische Tradition in den Schöpfungen der russischen Dichter – Tjutschew, Puschkin, Lermontow – und bei den großen Prosaikern – Gogol, Dostojewskij – aufgedeckt. Die großen europäischen Dichter, einen Dante, Shakespeare, Cervantes hat er, als Bahnbrecher und Begründer des tragischen Symbolismus, in Russland von neuem zu verstehen gelehrt. Aus den verborgenen Themen und aus dem geheimen Inhalt der russischen Literatur und Volksdichtung hat Iwanow eine religiöse Doktrin und eine mystische Sage geformt und so aus den Tiefen des schlummernden Volksbewusstsein den russischen nationalen Mythos emporgehoben.

Selbstverständlich ist „Die Russische Idee" nur ein Probestück seines Schaffens, ganz besonders dazu geeignet, in die Gedankenwelt des Verfassers einzuführen. Einen erschöpfenden Eindruck seines Schaffens vermitteln – außer seinen Gedichtbänden – seine Hauptwerke:

I. Dostojewskij.

II. Kunst und Symbol.

III. Das Schicksal des Theaters.

IV. Die Überwindung des Individualismus.

Ein genaues Inhaltsverzeichnis und Inhaltsübersicht dieser Werke und einige Proben daraus sende ich Ihnen in den nächsten Tagen.

Mit vorzüglicher Hochachtung bleibe ich Ihr sehr ergebener

J. Schor

Mitglied der russischen Akademie für Kunstwissenschaft

Freiburg-Zähringen i. B. Blasiusstraße 4

Brief 17)   Siebeck an Bubnoff (SBB)

Dr.S./he. A.–   19. Juni 1929

Herrn Professor N. von Bubnoff

Heidelberg Kleinschmidtstraße 44

Sehr verehrter Herr Professor,

es tut mir sehr leid, dass ich Sie auf eine endgültige Antwort auf Ihren freundlichen Brief vom 22. Mai so lange warten lassen musste. Ich habe in der Zwischenzeit eine längere Autorenreise absolviert, die mich hauptsächlich an verschiedene Schweizer Universitäten geführt hat, und in deren Verlauf ich Bedürfnis und Aussichten für Übersetzungen weiterer russischer Werke auch einmal von der in mancher Hinsicht höheren Warte eines neutralen Landes betrachten konnte. Das Ergebnis meiner Unterhaltung deckt sich durchaus mit der Stellungnahme, die ich in meinem letzten Briefe aus der besonderen Lage meines Betriebes begründet habe. Die Herren, mit denen ich mich über diese Dinge unterhalten habe, glauben durchweg beobachtet zu haben, dass das Interesse für das Schaffen russischer Philosophen den Höhepunkt überschritten hat. Dazu würde passen, dass der Absatz von Berdjajews „Sinn des Schaffens" jedenfalls einstweilen durchaus nicht meinen Erwartungen entspricht. So bleibt mir gar keine andere Wahl, als zunächst einmal abzuwarten, ob es mir vielleicht gelingt, das Interesse für die Werke von Berdjajew mehr zu beleben, wenn in meinem Verlag einmal die Übersetzungen von 2 Büchern dieses Autors vorliegen. So leid es mir tut, kann ich daher für die nächste Zeit nicht daran denken, noch weitere Übersetzungen russischer Philosophen für meinen Verlag in Auftrag zu geben.

Für das Interesse für meinen Verlag, das Sie mir mit der Übermittlung Ihrer Anregungen bewiesen haben, sage ich Ihnen nochmals meinen verbindlichsten Dank und verbleibe in vorzüglicher Hochachtung Ihr ganz ergebener

Dr. O. Siebeck

Brief 18)   Siebeck an Lieb (SBB)

Dr. S./he A. –   19. Juni 1929

Herrn Privatdozenten Lic. Fr. Lieb
Basel
Grenzacherstr. 120

Sehr verehrter Herr Licentiat,

es war mir außerordentlich interessant, mich mit Ihnen noch einmal eingehend über die mir vorliegenden Angebote von Übersetzungen russischer Werke und die allgemeinen Aussichten für deren Verbreitung im deutschen Sprachgebiet zu unterhalten. Ich habe mich daraufhin entschlossen, die in der Schwebe befindlichen Angebote dieser Art abzulehnen; mit weiteren Veröffentlichungen dieser Art zurückzuhalten, habe ich umso mehr Anlass als inzwischen die Übersetzung einer Schrift von Professor Wiatscheslaw Iwanow: „Die russische Idee" eingegangen ist, die mir vor Jahresfrist von Herrn Professor Steppun in Dresden eingeschickt wurde, und die ich damals dem Übersetzer zur Umarbeitung zurückgegeben habe. Der in Freiburg lebende Herr Schor getraute sich nicht, die deutsche Übersetzung allein zu redigieren. Ein Studienrat Dr. Martin Kaubisch in Dresden, mit dem ich schon seit längerer Zeit in Korrespondenz stehe, hat ihn daher bei der letzten Durchsicht der Übersetzung unterstützt.[35] Außerdem hat er sie dem Verfasser mit der Bitte, die ihm für den deutschen Leser notwendig erscheinenden Ergänzungen einzufügen, noch einmal nach Pavia geschickt. Das Manuskript ging mit dem in Abschrift liegenden Briefe hier ein; ich erlaube mir, Ihnen dasselbe gleichzeitig als eingeschriebene Geschäftspapiere zu übersenden, damit Sie sich es etwas näher ansehen können. Denn nach allem, was wir besprochen haben, möchte ich in der Auswahl der zu übersetzenden Werke sehr vorsichtig sein; ebenso wichtig erscheint es mir, dass ich die Qualität der Übersetzungen scharf unter die Lupe nehme.

Die bestellten Exemplare Ihrer Schrift werden Sie erhalten haben. - Mit freundlichen Empfehlungen und im voraus bestem Dank für Ihre freundlichen Bemühungen, die ich Ihnen mit der Durchsicht des Iwanow'schen Manuskriptes zumute, verbleibe ich stets Ihr ganz ergebener

Dr. O. Siebeck

Brief 19)   Lieb an Siebeck (SBB)

Beatenberg,
Chalet Röseligarten   den 8. August 1929

Sehr verehrter Herr Dr. Siebeck,

Endlich, endlich komme ich zum Schreiben.[36] Ich habe nun die Schrift von W. Iwanow mehrmals gründlich durchgelesen und finde dieselbe immer ausgezeichneter. Besonders in den Schlussabschnitten ist eine ganz seltene Schönheit und Tiefe der Gedankenführung erreicht, die zugleich an J. Burckhardt und an Bachofen erinnert.

---

35 Der erste bekannte Brief von Kaubisch an Siebeck (SBB) trägt das Datum 19. 9. 26.

36 Am 17. Juli hatte Lieb eine zweite Anfrage bezüglich des Gutachtens bekommen. „Sehr verehrter Herr Licentiat, die telegraphische Mitteilung Ihrer Ferienadresse erinnert mich daran, dass ich auf meinen Brief vom 19. Juni nichts wieder von Ihnen gehört habe. Wenn auch die deutsche Ausgabe der Iwanow'schen Schrift über die russische Idee, deren Übersetzung ich Ihnen gleichzeitig als eingeschriebene Geschäftspapiere zusandte, vor Spätherbst nicht wird erscheinen können, und ich demgemäß wegen der erbetenen Prüfung des Manuskriptes nicht weiter zu drängen brauche, so ist es mir doch etwas unbehaglich, dass ich über den Verbleib desselben von Ihnen keine Nachricht habe. Ich wäre Ihnen daher sehr dankbar, wenn Sie mir mit ein paar Worten sagen wollten, ob Sie die Sendung vom 19. Juni richtig erhalten haben. Mit freundlichen Grüßen bin ich stets Ihr ganz ergebener Dr. O. Siebeck". (SBB)

Ich möchte darum Ihnen das Schriftchen entschieden zur Herausgabe empfehlen. Es sind in ihm über das russische Volk Dinge gesagt, die der deutsche
Leser sonst nirgends findet, und eben wesentliche Dinge. Die Kürze ist ebenfalls ein Vorzug. Die Übersetzung scheint mir soweit ich sehe, korrekt. Stilistisch
wäre aber meiner Ansicht nach manches zu glätten und weniger schwerfällig
auszudrücken. Es gibt übrigens kaum einen russischen Schriftsteller der seiner
antikisierenden Sprache wegen so schwer zu übersetzen ist wie gerade W. Iwanow.[37]

Ganz vertraulich möchte ich mir erlauben, Ihnen zu sagen, dass mein
Freund Prof. Lic. B<enjamin> Unruh, ein Deutschrusse, Germanist u<nd>
Theologe mit ausgezeichnetem Sprachgefühl, sich bereit erklärt hat, das
Manuskript ohne Entschädigung dezent zu korrigieren.[38] Adresse: Karlsruhe-
Rüppurr Auerstraße 24. Das Schriftchen ist übrigens gegenüber dem Ori-
ginal um mehr als das doppelte erweitert, also tatsächlich eine neue Sache.
Von W. Iwanow gibt es deutsch bis jetzt nur das in der „Kreatur" veröffent-
lichte Gespräch „aus zwei Ecken" mit Gerschenson und ein ganz vergrabenes
Schriftchen über die Krise des Humanismus (Skythen-Verlag).[39] Ein in Wien

---

37　Seiner Gewohnheit nach unterstrich Siebeck die Wörter, die ihm besonders wichtig
　　erschienen: „Stilistisch wäre aber meiner Ansicht nach manches zu glätten und weniger
　　schwerfällig auszudrücken. Es gibt übrigens kaum einen russischen Schriftsteller der
　　seiner antikisierenden Sprache wegen so schwer zu übersetzen ist wie gerade W. Iwa-
　　now."

38　Benjamin Unruh (1881–1959), Vertreter der russischen Mennoniten im Ausland. Um
　　diese Zeit hat er einen Aufsatz von Lieb ins Russische übersetzt. S. *Put'* (Paris) Nr. 16
　　(1929), S. 69–81. Er verfasste deutsche Aufsätze und übersetzte aus dem Russischen
　　für Liebs Zeitschrift *Orient und Occident*. S. auch: B. H. Unruh, „Ökumenische Erleb-
　　nisse in den deutschen Kolonien Russlands". In: Nicolas von Arseniew und Alfred von
　　Martin (Hg.), *Die Ostkirche: Sonderheft der Vierteljahrsschrift ‚Una sancta'*. Stuttgart,
　　1927, S. 98–101.

39　Der „Briefwechsel zwischen zwei Zimmerwinkeln" erschien in der Zeitschrift *Krea-
　　tur*, Heft 2, 1926, S. 159–199 in der Übersetzung Nicolai von Bubnoffs. Der Aufsatz
　　„Klüfte: Über die Krisis des Humanismus. Zur Morphologie der zeitgenössischen Kul-
　　tur und der Psychologie der Gegenwart" erschien als einzelnes Buch in Berlin im Jahre
　　1922 in der Übersetzung von Wolfgang E. Groeger. In einem Brief an Dmitrij Umanskij
　　vom 30. Januar 1922 schrieb Rainer Maria Rilke: „Das kleine Bändchen Iwanow'scher
　　Prosa, das der Skythen-Verlag unter dem Titel ‚Klüfte' herausgegeben hat, hat mir den
　　größten Begriff von der Bedeutung dieses Schriftstellers mit einem Schlage gemacht.
　　Ich fürchte, die dort versprochene Übertragung seiner Verse möchte unterblieben
　　sein, – da ja das ganze so schön begonnene ‚Skythen'-Programm – leider, – wie ich erst

erschienener Aufsatz über Dostojewskij ist nicht einmal mehr antiquarisch aufzutreiben.[40]

An sich wäre es wohl ganz gut, wenn in einer kurzen Einleitung (2–3 S.) über W. Iwanows Leben und Schrifttum berichtet würde. Das könnte der Übersetzer tun – oder Berdjajew, der ja W. I. so gut persönlich kennt. Ich komme dafür nicht in Betracht.

Prof. Florovskij hat in der letzten Nr. des „Put'" bereits den 2-ten Bd. von Holl, den ich ihm geschickt <hatte>, besprochen.[41]

Ist Ihnen bekannt, dass im russischen Staatsverlag eine russ<ische> Ausgabe von Max Webers Religionssoziologie erscheint, wie ich aus dem Bulletin jenes eben erfahre?[42]

Entschuldigen Sie mein langes Schweigen und entschuldigen Sie mich bitte bei Herrn Dr. Rühle, dass ich nicht ihm direkt geantwortet habe.[43] Ich glaubte nämlich zuerst, seine Briefe kämen von Ihnen, bis ich schließlich zu spät meinen Irrtum bemerkte.

Mit den besten Grüßen – immer zu jeder Auskunft gerne bereit – Ihr sehr ergebener

Fritz Lieb

Das Manuskript folgt heute Mittag.

Ist Theol<ogische> Rundschau Nr. 3 schon erschienen? Ich bin darauf bei Ihnen abonniert.

---

neulich erfuhr, nicht verwirklicht werden konnte. Sie würden mich zu lebhaftem Danke verpflichten, wenn Sie mich im Falle, dass andere Schriften Wjatscheslaw Iwanows in Ihrer Übertragung später erscheinen sollten, von jeder solchen Edition durch eine Zeile unterrichten wollten; mir läge daran, keine seiner Arbeiten, die irgend zugänglich werden, zu versäumen". K. M. Azadovskij, „Vjačeslav Ivanov i Ril'ke: dva rakursa", *Russkaja literatura*, Nr. 3, 2006, S. 126–127.

40 Auch dieser Aufsatz hat seine Leser gefunden. S. Brief von Höntzsch an Ivanov vom 20. Nov. 32. (Brief 176).

41 Georgij Vasil'evič Florovskij (1893–1979), Philosoph und Theologe, ab 1926 Professor an der russischen theologischen Universität in Paris. Seine Rezension auf den zweiten Band von Karl Holls *Gesammelten Aufsätzen zur Kirchengeschichte* erschien in der Zeitschrift *Put'*, Juli, 1929, S. 107–108.

42 Weber hatte mehrere Bücher bei J. C. B. Mohr (Paul Siebeck) veröffentlicht. Anscheinend meint Lieb Webers dreibändige *Gesammelte Aufsätze zur Religionssoziologie*, Tübingen, 1920. Es erschien jedoch keine russische (bzw. sowjetische) Ausgabe dieses Werkes.

43 Oskar Rühle, Autor des Buches *Der theologische Verlag von J. C. B. Mohr (Paul Siebeck): Rückblicke und Ausblicke*. Tübingen, 1926.

Brief 20)   Siebeck an Schor (SBB)

Dr. S./he A.–   11. September 1929

Herrn S. <*sic*> Schor
Freiburg-Zähringen
Blasiusstr. 4

Sehr verehrter Herr Schor,
    Sie müssen sehr entschuldigen, dass auch auf meiner Seite die Vorbereitun-
gen für die Veröffentlichung der Iwanow'schen Schrift in Deutschland so lang-
sam in Gang kommen. Die Verzögerung meiner Antwort auf Ihren freundlichen
Brief vom 16. Juni, mit dem Sie mir das durchgesehene und ergänzte Manuskript
Ihrer Übersetzung freundlichst übersandten, hat hauptsächlich darin ihren
Grund, dass ein befreundeter Autor, dem ich von Ihrem Plan erzählte, sich für
die moderne russische Philosophie so sehr interessiert, dass er mich bat, ihm die
Übersetzung der im Original anscheinend nicht ganz leicht zu beschaffenden
Schrift gleich schon im Manuskript vorzulegen.
    Dieser Herr kam lange nicht zum Schreiben. Er hat aber Ihr Manuskript
inzwischen wiederholt durchgelesen. Die Lektüre scheint ihm jedesmal größeren Eindruck gemacht zu haben.
    Mein Gewährsmann betont übrigens auch, kaum ein russischer Schriftsteller
sei seiner antikisierenden Sprache wegen so schwer zu übersetzen wie gerade
Wiatscheslaw Iwanow. Ich könnte mir daher denken, dass seinem Hinweis, der
deutsche Text könnte vielleicht an manchen Stellen noch etwas geglättet werden,
am besten in der Weise Rechnung getragen wird, dass Sie bei der Erledigung der
Korrektur Ausdrücke, die sich vielleicht etwas schwer lesen, für den Leser noch
etwas verständlicher machen.
    Eine andere Anregung meines Gewährsmannes dagegen möchte ich ihnen
noch unterbreiten, ehe mit dem Satz begonnen wird. Er macht mir nämlich den
beachtenswerten Vorschlag, es wäre gut wenn in einer kurzen Einleitung von 2
bis 3 Seiten über Iwanows Leben und Schrifttum berichtet würde. Nach meiner
Berechnung wird Ihr Manuskript im Druck 2½ bis 2 ¾ Bogen umfassen. Da
die Hefte meiner Schriftenreihen bis zu drei Bogen stark sein dürfen, blieben
also für die Einleitung noch einige Druckseiten frei, und ich möchte Sie fragen,
ob Sie das, was Sie mir in Ihrem Briefe vom 16. Juni freundlichst dargelegt
haben, nicht für diesen Zweck etwas weiter ausführen könnten. Dabei müsste
ich Sie allerdings bitten, von einem Hinweis auf Übersetzungen der übrigen
Werke von Iwanow Abstand zu nehmen, da ich neben der außerordentlich
umfangreichen Produktion, die ich gegenwärtig zu bewältigen habe, für die

nächste Zeit weitere Übersetzungen fremdsprachiger Werke auf keinen Fall mehr übernehmen kann.

Ich weiß nicht, ob Sie zu der vorgeschlagenen Einleitung das Manuskript Ihrer Übersetzung zur Hand haben müssen, und behalte es daher zunächst hier; gegebenenfalls bitte <ich> noch um Nachricht, wohin ich es Ihnen senden soll.

Da ich mit Herrn Iwanow selbst bis jetzt nicht korrespondiert habe, darf ich Sie schließlich noch um freundliche Auskunft darüber bitten, mit wem ich den Verlagsvertrag über das Heft abzuschließen habe.

In vorzüglicher Hochachtung verbleibe ich Ihr ganz ergebener

Dr. O. Siebeck

Brief 21)   Siebeck an Lieb (SBB)

Dr. S./he A.–   11. September 1929

Herrn Privatdozenten Lic. Fr. Lieb
Basel
Grenzacherstr. 120

Sehr verehrter Herr Licentiat,

bei der Rückkehr aus den Ferien wird mir u. a. Ihre sehr dankenswerte Äußerung über die Schrift von Iwanow vorgelegt, die mir auch heute noch überaus wertvoll ist.[44]

Wegen einer abermaligen Durchsicht des deutschen Textes werde ich den Übersetzer nicht allzu sehr bedrängen können, nachdem die Übersetzung schon von einem anderen Herrn, an den ich ihn verwiesen hatte, genau durchgesehen ist und dem Verfasser zur Ergänzung für die Bedürfnisse des deutschen Lesers nochmals vorgelegen hat.

Dagegen habe ich Ihre zweite Anregung, der Übersetzung eine kurze Einleitung voranzustellen, gerne an ihn weitergegeben, und ich denke, in Verbindung

---

44 Lieb war sich schon längst dessen bewusst, dass sein Brief angekommen ist. Am 9. August schrieb der Verlag an ihn (SBB): „Sehr verehrter Herr Licentiat, in Abwesenheit meines Herrn Dr. Siebeck, der z. Zt. sich auf einer längeren Urlaubsreise befindet, sage ich Ihnen verbindlichsten Dank für Ihre freundlichen Zeilen vom 8. ds. Mts. Ich werde nicht versäumen, meinem Herrn Dr. Siebeck Ihr Gutachten über die Schrift von Iwanow nach der Rückkehr von seiner Reise vorzulegen. Das in Ihrem Brief angekündigte Manuskript traf gleichzeitig mit Ihrem freundlichen Briefe hier ein. Heft 3 der ‚Theologischen Rundschau‘ ist schon länger erschienen; das 4. Heft befindet sich z. Zt. in Satz und wird im nächsten Monat erscheinen. In vorzüglicher Hochachtung Ihr ergebenster J. C. B. Mohr (Paul Siebeck)“.

mit Professor Stepun, auf den die Anregung zur Übersetzung der Schrift zurückgeht, wird er das auch gut machen können.

Gegen die Ausbeutung deutscher Autoren durch russische Übersetzungen
ist leider nichts zu machen, solange sich Russland nicht der Berner Konvention
anschließt, und vom heutigen Regime ist das auf absehbare Zeit wohl auch kaum
zu erwarten.[45]

Die neuesten Hefte der „Theologischen Rundschau" werden Sie inzwischen
zu sehen bekommen haben.

Mit nochmals bestem Dank für Ihre Beratung und vor allem für Ihr freundliches Anerbieten, mir auch fernerhin in derselben Weise an die Hand zu gehen,
bin ich mit besten Empfehlungen stets Ihr ganz ergebener

Dr. O. Siebeck

Brief 22)   Schor an Siebeck (SBB)

Freiburg-Zähringen i B., den 16. IX. 29[46]

Sehr verehrter Herr Doktor Siebeck,

besten Dank für Ihren ausführlichen Brief. Gerne bin ich bereit, eine Einleitung über Ivanovs Leben und Werke zu geben. Ich bin auch vollkommen einverstanden, dass der deutsche Text noch etwas geglättet sein muss; inzwischen
habe ich noch an der Übersetzung gearbeitet, rein sprachliche Komplizierthei-
ten ausgeglichen und alles nach Möglichkeit verständlicher gemacht. Ich war im
Begriff, Ihnen das Manuskript mit der Übersetzung in dieser neuen Fassung zu
senden, als Ihr Brief eintraf. Nun werde ich Ihnen das Manuskript mit der Einleitung zusammen schicken.

Ich bedaure sehr, dass es Ihnen unmöglich ist, die anderen Schriften Ivanovs
in Ihrem Verlag herauszugeben.

Die beiden Verlagsverträge (den Vertrag mit dem Verfasser und den Vertrag
mit mir, als dem Übersetzer) bitte ich mir zu senden, da Professor Ivanov zur
Zeit auf Reisen ist.

Mit vorzüglicher Hochachtung bleibe ich Ihr sehr ergebener

J. Schor

---

45 Die Berner Konvention (1886) sollte das Urheberrecht international schützen, was für
    Autoren und auch Verlage besonders wichtig war. Die UdSSR nahm an der Konvention
    nie teil.

46 Im Brief steht „16. VIII. 29". Versehentlich gab Schor hier den falschen Monat an.

Brief 23)   Siebeck an Schor (SBB)

Dr. S./he A.–   20. September 1929

Herrn S. <sic> Schor
Freiburg-Zähringen
Blasiusstr. 4

Sehr verehrter Herr Schor,
für Ihre freundlichen Zeilen vom 16. ds. Mts. sage ich Ihnen meinen verbindlichsten Dank. Ich freue mich, dass mein Vorschlag vom 11. ds. Mts. Ihren ungeteilten Beifall findet, und sehe der Einsendung einer revidierten und mit der vorgeschlagenen Einleitung ergänzten Fassung des Manuskriptes jederzeit gerne entgegen.

Die Übernahme weiterer Übersetzungen von Schriften Iwanows möchte ich nicht für alle Zeiten von der Hand weisen. Ich musste Sie nur bitten, von einem Hinweis auf derartige Pläne in der Einleitung Abstand zu nehmen, da auch eine ganz bedingte Ankündigung dieser Art für mich eine Bindung bedeuten würde, die ich bei der Anspannung, mit der ich gegenwärtig produziere, schlechterdings nicht verantworten könnte.

Was sodann die Verträge anbelangt, so genügt es wohl, wenn Herr Professor Iwanow mir durch einen in solchen Fällen üblichen Autorisationsvertrag, der nichts weiter zu enthalten braucht als was in den beiliegenden 2 Reinschriften formuliert ist, das Recht überträgt, eine deutsche Ausgabe seiner Schrift zu veranstalten. Für die Übersetzung und Einleitung erlaube ich mir, Ihnen ein alsbald nach Druckvollendung zahlbares Honorar von M. 50.– für den Druckbogen von 16 Seiten anzubieten. Ferner könnte ich Ihnen 15 Freiexemplare zur Verfügung stellen. Besondere Verträge habe ich in solchen Fällen mit den Übersetzern in der Regel nicht geschlossen. Wenn Sie sich daher mit dieser brieflichen Zusage begnügen würden, so stände der Inangriffnahme des Satzes nach Erhalt des revidierten Manuskriptes nichts im Wege.

Ihrer freundlichen Rückäußerung sehe ich jederzeit gerne entgegen und verbleibe in vorzüglicher Hochachtung Ihr ganz ergebener

Dr. O. Siebeck.

<Anlage zum Brief>

Übersetzungsvertrag

Zwischen

Herrn Professor Dr. Viatscheslaw Iwanow in Pavia

und der

Verlagsbuchhandlung J. C. B. Mohr (Paul Siebeck) in Tübingen

ist für sie und ihre Rechtsnachfolger Folgendes vereinbart worden:

§ 1. Herr Professor Iwanow überträgt auf die Verlagsbuchhandlung J. C. B. Mohr (Paul Siebeck), bzw. ihre Rechtsnachfolger, das ausschließliche Recht, seine in russischer Sprache erschienene Schrift „Die russische Idee" in deutscher Übersetzung erscheinen zu lassen.

§ 2. Die Verlagsbuchhandlung bezahlt an Herrn Professor Iwanow alsbald nach Abschluss dieses Übersetzungsvertrages eine einmalige Entschädigung von fünfzig (50) Reichsmark.

Damit sind auch alle Ansprüche abgegolten, die der Verlag der russischen Ausgabe der Schrift für die Übertragung des Übersetzungsrechtes geltend machen könnte.

§ 3. Die Verlagsbuchhandlung stellt Herrn Professor Iwanow fünf (5) Freiexemplare der deutschen Ausgabe der Schrift zur Verfügung.

Hiermit allenthalben einverstanden, unterzeichnen diesen in zwei gleichlautenden Exemplaren ausgefertigten Übersetzungsvertrag

Pavia, den 28. September 1929   Prof. Dr. Wiatscheslaw Iwanow (Venceslao Ivanov)

Tübingen, den 20. September 1929   J. C. B. Mohr (Paul Siebeck)

Brief 24)   Schor an Siebeck (SBB)

Freiburg-Zähringen i/Br., den 30. IX. 29.

Sehr verehrter Herr Doktor Siebeck,

besten Dank für Ihren freundlichen Brief. Mit den von Ihnen vorgeschlagenen Bedingungen bin ich einverstanden; selbstverständlich genügt mir Ihre briefliche Zusage vollkommen. Da ich wegen meiner kunstwissenschaftlichen Arbeit die nächsten Wochen in Südfrankreich verbringen muss, bitte ich Sie mir mitzuteilen, zu welchem Termin die Einleitung in Ihren Händen sein müsste.

Den Vertrag habe ich sofort an Prof. Iwanow gesandt. Professor Iwanow hat mich gebeten bei Ihnen nachzufragen, ob der Vertrag ihm das Recht einräumt, den Aufsatz (die Russische Idee) gegebenenfalls später in eine deutsche Gesamtausgabe seiner Werke aufzunehmen. Der zweite Punkt, welcher der Klärung bedarf, ist die Frage nach der Zahl der Freiexemplare. Wäre es möglich die Zahl der Freiexemplare für Professor Iwanow zu erhöhen? – um so mehr, als er einen Teil seiner Freiexemplare auch seinen französischen und italienischen Kollegen überreichen will, was doch wohl zur Verbreitung des Aufsatzes beitragen dürfte.

In Erwartung Ihrer freundlichen Antwort verbleibe ich in vorzüglicher Hochachtung Ihr sehr ergebener

J. Schor

P.S. Anbei sende Ich Ihnen die endgültige Fassung der „Russischen Idee". Die Zusendung der Einleitung hat sich leider etwas verzögert, da ich das nötige Material augenblicklich noch nicht zur Hand habe.

Brief 25)   Siebeck an Schor (SBB)

Dr.S./he A.–   3. Oktober 1929

Herrn J. Schor
Freiburg-Zähringen
Blasiusstr. 4

Sehr verehrter Herr Schor,
   mit bestem Dank für Ihren freundlichen Brief vom 30. v. Mts. bestätige ich Ihnen den Empfang des durchgesehenen Manuskriptes Ihrer Übersetzung der Schrift von Iwanow über „Die russische Idee". Mit der endgültigen Redaktion der Einleitung bitte ich Sie, sich ganz so einzurichten, wie es zu Ihren übrigen Dispositionen am besten passt. Für meine Sammlung „Philosophie und Geschichte" ist ohnehin schon ein Heft im Druck. Die Drucklegung ist daher von mir aus nicht besonders eilig. Nur möchte ich auch das Manuskript der Übersetzung nicht in Satz geben, ehe ich Ihre Einleitung ebenfalls an die Druckerei weiterleiten kann, damit dort die ganze Arbeit auf einmal erledigt werden kann.
   Von Freiexemplaren kann ich im Höchstfalle im Ganzen 30 zur Verfügung stellen, und ich darf Sie zunächst um Ihren Vorschlag bitten, wie diese zwischen Ihnen und Herrn Professor Iwanow zu verteilen sind. Alsdann wollen Sie mir freundlichst die beiden Vertragsexemplare, die ich Ihnen zur Weiterleitung an Herrn Professor Iwanow übersandt habe, wieder übermitteln, damit ich diese mit der nunmehr zu vereinbarenden Anzahl von Freiexemplaren berichtigen und noch einmal ausfertigen lassen kann.
   Ihrer freundlichen Rückäußerung sehe ich gerne entgegen und verbleibe in vorzüglicher Hochachtung Ihr ganz ergebener

Dr. O. Siebeck

Brief 26)   Siebeck an Schor (SBB)

Dr. S./he A. –   18. Dezember 1929

Herrn J. Schor
Freiburg (Breisgau)
Blasiusstr. 4

Sehr verehrter Herr Schor,

zu Anfang nächsten Jahres erscheint zwar in meiner Sammlung „Philosophie und Geschichte" ein sehr interessantes Heft aus der Feder des Basler Orientalisten Professor Dr. Rudolf Tschudi.[47] Da ich aber für diese Reihe gegenwärtig sehr viel neue Angebote habe, möchte ich die Veröffentlichung ihrer Übersetzung der Schrift von Iwanow nicht mehr zu lange anstehen lassen. Ich wäre Ihnen daher sehr dankbar, wenn ich die endgültige Redaktion Ihrer Einleitung nunmehr bekommen könnte. Ebenso darf ich Sie unter Bezugnahme auf meinen Brief vom 3. Oktober ds. J. nochmals um Rücksendung eines entsprechend jenen Vorschlägen ergänzten Vertragsexemplares bitten, damit ich Ihnen die abgeänderten Reinschriften zugehen lassen kann und wir mit dem Abschluss des Verlagsvertrages nunmehr in Ordnung kommen.

Ihrer freundlichen Rückäußerung sehe ich gerne entgegen und bin in vorzüglicher Hochachtung Ihr ganz ergebener

J. C. B. Mohr (Paul Siebeck)

Brief 27)   Schor an Siebeck (SBB)

Freiburg-Zähringen i/B., den 30. XII. 29

Sehr verehrter Herr Doktor Siebeck,

Herzlichen Dank für Ihren freundlichen Brief. Ich bitte Sie, mein langes Schweigen entschuldigen zu wollen. Die Reise nach Frankreich war sehr anregend und die Bearbeitung des kunsthistorischen Materials, das ich dort gesammelt habe, hat sehr viel Zeit in Anspruch genommen. Als ich jetzt wieder die Einleitung zur „Russischen Idee" in Angriff nahm, da wuchsen meine Betrachtungen über W. Iwanow zu einem regelrechten Essais und wollten sich nicht in drei Druckbogen zusammenfassen lassen, da ich doch einen wenn auch so flüchtigen Einblick in das Schaffen von W. Iwanow geben möchte. In den ersten Neujahrstagen wird die „Einleitung" bei Ihnen eintreffen. Den Vertrag werde ich Ihnen zusenden, sobald ich die beiden Exemplare desselben von Prof. Iwanow erhalten werde. Mit herzlichsten Glückwünschen zum Neuen Jahr bleibe ich Ihr sehr ergebener

J. Schor

---

47 Rudolf Tschudi, *Vom alten Osmanischen Reich*. Tübingen, 1930.

Korrespondenz aus dem Jahr 1930

Brief 28)   Schor an Siebeck (SBB)

Freiburg-Zähringen i/B., den 6. I. 30

Sehr verehrter Herr Doktor Siebeck,

Anbei sende ich Ihnen die „Einleitung". Ein kurzes Verzeichnis der Hauptwerke Iwanows habe ich auch anbeigefügt.[141] Man könnte es auf der letzten Seite
der „Einleitung", unten, in Kleinschrift (in der Art einer Anmerkung) unterbringen. Ein vollständigeres Verzeichnis, das man übrigens im „Annuario" der
königlichen Universität in Pavia für das Jahr 1928/29 finden kann, wäre an dieser
Stelle zu voluminös.[142] Die Korrektur bitte ich Sie mir in zwei Exemplare<n>
zuschicken zu wollen. Die beiden Exemplare des Vertrags werde ich Ihnen
zusenden, sobald ich sie von Prof. Iwanow erhalten werde. Die 30 Freiexemplare
bitte ich Sie folgendermaßen zu verteilen: 20 Exemplare erhält Prof. Iwanow und
10 Exemplare bitte ich Sie mir zu überweisen.

Mit vorzüglicher Hochachtung bleibe ich Ihr sehr ergebener

I. Schor

Brief 29)   Siebeck an Schor (SBB)

He A.–   8. Januar 1930

Herrn J. Schor
Freiburg-Zähringen
Blasiusstr. 4

Einschreiben

Sehr verehrter Herr Schor,

haben Sie verbindlichsten Dank für Ihre freundlichen Zeilen vom 30. v. Mts.
und 6. ds. Mts. wie für das mir übersandte Manuskript für die Einleitung zu

---

141 Das Verzeichnis fehlt, aber man darf annehmen, dass es mit der Bibliographie im
   gedruckten Text identisch war. Wiatcheslaw Iwanow, *Die russische Idee*, übersetzt und
   mit einer Einleitung versehen von J. Schor. Verlag von J. C. B. Mohr (Paul Siebeck),
   Tübingen, 1930, S. VIII.
142 *Annuario Accademico della R. Università degli Studi di Pavia*. Anno 1928–29,
   Pavia, 1928, S. 150–151. Ivanov selbst weist auf diese Bibliographie in einem Brief an
   Schor vom 22. September 1929 hin. Segal und Segal 2008, S. 350.

Ihrer Übersetzung von Iwanows „Russischer Idee". Ich hoffe, dass sich das Ganze noch auf 3 Druckbogen unterbringen lässt. Das von Ihnen freundlichst zusammengestellte Verzeichnis der Hauptwerke Iwanows werde ich gerne an geeigneter Stelle zum Abdruck bringen.

Ich darf Sie noch bitten, freundlichst für die Rücksendung der Vertragsexemplare bemüht zu sein, damit ich die Zahl der Freiexemplare richtigstellen kann. Sobald der Verlagsvertrag in Ordnung ist, werde ich das Manuskript in Satz geben.

In der Anlage lasse ich Ihnen das mir zuerst übersandte, unberichtigte Exemplar Ihres Übersetzungsmanuskripts wieder zugehen.

Es ist in meinem Verlag eine feststehende Übung, dass die Autoren zwei Abzüge der Fahnenkorrektur erhalten; selbstverständlich werden auch Ihnen diese zugehen.

In vorzüglicher Hochachtung empfehle ich mich Ihnen als Ihr ganz ergebener

Dr. O. Siebeck

Brief 30)   Schor an Siebeck (SBB)

Freiburg-Zähringen, den 16. I. 1930

Sehr geehrter Herr Doktor Siebeck,

Herzlichen Dank für Ihre freundlichen Zeilen und für das mir übersandte Exemplar der Übersetzung. Eben habe ich von Prof. Iwanow den alten Vertragstext erhalten. Leider hat er aus Versehen nur ein Exemplar des Vertrags seinem Briefe beigefügt. Sofort habe ich ihn telegraphisch gebeten, mir das zweite Exemplar zu schicken. Damit aber die Sache sich nicht weiter in die Länge zieht, möchte ich Sie bitten, mir den neuen Vertrag zusenden zu wollen. Inzwischen wird auch das zweite Exemplar des alten Vertrags bei Ihnen eintreffen.

Anbei sende ich Ihnen ein Exemplar des alten Vertrags. Prof. Iwanow möchte gerne 25 Freiexemplare zur Verfügung haben; da aber die Zahl der 30 Freiexemplare nicht überschritten sein kann, so bleiben wir bei der Verteilung, die ich Ihnen in meinem Brief vom 6 I 1930 vorgeschlagen habe (also 20 Exemplare für Prof. Iwanow und 10 – für mich).

Mit vorzüglicher Hochachtung bleibe ich Ihr sehr ergebener

I. Schor

Brief 31)   Siebeck an Schor (SBB)

He A.–   17. Januar 1930

Herrn S. <*sic*> Schor
Freiburg-Zähringen
Blasiusstr. 4

Sehr verehrter Herr Schor,
für Ihre freundlichen Zeilen vom 16. ds. Mts. sage ich Ihnen meinen verbindlichsten Dank. Ich habe Ihrem Briefe ein Exemplar der ersten Ausfertigung
des Verlagsvertrages mit Herrn Professor Iwanow entnommen. Ihrem freundlichen Bericht zufolge darf ich das zweite Exemplar ebenfalls in den nächsten
Tagen erwarten. In der Anlage übersende ich Ihnen zwei neue Ausfertigungen
des Vertrages, in denen ich Ihrem Vorschlage gerne entsprochen und für Herrn
Professor Iwanow 20 Freiexemplare – nicht 25, wie er es in den Vertrag eingetragen hat – vorgesehen habe. Ich darf Sie bitten, mir die beiden Exemplare
baldmöglichst mit Herrn Professor Iwanows Unterschrift wieder zuzustellen. Sie
selbst würden demnach 10 Freiexemplare erhalten.[143]
    Bei dieser Gelegenheit möchte ich Sie freundlichst bitten, mir auf dem bei-
liegenden Manuskriptblatt eine Selbstanzeige der Übersetzung zugehen zu lassen, die ich für „Grünes Heft" und Buchkarte verwenden kann. Die Art solcher
Selbstanzeigen ersehen Sie aus dem beiliegenden „Grünen Heft" 1929 Nr. 1.
Wenn Sie für die kurze Charakterisierung des Inhalts das beiliegende Manuskriptblatt verwenden, wird die Anzeige im Druck ziemlich genau den verfügbaren Raum von einer halben Druckseite einnehmen.
    Das Manuskript Ihrer Übersetzung habe ich bereits zu Beginn dieser Woche
in Satz gegeben.
    Mit freundlichen Empfehlungen bin ich in vorzüglicher Hochachtung Ihr
ganz ergebener

                                                                J. C. B. Mohr (Paul Siebeck)

---

143 In dem früheren, vom Verlag am 20. September 1929, von Ivanov am 28. September
     1929 unterschriebenen Vertrag hat Ivanov „20 Freiexemplare" durch „25 Freiexemp-
     lare" ersetzt. Unten hat er hinzugefügt: „Betreffs Auslegung bzw. Vervollkommnung
     des vorliegenden Vertrags schließt sich der Verfasser der obigen Schrift der Meinung
     des Übersetzers, Herrn Dr. Schor, gänzlich an. Wenzeslaus Ivanov." (SBB)

<Anlage zum Brief; SBB, CS>

Übersetzungsvertrag
Zwischen
Herrn Professor Dr. Viatscheslaw Iwanow in Pavia
und der
Verlagsbuchhandlung J. C. B. Mohr (Paul Siebeck) in Tübingen
ist für sie und ihre Rechtsnachfolger Folgendes vereinbart worden:

§ 1. Herr Professor Iwanow überträgt auf die Verlagsbuchhandlung J. C. B. Mohr (Paul Siebeck), bzw. Ihre Rechtsnachfolger, das ausschließliche Recht, seine in russischer Sprache erschienene Schrift

Die russische Idee

in deutscher Übersetzung erscheinen zu lassen.

§ 2. Die Verlagsbuchhandlung bezahlt an Herrn Professor Iwanow alsbald nach Abschluss dieses Übersetzungsvertrages eine einmalige Entschädigung von fünfzig (50) Reichsmark.

Damit sind auch alle Ansprüche abgegolten, die der Verlag der russischen Ausgabe der Schrift für die Übertragung des Übersetzungsrechtes geltend machen könnte.

§ 3. Die Verlagsbuchhandlung stellt Herrn Professor Iwanow zwanzig (20) Freiexemplare der deutschen Ausgabe der Schrift zur Verfügung.

Hiermit allenthalben einverstanden, unterzeichnen diesen in zwei gleichlautenden Exemplaren ausgefertigten Übersetzungsvertrag

Pavia, den 26. Januar 1930 Prof. Dr. Wenzeslaus Iwanow
Tübingen, den 17. Januar 1930 J. C. B. Mohr (Paul Siebeck)

Brief 32)   Schor an Siebeck (SBB)

Freiburg-Zähringen, den 10. II. 30

Sehr verehrter Herr Doktor Siebeck,

Ich danke Ihnen herzlichst für Ihre freundlichen Zeilen vom 17. Januar und für die Zusendung der Korrektur und des neuen Vertrages. Ein Exemplar der Korrektur habe ich Prof. Iwanow geschickt und erwarte es – seinem letzten Briefe gemäß – in den allernächsten Tagen. Heute sende ich Ihnen das zweite Exemplar des alten und die beiden Exemplare des neuen Vertrags, wie auch die Selbstanzeige für das „Grüne Heft".[144] Bleiben die beiden Exemplare des Vertrags bei dem Verlag oder wird Prof. Iwanow ein Exemplar desselben erhalten? Ich bitte Sie auch mir mitteilen zu wollen, an welche Zeitschriften oder führende Persönlichkeiten Sie „die russische Idee" senden werden? Ich möchte es wissen, damit eine unnötige Verdoppelung der Sendungen vermieden werden könnte.

Mit besten Empfehlungen bleibe ich Ihr sehr ergebener

I. Schor

---

144 Die Selbstanzeige fehlt. Im Original ist das Wort „Selbstanzeige" mit Bleistift unterstrichen und am Rande (ebenfalls mit Bleistift) das Wort "entnommen" geschrieben. Es stehen daneben auch die Initialen „W. S." (höchstwahrscheinlich „Werner Siebeck" der laut dem Chiffre am Anfang des Briefes vom 11. Februar 1930, diesen Brief beantwortete). Man darf schließen, dass Siebeck die Selbstanzeige entnommen hat, um sie drucken zu lassen. Sie erschien im sogenannten „grünen Heft" *Neuigkeiten J. C. B. Mohr (Paul Siebeck) H. Laupp'sche Buchhandlung*, 1930, Tübingen, 31. Mai, Nr. 1, S. 9:

„Die russische Idee" ist ein Versuch, das widerspruchsvolle Wesen des russischen Volkes von der religiösen Grundtendenz seines metaphysischen Charakters her zu deuten. – Im Mittelpunkte der Betrachtung steht das urrussische Problem: die Spaltung des nationalen Bewusstseins, die sich durch die ganze Geschichte Russlands zieht, im 19. Jahrhundert als Kluft zwischen dem Volke und der „Intelligenz" erscheint und in der Revolution zum tragischen Ausdruck gelangt. Die beiden polaren Wesensformen der Nation werden in einer dreifachen Vertiefung scharf ausgearbeitet und nach dem Prinzip ihrer Einheit befragt. Der schicksalsschwere Dualismus erweist sich als der gegebenen und aufgegebenen Einheit der Nation, und die russische Idee wird als die nationale Entelechie der russischen Seele und als die übernationale Berufung des russischen Volkes erkannt. – Die Schrift ist ein Wegweiser durch die Labyrinthe des russischen Seelentums und die Mysterien des russischen Geistes. Zugleich aber bedeutet sie eine philosophische Einführung in das Studium der russischen Geschichte und Kultur.

Es ist nicht klar, ob Ivanov oder Schor diesen Werbungstext geschrieben hat. Einerseits wandte sich Schor an Ivanov im Brief vom 24. Januar 1930 (Segal und Segal 2008, S. 359–360) mit der dringenden Bitte, den Text zu schreiben. Andererseits deckt sich die gedruckte Selbstanzeige zum Teil mit Schors Einleitung. Vgl. S. VIII der „Russischen Idee": „In diesem Geiste ist der Essai ‚Die russische Idee' geschrieben. Es ist ein Versuch, das widerspruchsvolle Wesen des russischen Volkes, die innere Dialektik seiner Seele und das dualistische Prinzip seiner Geschichte aus einer religiösen Grundtendenz seines metaphysischen Charakters abzuleiten und alles Rätselhafte und Wunderliche des russischen Lebens von den Eigentümlichkeiten der russischen Religiosität her zu deuten". Dieser Satz ist übrigens schon in Schors Brief an Siebeck vom 16. VI. 29 zu finden (Brief 16).

Brief 33)   Siebeck an Schor (SBB)

W.S./be.A.–   11. Februar 1930

Herrn S. <*sic*> Schor
Freiburg-Zähringen
Blasiusstr. 4

Sehr verehrter Herr Schor,
    für Ihren freundlichen Brief vom 10 ds. Mts., dem ich die Selbstanzeige, sowie
die von Herrn Professor Iwanow unterzeichneten Verlagsverträge entnommen
habe, sage ich Ihnen meinen verbindlichsten Dank. Ich werde eines der unterschriebenen Vertragsexemplare Herrn Professor Iwanow für seine Akten zugehen lassen.
    Vor Versendung der Rezensionsexemplare werde ich mir erlauben, Ihnen
eine Liste vorzulegen, nach welcher diese verschickt werden sollen.
                                    In vorzüglicher Hochachtung Ihr ergebenster
                                    J. C. B. Mohr (Paul Siebeck)

Brief 34)   Siebeck an Schor (SBB)

He A.–   14. Februar 1930

Herrn S. <*sic*> Schor
Freiburg-Zähringen
Blasiusstr. 4

Sehr verehrter Herr Schor,
    auf einer längeren Geschäftsreise wurde ich unterwegs von einem heftigen
Bronchialkatarrh überfallen, der mich zwang, in Bonn eine Zwischenstation von
14 Tagen einzulegen. Gestern bin ich von meiner Reise hierher zurückgekehrt
und finde hier Ihre freundlichen Zeilen vom 10. ds. Mts. vor, die Ihnen von meiner Firma inzwischen beantwortet worden sind.
    Bezüglich der Korrekturen darf ich Sie bitten, diese so bald als irgend mög-
lich an meine Firma zurückzusenden. Sollten Sie dieselben von Herrn Professor
Iwanow noch nicht zurückerhalten haben, so haben Sie wohl die Freundlichkeit,
sie dort zu reklamieren. Ich möchte das Heft in den ersten Tagen des Monats
März mit je einem Beitrag zu meinen beiden anderen gemeinverständlichen
Schriftenreihen ausgeben und sollte daher jetzt in der Drucklegung fortfahren
können. Wenn das Heft rechtzeitig fertig sein soll, müsste daher nunmehr die
umbrochene Revision verschickt werden können.

Da ich hier die Adresse von Herrn Professor Iwanow nicht zur Hand habe, wäre ich Ihnen sehr dankbar, wenn Sie das Exemplar des Verlagsvertrages, das ich Ihnen in der Anlage zurückgeben zu dürfen bitte, freundlichst an Herrn Professor Iwanow weiterleiten würden, zumal Sie ja seither die die Übersetzung betreffende Korrespondenz mit ihm geführt haben.

Ihrem Wunsche entspreche ich gerne und lege Ihnen in der Anlage den Entwurf einer Liste vor, nach der ich die Besprechungsexemplare zu verschicken gedenke. Ihre etwaigen Ergänzungs- und Änderungsvorschläge bin ich gerne erwartend.

Ich hoffe, dass ich recht bald in den Besitz der erledigten Korrektur gelangen kann und verbleibe inzwischen mit freundlichen Empfehlungen Ihr ganz ergebener

Dr. O. Siebeck

<Anlage>

Iwanow. Die russische Idee

Logos; Kantstudien; Archiv für Philosophie; Bausteine für Leben; Literarischer Bericht; Geisteskampf; Philosophie und Leben; Hochland; Annalen der Philosophie; Geisteskultur; Osteuropa; Zeitschrift für slawische Philologie; Die Bücherwarte; Literarischer Handweiser; Neue Schweizer Rundschau; Schweizerische Rundschau; Deutsche Rundschau; Zeitwende; Philosophische Jahrbücher; Der russische Gedanke; Revue critique; Bilychnis; The Mind; Rivista di filosofia; Frankfurter Zeitung; Rhein-Mainische Volkszeitung; Kölnische Zeitung; Kölnische Volkszeitung; Staatsanzeiger; Neue Zürcher Zeitung; Der Bund.

Brief 35)   Schor an Siebeck (SBB)

Freiburg-Zähringen i. B., den 18. II. 30

Sehr verehrter Herr Doktor Siebeck,

Es freut mich sehr, dass Sie sich von Ihrer Krankheit erholt haben. Hoffentlich hat Ihr Bronchialkatarrh keine weiteren unangenehmen Folgen für Sie gehabt.

Die Korrektur ist gestern an Sie abgegangen. Längst wäre sie fertig, aber im letzten Augenblick stellte sich heraus, dass an drei Stellen eine Retusche vonnöten ist: daher die Verzögerung. Das Lesen der Revisionsabzüge wird sicher rasch vor sich gehen.

Ich danke Ihnen sehr für die Zusendung des Vertragsexemplars für Prof. Iwanow, das ich ihm sofort zugesandt habe, wie auch für die Liste der für die Besprechung in Betracht kommenden Zeitungen und Zeitschriften. Ich werde mir erlauben, Ihnen in den nächsten Tagen einen Ergänzungsvorschlag zu machen.

Mit vorzüglicher Hochachtung und freundlichen Empfehlungen bleibe ich Ihr sehr ergebener

I. Schor

Brief 36)   Siebeck an Schor (SBB)

He A.–   20. Februar 1930

Herrn J. Schor
Freiburg-Zähringen
Blasiusstr. 4

Sehr verehrter Herr Schor,
für Ihre freundlichen Zeilen vom 18. ds. Mts. sage ich Ihnen meinen verbindlichsten Dank.

Die Korrekturen zur „Russischen Idee" habe ich inzwischen erhalten.

Nach § 2 des Übersetzungsvertrages mit Herrn Professor Iwanow erhält dieser nach Abschluss des Übersetzungsvertrages eine einmalige Entschädigung von M. 50.–. Ich erlaube mir, diesen Betrag gleichzeitig durch Postscheck an Sie zur Auszahlung gelangen zu lassen, und darf Sie freundlichst bitten, die Summe an Herrn Professor Iwanow weiterzuleiten, da mir seine Anschrift nicht bekannt ist.

Der Einsendung Ihrer Ergänzungsvorschläge für die Versendung der Besprechungsexemplare sehe ich gerne entgegen und verbleibe mit freundlichen Empfehlungen Ihr ganz ergebener

J. C. B. Mohr (Paul Siebeck)

Brief 37)   Siebeck an Schor (SBB)

He A.–   24. Februar 1930

Herrn S. <sic> Schor
Freiburg-Zähringen
Blasiusstr. 4

Durch Eilboten.

Sehr verehrter Herr Schor,
heute wird Ihre Übersetzung von Iwanows „Russischer Idee" in der Revision verschickt. Ich wäre Ihnen sehr dankbar, wenn Sie eine genaue Korrektur dieser Revisionsbogen lesen und diese alsdann für druckfertig erklären würden, ohne die Bogen zuvor noch Herrn Professor Iwanow vorzulegen. Das Heft soll in der kommenden Woche mit je einem Beitrag zu meinen übrigen gemeinverständlichen Schriftenreihen verschickt werden; die Bogen müssten daher noch im Laufe dieser Woche ausgedruckt werden können. Würden Sie die Revisionsbogen, ehe Sie diese für druckfertig erklären zuvor noch Herrn Professor Iwanow vorlegen, so würde damit zuviel Zeit verloren gehen und das Heft nicht mehr rechtzeitig fertig

werden. Das aber wäre für den Vertrieb desselben von großem Nachteil. Da Herr Professor Iwanow die Übersetzung in der Korrektur bereits eingesehen hat, halte ich es auch nicht für notwendig, dass er noch seinerseits die Revision revidiert.

Ich darf Sie daher bitten, mir die Bogen möglichst umgehend gleichfalls *per Eilboten* mit Ihrem Imprimatur wieder zuzustellen, und verbleibe mit bestem Dank im voraus mit freundlichen Empfehlungen Ihr ganz ergebener

Dr. O. Siebeck

Brief 38)   Schor an Siebeck (SBB)

Freiburg-Zähringen i. B., den 25. Februar 1930

Sehr verehrter Herr Doktor Siebeck,

Besten Dank für Ihren freundlichen Brief und die Zusendung der „Revision". Gerne bin ich bereit Ihrem Wunsche zu folgen und lasse die „Revision" (den I-ten und II-ten Bogen, die ich heute früh erhalten habe) durch Eilboten befördern. Die notwendigen Korrekturen habe ich ausgeführt, bin aber nicht ganz überzeugt, dass die „Revision" – ohne neue Durchsicht – druckreif sei. Wären Sie der Meinung, dass ich die „Revision" nochmals durchsehen müsste, so könnte ich dieselbe Donnerstag früh von Ihnen erhalten und am selben Tag vormittags zurückgehen lassen. Hielten Sie es aber für möglich, die Ausführung aller Korrekturen auf der Stelle zu kontrollieren, so bitte ich Sie die „Revision" in Druck zu geben.

In Frage kommen einige rein technisch-typographische Ausbesserungen, die ich Ihrer Aufmerksamkeit empfehlen möchte:

1). Das Titelblatt macht mir Sorgen: mein Name springt noch immer zu sehr hervor. Die Worte „Übersetzt und mit einer Einleitung versehen von J. Schor" müssen noch näher aneinander gerückt werden, – in der Art, wie ich es beispielsweise angegeben habe, – vielleicht auch durch einen Strich von dem Titel selbst getrennt.

2). Da die Einleitung mit derselben Schrift, wie der Grundtext, gesetzt ist, müsste man: a) vor der Einleitung das Wort „Einleitung" setzen, b) die Seiten der Einleitung mit römischen Zahlen nummerieren, c) am Ende der Einleitung meinen Namen in kursiv setzen.

3). Das Inhaltsverzeichnis (das in der „Revision" gänzlich fehlt) muss zwischen der Einleitung und dem Grundtext bleiben: vor der Einleitung gesetzt, hätte es die Einleitung mit dem Grundtext vermengt; nach dem Grundtext gestellt, hätte es seinen Zweck (zum Verständnis der Struktur des Aufsatzes beizutragen) verfehlt. – Demgemäß müssen auch die arabischen Seitennummern von dem Inhaltsverzeichnis ab beginnen.

4). Auf vielen Seiten sind die Zeilen der unteren Hälfte des Blattes unregelmäßig geblieben, obgleich dieser Fehler bereits in der Korrektur vermerkt worden war.

Es scheint mir doch wünschenswert zu sein, die „Revision" noch einmal durchsehen zu können. Wäre es aber aus technischen Gründen unmöglich, so bitte ich Sie, die Ausbesserung dieser Fehler und Unebenheiten aufs genaueste kontrollieren zu lassen.

Ich hoffe, dass ich Ihnen damit keine schweren Sorgen bereite, und bleibe mit bestem Dank und freundlichen Empfehlungen

Ihr ganz ergebener
I. Schor

PS. Ich danke Ihnen für die Zusendung v. M. 50. Ich habe dieselben sofort an Herrn Professor Iwanow geschickt.

Brief 39)   Schor an Siebeck (SBB)

Freiburg-Zähringen i. B., den 26-ten Februar 1930

Sehr verehrter Herr Doktor Siebeck,

In den Revisionsbogen, die ich Ihnen gestern zugesandt habe, sind zwei Fehler geblieben. Bitte dieselben korrigieren zu lassen.

Seite V (dritte Seite der Einleitung), Zeile 6 v. unten anstatt: „fin du siècle"-Dichtung muss stehen: „fin de siècle"-Dichtung

Seite VIII (6te Seite der Einleitung). Die letzten zwei Zeilen (Anmerkung über die Übersetzung der Dichtungen) anstatt: „Die Übersetzung der Dichtungen auf den Seiten 7f und 9 ist vom Verfasser für die deutsche Ausgabe gemacht" muss stehen: „Die Dichtungen auf den Seiten 7f, 9 und 35 sind vom Verfasser für die deutsche Ausgabe übersetzt."

Eben erhalte ich den letzten Revisionsbogen und finde das Inhaltsverzeichnis am Ende der Schrift. Ich halte es doch für richtiger, das Inhaltsverzeichnis zwischen der Einleitung und den Grundtext zu setzen und die Einleitung in dem Inhaltsverzeichnis nicht anzugeben, da es doch eine Einleitung zur „Russischen Idee" ist und muss außerhalb des Gefüges der Schrift selbst bleiben.

Den letzten Bogen schicke ich Ihnen im Laufe des Nachmittags.

Mit vorzüglicher Hochachtung und freundlichen Empfehlungen bleibe ich Ihr sehr ergebener

I. Schor

Brief 40)   Schor an Siebeck (SBB)

Freiburg-Zähringen i. B., den 26. Februar 1930

Sehr verehrter Herr Doktor Siebeck,

Zur selben Zeit sende ich Ihnen den dritten Revisionsbogen, den ich mit einem „Druckfertig" versehen habe. Ich hoffe, dass die Revisionsbogen zur rechten Zeit nach Tübingen kommen werden.

Mit vorzüglicher Hochachtung und besten Empfehlungen bleibe ich Ihr sehr ergebener

I. Schor

Brief 41)   Siebeck an Schor (SBB)

F.–so.A.–   26. Februar 1930

Herrn J. Schor
Freiburg-Zähringen i. B.
Blasiusstr. 4

Sehr geehrter Herr Schor,

mit bestem Dank bestätige ich Ihnen den Empfang Ihres freundlichen, an meinen Herrn Dr. Siebeck gerichteten Briefes vom 25. und der Bogen 1 und 2 Ihres Heftes für meine Sammlung „Philosophie und Geschichte". Ich bin sehr gerne bereit, Ihre Wünsche für die Anordnung des Textes und die von Ihnen angezeichneten Änderungen berücksichtigen zu lassen. Von der Versendung einer Superrevision möchte ich aber der kurzen Zeit wegen, die für die Fertigstellung des Hefts noch zur Verfügung steht, absehen. Die Ausführung der von Ihnen vorgenommenen Korrekturen werde ich hier genau nachprüfen lassen.

Da die Korrekturabzüge auf einer Handpresse hergestellt werden, kann der Satz nicht so fest geschlossen werden, wie es beim Druck der Fall ist. Es lässt sich also nicht vermeiden, dass bei Korrekturen die Schrift nicht immer genaue Linie hält.

In vorzüglicher Hochachtung begrüße ich Sie als Ihr ergebenster

J. C. B. Mohr (Paul Siebeck)

Brief 42)   Schor an Siebeck (SBB)

Freiburg-Zähringen, den 3. III. 30

Sehr verehrter Herr Doktor Siebeck,

Zu Ihrer Liste der Zeitungen und Zeitschriften, nach der die Besprechungsexemplare verschickt werden, möchte ich folgende Ergänzungen vorschlagen:

Deutsche Literaturzeitung. Hsg. v. Verband der deutschen Akademien.
    Quelle u<nd> Meyer.
Die Furche. Furche Vlg. Berlin.
Die Tat. Diederichs.
Horen (Besprechungen f<ür> Philosophie müssen an Willy Storrer,
    Dornach, zugesandt werden).
Blätter für die deutsche Philosophie.
Die Literatur. Deutsche V<e>rl<ags>-anstalt. Stuttgart.
Deutsche Vierteljahrsschrift für Literaturwissenschaft.
Schildgenossen.
Orient und Occident.
Nouvelle revue française.
Die Kreatur. (Bitte mit der Überschrift „Überreicht vom Verfasser")
Dresdner Nachrichten.
Neue Wege. (Redaktion Dr. Ragaz in Zürich)
Neue Zürcher Zeitung.

Es wäre für die Verbreitung der Schrift von Nutzen, dieselbe an einige Dozenten der russischen Sprache und Literatur an den deutschen Universitäten zu
schicken. Im Falle Ihrer Zustimmung werde ich Ihnen einige Adressen zugehen lassen.

    Die Freiexemplare für Prof. Iwanow bitte ich an seine Adresse zu schicken: Al
chiar-mo Signore Prof. Dr. V. Ivanov, Pavia Almo Collegio Borromeo.

    Die Zahl der Exemplare, die ich meinen Kollegen und Freunden überreichen
und zusenden muss, übertrifft selbstverständlich die Zahl der Freiexemplare,
über die ich verfügen werde. Bitte mir mitteilen zu wollen, zu welchem Preise
ich die mir fehlenden Exemplare erhalten könnte.

    Ich bedaure sehr, die Superrevision nicht erhalten zu haben. Ich sehe aber
ein, dass die baldige Erscheinung der „Russischen Idee" für ihre Verbreitung
sehr wesentlich ist, da im Zusammenhang mit den leider verschärften Zuständen in Russland das Interesse am russischen Leben und an dem russischen religiösen Problem wieder lebendig wird.

    Mit vorzüglicher Hochachtung und freundlichen Empfehlungen bleibe ich
Ihr sehr ergebener

                                                                I. Schor

Brief 43)   Siebeck an Schor (SBB)

He A.–   5. März 1930

Herrn S. <*sic*> Schor
Freiburg-Zähringen

Blasiusstr. 4
Sehr verehrter Herr Schor,
    für Ihre freundlichen Zeilen vom 3. ds. Mts. sage ich Ihnen meinen verbind-
lichsten Dank. Die von Ihnen in Vorschlag gebrachten Zeitungen und Zeitschriften werde ich sehr gerne noch mit einem Besprechungsexemplar von Iwanows
„Russischer Idee" bedenken lassen.
    Wenn Sie an einige Dozenten der russischen Sprache und Literatur unbe-
rechnete Exemplare des Heftes senden wollen, so müsste ich Sie bitten, diese
Versendung entweder von Ihren Freiexemplaren vornehmen zu lassen oder die
Exemplare zum günstigsten Buchhändlerpreis von mir zu beziehen. Zu Lasten
der Besprechungsexemplare kann ich diese Versendung leider nicht vornehmen,
da diese Exemplare nur an solche Adressen geschickt werden können, von denen
mit Sicherheit anzunehmen ist, dass eine Besprechung erfolgt und damit dem
Vertrieb des Heftes indirekt gedient wird.
    Ich kann Ihnen diejenigen Exemplare, die Sie auf Ihre Rechnung zu beziehen
wünschen, zum Preise von M. 1.05 pro Exemplar liefern. Dies ist der günstigste
Buchhändlerpreis und setzt sich wie folgt zusammen: Der Ladenpreis eines Heftes meiner 3 gemeinverständlichen Schriftenreihen beträgt im Einzelverkauf
M. 1.80, in der Subskription M. 1.50. Der gegenwärtig höchste Buchhändler-
rabatt auf diesen Subskriptionspreis ist 30%. Demnach ist der günstigste Buchhändlerpreis M. 1.50 abzüglich 30% = M. –.45 = M. 1.05.
    Die Pavianer Adresse von Herrn Professor Iwanow, an die seine Freiexemp-
lare zu senden sind, habe ich mir bestens gemerkt.
                    Mit freundlichen Empfehlungen bin ich Ihr ganz ergebener
                                                                              J. C. B. Mohr

Brief 44)   Schor an Siebeck (SBB)

                              Freiburg-Zähringen i. B., den 7. III. 1930

Sehr verehrter Herr Doktor Siebeck,
    besten Dank für Ihre freundlichen Zeilen vom 5. März und für die Zusen-
dung der Abrechnung. Da es also anders nicht geht, werde ich den Dozenten
der russischen Sprache die Exemplare der „Russischen Idee" aus meinem Vor-
rat zugehen lassen; bitte mir 20 Exemplare der Schrift zum Buchhändlerpreis

(M. 1.05) zusenden zu wollen. Ich hoffe, dass die betreffenden Dozenten ihren Schülern und Hörern die Schrift empfehlen werden, so dass diese Versendung für die Verbreitung und den Vertrieb der Schrift von Nutzen sein wird. Anbei sende ich Ihnen die Bestätigung der Abrechnung mit der Bitte, die mir zugesagte Summe mir durch die Post zugehen zu lassen (den Preis der von mir bestellten 20 Exemplare bitte von dieser Summe abzuziehen).

Mit besten Empfehlungen bleibe ich Ihr sehr ergebener

I. Schor

Brief 45)   Schor an Siebeck (SBB)

Freiburg-Zähringen i. B., den 12. März 30

Sehr geehrter Herr Dr. Siebeck,

besten Dank für die Zusendung von 30 Exemplaren der „Russischen Idee", die ich heute erhalten habe. Ich wäre Ihnen sehr dankbar, wenn Sie mir eine Anzahl Postkarten mit Selbstanzeigen der „Rus<sischen> Idee" schicken würden, damit ich dieselben an die Dozenten der russischen Sprache zur Verteilung an ihre Schüler senden kann.

Mit besten Empfehlungen bleibe ich Ihr sehr ergebener

I. Schor

Brief 46)   Schor an Siebeck (SBB)

Freiburg-Zähringen i. B., den 16. März 30

Sehr geehrter Herr Doktor Siebeck,

Ich danke Ihnen herzlich für die Zusendung meines Honorars, das ich vor einigen Tagen erhalten habe. Bei dieser Gelegenheit möchte ich Sie nochmals um die Zusendung von Postkarten mit Selbstanzeigen bitten, die ich den Dozenten der russischen Sprache mit der Schrift überreichen werde.

Mit besten Empfehlungen und freundlicher Hochachtung bleibe ich Ihr sehr ergebener

I. Schor

Brief 47)   Schor an Siebeck (SBB)

Freiburg-Zähringen i. B., den 25. März 30

Sehr verehrter Herr Doktor Siebeck,

Ich danke Ihnen für die Zusendung der Selbstanzeigen und bitte Sie mir 10 Exemplare der „Russischen Idee" zugehen lassen zu wollen.

Zur selben Zeit überweise ich auf Ihr Postscheckkonto M. 11.

Mit freundlicher Hochachtung und besten Empfehlungen bleibe ich Ihr sehr ergebener

I. Schor

Brief 48)   Schor an Siebeck (SBB)

Freiburg d. 28. III. 30

Sehr geehrter Herr Doktor Siebeck,

Ich danke Ihnen für die Zusendung der „Russischen Idee" (10 Ex.), die ich vor kurzem erhalten habe. Heute hat man mir mitgeteilt, dass die Schrift schon öfters aus Anlass der Aktion der christlichen Welt gegen die gegenreligiöse Propaganda erwähnt worden ist. Leider habe ich erst vor ein paar Tagen ein Zeitungsausschnittenabonnement genommen. Falls Sie inzwischen Zeitungsabschnitte mit Erwähnungen der „Russischen Idee" erhalten haben, werde ich Ihnen für die Zusendung einer Liste der betreffenden Zeitungen (mit betr. Datum und Nummer) sehr verbunden sein.

Mit vorzüglicher Hochachtung und freundlichen Empfehlungen bleibe ich Ihr sehr ergebener

I. Schor

Brief 49)   Siebeck an Schor (SBB)

Herrn S. <*sic*> Schor
Freiburg-Zähringen i. B.
Blasiusstr. 4

Be.A.–   Tübingen, den 3. April 1930

Sehr verehrter Herr Schor,

in Beantwortung Ihrer freundlichen Karte vom 28. v. Mts. teile ich Ihnen höflichst mit, dass ich von der „Russischen Idee" noch keine Besprechungen erhalten habe. Sobald welche bei mir eingehen, werde ich Ihnen diese zukommen lassen.

In vorzüglicher Hochachtung Ihr ergebenster
J. C. B. Mohr (Paul Siebeck)
Häberle / Heilbrunner[145]

---

145 Die zwei Namen sind mit der Hand geschrieben. Fräulein Häberle, wie es aus einem Zettel (in Antwort auf Schors Brief vom 12. März 1930) klar wird, war eine Angestellte. Der Name „Heilbrunner" erscheint auf einer „Berechnung des Manuskriptes" vom 7. Januar 1930, nach der Silben, Zeilen und Druckseiten von Schors Einleitung eingeschätzt wurden.

Brief 50)   Schor an Siebeck (SBB)

14. IV. 30

Sehr geehrter Herr Dr. Siebeck,

„Die russische Idee" scheint ein Ostergeschenkbuch für russisch-freundliche Denker und Philosophen zu werden. Immer wieder muss ich das Büchlein meinen zahlreichen Freunden und Kollegen präsentieren.

Also, bitte, mir noch 10 Exempl<are> der Schrift zusenden zu wollen. Ich hoffe sie noch vor Ostern erhalten zu können.

Zur selben Zeit überweise ich auf Ihr Postscheckkonto M11.

Mit besten Empfehlungen u<nd> herzlichsten Ostergrüßen bleibe ich Ihr sehr ergebener

I. Schor

Brief 51)   Schor an Siebeck (SBB)

Berlin, den 14. VI. 30

Sehr geehrter Herr Dr. Siebeck,

Hiermit bitte ich Sie, mir 10 Exp<lare> der „russischen Idee" zugehen zu lassen. Zur Zeit bin ich in Berlin u<nd> möchte einigen Kollegen die Schrift überreichen.

Meine Adresse ist: bei Friedlaender, Berlin-Wilmersdorf Landhausstr. 9/III.

Bitte 10 Exp<lare> d<er> Selbstanzeige anbeizulegen.

Mit herzlichsten Grüßen und besten Empfehlungen Ihr sehr ergebener

I. Schor

Zur selben Zeit überweise ich 10 M. auf Ihr Konto.

Brief 52)   Schor an Siebeck (SBB)

den 17. VII. 30

Sehr geehrter Herr Doktor,

Ich danke Ihnen herzlich für die Zusendung der Rezensionen über die „Russische Idee".[146]

Mit freundlichen Hochachtung Ihr sehr ergebener

I. Schor

---

146 In einem Russisch geschrieben Brief an Ivanov vom 15. Mai 1930 (CS) versichert Schor, dass das Buch sich gut verkaufe, dass aber bisher keine Rezensionen erschienen seien. Laut einer Postkarte von Schor an Ivanov vom 7. VI. 30 (CS) war die erste Erwähnung in der Presse der „Russischen Idee" von Bernt von Heiseler, *Der Kunstwart*, Nr. 9 (Juni), 1930, S. 199–200. Vgl. *DB*, S. 226–227. Kurz danach erschien Friedrich Muckermanns ausführliche Rezension. (Der Text ist auf S. 325–328 in diesem Band wiederabgedruckt.)

Brief 53)   Schor an Siebeck (SBB)

Freiburg-Zähringen i. Br., den 9-ten November 1930

Sehr geehrter Herr Doktor Siebeck,

Vor kurzem habe ich eine Karte von Herrn Professor Dr. Dennert erhalten, in welcher er mich um Auskunft über einige biographische Details, W. Iwanow betreffend, bittet.[147] Er möchte, schreibt mir Pr<ofessor> Dennert, mit Genehmigung des Verlags, für seine „Bausteine für Leben und Weltanschauung" einige Seiten aus Iwanows „Russischer Idee" abdrucken. Selbstverständlich bin ich gerne bereit, die nötigen Mitteilungen über das Leben W. Iwanows zu machen, möchte aber mich bei Ihnen erkundigen, ob Sie von der Sache bereits in Erkenntnis gestellt sind.

Mit freundlichen Empfehlungen und herzlicher Hochachtung bleibe ich Ihr ergebener

I. Schor

P. S. Bitte mir fünf Exemplar<e> der „Russischen Idee" und 20 Exempl<are> der Selbstanzeige zusenden zu wollen.

Brief 54)   Siebeck an Schor (SBB)

He A.–   11. November 1930

Herrn J. Schor
Freiburg-Zähringen i. Br.
Blasiusstr. 4

Sehr verehrter Herr Schor,

in Abwesenheit meines Herrn Dr. Siebeck, der sich gegenwärtig auf einer längeren Geschäftsreise befindet, bestätige ich Ihnen mit verbindlichstem Dank den Empfang Ihrer freundlichen, an Herrn Dr. Siebeck gerichteten Zeilen vom 9. ds. Mts.

Herrn Professor Dennert habe ich mit meinem Schreiben von 11. September ds. J. die Erlaubnis zum Abdruck eines Abschnittes aus der „Russischen Idee" in seinen „Bausteinen" erteilt. Auf seine Bitte hin, ihm einige

---

147 Eberhard Dennert (1861–1942), Naturforscher und Erziehungswissenschaftler, Herausgeber der Monatsschrift *Bausteine für Leben und Weltanschauung von Denkern aller Zeiten*.

Lebensdaten über Iwanow mitzuteilen, habe ich ihm empfohlen, sich dieserhalb an Sie zu wenden.[148]

Die bestellten 5 Exemplare der „Russischen Idee" wie auch 20 Buchkarten habe ich zur Lieferung an Sie angewiesen.

In vorzüglicher Hochachtung bin ich Ihr ergebenster
J. C. B. Mohr (Paul Siebeck)

Brief 55) Schor an Lieb (UB)

Zähringen i. B., 16/XII/30

Lieber Fedor Ivanovitsch,

Heute nur ein paar Worte. Wir ziehen um und sind beim Packen. An Stepun habe ich geschrieben und hoffe, dass er Ihren Wunsch erfüllen wird.[149] Von Iwanow habe ich – endlich – das Manuskript des „Dostojewsky" erhalten. Ich gebe es zu tippen und sende Ihnen den I. Teil demnächst.

Anbei – eine Reproduktion des Bildes von Iwanow.

Unser Zusammensein in Freiburg hat mir große Freude bereitet.[150] Ich hoffe, wir sehen uns bald wieder.

Ich werde Ihnen aus der neuen Wohnung ausführlich schreiben.

Mit vielen herzlichen Grüßen
Ihr I. Schor

Schlierbergstrasse 12 b<ei> Elgötz. Freiburg i. B.

---

148 In einer „zur russischen Frage" gewidmeten Nummer der *Bausteine* erschien ein Auszug aus der „Russischen Idee" unter dem Titel „Die russische Kultur". 6. Jahrgang, 1931, Juni (Nr. 6), S. 167–172. Auf S. IV findet man einen Absatz zum Autor: „Der russische Dichterphilosoph W. Iwanow klärt uns über ‚Die russische Idee' auf (J. C. B. Mohr (Siebeck), Tübingen, 1930, 39 S., br. 1.50 M.). Es ist ein Heft der Sammlung ‚Philosophie und Geschichte'. Der Verf. will in dieser Schrift, die aus dem Jahre 1907 stammt, das widerspruchvolle Wesen des russischen Volkes aus seiner Mystik und eigentümlichen Religiosität deuten. Das russische Weltgefühl wird zweifellos noch einmal eine große Rolle spielen (vergl. Berdjajew), und wir Deutsche haben allen Grund das aufmerksam zu verfolgen. Natürlich ist es etwas ganz anderes als der Bolschewismus. Jeder der sich über das russische Wesen unterrichten will, greife zu diesem Büchlein, das Prof. Schor vorzüglich übersetzt hat. Vergl. unseren Aufsatz aus dem Buch S. 167." Der wiederabgedruckte Teil („Es bestehen in Russland … nach Flammentod sich sehnet" – allerdings mit vielen Auslassungen) kommt auf Seiten 24–31 des J. C. B. Mohr Textes vor.

149 Worum es sich bei dem Wunsch handelte ist nicht bekannt.

150 In einem Brief vom 9. 1. 1931 schrieb Schor an Ivanov (CS): „На-днях у меня был проездом Фриц Либ, издатель «Ориент и Окцидент», с которым мы очень

Korrespondenz aus dem Jahr 1931

Brief 56)   Schor an Lieb (UB)

Schor
Freiburg i. B.
Schlierbergstr. 12

Herrn Professor Lic. Dr. Fritz Lieb
Bonn
Buschstraße 28   den 26/I/31

Lieber Fedor Ivanovitsch,

Seien Sie mir bitte nicht böse, dass ich Ihnen das Manuskript von Ivanovs „Dostojewskij" noch nicht zugeschickt habe. Kresling hat es bei mir genommen, um noch einige Retouschen in der Übersetzung zu machen. Nun ist der dritte Teil fertig und geht morgen früh zu Ihnen ab. In zwei Tagen folgt auch der II Teil, samt dem I-ten, in welchem Kresling allerhand zu ändern hatte. Selbstverständlich konnte ich noch gar nichts an Siebeck schicken; habe ihm auch nicht geschrieben. Ich denke, es wird wohl das Beste sein, wenn Sie, lieber Fedor Ivanovitsch, an Siebeck selbst schreiben und das Manuskript v<on> Dostojewskij senden wollen werden. Wie gesagt, den III-ten Teil werden Sie demnächst, den I-ten u<nd> II-ten in ein paar Tagen erhalten. Ich hoffe, dass es mir möglich wird, noch ein Exemplar des II-ten u III-ten Teils für Ihren persönlichen Gebrauch „zusammenschneiden" zu können. – Ich danke Ihnen sehr für die „Leitsterne", die ich Ihnen bald zurückschicken werde.[151]

подружились. Он взял на себя переговоры об издании Достоевского, и т<ак> к<ак> он является ближайшим сотрудником по русским вопросам Зибека, то я думаю, что Зибек возьмется за издание Вашей книги." („Dieser Tage besuchte mich auf der Durchreise Fritz Lieb, der Herausgeber von ‚Orient und Occident', mit dem ich mich sehr angefreundet habe. Er hat die Verhandlungen über die Herausgabe des ‚Dostoevskij' auf sich genommen, und da er Siebecks nächster Ansprechpartner in russischen Fragen ist, meine ich, dass Siebeck die Herausgabe Ihres Buches auf sich nehmen wird.").

151 „Leitsterne" war Ivanovs erster Lyrikband (1903). Lieb hat Schor sein Exemplar geliehen. Vgl. Schors Brief an Lieb vom 28. 3. 31 (UB): „Das Buch von W. Iwanow hat mir große Freude bereitet".

Haben Sie Ihre Pfeife erhalten? Wir dachten, es wäre eine von Dmitrij Ivanovitsch.[152] Daher die Verzögerung.

Aus Paris habe ich noch nichts erhalten. „Nietzsche und Dionysos" ist auch
noch nicht da.[153] Wollen wir hoffen, dass diese Verzögerung schöpferische Pau-
sen bedeutet.

Auf eine Nachricht von Ihnen werde ich mich sehr freuen.

Mit vielen Grüßen von uns beiden

Ihr J. Schor

Brief 57)   Schor an Lieb (UB)

Schor

Schlierbergstraße 12

Herrn Prof. Dr. Lic. Fritz Lieb

Bonn

Buschstraße 28

den 25 Februar 31

Lieber Fedor Ivanovitsch!

Heute habe ich Ihnen – endlich! – den II Teil „Dostojewskij"'s (für den Verleger) und noch ein Exemplar des I Teiles (für Sie) zugesandt; morgen sende ich
Ihnen ein zweites Exemplar des III Teiles (für Sie) und einen Sonderabdruck der
Schweizer Rundschau mit einem Fragment aus d I T<eil> „Dostojewskij"'s,
u. a.[154] Jetzt sind Sie also im Besitz aller 3 Teile. Wie ich Ihnen früher schrieb,
habe ich an Siebeck noch gar nichts geschrieben; ich glaube, es wird das Beste
sein, wenn Sie sich unmittelbar an Siebeck wenden wollten: so wird die Sache am
schnellsten ins Rollen gebracht.

Der II-te und III-te Teil ist von Kresling durchgesehen worden; er wollte es
unbedingt vor den Verhandlungen mit dem Verleger machen, da er als Übersetzer die Verantwortung für das rein Sprachliche trägt. Jedenfalls hat er den I-ten
Teil (in welchem – nach seiner Meinung – am meisten zu retouschieren wäre)

---

152 Gemeint ist Schors Freund, der bekannte Slawist Dmitrij Tschiżewskij (1894–1977).

153 Es handelte sich von Schors Übersetzung eines Ivanov-Aufsatzes von 1904. Zur langen
   und nie gelungenen Geschichte der deutschen Fassung dieses Aufsatzes vgl. Wachtel 2004.

154 „Dostojewskij als Denker: Fragment von Wjatscheslaw Iwanow". *Neue Schweizer
   Rundschau*, 1931, Nr. 40–41, Heft 2, S. 123–134. Es handelte sich um einen Auszug
   aus dem Dostoevskij-Buch.

noch nicht abgeliefert, so dass wir eben ohne seine Änderungen die Sache weiter führen müssen: es wäre unmöglich, auf ihn weiter zu warten.

Ich werde mich sehr freuen, ein paar Zeilen von Ihnen zu kriegen.

Mit vielen herzlichen Grüßen von uns beiden

Ihr J. Schor

Brief 58)   Schor an Lieb (UB)

Freiburg i. B. den 7. 3. 31

Lieber Fiodor Iwanowitsch,

Bitte mir ganz kurz Bescheid zu geben: ob Sie alle drei Teile von Iwanows Dostojewsky erhalten haben? ob es wirklich Ihre Pfeife war, die ich Ihnen nachgesandt habe?

Und dann: welchen Eindruck haben Sie von „Dostojewsky"? Ist wohl ganz anders als der Berdjajew'sche? Haben Sie an Siebeck geschrieben? oder sind im Begriffe, an ihn zu schreiben?

Wie geht es Ihnen und Ihrer Familie überhaupt? Ab und zu eine kleine Grippe? sonst wohl keine gesundheitlichen Dissonanzen?

Was haben Sie vor in den nächsten „Or. und Ok."? Wird auch von Dostojewski die Rede sein?

Nun: die Frage von Iwanows Aufsatze.[155] Sie wissen doch, dass er Katholik geworden ist. Wollen Sie auch *dieser* Strömung des russischen geistigen Lebens (Tschaadaew, Ssolowjow, Iwanow) Platz geben?[156] Iwanow hat die größte Sympathie zum „Or. und Ok.", aber möchte seinen Katholizismus durchaus nicht verleugnen, vielmehr ihn stark betonen. Wie es sich in den Aufsätzen auswirken wird, weiß ich kaum. Im Falle aber, wenn… – wie stehen Sie dazu?

Weiter: wir sprachen damals bei mir von der Rilke'schen Übertragung des Igorliedes. Bald darauf schrieb ich an Herrn Kaubisch, von dem ich Ihnen ein paar Worte sagte. Kaubisch hat seinerseits an den Insel Verlag geschrieben.[157] Die Antwort – leider negativ – hat er mir zugeschickt. Ich lege sie anbei. Bitte, dieselbe mir zurückzusenden.[158]

---

155 Schor schreibt „Aufsätze", wobei nicht klar ist, ob „Aufsatze" oder „Aufsätzen" gemeint war.

156 Am Briefrand gibt es eine handschriftliche Hinzufügung von Lieb: „in Grenzen!".

157 In einem Brief an Siebeck vom 20. X. 1926 (SBB) erwähnt Kaubisch „den Inselverlag, mit dem ich seit meiner Leipziger Studentenzeit persönlich bekannt bin".

158 Der Brief ist nicht erhalten. Anscheinend handelte es sich um Rilkes Übersetzung des russischen Epos „Das Igorlied", von der ein Auszug im Jahre 1930 erschien. Kurz

Endlich: von Kaubisch selbst. Ist Dichter, Denker, hat manche Essais in verschiedenen Zeitschriften veröffentlicht (u. a. in der Diderichs'schen „Tat"). Sehr mit Stepun befreundet; hat mit ihm den ganzen „Pereslegin" durchgearbeitet für die deutsche Ausgabe. Aus pekuniären Gründen bekleidet er ironischer Weise das Amt eines Studienrats – jedenfalls von seinen Schülern sehr geliebt. In den letzten Jahren durch Umgang mit Russen und die Lektüre von Dostoiewsky leise russifiziert. Im Frühling erscheinen seine Gedichte bei Lichtenstein in Weimar. Steht in der Linie der deutschen, mystischen Lyrik; hat Affinitäten mit Rilke. – Und nun die Fragen: würde es möglich sein, in den Rahmen ihrer Zeitschrift von seinen Gedichten ein paar Worte zu sagen, ein paar Proben zu geben? Für diese literarische Hilfe würden wir beide – Stepun und ich – Ihnen sehr dankbar <sein>, denn während unseres Dresdner Lebens hat Kaubisch in rührender Weise sein Mögliches für uns, Ausländer, getan. Auf alle Fälle sende ich Ihnen eine kleine Auswahl seiner Gedichte, damit Sie eine Vorstellung von seiner Lyrik gewinnen. Und dann: möchten Sie Herrn Kaubisch eventuell als Mitarbeiter für Ihre Zeitschrift haben? In seinem Portefouille hat er u. a. einen Aufsatz über den Stepun'schen „Pereslegin", wo er die Mittlerrolle Stepuns (zwischen Orient und Occident) stark betont.[159] Wäre Ihnen solch ein Aufsatz willkommen? Damit Sie einen Einblick in sein Denken gewinnen, sende ich Ihnen einen von seinen Briefen, die er mir zugeschickt hat.[160] Er führt nämlich ein in-sich-gekehrtes Leben, ist öfters krank, und der Briefwechsel ist für ihn eine Form der Teilnahme am

---

danach bestellte die Zeitschrift *Corona* eine Einführung dazu von Ivanov, die die Publikation der vollständigen Übersetzung begleiten sollte. Allerdings konnten sie die Publikationserlaubnis nicht bekommen, und Ivanovs Arbeit erschien letzten Endes ohne den Text von Rilke. *DB*, S. 99–100, 112.

159 „<...> *hinter* dem ganzen Werke, vor allem hinter der Gestalt Pereslegins erhebt sich, diesen freilich überwachsend wie jeder echte Künstler sich schaffend überwächst, die Gestalt des Dichters selbst. Auch er, Dämoniker, Erotiker und Mystiker und Philosoph; auch er voll jener erstaunlichen Polyphonie und Leidenschaft zu heroischer Bindung; auch er eine seltene, Nationen überbrückende Synthese von Russischem und Deutschem. Denn russisch ist in Fedor Stepun: die Überfülle des Gefühls, die Elementarität der Natur, das Labyrinth des Herzens; deutsch ja nordisch vor allem: die Kraft der inneren Haltung, die Ehrlichkeit des Bekennens, der Wille zur Überwältigung des Chaos, zur Klarheit und Gestalt. *Über* beiden aber Ost und West *verbindend* jene glaubensvolle Demut, jene tiefe Gute, die hier wie überall das Wahrhaft-Überragende verrät." Martin Kaubisch, *Dresdner Neueste Nachrichten*, Nr. 6., 8. 1. 1929, S. 2–3. Lieb hat diese Rezension wiederabgedruckt: *Orient und Occident* 1932, Heft 2, S. 46.

160 Bitte eventuell zurückzusenden. (*Schors Anmerkung*).

geistigen Leben und eine Realisation der Gemeinschaft mit seinen Nächsten im Geiste.

Lassen Sie bitte von Ihnen was hören.

Mit vielen herzlichen Grüßen

J. Schor

Brief 59)   Schor an Lieb (Auszug; UB)

19.4.31

Lieber Fedor Iwanovitsch,

Wiatscheslaw Iwanow sehnt sich nach einer Entscheidung der Dostoicwski-Frage. Was kann ich ihm darüber schreiben? Bitte mir Bescheid zu geben, wie weit die Sache gediehen ist. <...>

Zur selben Zeit sende ich Ihnen Ssolowiow's Dichtungen und Iwanows „Leitsterne" mit Dankbarkeit zurück.

Mit vielen herzlichen Grüßen von Haus zu Haus Ihr

E. Шор

Brief 60)   Schor an Lieb (UB)

Herrn

Prof. Dr. Fritz Lieb

Buschstrasse 28

Bonn

Freiburg i. B.

26. 4. 31

Lieber Fedor Ivanovitsch,

Wiatscheslaw Iwanow ist in heller Verzweiflung. Was kann ich ihm über das Schicksal von „Dostoewski" berichten? Haben Sie schon an Siebeck geschrieben? Eine Antwort von ihm erhalten? Sollte ich ihm auch über den „Dostoiewski" schreiben? Bitte mir darüber Bescheid zu geben.

Ihr Schweigen macht mir viel Sorgen. Ich will hoffen, dass es Ihnen doch gut geht, und dass Ihr Schweigen das Ergebnis des Kampfes mit der dahinfließenden Zeit oder aber ein Resultat der tiefgehenden Russifikation bedeutet, die Sie über alle Kulturwerte emporgehoben und vor das Antlitz des Absoluten gestellt hat. Wenn es dem so ist, so bitte ich Sie, von den erreichten Höhen in die Täler des irdischen Lebens herniederzusteigen und den Sterblichen in ihren Besorgnissen um „Dostoiewski" Trost zu bringen – in den Besorgnissen um „Dostoiewski", der doch auch dazu beitragen muss, den Erwählten auf den Wegen des Emporsteigens zu verhelfen.

Also bitte: die beiliegende Karte mit Paar Worte zu versehen und in den Brief-
kasten ohne Zögern zu werfen.
Haben Sie die „Leitsterne" Iwanows mit den Gedichten Ssolowiows erhalten?
Mit vielen Grüßen von uns beiden für Sie und Ihre Familie
Ihr J. Schor

Brief 61)   Lieb an Siebeck (SBB)

Bonn, den 26. April 1931
Buschstraße 28

Sehr geehrter Herr Doktor,
Hiermit möchte ich mir erlauben Ihnen doch wiederum ein russisches Buch
in Übersetzung zur Herausgabe zu empfehlen, obgleich Sie mir seiner Zeit
schrieben, Sie könnten das vorläufig nicht riskieren. Ich tue das auf Wunsch des
Verfassers und der Übersetzer und aus eigener Überlegung, da Sie bereits eine
kleine Schrift des Verfassers, W. Iwanow: „Die russische Idee" herausgaben.
Es handelt sich um ein Buch Iwanows über Dostojewski. Dasselbe zerfällt in
drei Teile:

I. Dostojewski als tragischer Dichter   39 S. Maschinenschr.
II. Dostojewski als Mythenbildner   21 u. 30 S. –
III. Dostojewski als Religionskünder   65 S. –

Ich würde Ihnen den Vorschlag nicht machen und mich nicht *zuerst* an Sie wenden, obgleich ich noch zwei Verleger kenne, die sich sehr für das Buch interessieren würden, wenn ich nicht davon überzeugt wäre, dass dieses ja nicht große
Werk die beste und tiefste und zugleich schönste Monographie über Dostojewski ist, die es überhaupt gibt.
Die Übersetzung von Herrn Kressling, Lector für Russisch in Freiburg i. Br.,
in Zusammenarbeit mit Herrn Dr. Schor ist ganz ausgezeichnet und gibt das
Original, das schwer zu übersetzen ist, vortrefflich wieder. Und das will etwas
heißen! Denn die Sprache Iwanows ist von einer ganz seltenen Schönheit.
Der erste Teil macht das besonders eindrücklich: in ihm ist ja gerade Dostojewski ästhetisch gewürdigt und treffend und feinsinnig mit den griechischen
Tragikern verglichen. Iwanow lebt ja als klassischer Philologe ganz in der griechischen Welt. Da er außerdem noch ein ganz bedeutender Dichter und zugleich
Denker ist, könnte man sich wohl keinen umfassenderen Interpreten Dostojewskis denken und keinen anderen wünschen. Es gäbe wohl schlechterdings keinen, der den mythischen Gehalt der Werke Dostojewskis mit solcher Kraft und
auch so schön veranschaulichen und auch herausarbeiten könnte, wie Iwanow
das getan hat.

Der letzte Teil vor allem, der die letzten religiösen Hintergründe und Tiefen Dostojewskis und seines Schaffens aufdeckt, hat für mich einfach etwas Überwältigendes.

Demgegenüber hält keine auch noch so interessante deutsche oder russische Dostojewskideutung – Thurneysen; von Noetzel nicht zu reden; aber selbst Berdjajew nicht – stand.[161] Außerdem ist ja dieses Jahr Dostojewski-Jubiläum. Trotzdem ist bis jetzt kein größeres Werk über ihn herausgekommen.

Das Buch Iwanows ist so bedeutend, dass es auch in späteren Jahren noch gelesen werden wird; es ist jedenfalls auch nicht auf die Jubiläumsstimmung angewiesen.

Ich erlaube mir auch das Manuskript dieser Tage zu schicken. Für eine möglichst baldige Erledigung dieser Sache wäre ich Ihnen sehr dankbar.

Mit den besten Grüßen Ihr sehr ergebener
Fritz Lieb

P.S. Ich bedaure sehr, dass Ihr Bruder nun nicht mehr hier ist.[162] Ich habe mich selber in Bonn sehr gut eingelebt und finde sehr viel Interesse für meine russischen Dinge.

Brief 62)   Siebeck an Lieb (SBB)

Dr. S./he A. –   29. April 1931

Herrn Privatdozenten Lic. Fr. Lieb
Bonn (Rhein)
Buschstr. 28

Sehr verehrter Herr Licentiat,
    für Ihren freundlichen Brief vom 26 ds. Mts. sage ich Ihnen meinen verbindlichsten Dank. Auf diese Empfehlung hin erkläre ich Ihnen gerne schon heute meine grundsätzliche Bereitwilligkeit, eine deutsche Ausgabe des Dostojewskibuches von Iwanow zu übernehmen. Wenn Sie mir nächstens das Manuskript der Übersetzung schicken, so sind Sie wohl so freundlich, mich auch wissen zu lassen mit wem ich mich wegen der Verlagsbedingungen in Verbindung zu setzen habe. Die Verhandlungen über die kleine Schrift „Die russische Idee" habe

---

161 Eduard Thurneysen, *Dostojewski*. München, 1921; Karl Noetzel, *Das Leben Dostojewskis*. Leipzig, 1925; Nikolaj A. Berdjaev, *Die Weltanschauung Dostojewskis*. München, 1925. Wolfgang Groeger hat das Berdjaev-Buch übersetzt (Reichelt, S. 69–70).

162 Richard Siebeck (1883–1965) war Arzt, hatte ab 1924 den Lehrstuhl für Innere Medizin in Bonn inne, bekam aber 1931 einen Ruf nach Heidelberg.

ich seinerzeit von Anfang bis zu Ende mit Herrn Schor geführt, der von dem Verfasser ermächtigt war, mit mir abzuschließen. Deshalb wäre es mir am liebsten, wenn ich auch in diesem Fall wieder so vorgehen könnte.

Es ist nicht ausgeschlossen, dass ich in etwa 14 Tagen für 1 oder 2 Tage nach Bonn komme, und ich würde mich sehr freuen, wenn ich bei dieser Gelegenheit mich mit Ihnen wieder einmal unterhalten könnte. Inzwischen bin ich mit freundlichen Empfehlungen und bestem Dank für Ihren Hinweis Ihr ganz ergebener

Dr. O. Siebeck

Brief 63)   Schor an Siebeck (SBB)

Freiburg i B   den 6.5.31

Sehr geehrter Herr Doktor Siebeck,

mit Freude habe ich von Herrn Dr. Fritz Lieb erfahren, dass Sie bereit sind, das „Dostojewski"-Buch von Wiatscheslaw Iwanow in Ihrem Verlag herauszugeben. In unseren Kreisen gilt doch W. Iwanow als der beste Deuter Dostojewskis.

Die Übersetzung ist von Universitätslektor Aleksander Kresling ausgeführt. Meine Mitarbeit bestand bloß darin, dass ich einerseits, während meines Aufenthalts in Rom Prof. Iwanow dazu bewogen habe, einen Aufsatz über Dostojewski („Dostojewski als tragischer Dichter") mit zwei weiteren Aufsätzen zu ergänzen, und so aus einem Essai ein Buch, ich will hoffen, *das* Buch über Dostojewski zu schaffen; und dass ich andererseits Herrn Kresling bei seiner Übersetzungsarbeit immer zur Seite stand.

W. Iwanow hat mich gebeten, die Unterhandlungen wegen der Herausgabe des Buches auf mich zu nehmen. Es freut mich sehr, mich wieder mit Ihnen in Verbindung zu setzen.

Mit freundlicher Hochachtung und besten Empfehlungen bleibe ich Ihr sehr ergebener

J. Schor

Schliebergstraße 12

Brief 64)   Lieb an Siebeck (SBB)

Bonn, Buschstraße 28, den. 11. Mai <1931>

Sehr geehrter Herr Doktor!

für die freundliche Aufnahme des Dostojewskibuches von W. Iwanow möchte ich Ihnen noch herzlich danken. Ich bin fest überzeugt, dass Sie damit in keiner Weise Schaden leiden werden trotz der schlechten wirtschaftlichen Verhältnisse.

Nun möchte ich Ihnen – hoffentlich ist es nicht zu spät – nur sagen, dass ich mich herzlich freue, wenn Sie hier vorbeikommen. Mein Telephon ist Bonn 88.64.

Mit den besten Grüßen Ihr sehr ergebener
Fritz Lieb

Brief 65)   Siebeck an Schor (SBB)

z. Zt. Berlin, Hotel Kaiserhof, den 12.5.1931

Herrn Dr. J. Schor
Freiburg/B.
Schlierbergstr. 12

Sehr geehrter Herr Doktor!

Ihr freundlicher Brief v. 6. cr.,[163] für den ich Ihnen bestens danke, wurde mir hierher nachgesandt.

Auf der Heimreise muss ich noch verschiedene mitteldeutsche Universitätsstädte besuchen, deshalb werde ich leider noch nicht sobald dazu kommen, Ihnen meine detaillierten Vorschläge für die für Iwanows Dostojewski Buch zu vereinbarenden Verlagsbedingungen zu unterbreiten. Ich möchte die deutsche Ausgabe aber wenn irgend möglich zum Herbst herausbringen, deshalb möchte ich durch diesen Vorbehalt den Abschluss der Übersetzung nicht aufhalten und darf Ihnen anheimstellen, schon jetzt so zu disponieren, als ob das Buch in meinen Verlag erscheinen würde.

Mit freundlichen Empfehlungen bin ich stets Ihr sehr ergebener
Dr. O. Siebeck

Brief 66)   Siebeck an Schor (SBB)

Dr.S./he A.–

3. Juni 1931

Herrn J. Schor
Freiburg (Breisgau)
Schlierbergstr. 12

Sehr verehrter Herr Schor,

nachdem ich Ihnen den Empfang Ihres freundlichen Briefes vom 6. Mai ds. J. von Berlin aus nur kurz bestätigen konnte, bitte ich Ihnen heute meine Vorschläge für die Verlagsbedingungen unterbreiten zu dürfen, die für die deutsche Ausgabe von Iwanows Dostojewski-Buch zu vereinbaren sein werden.

---

163 (Latein) *currentis*, des laufenden Monats.

Unter der Voraussetzung, dass ich wie bei der Schrift „Die russische Idee" für die Autorisation der deutschen Ausgabe keine weitere Entschädigung zu zahlen habe, könnte ich für Honorierung der deutschen Ausgabe im ganzen M. 500.– zur Verfügung stellen. Ihnen würde ich dann wiederum überlassen, in welchem Verhältnis dieses Honorar zwischen Herrn Professor Iwanow und dem Übersetzer zu verteilen ist. An Freiexemplaren könnte ich Herrn Professor Iwanow wiederum 20 zur Verfügung stellen. Daneben könnte ich Ihnen und dem Übersetzer zusammen deren 5 anbieten. Ich darf Sie freundlichst bitten, sich mit Herrn Professor Iwanow über diese Vorschläge in Verbindung zu setzen und mich dann wissen zu lassen, welche Bestimmungen im einzelnen in den in gleicher Weise wie bei der „Russischen Idee" abzuschließenden Übersetzungsvertrag aufzunehmen sein werden.

Zugleich darf ich Sie um Mitteilung der Adresse des Herrn Kresling bitten, damit ich, wenn Sie das für notwendig halten, ihm bestimmte Zusicherungen bezüglich des Übersetzungshonorars geben kann.

Mit freundlichen Empfehlungen bin ich Ihr ganz ergebener

Dr. O. Siebeck

Brief 67)   Siebeck an Lieb (SBB)

Dr. S./he A. –   3. Juni 1931

Herrn Privatdozenten Dr. Fr. Lieb
Bonn (Rhein)
Buschstraße 28

Sehr verehrter Herr Doktor,

für Ihren freundlichen Brief vom 11. Mai sage ich Ihnen meinen verbindlichsten Dank. Leider hat es mir diesmal auf meiner Reise nicht mehr nach Bonn gereicht. So bitte ich Ihnen auf diesem Wege mitteilen zu dürfen, dass ich Herrn Schor, der wieder die Verhandlungen für Herrn Professor Iwanow führt, heute meine Vorschläge für die Verlagsbedingungen für die deutsche Ausgabe des Dostojewski-Buches unterbreitet habe. Die Übersetzung liegt schon im druckfertigen Manuskript vor. Die deutsche Ausgabe wird also aller Voraussicht nach im Herbst zu guter Zeit erscheinen können.

Auf meiner Reise habe ich mich auch mit Herrn Pfarrer Schütz über den Verlag seines Buches verständigt, das voraussichtlich den Titel „Säkulare Religion" tragen wird und keinesfalls mehr als 15 Druckbogen stark werden soll.[164]

---

164 Paul Schütz, *Säkulare Religion: Eine Studie über ihre Erscheinung in der Gegenwart und ihre Idee bei Schleiermacher und Blumhardt*. Das Buch erschien 1932 bei J. C. B. Mohr (Paul Siebeck). Schütz war mit Lieb Mitherausgeber der Zeitschrift *Orient und Occident*.

Mit freundlichen Empfehlungen und nochmals bestem Dank für Ihren Hinweis auf das neue Buch von Iwanow bin ich stets Ihr ganz ergebener

Dr. O. Siebeck

Brief 68)   Schor an Siebeck (SBB)

Freiburg i Br   den 12 VI 31

Sehr geehrter Herr Doktor Siebeck,

Ich danke Ihnen für Ihre freundlichen Zeilen aus Berlin und für den ausführlichen Brief aus Tübingen. Ich befürchte aber, dass hier ein Missverständnis vorliegt. Es geht nicht um die Herausgabe einer Übersetzung von einem Buche, das bereits in einem anderen Lande, in einer anderen Sprache veröffentlicht ist. Die russischen Denker und Dichter unserer Zeit haben keine Heimat, in welcher sie ihre Werke herausgeben könnten, so dass zur literarischen Heimat ihrer Werke das Land wird, wo die Ergebnisse ihres Schaffens zum ersten Mal erscheinen. So ist es auch mit „Dostojewski". Wie ich Ihnen bereits mitgeteilt habe, ist dieses Buch in den letzten Jahren, in Italien, entstanden. Nur das erste Kapitel, das jetzt stark umgearbeitet ist, war im Jahre 1914 in einer russischen Zeitschrift veröffentlicht und wurde später, im Jahre 1916, in einer Sammlung von Iwanows Aufsätzen abgedruckt.[165] Während der Inflationszeit war dieser Aufsatz in einer unautorisierten und vollkommen unzulänglichen Übersetzung von einem Wiener Verlag herausgegeben; die Ausgabe scheint jetzt vergriffen zu sein.[166] Die beiden anderen Kapitel des Werkes sind, wie gesagt, ein Ergebnis der letzten Jahre, so dass die deutsche Ausgabe des „Dostojewski"-Buches als Originalausgabe gelten kann. Auf dieser Grundlage sollten auch die Verlagsbedingungen aufgebaut werden.

Anders war es im Falle der „Russischen Idee", die für die deutsche Ausgabe bloß ergänzt und verdeutlicht wurde.

Ihrer freundlichen Rückäußerung sehe ich gerne entgegen und verbleibe in vorzüglicher Hochachtung Ihr sehr ergebener

I. Schor

---

165 Schor irrt sich. Der russische Aufsatz „Dostoevskij und die Romantragödie" erschein schon 1911.

166 Wjatscheslaw Iwanow, *Dostojewskij und die Romantragödie*. Leipzig–Wien, 1922. Die Übersetzung war von Dmitrij Umanskij und erschien im Verlag der Wiener Graphischen Werkstätte.

Brief 69)   Siebeck an Schor (SBB)

Dr.S./he A.–

19. Juni 1931

Herrn J. Schor
Freiburg (Breisgau)
Schlierbergstr. 12

Sehr verehrter Herr Schor,
für Ihre freundlichen Zeilen vom 12. ds. Mts. sage ich Ihnen meinen verbindlichsten Dank. Ich hoffe über den Sonntag nach Freiburg zu kommen und würde bei dieser Gelegenheit am liebsten die für den Verlagsvertrag mit Herrn Professor Iwanow zu klärenden Einzelheiten mit Ihnen mündlich durchsprechen. Ich komme am Samstag gegen Abend nach Freiburg und hoffe, am Sonntag Vormittag Herrn Geheimrat Husserl aufsuchen zu können; im Anschluss daran könnte ich bei Ihnen vorsprechen und wäre Ihnen daher sehr dankbar, wenn Sie mir freundlichst am Samstag nach dem „Zähringer Hof" Bescheid geben würden, ob ich Sie am Sonntag Vormittag aufsuchen darf, und zu welcher Zeit Ihnen mein Besuch dann angenehm wird.
Inzwischen verbleibe ich mit freundlichen Empfehlungen Ihr ganz ergebener
Dr. O. Siebeck

Brief 70)   Schor an Siebeck (SBB)

Freiburg i B
Schlierbergstr. 12

den 20 6 31

Sehr geehrter Herr Doktor Siebeck,
Ich danke Ihnen für Ihren freundlichen Brief vom 19 6 31. Wenn Sie nicht anderweitig verpflichtet sind, würden wir uns sehr freuen, Sie bei uns zum Mittagessen zu sehen. Selbstverständlich stehe ich auch vormittags zu Ihrer Verfügung. Bitte mich anzurufen, damit wir uns darüber verabreden können. (Telefon N 6738, bis 10 Uhr abends u<nd> von 9 Uhr m. ab).
Mit freundlichen Grüßen und besten Empfehlungen Ihr sehr ergebener
I. Schor

Brief 71)   Waibel an Schor (NL)

Jos. Waibel
Buchdruckerei und Verlagsbuchhandlung
Freiburg im Breisgau
Bertoldstraße 20: Postscheckkonto: Karlsruhe 33237

Herrn Professor J. Schor   25. Juni 1931

Lieber Herr Schor!
Auf Grund unserer heutigen Besprechung bestätige ich Ihnen nochmals, dass ich außer dem ausgelegten Übersetzerhonorar in Höhe von RM 800.- und der Honoraranzahlung an W. Iwanoff in Höhe RM 100.- keine weiteren Ansprüche stelle. Im beiderseitigen Interesse würde ich mich freuen, wenn der Verlagswechsel zustande käme. Mit den besten Empfehlungen Ihr ergebener

                                                                    J. F. Waibel

Brief 72)   Schor an Siebeck (SBB)

Freiburg i B   den 25 6 31

Sehr geehrter Herr Doktor Siebeck,
     Gemäß unserer Verabredung teile ich Ihnen mit, dass Herr Kressling von Herrn J. Waibel d. J.[167] 800 M (achthundert Mark) für die Übersetzung von „Dostojewski" erhalten hat.

     Im Anschluss an unser Gespräch wurde in mir ein Gedanke lebendig, der in den letzten Jahren immer wieder meine Aufmerksamkeit auf sich gelenkt hat. Wir sprachen davon, dass die moderne Zivilisation die geistige Orientierungsfähigkeit des einzelnen Menschen überstiegen hat. Jeder Versuch, die Gesamtheit der kulturellen Erscheinungsformen in ein einheitliches Weltbild zusammenzufassen, könnte vielleicht von einer Gemeinschaft der Gleichgesinnten, jedenfalls nicht von einem einzelnen Gelehrten und Denker ausgeführt werden. Die Aufgabe, die im XVIII J<ahr>h<undert> von der „Enzyklopädie" realisiert wurde, scheint jetzt beweglichere Formen annehmen zu müssen. Ein Jahrbuch oder eine Vierteljahrschrift, die einen Querschnitt durch die Kultur und eine Orientierung im geistigen Leben gegeben hätte, würde einem brennenden Bedürfnis unserer Zeit entgegenkommen, welche nach der Überwindung des einseitigen Spezialistentums und der Zerfahrenheit unseres kulturellen Daseins trachtet. Ich glaube nicht, dass der Plan solch einer Zeitschrift in der nächsten Zeit verwirklicht werden könnte. Vielleicht aber ein anderer Plan, der diesem gewissermaßen analog und doch in engeren Grenzen realisierbar ist.

---

167 dem Jüngeren. Waibels Vater hiess ebenfalls Josef.

Soweit mir die betreffenden Zeitschriften bekannt sind, fehlt es an einem bibliographischen Organ, das eine ständige Umschau der Neuerscheinungen auf den zentralen Gebieten des geistigen Lebens geführt hätte: auf dem Gebiete der Philosophie, Theologie und der Geisteswissenschaften. Ja, nicht jeder Verlag sogar gibt seinen Lesern eine periodische Übersicht, wie Sie es mit Ihren „Grünen Heften" tun. Nun frage ich mich, ob nicht das Prinzip Ihrer „Grünen Hefte" auf die gesamte Produktion der philosophischen und theologischen Bücher (wohl auch der rechtswissenschaftlichen u. a.) zu verwenden wäre? Wäre es nicht möglich, eine monatliche Bücher-Revue herauszugeben, in welcher alle Neuerscheinungen auf diesen Gebieten aufgezeichnet wären? Als Grundlage könnte das „Wöchentliche Bücherverzeichnis" dienen. Es wäre aber kein bloßes Verzeichnis. Die bedeutendsten Neuerscheinungen wären durch Selbstanzeige charakterisiert, teils mit einem Inhaltsverzeichnis versehen. Mit der Zeit könnten ganz kurze kritische Bemerkungen hie und da beigefügt werden (jedenfalls eine immanente Kritik). Als weitere Ergänzung käme später eine Umschau der betreffenden Zeitschriften in Frage, – ein Wegweiser durch die periodische Literatur. Und endlich könnte auch die betreffende englische, französische, italienische und spanische Literatur herangezogen werden. Also: eine Art geistigen „Baedeckers" – ein Führer durch das philosophische, theologische etc. geistige Leben, soweit es sich als Buch realisiert.

Im Weiteren könnten wohl auch Kongresse, Tagungen u. a. m. berücksichtigt werden.

Die praktische Seite dieses Unterfangens scheint mir keine zu große Schwierigkeiten zu bereiten. Erstens könnte man prinzipiell das Schwergewicht auf den Selbstanzeigen ruhen lassen („der Autor spricht unmittelbar zu dem Leser – nicht auf Umwege durch die Kritik"). Zweitens wäre solch eine Umschau besonders dazu geeignet, einen Anzeigeteil zu enthalten, welcher die Rentabilität der Sache steigern könnte.

Mit der Zeit könnte vielleicht diese Bücher-Umschau zu einer Kultur-Umschau werden, in welcher dieser spezielle bibliographische Teil als Anhang bliebe. Das ist aber eine Frage der Zukunft.

Würde Ihnen, sehr geehrter Herr Doktor, dieser Plan als realisierbar erscheinen, so wäre ich gerne bereit, an seiner Verwirklichung mitzuarbeiten, da ich sowieso aus meinem persönlichen Bedürfnis eine Umschau der philosophischen Literatur für mich selber halten muss.

Unser Zusammensein am letzten Sonntag hat uns große Freude bereitet. Wir hoffen, Sie wieder bei uns empfangen zu dürfen, wenn Sie das nächste Mal nach Freiburg kommen werden.

Mit freundlicher Hochachtung und besten Empfehlungen bleibe ich Ihr sehr ergebener

I. Schor

Brief 73)   Siebeck an Schor (SBB)

Dr.S./he A.–   3. Juli 1931

Herrn Professor J. Schor
Freiburg (Breisgau)
Schlierbergstr. 12

Sehr verehrter Herr Professor,
für Ihren freundlichen Brief vom 25. v. Mts. sage ich Ihnen meinen verbindlichsten Dank. Für den mit Herrn Professor Iwanow abzuschließenden Verlagsvertrag habe ich zunächst den beiliegenden Entwurf ausgearbeitet. Ich darf es
Ihnen überlassen, ob Sie diesen dem Herrn Verfasser erst vorlegen oder ob Sie
ihn selbst daraufhin prüfen wollen, ob ich die Reinschriften darnach ausschrei-
ben lassen kann.

Ich glaube, in diesem Vertrag alles so festgelegt zu haben, wie wir es bei
meinem Besuche in Freiburg, den auch ich in angenehmster Erinnerung habe,
besprochen haben.

Für neue Verlagspläne ist die Zeit, vor allem, insoweit es sich um periodische Erscheinungen handelt, allerdings denkbar ungünstig. Für den Augenblick
kann ich mir jedenfalls nicht vorstellen, dass ich den Mut aufbrächte, eine neue
Zeitschrift in Gang zu bringen. Dafür sind gerade für die nächsten Monate alle
Zukunftsaussichten viel zu unsicher.

Gegen das von Ihnen projektierte bibliographische Organ scheinen mir allerdings auch Bedenken prinzipieller Natur zu sprechen. Das „Literarische Zent-
ralblatt", das seit einer Reihe von Jahren von der Deutschen Bücherei bearbeitet
wird, bringt gerade solche kurzen Referate, wie Sie Ihnen vorschweben. Aber
selbst dieses Organ, dessen Finanzierung durch eine so leistungsfähige Organisation wie die Deutsche Bücherei gesichert ist, bringt, soviel ich weiß, nur die Titel
selbständiger Erscheinungen. Würde man die Bibliographie auf die Bearbeitung
von Zeitschriften, Kongressberichten und dergleichen ausdehnen, so würde sie
zweifellos zu einem Umfang anschwellen, dass selbst eine große Organisation
kaum imstande wäre, die zu leistende Arbeit zu bewältigen.

Eine Entlastung des Etats eines periodischen Unternehmens dieser Art durch
Inserateinnahmen wird praktisch kaum zu erreichen sein. Denn Bücher tragen
nur in den seltensten Fällen die Kosten für Anzeigen in Zeitungen und Zeitschriften.

Somit kann ich die Aussichten für die Verwirklichung Ihres Planes, abgesehen von den außerordentlichen Schwierigkeiten unserer derzeitigen Situation,
nur mit einiger Skepsis beurteilen. Mein Verlag wird für die Ausführung des

Planes jedenfalls nicht in Frage kommen. Denn wenn solche bibliographischen Arbeiten konsequent einigermaßen durchgeführt werden sollen, bedarf es eines Apparates, dessen Organisation meine Kräfte bei weitem übersteigen würde.

Für die freundliche Aufnahme, die ich bei meinem Besuche in Freiburg bei Ihnen und Ihrer verehrten Frau Gemahlin gefunden habe, sage ich Ihnen nochmals meinen verbindlichsten Dank und bin mit besten Empfehlungen Ihr ganz ergebener

Dr. O. Siebeck

Brief 74)   Schor an Waibel (NL)

4.7.31

Lieber Herr Waibel,

Da ich Professor Iwanow eine ausführliche Darstellung aller Vertragsbedingungen zugehen lassen muss, bitte ich Sie, mir mitteilen zu wollen, auf welcher Grundlage das Übersetzerhonorar ausgerechnet worden ist.

Mit herzlichen Grüßen Ihr ergebener

\<J. Schor\>

Brief 75)   Waibel an Schor (NL)

Josef Friedrich Waibel
Freiburg im Breisgau
Bertoldstraße 20: Fernruf 2655   6 Juli 31

Lieber Herr Schor!

Das Übersetzerhonorar war seinerzeit auf der Basis von 100.– RM pro Druckbogen Hochlandformat (und Inhalt) festgestellt worden. Nach Schätzung Kreslings sollte der erste Teil 3 Bogen umfassen, die beiden andern Teile aber jeweils etwas kürzer sein, daher würde dafür vorschussweise noch 500.– bezahlt.

Eine Nachprüfung der Berechtigung dieser Forderung blieb mir bisher versagt, da ich ja noch kein vollständiges Manuskript gesehen habe.

Sie werden sich aber erinnern, dass ich mehrfach darüber sprach, dass Kresling sich im Umfang wohl zu meinen Ungunsten getäuscht habe, er sagte mir einmal in diesem Falle müsse er eben zurückbezahlen. Ansprüche aus einer (höchstwahrscheinlichen) Täuschung würden in unserem Falle auf den Herrn Verfasser übergehen.

Mit den besten Empfehlungen Ihr ergebener

J. F. Waibel

Brief 76)   **Kaubisch an Siebeck (SBB)**

Dresden A.21
Ermelstr. 9   d. 6. 7. 1931

Sehr verehrter Herr Doktor Siebeck!

Ich möchte Ihnen noch herzlich danken für Ihren so liebenswürdigen Brief,
der mir eine besondere Freude war. Auch für die Zeichn<un>g auf m<eine>
kleine Lyriksammlung herz<lichen> Dank. Fast 150 Subskribenten sind erreicht,
u<nd> ich hoffe, d<as>s der Druck im Herbst beginnen kann.

Sehr freut mich d<er> Druck von Iwánows: Dostojewsky. Leider ist *noch* eine
der bedeutendsten russ<ischen> Dostojew<skij> Schriften, die vor allem *Plato*
u<nd> *Dosto<jewski> konfrontiert*, noch nicht in deutschem Verlag erschienen.
Es ist die Schrift von: A. Steinberg, von der Prof. Stepun eine gute d<eu>tsche
Übers<e>tz<un>g hat, die er Ihnen demnächst einsenden wollte.[168] Vielleicht ist
hier eine Möglichkeit.

Über m<eine> Besprechung zu Joël habe ich schon berichtet; auch an Joël
selbst.

Gern würde ich Näheres schreiben, aber ich habe in diesen Tagen m<eine>
zweite Mutter verloren, u<nd> es war sehr erschütternd, bes<onders> auch
f<ür> m<einen> Vater, der mit ihr die dritte Gattin von sich scheiden sah.

Ich hoffe aber, Ihnen in den Ferien eingehender berichten zu können. –
                    Mit herzlichen Grüßen in steter Dankbarkeit Ihr erg<ebener>
                                                                Martin Kaubisch

Brief 77)   **Schor an Siebeck (SBB)**

Freiburg i B   den 10 7 31

Sehr geehrter Herr Doktor Siebeck,

Ich danke Ihnen sehr für Ihren freundlichen Brief und die Ausführlichkeit,
mit welcher Sie die von mir aufgestellte Frage behandelt haben.

Den Vertragsentwurf will ich an Prof. Iwanow schicken. Damit ich ihn mit
aller Klarheit über die Sachlage informieren könnte, bitte ich Sie mir mitzuteilen,
wie hoch der Preis für ein broschiertes Exemplar des „Dostojewski"-Buches sein
wird. Sobald ich Ihre Antwort erhalten werde, sende ich das ganze Material an
Prof. Iwanow. Vor einigen Tagen schrieb er mir, dass ein italienischer Verlag ihm

---

168 A. S. Steinberg, *Die Idee der Freiheit: Ein Dostojewskij-Buch* erschien erst 1936 im Vita
       Nova Verlag, Luzern in der Übersetzung von Jacob Klein.

ein sehr günstiges Angebot für den italienischen „Dostojewski" gemacht hat, und dass er gerne die ganze Angelegenheit in nächster Zeit erledigen möchte.[169]
       Mit freundlichen Grüßen und besten Empfehlungen bleibe ich Ihr sehr ergebener

I. Schor

Brief 78)   Siebeck an Schor (SBB)

Dr.S./he A.–   11. Juli 1931

Herrn Professor J. Schor
Freiburg (Breisgau) / Schlierbergstr. 12

Sehr verehrter Herr Professor,
       Ihre gestrigen Zeilen, für die ich Ihnen bestens danke, erinnern mich daran, dass ich in der Korrespondenz seit unserer Freiburger Besprechung gar nicht daran gedacht habe, dass Sie uns behilflich sein wollten, ein noch nicht so bekanntes Bild von Dostojewski ausfindig zu machen, das dem Buche von Iwanow vorangestellt werden könnte. Da ich somit die Herstellungskosten einstweilen nur überschlagen kann, kann ich bezüglich des Preises heute auch nur soviel sagen, dass er sich bei den meinem Vertragsentwurf vom 3. Juli zugrundeliegenden Verlagsbedingungen für das broschierte Exemplar auf M. 4.– bis 5.– wird einstellen müssen.
       Wegen eines Dostojewski-Bildes sind Sie vielleicht so freundlich, auch mit Herrn Professor Iwanow Fühlung zu nehmen, wenn Sie nunmehr meinen Entwurf an ihn weiterzuleiten in der Lage sind.
       Mit freundlichen Empfehlungen bin ich stets Ihr ganz ergebener
Dr. O. Siebeck

Brief 79)   Siebeck an Kaubisch (SBB)

Dr.S./he A.–   18. Juli 1931

Herrn Studienrat Martin Kaubisch
Dresden A / Ermelstraße 9

Sehr verehrter Herr Studienrat,
       die Unruhe der letzten, zeitweise recht aufregenden Wochen ist daran schuld, dass ich erst heute dazu komme, Ihnen für Ihren freundlichen Brief vom 6 ds.

---

169 Von diesem Vorhaben ist nichts bekannt. Zu Lebzeiten Ivanovs erschien keine italienische Übersetzung dieses Buches. Vgl. Anmerkung zu Brief 258.

Mts. meinen verbindlichsten Dank zu sagen.[170] Ich habe mit aufrichtiger Teilnahme von dem Trauerfall Kenntnis genommen, der Ihre Familie betroffen hat, und bitte auch Ihnen mein herzliches Beileid aussprechen zu dürfen.

Die Übersetzung eines weiteren russischen Werkes über Dostojewski werde ich kaum so bald übernehmen können. Denn die Verpflichtungen, die zurzeit der Erledigung harren, werden auf lange hinaus meine ganze Kraft in Anspruch nehmen. Gleichwohl danke ich Ihnen bestens für Ihren Hinweis auf die Schrift von Steinberg.

Mit besten Empfehlungen bin ich stets Ihr ganz ergebener

Dr. O. Siebeck

Brief 80)   Schor an Lieb (Auszug; UB)

Herrn Prof. Dr. Lic. Fritz Lieb

Bonn / Buschstraße 28   den 26. 7. 31

Lieber Fedor Ivanovitsch!

<…> Und dann: würden Sie sich entschließen, sich vom Dostojewski-Manuskript von Iwanow zu trennen? Es liegt Iwanow sehr daran, eine Abschrift von seinem Werke in nächsten Tagen unter der Hand zu haben, und ich kann leider keine weiteren Abschriften machen lassen. Die Trennung vom Manuskript wird nicht lange dauern. Wir hoffen doch, dass das Buch bald erscheinen wird.

Also, bitte, bitte: senden Sie mir den „Dostojewski" in den allernächsten Tagen, damit ich die Schrift weiter befördern kann. <...>

Mit vielen herzlichen Grüßen von uns beiden

Ihr J. Schor

Brief 81)   Schor an Siebeck (SBB)

Freiburg i B   den 30 7 31

Sehr geehrter Herr Doktor Siebeck,

Vor kurzem erhielt ich eine Antwort von Prof. Iwanow, deren Inhalt ich Ihnen in knapper Zusammenfassung mitteile.

---

170 Allem Anschein nach bezieht sich Siebeck auf die Bankenkrise, die in Österreich im Mai 1931 plötzlich entfaltete und die deutschen Banken immer mehr bedrohte. Trotz internationaler Maßnahmen, die Reichsbank zu unterstützen, musste sich die zweitgrößte deutsche Bank im Juli 1931 als zahlungsunfähig erklären. Dadurch wurde das allgemeine Vertrauen zum deutschen Bankensystem erschüttert.

In zwei Punkten möchte Iwanow Änderungen in den Vertrag einfügen. Einerseits möchte er nicht das ganze Übersetzungshonorar auf sich nehmen und legt darauf Wert, bereits von der ersten Auflage des Buches ein Honorar von etwa 1000 Mark beziehen zu können. Andererseits sieht er sich gezwungen, das Recht auf die Herausgabe des Werkes in anderen Sprachen für sich zu behalten, da er inzwischen anderweitige Verpflichtungen in dieser Richtung auf sich nehmen musste. Allem Anderen stimmt Iwanow bei, wenn ihm auch lieber wäre, die Zahl der Freiexemplare auf 40 erhöht zu sehen.

Ich bitte Sie, sehr geehrter Herr Doktor, mir Ihre Antwort mitzuteilen, damit ich sie sofort an Prof. Iwanow weiterleiten kann.

Mit freundlichen Empfehlungen und vorzüglicher Hochachtung bleibe ich Ihr sehr ergebener

I. Schor

Brief 82)   Siebeck an Schor (SBB)

Dr.S./he A.–   7. August 1931

Herrn Professor J. Schor
Freiburg (Breisgau)
Schlierwbergstr. 12

Sehr verehrter Herr Professor,

die Unruhe der letzten Wochen muss es entschuldigen, dass ich Ihnen erst heute für Ihren freundlichen Brief vom 30. Juli meinen verbindlichsten Dank sagen kann.[171]

Wenn Herr Professor Iwanow über das Übersetzungsrecht seines Dostojewski-Buches in anderer Sprache schon verfügt hat, so muss ich die in § 6 meines Entwurfes vom 3. Juli vorgesehene Klausel fallen lassen. Denn von grundsätzlicher Bedeutung ist diese Frage für mich natürlich nicht.

Es steht auch nichts im Wege, dass Herr Professor Iwanow von einer Auflage von 3000 Exemplaren 40 Freiexemplare erhält; nur kann ich dann eben für Sie und Herrn Kresling nicht mehr als im ganzen 5 Exemplare zur Verfügung stellen.

Wenn ich keine Aussicht habe, aus dem Verkauf weiterer Übersetzungsrechte einen Erlös zu erzielen, und Ausgaben des Buches in anderen Sprachen schon verhältnismäßig bald erscheinen, so muss ich den Preis der deutschen Ausgabe natürlich besonders vorsichtig kalkulieren. Deshalb wäre das Äußerste, was ich

---

171 S. Anmerkung zum Brief 79.

bezüglich des Honorars leisten könnte, dass auch Herr Professor Iwanow schon für die erste Auflage von 3000 Exemplaren ein Honorar von M. 800.– erhält. Sollte ihm diese Entschädigung nicht genügen, so könnte ich eben Herrn Waibel nicht das volle, von ihm vergütete Übersetzungshonorar ersetzen. Was Herr Professor Iwanow bei der ersten Auflage über diese M. 800.– hinaus bekommt, müsste dann die 2. Auflage tragen. Diesen Betrag könnte ich also Herrn Waibel erst dann vergüten, wenn eine 2. Auflage des Buches zustande kommt.

Da die 1. Auflage auf diese Weise mit einem im Verhältnis zum Umfang des Buches recht hohen Honorar belastet ist, würde es wohl der Billigkeit entsprechen, wenn es für weitere Auflagen bei dem von mir vorgeschlagenen Gesamthonorar von M. 1200.– bleiben würde.

Ich bin Ihnen sehr dankbar, wenn Sie diese neuen Vorschläge an Herrn Professor Iwanow weiterleiten. Sie würden also darauf hinauslaufen, dass Herr Professor Iwanow bei der 1. Auflage ein Honorar von M. 800.–, bei weiteren Auflagen ein solches von M. 1200.– bekommt. Kann sich Herr Professor Iwanow mit diesem Vorschlag einverstanden erklären, so würde ich an Herrn Waibel volle M. 800.– vergüten. Würde Herr Professor Iwanow Wert darauf legen, für die erste Auflage ein Honorar von M. 1000.– zu bekommen, so könnte ich jetzt an Herrn Waibel nur M. 600.– vergüten. Die restlichen M. 200.– würde er bekommen, wenn es zu einer zweiten Auflage kommt.

Lassen Sie mich bitte freundlichst wissen, welchem von diesen beiden Vorschlägen Herr Professor Iwanow den Vorzug gibt, damit ich die Reinschriften des Vertrages danach anfertigen lassen kann.

Mit freundlichen Empfehlungen bin ich stets Ihr sehr ergebener

Dr. O. Siebeck

Brief 83)   Waibel an Schor (NL)

Jos. Waibel
Buchdruckerei und Verlagsbuchhandlung
Freiburg im Breisgau
Bertoldstraße 20: Postscheckkonto: Karlsruhe 33237

Herrn Professor J. Schor
Schlierbergstr.   8. August 1931

Nach den heutigen Besprechungen erkläre ich mich bereit auf Ihren Vorschlag einzugehen und für den Fall, dass keine besseren Bedingungen bei Siebeck herauszuholen sind, mit der Rückzahlung meiner Übersetzungsauslagen in der Form einverstanden zu sein, dass ich bei Vertragsabschluss 600.– RM und bei Erscheinen 100.– Honorarvorschuss erhalten werde. Die restlichen 200.– RM sollen dann bei Erscheinen einer zweiten Auflage fällig werden.

Mit den besten Empfehlungen

J. F. Waibel

Brief 84)   Schor an Siebeck (SBB)

Freiburg i B.   den 8 8 31

Sehr geehrter Herr Doktor Siebeck,

Ich danke Ihnen herzlich für Ihre freundlichen Zeilen vom 7 August, die ich heute erhalten habe.

Ihre beiden Vorschläge habe ich sofort an Prof. Ivanov geschickt und werde Ihnen seine Antwort ohne Verzögerung mitteilen.

Wegen des Dostojewski-Bildes habe ich mich mit meinen Kollegen in Russland in Verbindung gesetzt, bis jetzt aber noch keine befriedigende Antwort erhalten.

Mit freundlichen Empfehlungen und vorzüglicher Hochachtung bleibe ich Ihr sehr ergebener

I. Schor

Brief 85)   Schor an Siebeck (SBB)

Freiburg i Br.   den 14 8 31

Sehr geehrter Herr Doktor Siebeck,

Es macht mir Freude Ihnen mitteilen zu können, dass Prof. Iwanow mit Ihrem Vorschlag einverstanden ist.

Prof. Iwanow möchte sich an die zweite Variante halten, der gemäß er bereits für die erste Auflage 1000 M. erhalten kann. Herr Waibel ist auch damit einverstanden, dass er bei der ersten Auflage M. 600, bei der zweiten – die übrigen M. 200 bekommen wird.

Die gedruckten Vertragsbedingungen habe ich an Iwanow geschickt und so konnte ich keinen Bescheid geben, ob nicht in diesen Bedingungen angegeben ist, in welcher Zeit nach dem Ausverkauf der ersten Auflage die zweite erfolgen muss. Ich bitte Sie freundlichst, mich über diesen Punkt aufklären zu wollen.

Mit besten Empfehlungen und vorzüglicher Hochachtung bleibe ich Ihr sehr ergebener

I. Schor

Brief 86)   Siebeck an Schor (SBB)

Herrn Professor J. Schor
Freiburg i/Br
Schlierbergstr. 12

Hb.–wa. A.–   Tübingen, den 17. August 1931

Sehr verehrter Herr Professor,
    in Abwesenheit meines Herrn Dr. Siebeck, der für kurze Zeit zu seiner Erholung verreist ist, danke ich Ihnen bestens für Ihr freundliches Schreiben vom 14. ds. Mts., aus welchem ich ersehen habe, dass Herr Professor Iwanow mit den Vorschlägen meines Herrn Dr. Siebeck einverstanden ist. Ich werde Ihnen nach Rückkehr von Herrn Dr. Siebeck den nach den Wünschen des Herrn Professor Iwanow abgeänderten Verlagsvertrag zugehen lassen.
    Ein Termin für die Herausgabe der 2. Auflage ist in den Vertragsbedingungen nicht festgesetzt.
                                            In vorzüglicher Hochachtung Ihr ergebenster
                                            J. C. B. Mohr (Paul Siebeck)
                                            Häberle[172]

Brief 87)   Siebeck an Schor (SBB)

Dr.S./he A.–   3. September 1931

Herrn Professor J. Schor
Freiburg (Breisgau)
Schlierbergstr. 12

Sehr verehrter Herr Professor,
    nachdem Ihnen der Empfang Ihres freundlichen Briefes vom 14. v. Mts. in meiner Abwesenheit nur kurz bestätigt werden konnte, bitte ich Ihnen heute für Ihre erneuten Bemühungen in der Iwanow'schen Vertragsangelegenheit persönlich bestens danken zu dürfen. Damit ich Ihre Dienste nicht immer wieder in Anspruch nehmen muss, habe ich heute die nach den mir freundlichst mitgeteilten endgültigen Wünschen Iwanows ausgearbeiteten Reinschriften des Vertrages Herrn Professor Iwanow unmittelbar zugestellt.

---

172 Der Name "Häberle" ist mit der Hand geschrieben. Nach dem Namen folgt noch etwas (vielleicht ein anderer Name), das nicht zu entziffern ist.

Dagegen bitte ich diesen Brief zum Anlass nehmen zu dürfen, Sie in folgender Sache um Rat zu fragen. Von Herrn Dr. Janko Janeff[173] in Sofia ist mir eine kleine Schrift über Peter Tschaadajew zum Verlag angeboten worden, die dem Umfang nach in meiner Sammlung „Philosophie und Geschichte" passen würde, in der auch der von Ihnen übersetzte Essay über „Die russische Idee" erschienen ist. Neben meiner im Augenblick wieder sehr reichlichen Arbeit konnte ich in das Manuskript nur ganz flüchtig Einblick nehmen. Es hat mir aber keinen schlechten Eindruck gemacht. Nur frage ich mich, ob Peter Tschaadajew für das Verständnis des heutigen Russlands oder auch nur der Geschichte Ihres Vaterlandes so wichtig ist, dass es berechtigt erscheint, heute noch in Deutschland eine, wenn auch nicht allzu umfangreiche selbständige Schrift über ihn erscheinen zu lassen.

Herr Dr. Janeff hat, wie ich höre, vor einiger Zeit in der Vierteljahrsschrift für Literaturwissenschaft und Geistesgeschichte einen sehr guten Aufsatz veröffentlicht.[174] Sonst ist mir der Name bisher nicht begegnet. Deshalb würde es sich besonders glücklich treffen, wenn Sie mir auch über die Persönlichkeit des Verfassers etwas sagen könnten.

Indem ich Ihnen für Ihre freundliche Beratung im voraus bestens danke, verbleibe ich in vorzüglicher Hochachtung Ihr ganz ergebener

Dr. O. Siebeck

Brief 88)   Siebeck an Ivanov (SBB)

Dr.S./he A.–   3. September 1931

Herrn Professor Wiatscheslav Iwanow
Pavia / Collegio Borromeo / Italien

Sehr verehrter Herr Professor,

Herr Professor Schor in Freiburg war wiederholt so freundlich, wegen des Verlages einer deutschen Ausgabe Ihres Dostojewskibuches zwischen uns zu vermitteln. Da ich ihn nicht immer wieder bemühen möchte, bitte ich, Ihnen die beiden Reinschriften unseres Verlagsvertrages, die ich unter Berücksichtigung der letzten, von Herrn Professor Schor mir übermittelten Wünsche habe anfertigen lassen, unmittelbar vorlegen zu dürfen.

---

173 Janko Janeff (1900–1945) machte bald darauf große Karriere bei den Nazis, von denen seine Werke stark rezipiert wurden. Er starb beim Bombenangriff auf Dresden.

174 Der einzige Beitrag Janeffs in der Vierteljahrsschrift erschien erst im Januar 1932: „Zur Geschichte des russischen Hegelianismus", S. 45–73.

Wenn ich Herrn Professor Schors letzten Brief richtig verstehe, wurde von Ihnen noch die Frage aufgeworfen, ob nicht etwas darüber festgelegt werden sollte, in welcher Zeit nach dem Ausverkauf der 1. Auflage die zweite erscheinen muss. Darüber ist, zumal unter den heutigen wirtschaftlichen Verhältnissen, irgendwelche vertragliche Bindung völlig ausgeschlossen. Denn noch nie waren die Absatzchancen eines Buches im voraus so schwer zu beurteilen wie in der Lage, in der sich gegenwärtig Deutschland befindet. Für mich ist in dieser Beziehung doppelte Vorsicht am Platze, weil ich, einem mir ebenfalls von Herrn Professor Schor übermittelten Wunsche entsprechend, auf jede Beteiligung an einem Erlös aus dem Verkauf der Übersetzungsrechte verzichtet habe, also von vornherein auf die Einnahmen aus der deutschen Ausgabe angewiesen bin.

Von den „Vertragsnormen und Auslegungsgrundsätzen für Verlagsverträge über wissenschaftliche Werke", die einen Bestandteil unseres Vertrages bilden, füge ich nochmals ein Exemplar hier bei. Für meine Akten bitte ich aber nur ein unterschriebenes Exemplar des auf der Maschine geschriebenen Vertrages zurück.

In vorzüglicher Hochachtung empfehle ich mich Ihnen als Ihr ganz ergebener
J C B Mohr (Paul Siebeck)

<Anlage: CS>[175]

Verlagsvertrag
Zwischen
Herrn Professor Dr. Wiatscheslaw *Iwanow* in Pavia
und der
Verlagsbuchhandlung J. C. B. Mohr (Paul Siebeck) in Tübingen
ist für sie und ihre Rechtsnachfolger Folgendes vereinbart worden:

§ 1. Herr Professor Iwanow überträgt auf die Verlagsbuchhandlung J. C. B. Mohr (Paul Siebeck), bezw. Ihre Rechtsnachfolger, das ausschließliche Verlagsrecht seines von Herrn Lektor Kressling in Freiburg (Breisgau) übersetzten Buches

Dostojewski

für die erste und alle folgenden Auflagen, sowie für alle Ausgaben.

---

175 Der Vertrag im Ivanov-Archiv (CS) ist mit dem Vertrag in der Staatsbibliothek Berlin mit Ausnahme von zwei Details identisch. Ivanov hat immer „G" („Gold") vor dem Wort „Reichsmark" gesetzt. (Vgl. Brief 93 von Ivanov an Siebeck vom 28. September 1931). Außerdem hat er den Vertrag unterschrieben und datiert.

§ 2. Die Höhe einer Auflage wird auf dreitausend (3000) Exemplare festgesetzt.

§ 3. Die Verlagsbuchhandlung bezahlt für jede Auflage von 3000 Exemplaren ein alsbald nach deren Druckvollendung zahlbares Pauschalhonorar von sechzehnhundert (1600) Reichsmark.

Bei der ersten Auflage werden aus diesem Pauschalhonorar zunächst sechshundert (600) Reichsmark der von Herrn J. Waibel d. J. in Freiburg an Herrn Kressling bezahlten achthundert (800) Reichsmark gedeckt, die die Verlagsbuchhandlung Herrn Waibel zurückerstattet. Der Rest von eintausend (1000) Reichsmark geht an Herrn Professor Iwanow.

Bei der zweiten Auflage werden aus dem Pauschalhonorar von sechzehnhundert (1600) Reichsmark zunächst die restlichen zweihundert (200) Reichsmark, die Herr Kressling von Herrn J. Waibel d. J. in Freiburg erhalten hat, gedeckt und durch die Verlagsbuchhandlung an Herrn Waibel zurückerstattet. Die restlichen vierzehnhundert (1400) Reichsmark gehen an Herrn Professor Iwanow.

Das Honorar für eine dritte und etwaige weitere Auflagen geht ungeteilt an Herrn Professor Iwanow.

§ 4. Die Verlagsbuchhandlung stellt von jeder Auflage im Ganzen 45 Freiexemplare zur Verfügung, über deren Verteilung Herr Professor Iwanow nach eigenem Ermessen verfügt.

§ 5. Die Verlagsbuchhandlung ist berechtigt, die in § 4 genannten Freiexemplare sowie 120 Rezensionsexemplare samt dem erforderlichen Zuschuss für Druckdefekte usw. außerhalb der in § 2 vereinbarten Auflage drucken zu lassen.

§ 6. Die zwischen dem Verband der deutschen Hochschulen und dem Börsenverein der Deutschen Buchhändler, bezw. dem Deutschen Verlegerverein vereinbarten, diesem Vertrag als Anlage angefügten „Vertragsnormen und Auslegungsgrundsätze für Verlagsverträge über wissenschaftliche Werke" gelten als Bestandteil dieses Vertrages, soweit sie nicht durch die obigen Bestimmungen abgeändert oder erläutert sind.

§ 7. Die Entscheidung etwaiger Meinungsverschiedenheiten oder Streitigkeiten aus diesem Vertrag soll endgültig durch das Verbandsschiedsgericht wissenschaftlicher Autoren und Verleger erfolgen.

Hiermit allenthalben einverstanden, unterzeichnen diesen in zwei gleichlautenden Exemplaren ausgefertigten Verlagsvertrag

Pavia, den 5. September 1931.
    Prof. Dr. Wiatscheslaw Iwanow

Tübingen, den 3. September 1931.
    J. C. B. Mohr (Paul Siebeck)

Brief 89)   Schor an Siebeck (SBB)

Freiburg i B   den 13 9 31

Sehr geehrter Herr Doktor Siebeck,

für Ihr freundliches Schreiben vom 3 9 31, das ich, von einer kurzen Reise
zurückgekehrt, zu Hause fand, sage ich Ihnen meinen verbindlichsten Dank. Es
freut mich sehr, dass unsere gemeinsamen Bemühungen um das Iwanow'sche
„Dostojewski"-Buch zum Abschluss gekommen sind und dass das Buch in
Ihrem Verlag erscheinen wird. Ich hoffe, das Buch wird einen guten Erfolg
haben, zumal mehrere Aufsätze von Prof. Iwanow in Deutschland (Hochland)
und der Schweiz (Corona) erscheinen werden und in der letzten Zeit in Frankreich (Vigile bei Grasset) erschienen sind.[176] Selbstverständlich habe ich mich
auch wegen der „Presse" umgeschaut. Prof. Stepun (Dresden), der in die Arbeit
über „Dostojewski" eingeweiht ist und seit Jahren in seinen Vorträgen über
Russland dieses Buch ankündigt und die „Russische Idee" preist, Herr Martin Kaubisch (Dresden), der mir nach der Lektüre eines Fragments des Manuskripts mit Begeisterung über das Gelesene schrieb, Prof. Metner (Zürich) und
andere haben sich bereit erklärt, das Buch gleich nach seinem Erscheinen zu
besprechen.[177] Selbstverständlich werden Rezensionen über das Werk in Hochland, Schildgenosse, Graal, und andrerseits im Orient und Occident (ich nenne
nur die Iwanow-freundlichen Zeitschriften, deren Name sich von selbst meldet),
wie auch in der russischen und französischen Presse erscheinen. Würden Sie
darauf Wert legen, dass die Besprechungen möglichst bald nach der Herausgabe

---

176 Von Ivanov sind insgesamt acht Aufsätze in *Corona* und zwei in *Hochland* erschienen. Die Publikation bei Grasset war: V. Ivanov und M. O. Gerschenson, *Correspondance d'un coin à l'autre*. Paris, 1931. In diesem Buch wurde auch Ivanovs „Brief an
Charles Du Bos" erstmals gedruckt, der als Pendant zu der französischen Übersetzung
(von Hélène Iswolsky und Charles Du Bos) des „Briefwechsels zwischen zwei Zimmerwinkeln" geschrieben wurde.

177 Am 21. X. 31 schrieb Kaubisch an Siebeck: „Die Dostojewski-Schrift von Iwánow, die
ich schon im Manuskript las, werde ich bestimmt besprechen. Ich stehe durch Prof.
Stepun mit Iwanow selbst in Fühlung." Vgl. Brief 94 von Kaubisch an Siebeck vom
Ende September 1931. Jedoch ist keine Rezension von ihm bekannt. Von Stepun und
Medtner gibt es auch keine Rezensionen zu Ivanovs Dostojewskij-Buch. Medtners
Rezension auf „Die russische Idee" ist auf S. 317–325 in diesem Band wiederabge-
druckt.

des Werkes die Welt erblicken, so müsste ich über ein Paar Exemplare der IIten Korrektur verfügen, die ich unter den Rezensenten verteilen könnte.

Peter Tschaadajew (1794–1856) ist eine der bedeutendsten Persönlichkeiten des XIX Jahrhunderts in Russland. Er ist der erste russische Geschichtsphilosoph, was in Russland zugleich Prophet bedeutet, und hat als erster die Frage nach dem Sinn der Weltgeschichte und der Berufung des russischen Volkes gestellt, – die Frage, die das Hauptthema des russischen Lebens und Denkens bildet, und deren Lösung auch die letzten Erschütterungen des russischen historischen Daseins gelten. Bei ihm ist bereits in großen Zügen alles vorhanden, was später in den beiden ausschlaggebenden Strömungen des geistigen und politischen Lebens (bei den Slavophilen und Westlern) zum Ausdruck gelangte, und bei Solowjow und Dostojewski eine neue Prägung gewann. Für das Verständnis der Geschichte und der Zukunft Russlands sind seine Werke von größter Bedeutung. Seine Wirkung auf seine Zeitgenossen und somit auf die späteren Generationen war sehr groß. Seine Schriften waren aber bei ihrem Erscheinen von der kaiserlichen Zensur verboten, so dass sie eigentlich nur nach der ersten russischen Revolution (1905) in den breiteren Kreisen der russischen Intelligenz bekannt geworden sind.

Desto willkommener ist die Nachricht, dass eine Schrift über Tschaadajew Ihnen angeboten worden ist. Leider kann ich Ihnen heute keinen Bescheid über die Persönlichkeit des Verfassers geben, obgleich sein Name mir bekannt zu sein scheint.[178] Jedenfalls habe ich meine Freunde und Kollegen in Ost-Europa gebeten, mir Näheres über Herrn Dr. Janeff zu berichten. Wenn Sie es aber für nötig hielten, wäre ich gerne bereit, die Schrift durchzusehen und Ihnen meinen Eindruck mitzuteilen.

Mit freundlicher Hochachtung und besten Empfehlungen bleibe ich
Ihr ergebener I. Schor

---

178 Da Janeff in den frühen 1920-er Jahren in Freiburg studierte, ist es möglich, dass Schor den Namen gehört hatte. Als Schor sein Studium in Freiburg begann, war Janeff aber schon bei Rickert in Heidelberg.

Brief 90)   Siebeck an Schor (SBB)

Dr.S./he A.–   18. September 1931

Herrn Professor J. Schor
Freiburg (Breisgau)
Schlierbergstr. 12

Sehr verehrter Herr Professor,
für Ihren freundlichen Brief vom 13. ds. Mts. sage ich Ihnen meinen verbindlichsten Dank. Der formelle Abschluss der Verhandlungen über das Iwanow'sche Dostojewskibuch steht insofern noch aus, als ich die Reinschriften des
Verlagsvertrages, die ich Herrn Professor Iwanow am selben Tage, an dem ich
Ihnen zuletzt schrieb, vorgelegt habe, noch nicht zurückerhalten habe. Da aus
den Schwierigkeiten der sprachlichen Verständigung leicht Missverständnisse
entstehen könnten, muss ich Sie daher in dieser Sache leider doch noch einmal
bemühen und Sie bitten, bei Herrn Professor Iwanow meine in Abschrift beiliegenden Schriftstücke in Erinnerung zu bringen.

Die Herren, die sich zu Besprechungen von Iwanows Buch bereiterklärt
haben, müssten sich wohl zu gegebener Zeit mit den Redaktionen derjenigen
Organe in Verbindung setzen, in denen ihre Rezensionen erscheinen sollen. Ich
habe immer wieder die Erfahrung gemacht, dass die Redaktionen es als besonders unangenehm empfinden, wenn der Verleger ihnen irgendwelche Vorschläge
oder Wünsche für die Vergebung von Rezensionsexemplaren unterbreitet.

Auf alle Fälle werde ich mir erlauben, Ihnen zu gegebener Zeit die Liste, nach
der die Rezensionsexemplare verschickt werden sollen, im Entwurf vorzulegen,
damit Sie danach etwaige endgültigen Vereinbarungen mit den Herren Stepun,
Kaubisch und Metner treffen können.

Da ich über Herrn Janeff nirgends etwas Näheres erfahren kann, würden Sie
mich in der Tat sehr verbinden, wenn Sie das Manuskript seiner Schrift über
Tschaadajew einer kurzen Durchsicht unterziehen würden. Ich erlaube mir
daher, Ihnen dasselbe gleichzeitig als eingeschriebene Geschäftspapiere zugehen zu lassen, und verbleibe mit wiederholt bestem Dank für Ihre freundlichen
Bemühungen in aufrichtiger Hochschätzung Ihr sehr ergebener

Dr. O. Siebeck

Brief 91)   Schor an Siebeck (SBB)

Professor J. Schor
Schlierbergstr. 12
Freiburg i. Br.   den 20 9 31

An den Verlag J C B Mohr (Paul Siebeck)
Hiermit bitte ich Sie höflichst, mir 5 Exemplare der Schrift „Die russische Idee" von W. Iwanow, wie auch meinen Kontoauszug, zusenden zu wollen.

Hochachtungsvoll

I. Schor[179]

Brief 92)   Schor an Siebeck (SBB)

den 28 9 31

Sehr geehrter Herr Doktor Siebeck,
Prof. Iwanow hat mir mitgeteilt, dass Ihr Brief vom 3 d/M. auf unbegreifliche Weise in Pavia, Collegio Borromeo, liegen geblieben ist. Jetzt ist er bereits im Besitz des Briefes. Ich nehme an, dass Prof. Iwanow sich mit Ihnen in Verbindung gesetzt hat, und dass die unterschriebenen Verträge bei Ihnen eingetroffen sind.
Mit freundlicher Hochachtung und besten Empfehlungen bleibe ich Ihr ganz ergebener

I. Schor

Brief 93)   Ivanov an Siebeck (SBB)

Davos, d. 28 September 1931

Hochgeehrter Herr Siebeck,
Anbei beehre ich mich Ihnen das von mir unterschriebene Exemplar des Vertrags, betreffend den von Ihnen freundlichst übernommenen Verlag meines Buches „Dostojewskij" in deutscher Fassung, dankend vorzulegen.
Sehr bedaure ich die Verspätung, die durch zufällige und von mir völlig unabhängige Umstände verursacht worden ist.
Ich habe mir erlaubt, im Text des Vertrags ein G vor „Reichsmark" einzuschalten. Ich hoffe, Sie werden in diese leise Änderung gütigst einwilligen. Da ich ständig in Italien wohne, ist mir die Festsetzung der Honorarsumme in

---

179 Der Name „J. Schor" im Briefkopf ist gestempelt. Am Ende des Briefes steht, getippt wie auch in der Unterschrift, „I. Schor".

Goldmark wegen der Schwankungen des Kurses von Wichtigkeit, Ihrem Verlag aber, wie ich annehme, wohl kaum nachteilig?

Mit lebhaftem Dank auch für Ihre wohlwollende Sorge für die „Russische Idee", empfehle ich mich in vorzüglicher Hochachtung als Ihr ganz ergebener

W. Iwanow

Meine ständige Adresse:
Prof. Venceslao Ivanov
Almo Collegio Borromeo, Pavia

Brief 94)   Kaubisch an Siebeck (SBB)

<Ende September 1931>[180]

Sehr verehrter Herr Dr. Siebeck!

Ich möchte Ihnen doch mitteilen, dass ich in den letzten Tagen die Schrift von Wiatscheslav Iwánow über Dostojewsky als Mythenbildner im Manuskript gelesen habe, da Herr Professor Schor die große Freundlichkeit hatte, sie mir zuzuschicken. Ich habe einen ganz starken Eindruck von ihr und halte sie mit für das Schönste und Tiefste, was bisher überhaupt über Dostojewsky gesagt worden ist. Iwánow ist ja einer der universell gebildetsten Geister Europas und vor allem auch einer der tiefsten Kenner der griechischen Antike. Besonders die Verbindung, die er zwischen Dostojewsky und der attischen Tragödie schlägt, ist völlig neu und überraschend. So freue ich mich herzlich, dass diese Schrift – die ich auch besprechen werde – gerade bei Ihnen erscheint.

Im nächsten Monat hoffe ich, Ihnen auch mein kleines Bändchen Lyrik schicken zu können und denke, dass es Ihnen willkommen ist. Über Joëls „Wandlungen der Weltanschauungen", die ich glänzend finde, schreibe ich zu Weihnacht.[181]

Ich hoffe, es geht Ihnen gut, und begrüße Sie mit dem immer erneuten Ausdruck des Dankes aufrichtig und herzlich als Ihr ergebener

Martin Kaubisch

Zwei kleine Bildchen füge ich bei aus dem schönen Tirol.

---

180 Der Brief trägt kein Datum, aber auf dem Brief ist ein Vermerk des Verlages: „1. Okt. beantw<ortet>". Im Antwortschreiben vom 1. Oktober (SBB) schreibt Siebeck: „Nächster Tage geht das Manuskript von Venceslav Ivanow über Dostojewski in Satz".

181 Der erste Band von Karl Joëls *Wandlungen der Weltanschauung. Eine Philosophiegeschichte als Geschichtsphilosophie* erschien bei J. C. B. Mohr (Paul Siebeck) im Jahre 1928. Von Kaubisch ist keine Rezension dieses Buches bekannt.

Brief 95)   Siebeck an Schor (SBB)

Dr.S./he A.–   1. Oktober 1931

Herrn Professor J. Schor
Freiburg (Breisgau)
Schlierbergstr. 12

Sehr verehrter Herr Professor,
    für Ihre freundlichen Zeilen vom 28. v. Mts. sage ich Ihnen meinen verbind-
lichsten Dank. Von Herrn Professor Iwanow bekam ich am selben Tage ein
unterschriebenes Exemplar des Verlagsvertrages zurück. Ich habe ihm darauf
unter seiner Adresse in Davos und nach Pavia laut beiliegendem Durchschlag
geschrieben, damit beizeiten wegen der Versendung und Erledigung der Korrekturen alles klargestellt werden kann.
    Sehr dankbar wäre ich Ihnen, wenn Sie sich über das Manuskript des Herrn
Dr. Janeff in den nächsten Tagen äußern könnten, damit ich den Herrn nicht
länger auf eine Entscheidung warten lassen muss.
                      Mit freundlichen Empfehlungen bin ich stets Ihr ganz ergebener
                                                              Dr. O. Siebeck

Brief 96)   Siebeck an Ivanov (SBB)

(einen Durchschlag nach Pavia gesandt)

Dr.S./he A.–   1. Oktober 1931

Herrn Professor Venceslas Ivanow
Zzt. Davos
Schweiz

Sehr verehrter Herr Professor,
    Mit verbindlichstem Dank für Ihre freundlichen Zeilen vom 28. September
bestätige ich Ihnen den Empfang eines auch Ihrerseits unterschriebenen Exem-
plares unseres Verlagsvertrags über Ihr Dostojewski-Buch.
    Die Reichsmark ist schon kraft Gesetzes gleich Goldmark. Der von Ihnen
vorgesehene Zusatz bedeutet daher für die rechtliche Wirkung unseres Vertrages
keine Änderung. Nach den letzten Ereignissen kann ich allerdings den Zweifel
nicht unterdrücken, ob die Stabilität der deutschen Währung es nicht mit derjenigen der italienischen mindestens aufnehmen kann.
    Ihr Manuskript gebe ich Anfang nächster Woche in Satz. Es ist also noch
Zeit, dass Sie mir Näheres darüber schreiben, wie Sie es mit der Versendung der

Korrekturen gehalten haben wollen. Ich nehme an, dass Herr Professor Schor mindestens eine Korrektur mitlesen wird. Sie müssten daher so freundlich sein, mich wissen zu lassen, ob das Manuskript den an ihn zu versendenden Abzügen beigelegt oder an Ihre Adresse mit ebenfalls 2 Abzügen gehen soll.

Je nachdem Sie den Korrekturenlauf wünschen, würde ich dann den Sendungen an Herrn Professor Schor Couverts mit Ihrer Adresse zur Weiterleitung nach Pavia beifügen lassen, oder umgekehrt den Sendungen an Sie Couverts mit der Adresse von Professor Schor. Denn einer von beiden Herren wird jeweils die Korrekturen des anderen abwarten müssen, damit ich an die Druckerei nur einen Abzug weiterzugeben brauche, in de<m> sämtliche von Ihnen beiden für nötig erachteten Korrekturen eingetragen sind.

In vorzüglicher Hochachtung empfehle ich mich Ihnen als Ihr ganz ergebener

J. C. B. Mohr (Paul Siebeck)

Brief 97)   Ivanov an Siebeck (SBB)

Davos, den 11. Oktober 1931

Hochgeehrter Herr Siebeck,

Indem ich Ihnen für Ihr freundliches Schreiben vom 1. Oktober d. J. bestens danke, erlaube ich mir meine Wünsche in Bezug auf die bei der Versendung der Korrekturen an mich und meinen Freund Prof. Schor in Freiburg zu haltende Ordnung dahin zu äußern, dass die *erste* Korrektur mir *mit dem Manuskript* direkt zugestellt und von mir allein durchgesehen wird, die *zweite* aber und ev<entuell> die dritte erst nach Freiburg (mit den Couverts mit meiner Adresse) geht und von Prof. Schor mir nach Pavia übersandt wird. So will ich meinem Freunde Schor die Mühe des ersten Lesens ersparen und zugleich seine und des Herrn Kresling Korrekturen und eventuelle leise Stiländerungen ausbeuten, wobei ich mir jedoch die definitive Fassung des Textes und das Recht, die letzte Korrektur zum Drucken zu unterschreiben, vorbehalte. Dies scheint mir das richtigste, bequemste und für mich als Verfasser, der die Übersetzung autorisiert, sicherste Verfahren zu sein.

Mit besten Grüßen verbleibe ich in vorzüglicher Hochachtung Ihr ergebener

Wiatscheslaw Iwanow

Meine Adresse:
Prof. Venceslao Ivanov
Almo Collegio Borromeo
Pavia, Italien

Brief 98) **Schor an Siebeck (SBB)**

Professor J. Schor
Schlierbergstr. 12
Freiburg i. Br.   den 15 X 31

An den Verlag J C B Mohr (Paul Siebeck) Tübingen
Bitte höflichst mir 5 (fünf) Exemplare der Schrift „Die russische Idee" zuzusenden.

Hochachtungsvoll
I. Schor

Brief 99) Siebeck an Schor (SBB)

Dr.S./he A.–   15. Oktober 1931

Herrn Professor J. Schor
Freiburg (Breisgau)
Schlierbergstr. 12

Sehr verehrter Herr Professor,
Herr Professor Iwanow bittet mich, die erste Korrektur mit dem Manuskript
jeweils an ihn zu senden, die Revision und etwaige Superrevision dagegen an
Ihre Adresse gehen zu lassen. Diesen Sendungen soll jeweils ein Rücksendecou-
vert mit der Adresse von Herrn Professor Iwanow beigefügt werden, damit er
Ihre und Herrn Kreslings Korrekturen nochmals sehen, eventuelle Stiländerun-
gen vornehmen und das Imprimatur, das er sich vorbehält, erteilen kann.
Ich bin etwas in Unruhe, dass ich von Ihnen wegen des Manuskripts von
Dr. Janeff, das ich Ihnen am 18. September übersandt habe, noch gar nichts
gehört habe. Nicht nur, dass ich auf diese Weise in Ungewissheit bin, ob die
Sendung richtig bei Ihnen eingetroffen ist, ich komme mit der Zeit auch dem
Verfasser gegenüber in eine etwas schwierige Lage, wenn ich ihn wegen einer
Entscheidung über die Verlagsübernahme seines Manuskripts so lange warten
lassen muss. Ich wäre Ihnen daher sehr dankbar, wenn Sie diese Sache bald erle-
digen könnten.

Mit freundlichen Grüßen bin ich stets Ihr sehr ergebener
Dr. O. Siebeck

Brief 100)   Siebeck an Ivanov (SBB)

Herrn Professor Dr. Venceslav Ivanov
Almo Collegio Borromeo
Pavia (Italien)

He A.–   Tübingen, den 15. Oktober 1931

Sehr verehrter Herr Professor,
für Ihre freundliche Zeilen vom 11. ds. Mts. aus Davos sage ich Ihnen meinen
verbindlichsten Dank. Von Ihren Vorschriften für die Versendung der Korrekturen Ihres Dostojewskibuches habe ich bestens Vormerkung genommen. Ich
werde dieselben genau nach Ihren Anweisungen ausführen lassen.
    In vorzüglicher Hochachtung empfehle ich mich Ihnen als Ihr ganz ergebener
                                                    J. C. B. Mohr (Paul Siebeck)

Brief 101)   Schor an Siebeck (SBB)

Professor J. Schor
Schlierbergstr. 12
Freiburg i. Br.   den 17 10 31

Sehr geehrter Herr Doktor Siebeck,
    für Ihre freundlichen Zeilen v. 1 und 15 Oktober 1931 sage ich Ihnen mei-
nen verbindlichsten Dank. Die letzten zwei Wochen war ich von einer starken
Grippe heimgesucht, die mich von jeder Arbeit fernhielt. Daher mein Schweigen.
Ich bitte, mich entschuldigen zu wollen, dass ich Ihnen bis jetzt keine Antwort
über Janews Schrift gegeben habe. Gestern erhielt ich die ärztliche Erlaubnis,
mich wieder in Bücher und Manuskripte zu vertiefen und werde Ihnen in allernächsten Tagen das Manuskript und mein „Gutachten" überweisen. Gleich nach
der Empfangnahme der Janew'schen Schrift habe ich Ihnen eine Karte zugehen
lassen, in welcher ich Ihnen das Eintreffen der „Tschaadajew"-Handschrift mitteilte und mich für die Zusendung derselben bedankte. Sollte die Karte Sie nicht
erreicht haben? Ich würde es sehr bedauern, desto mehr, dass ich Ihnen damit
Sorgen bereitet habe.
    Die Korrektur des Iten Teils Dostojewskis ist bereits eingetroffen. Aus Ihrem
Brief habe ich verstanden, dass ich nur die Revision (bzw. die Superrevision)
durchzusehen hätte, also gewissermaßen die endgültige Fassung des Werkes.
In demselben Sinne hat mich auch Professor Iwanow gebeten, die zweite Korrektur (also die Revision) durchzulesen und meine Bedenken ihm mitzuteilen.
Jedenfalls ist Herr Kresling daran interessiert, bereits die erste Korrektur durch-
sehen zu können, um nicht zu viel an der Revision umzuändern. Nun ist aber

Herr Kresling auf dem Wege nach Freiburg und muss jeden Tag hier eintreffen. Darum bitte ich Sie, mir mitteilen zu wollen, wie lange die von mir erhaltene Korrektur auf Herrn Kresling warten dürfte. Zur selben Zeit schreibe ich nach Pavia, um über den Lauf der Korrekturarbeit Näheres zu erfahren.

Mit herzlichen Grüßen und freundlichen Empfehlungen Ihr ganz ergebener

J. Schor

Brief 102)   Kaubisch an Ivanov (CS)

Dresden, den 22. Oktober 1931

Hochverehrter Herr Professor!

Herr Professor Schor hatte die große Freundlichkeit, mir Ihre Schrift über *Dostojewsky* im Manuskript zu senden, und ich möchte Ihnen gern persönlich sagen, mit wie großer Freude ich sie las – halbe Nächte lang, in denen ich dann noch, ich darf schon sagen „geistestrunken", durch die Straßen wankte. Ich kenne ja Dostojewsky sehr gut, auch einen Teil der Literatur, besonders: Berdiajew, Prager, Wolinsky, Thurneysen, Rosanow u. a.[182] *Aber* ich habe doch den Eindruck, dass *Ihre* Schrift durchaus für sich steht; nicht nur durch die Weite und Tiefe der Schau und den Reichtum der inneren Beziehungen (bei einer so *polyphonen* Natur notwendiger Ausdruck des *Wesens*), sondern vor allem durch die innere Verbundenheit mit der Welt des Mythos und der Legende *und* mit der Tragödie der Griechen.[183] Ich weiß ja durch Prof. *Stepun*, den ich sehr verehre und liebe und mit dem ich mich oft austausche, wie sehr Sie auch *diese* Sphäre des geistigen Kosmos beherrschen, und ich bedaure – als leidenschaftlicher Verehrer und Kenner Nietzsches besonders – dass Ihre Schrift über das *Dionysische*, die mich brennend interessiert, noch nicht in deutscher Sprache vorliegt. Erst gestern Abend sprach ich wieder davon mit Fedor Stepun, und er schilderte mir, mit der außerordentlichen Verehrung und Liebe, mit der er Ihnen gegenübersteht, eindringlich und plastisch Ihr Leben und Schicksal, Ihr philosophisches Schrifttum und Ihre Dichtung. Dazu kam, dass ich für ein eigenes philosophisches Projekt

---

182 Nikolaj A. Berdjaev, *Die Weltanschauung Dostojewskis.* München, 1925; A. L. Wolynski, *Das Reich der Karamasoff.* München, 1920; Hans Prager, *Die Weltanschauung Dostojewskis.* Hildesheim, 1925; Eduard Thurneysen, *Dostojewski.* München, 1921; Karl Noetzel, *Das Leben Dostojewskis.* Leipzig, 1925; Wassilij Rosanow, *Dostojewski und seine Legende vom Großinquisitor: Zur Analyse der Dostojewskischen Weltanschauung.* Berlin, 1924.

183 In einer Kopie des Briefes, die Kaubisch an Siebeck geschickt hat (SBB), lautet die Stelle: „durch Ihr ganz persön<liches> Verhältnis zur Welt des Mythos und der Legenden und insbesondere zur Tragödie der Griechen".

„Deutschland, das europäische Reich der Mitte"[184] wiederum in Ihrer „Russischen Idee" las, *wieder* bewundernd, *wie* Sie auf der Höhe der philosophischen Schau, *echt platonisch*, die Darstellung krönen durch Einflechtung der *Legende*, die – ebenso einfach wie tief und beinahe göttlich – auch alle Problematik und Tragik mit in sich befasst. Sehr bedaure ich nur, und mit mir Stepun, dass ich des Russischen nicht kundig und mächtig bin, dann würde ich Ihre Schriften und vor allem die Dichtungen im *Urtexte* lesen und meine Eindrücke in Ihrer *Muttersprache* an Sie berichten. Umso mehr beglückt es mich aber, zu wissen, dass Sie unter allen Sprachen Europas gerade die *deutsche* Sprache ganz besonders verehren und lieben und in so hohem Maße beherrschen. Und so hoffe ich, dass meine eigenen Versuche dichterischer und philosophischer Art, Ihnen nicht unwillkommen sind und Ihnen vielleicht eine frohe Stunde bereiten. Ich schicke Ihnen zunächst eine ältere Arbeit: „Grundzüge von Goethes Altersschau", noch stark beeinflusst von Georg *Simmel* und mir heute zu kompliziert und nicht umfassend genug, doch ist die Schlusspartie über das Wesen der Alters*mystik* mir auch heute noch lieb. Weiterhin füge ich bei eine Studie: „Zur Lebensidee Goethes", die auf eine Anregung Korffs und Rickerts zurückgeht. Andere Arbeiten sollen folgen, und im *November*, so hoffe ich, auch eine kleine Sammlung *Gedichte*, die dann erschienen sein werden, und von denen ich ebenfalls noch einige Proben beilege. Sobald Ihre Dostojewsky-Schrift erscheint, wird Herr Dr. Siebeck, mit dem ich selbst einen Verlagsvertrag habe, über eine Schrift, die die *Großinquisitor*-Legende behandelt, sie mir zur Besprechung zuschicken, und ich hoffe, Ihnen auch damit Dank sagen zu können für die große Freude, die mir die Lektüre gerade dieser Dostojewsky-Schrift bereitete.

Ich hoffe sehr, dass es Ihnen wohl geht, und grüße Sie herzlich in Verehrung und Dank Ihr ergebener

Martin Kaubisch

Brief 103)   Schor an Siebeck (SBB)

Professor J. Schor
Schlierbergstr. 12
Freiburg i. Br.   23 X 31

Sehr geehrter Herr Doktor Siebeck,
    Eben erhalte ich einen Brief von Prof. Iwanow aus Noli, der mir mitteilt, dass er noch keine „Dostojewskij"-Korrektur erhalten hat. In aller Eile will ich Sie

---

184 „Deutschland, das europäische Reich der Mitte" erschien in *Orient und Occident*, 1932, S. 9–22.

davon in Kenntnis setzen und Ihnen die Noli-Adresse Iwanows geben: Albergo Europa, Noli Ligure (Savona) Italien. Zur selben Zeit schreibe ich Prof. Iwanow, dass er das Collegio Borromeo wegen der Korrektur anfrägt.

Das Manuskript von Janew mit einem ausführlichen Brief geht heute nach Tübingen ab.

Mit herzlichen Grüßen und besten Empfehlungen Ihr ganz ergebener

I. Schor

Brief 104)   Schor an Siebeck (SBB)

Professor J. Schor
Schlierbergstr. 12
Freiburg i. Br.   den 23 10 31

Sehr geehrter Herr Doktor Siebeck,

Zu meinem großen Bedauern muss ich Ihnen mitteilen, dass die Schrift von Janko Janeff keinesfalls druckreif ist.[185] Die innere Entwicklung Tschaadajews, der von einer vernichtenden Kritik der russischen Geschichte zur Verkündung des russischen Messianismus schreitet, bleibt ungeklärt. Der Verfasser begnügt sich damit, diese polar entgegengesetzten Einstellungen Tschaadajews einfach anzugeben, ohne die Gründe dieser gewaltigen Wandlung zu erforschen und ihren Gang zu schildern. Unbeachtet und unerwähnt bleibt die tiefe Verwurzeltheit Tschaadajews im Katholizismus, was eine Verschiebung seiner geistigen Landschaft hervorruft. Die Grundbegriffe seiner religionsphilosophischen Konzeption der Geschichte, die Tschaadajew dem katholischen Denken und der katholischen Theologie entnommen hat, werden willkürlich der Sprache des deutschen Idealismus angepasst. Der Einfluss Schellings ist überschätzt (wohl darum, weil in den letzten Jahren der russische Schellingianismus ein allgemeines Interesse hervorgerufen hat), die Darstellung Schellings philosophischer Ansichten mangelhaft. Dazu kommen noch einige Unebenheiten des Ausdrucks (wie z. B. „seine Briefe zeugen ohne Zweifel von seltener logischer Schärfe, die Schärfe ist ihm aber nicht eigen" (S. 7)), die die Lektüre der Schrift erschweren.

---

185 Schor schickte Janeffs Aufsatz an Ivanov, um seine Meinung zu erfahren. Am 20. 10. 1931 schrieb Ivanov an Schor: "Diese Arbeit ist absolut verfehlt und verdient nicht die geringste Achtung; sie ist einfach und ohne Weiteres abzuweisen." Der Brief ist russisch geschrieben, aber dieser Satz ist auf Deutsch. Für Ivanovs Brief s. Dmitrij Segal, „Vjačeslav Ivanov i sem'ja Šor", *Cahiers du monde russe*, vol. XXXV (1–2), 1994, S. 339–342.

Hätte der Verfasser sich damit begnügt, ein literarisches Porträt Tschaadajews zu geben, so wäre es ihm vielleicht besser gelungen.

Für die Zusendung der „Dostojewskij"-Korrekturen sage ich Ihnen meinen verbindlichsten Dank. Prof. Iwanow hat noch keine Korrektur erhalten. Auch ist das Manuskript weder bei ihm noch mir angekommen. Da ich annehme, dass die Korrekturen mit dem Manuskript nach Pavia geschickt sind, habe ich Prof. Iwanow gebeten, sich im Collegio Borromeo danach zu erkundigen.

Mit herzlichen Grüßen und besten Empfehlungen bleibe ich Ihr ergebener

J. Schor

Brief 105)   Siebeck an Schor (SBB)

Dr.S./he A.–   28. Oktober 1931

Herrn Professor J. Schor
Freiburg (Breisgau)
Schlierbergstr. 12

Sehr verehrter Herr Professor,
für Ihre freundlichen Briefe vom 17. und 23. ds. Mts. sage ich Ihnen meinen verbindlichsten Dank. Eine Empfangsbestätigung des Janeff'schen Manuskripts ist mir seinerzeit allerdings nicht zugegangen. Das ändert aber nichts daran, dass ich Ihnen für die Begutachtung desselben zu großem Dank verpflichtet bin. Denn ich habe das Gefühl, dass Sie mich in diesem Fall vor einer Blamage behütet haben.

Es wird Sie übrigens interessieren, dass ich in Berlin auf dem Hegelkongress die Bekanntschaft von Herrn Professor Tschizewskij gemacht habe, der mir erzählte, dass eben erst in Petersburg von Tschaadajew neue Manuskripte gefunden worden sind, deren Umfang denjenigen der bisher bekannten mindestens erreicht.[186] Darnach erscheint es mir ganz selbstverständlich, dass es im

---

186 Der Tagungsband der Konferenz wurde bei Mohr Siebeck veröffentlicht: B. Wigersma (Hg.), *Verhandlungen des zweiten Hegelkongresses vom 18. bis 21. Oktober 1931 in Berlin.* Tübingen, 1932. Der bekannte Slawist Dmitrij Tschiżewskij (1894–1977) lehrte damals an der Ukrainischen Freien Universität in Prag. Am ersten Hegelkongress (1930) hatte er den Vortrag „Hegel bei den slawischen Völkern" gehalten. Gleichzeitig arbeitete Tschiżewskij an seinem Hauptwerk, dem Buch *Hegel in Russland*, das in dem von ihm im Auftrag der Prager Deutschen Gesellschaft für slavistische Forschung herausgegebenen Sammelband *Hegel bei den Slaven* (Reichenbach, 1934) in der ersten Edition erschien und 1934 als Grundlage für seine an der Martin-Luther Universität Halle-Wittenberg eingereichte Doktorarbeit diente. 1939 erschien im Pariser Verlag „Dom knigi" und *Sovremennye zapiski* die überarbeitete und ergänzte russische Version des Buches.

Augenblick gar keinen Sinn hat, über Tschaadajew etwas zu schreiben, und ich konnte das Anerbieten des Herrn Dr. Janeff schon mit dieser Begründung ablehnen.

Von Herrn Professor Iwanows Adresse in Noli hatten wir bisher keine Kenntnis. Die ersten Korrekturen sind deshalb nach Pavia gesandt worden, aber ich nehme an, dass er sie inzwischen von dort nachgeschickt bekommen hat.

Mit freundlichen Empfehlungen verbleibe ich stets Ihr ganz ergebener
Dr. O. Siebeck

Brief 106)   Waibel an Schor (NL)

Josef Friedrich Waibel
Freiburg im Breisgau
Bertoldstraße 20: Fernruf 2655   29. 10. 31

Lieber Herr Schor!

Siebeck bestätigt mir den Vertragsabschluss, schickt aber gleichzeitig einen Auszug aus dem Vertrage aus dem einwandfrei hervorgeht, dass die Zahlungen an mich erst nach Erscheinen fällig werden. Gleichzeitig betont Siebeck, dass der Erscheinungstermin ganz unbestimmt sei.[187]

Auf Grund unserer Besprechungen war doch vereinbart, dass 600.– bei Vertragsabschluss fällig werden sollen, ich bin nun sehr traurig darüber, dass Iwanoff diese Vereinbarungen nicht beachtet hat. Ich habe diese Summe in meine Berechnungen einbezogen und sehe mich jetzt, nachdem Siebeck höflich aber bestimmt auch einen Kompromissvorschlag ablehnt, in großen Schwierigkeiten.

Es bleibt nun nur noch die Bitte an Iwanoff übrig seinerseits diese Summe an mich auszubezahlen, da ich für dieses Versehen nicht haftbar gemacht werden kann. Die Tatsache, dass ich im Interesse der Beschleunigung der Verhandlungen zu Opfern bereit war, dürfte Ihnen ja genügend zeigen, wie sehr ich auf dieses Geld angewiesen bin.

Sie würden mir also einen großen Dienst erweisen, wenn Sie sich in diesem Sinne mit Iwanoff in Verbindung setzten.

Mit den besten Empfehlungen und Grüßen Ihr ergebener
J. F. Waibel

---

187 Am 15. Oktober 1931 schrieb Siebeck an Waibel (SBB): „Das Buch des Herrn Professor Iwanow ist eben erst in Satz gegeben worden. Da ich vermute, dass die Erledigung der Korrekturen verhältnismäßig viel Zeit in Anspruch nehmen wird, kann ich im Augenblick noch keinen Termin nennen, zu dem die vertraglich festgelegten Zahlungen fällig werden."

Brief 107)   Schor an Waibel (NL)

den 1. 11. 31

Lieber Herr Waibel,

Für Ihre freundlichen Zeilen vom 29 10 31 sage ich Ihnen meinen herzlichen Dank. Ich bedaure sehr, dass der Sie betreffende Punkt des Vertrags so ungünstig formuliert worden ist. Gerne werde ich mich in dieser Angelegenheit für Sie einsetzen und Ihren Wunsch Iwanow mitteilen.

Ich wundere mich sehr, dass der Erscheinungstermin in der Unbestimmtheit zu schweben scheint. Die erste Korrektur ist bereits in meinem Besitz; das andere Exemplar der Korrektur befindet sich bei Iwanow. Ich nehme an, dass im Laufe Novembers alle Revisionen erledigt werden und dass das Werk Anfangs Dezember erscheinen wird.

Bitte geben Sie mir Bescheid, ob Sie Ihre Beziehungen mit Kresling schriftlich festgelegt haben.

Mit den besten Empfehlungen und Grüßen

<J. Schor>

Brief 108)   Siebeck an Schor (SBB)

13. November 1931

Herrn Professor J. Schor
Freiburg (Breisgau)
Schlierbergstr. 12

Sehr verehrter Herr Professor,

ich bin etwas in Sorge um das Schicksal der Korrektur des Iwanow'schen Buches. Am 28. Oktober sind die letzten Fahnen verschickt worden, sodass also schon der ganze Text im Satz steht. Nur für die ersten beiden Bogen habe ich am 7. ds. Mts. von Herrn Professor Iwanow die Korrektur zum Umbruch bekommen. Da seine Sendungen immer wieder von einer anderen Adresse kommen, wende ich mich an Sie mit der Bitte, mir entweder zu sagen, wo Herr Professor Iwanow jetzt zu erreichen ist, oder ihn selbst an die Rücksendung der Fahnen zu erinnern.

Interessehalber möchte ich nicht unterlassen, Ihnen durch Übersendung der beiliegenden Abschrift von einem Brief Kenntnis zu geben, den ich vom Verfasser des von Ihnen freundlichst begutachteten Manuskriptes über Tschaadajew erhalten habe. Ich habe nicht vor, auf diesen Brief noch einmal zu schreiben. Denn ich möchte es Herrn Dr. Janeff ersparen, dass ich ihm den wahren Grund meiner Ablehnung mitteilen muss.

Mit freundlichen Empfehlungen bin ich stets Ihr ganz ergebener

Dr. O. Siebeck

Brief 109)   **Janeff an Siebeck** <Anlage zum Brief 108>

Sofia, den 3. 11. 31

Sehr geehrter Herr Doktor!

Heute kam ich von Berlin, wo ich am Hegel-Kongress teilnahm, zurück und fand zu Hause Ihren Brief und mein Manuskript über Tschaadajew, das Sie mir zurücksandten. Dafür danke ich Ihnen. Dass Sir mir Ihre verlegerischen Dienste nicht zur Verfügung stellen können, begreife ich sehr gut. Aber dass Sie sich von Personen orientieren lassen, die die Tatsachen nicht kennen, ist unbegreiflich. In Russland sind nur drei neue Briefe Tschaadajews bekannt gemacht worden und diese Briefe, von denen man ganz vor Kurzem erfuhr, sind gar nicht wichtig für seine Weltanschauung.

Ich befinde mich beständig in Beziehungen mit dem literarischen und philosophischen Russland und muss Ihnen sagen, dass der Mann, der Sie informiert hat, ein Unwissender ist. Das ist insofern zu bedauern, als Ihr Verlag ein weltberühmter Verlag ist, der auch die Schriften meines Lehrers H. Rickert herausgegeben hat.

In vorzüglicher Hochachtung
gez. Dr. Janko Janeff

Brief 110)   **Schor an Siebeck (SBB)**

Freiburg i B   den 14. 11. 31

Sehr geehrter Herr Doktor Siebeck,

für Ihre freundlichen Zeilen vom 28 10 31 und vom 13 11 31 sage ich Ihnen meinen verbindlichsten Dank.

Anfang November schrieb mir Prof. Iwanow, dass er im Besitz aller Fahnen sei und sie in allernächster Zeit zum Umbruch schicken würde. Es könnte sein, dass eine dringende Angelegenheit – ein Vortrag, den er auf dem Petrarca-Kongress zu halten hatte (der Vortrag wird auch in einem der nächsten Hefte der Zeitschrift „Hochland" erscheinen)[188] – ihn von der Arbeit an der Korrektur gegen seinen Willen fern hielt. Ich nehme an, dass er jetzt wieder in Pavia weilt und habe ihm bereits Ihre Bitte mitgeteilt. Sollte er aus Pavia weg sein, werde ich davon mit der umgehenden Post in Kenntnis gesetzt. Jedenfalls habe ich Maßnahmen getroffen, damit seine Korrespondenz, die ihm nach Pavia geschickt wird, ihn auch außerhalb dieser Stadt erreiche. Selbstverständlich

---

188 Letzten Endes ist der Aufsatz im *Hochland* nicht erschienen. *DB*, S. 126.

bin ich gerne bereit, die Verbindung zwischen Tübingen und Pavia aufrecht zu erhalten.

Ich danke Ihnen sehr für die Abschrift des Janeff'schen Briefes, der für seinen Verfasser wohl sehr charakteristisch sein sollte.

Mit freundlichen Empfehlungen und besten Grüßen bleibe ich Ihr sehr ergebener

J. Schor

Brief 111)   Waibel an Schor (NL)

Jos. Waibel
Buchdruckerei und Verlagsbuchhandlung
Freiburg im Breisgau
Bertoldstraße 20: Postscheckkonto: Karlsruhe 33237

Herrn Professor J. Schor

16. 11. 1931

Lieber Herr Schor!

Es tut mir leid, dass ich Ihnen mitteilen muss, bisher von Iwanoff noch nichts gehört zu haben.

Die Dringlichkeit meiner eigenen Verpflichtungen erlaubt es mir jetzt nicht mehr noch länger zuzuwarten, überdies bin ich recht unzufrieden damit, dass der Vertrag mit Siebeck ohne mein Wissen so abgeändert wurde, dass ich jetzt noch auf unbestimmte Zeit auf mein Geld warten soll.

Gerade nachdem ich zur Erleichterung des Abschlusses meine Hand bot, habe ich selbst jetzt ein Recht darauf, dass auch meine Interessen gewahrt bleiben. Falls es Ihnen persönlich unangenehm ist, was ich wohl verstehen kann, dann geben Sir mir bitte Iwanoffs Anschrift, damit ich ihm um mein Geld schreiben kann.

Falls ich in den nächsten 8 Tagen das Geld nicht habe, komme ich zum Monatsende in die größten Schwierigkeiten.

Mit bestem Gruß
Ihr J. F. Waibel

Brief 112)   Schor an Siebeck (SBB)

den 18.11.31

Sehr geehrter Herr Doktor Siebeck,

Heute in aller Eile nur diese paar Zeilen: Prof. Iwanow teilt mir mit, dass die Korrektur des ganzen I Teils „Dostojewskij"'s bereits am 5. XI. 31 an Sie (als Einschreibsendung) zugegangen sei. Morgen sendet er Ihnen den IIten u<nd>

in 4 Tagen den III Teil; zur selben Zeit wird auch die Revision – die ersten 2 Bogen – abgehen. Geben Sie mir bitte Bescheid, ob die Korrektur des II Teils bei Ihnen eingetroffen ist.

Mit besten Empfehlungen bleibe ich Ihr sehr ergebener

J. Schor

Schlierbergstr. 12

Brief 113)   Schor an Waibel (NL)

den 22 11 31

Herrn Josef Friedrich Waibel

Freiburg i B

Lieber Herr Waibel,

Leider muss ich doch zum Thema unseres letzten Gesprächs zurückkehren.

Die Fragen, die ich Ihrem Wunsche gemäß in der letzten Zeit an Prof. Iwanow gestellt habe und die mit der Rückerstattung des Übersetzungshonorars für „Dostojewskij" zusammenhingen, veranlassen Prof. Iwanow seinerseits Klarheit in dieser Angelegenheit zu wünschen. Da das Übersetzungshonorar aus dem Verfasserhonorar abgezogen und also letzten Endes vom Verfasser bezahlt worden wird, möchte Prof. Iwanow die Unterlagen haben, nach denen das Übersetzungshonorar berechnet und ausgezahlt war. Sie werden sich wohl erinnern, dass ich Sie immer wieder um solche Unterlagen gebeten habe; allein Sie konnten mir kein solches Material zur Verfügung stellen, da, wie Sie mir mitteilten, Ihre Beziehungen mit dem Übersetzer, Herrn Kresling, keine schriftlichen Formulierungen erhalten haben. Nun muss ich Sie bitten, sich mit Herrn Kresling in Verbindung zu setzen und die nötigen Formalitäten zu erledigen. Ich hoffe, dass es Ihnen doch gelingen wird, Herrn Kresling zu erreichen und ein schriftliches Abkommen über das bezahlte Honorar nachträglich zu fixieren. Eine Abschrift bitte ich Sie mir kommen zu lassen, damit ich sie an Prof. Iwanow weiter leiten kann.

Mit freundlichen Empfehlungen und herzlichen Grüßen

<I. Schor>

Hier die Adresse von Herrn Kresling: Weiherhofstr. 18 Freiburg i B.

Brief 114)   Siebeck an Schor (SBB)

He A.–   23. November 1931

Herrn Professor J. Schor
Freiburg (Breisgau) / Schlierbergstr. 12

Sehr verehrter Herr Professor,
für Ihre freundlichen Zeilen vom 18. ds. Mts. danke ich Ihnen verbindlichst.
Leider habe ich bis jetzt von Herrn Professor Iwanow die mit Ihrer Karte avisierten Korrekturen des 2. und 3. Teiles seiner Dostojewski-Schrift noch nicht erhalten.[189] Ich wäre Ihnen daher sehr dankbar, wenn Sie freundlichst Ihrerseits noch einmal bei ihm auf die Rücksendung der Korrekturen dringen und dadurch mithelfen würden, dass die Schrift noch zu einigermaßen günstiger Zeit auf den Markt kommen kann.

Bei dieser Gelegenheit möchte ich Ihnen gleich eine zweite Bitte vortragen. Wie Sie aus dem beiliegenden letzterschienenen „Grünen Heft" ersehen, besteht in meinem Verlag die Übung, meine Neuerscheinungen durch Selbstanzeigen der Verfasser anzukündigen. Diese Anzeigen verwende ich auch für die Buchkarten, die u. a. jedem Besprechungsstück beigegeben werden. Iwanows Dostojewskischrift möchte ich gerne in meinem nächsten, Mitte Dezember zur Ausgabe gelangenden „Grünen Heft" anzeigen. Da das Manuskript hierfür spätestens Anfang der kommenden Woche in Satz gegeben werden muss, wäre ich Ihnen zu besonderem Dank verbunden, wenn Sie mir freundlichst auf dem beiliegenden Manuskriptblatte eine entsprechende Anzeige über Iwanows Dostojewski-Buch entwerfen könnten. Denn wenn ich Herrn Professor Iwanow selbst um eine solche Anzeige ersuchen wollte, so würde die Zeit nicht mehr reichen, um die Anzeige noch rechtzeitig für das Dezemberheft fertigzustellen. Wenn Sie für die kurze Charakterisierung des Inhalts das beiliegende Manuskriptblatt verwenden, wird die Anzeige im Druck ziemlich genau den verfügbaren Raum von einer halben Druckseite einnehmen.

Eine Berliner Buchhandlung bittet mich, Ihr den russischen Originaltitel von Iwanows „Russischer Idee" mitzuteilen. Können Sie mir darüber Auskunft geben?

Für Ihre freundlichen Bemühungen sage ich Ihnen im voraus meinen verbindlichsten Dank und verbleibe mit freundlichen Empfehlungen Ihr ganz ergebener
Dr. O. Siebeck

---

189 Siebeck bezieht sich auf Brief 112 (vom 18. 11. 31).

Brief 115)   Schor an Siebeck (SBB)

Freiburg i B   den 24 11 31

Sehr geehrter Herr Doktor Siebeck,
herzlichen Dank für Ihre freundlichen Zeilen v. 23 11 31. Der Brief an Iwanow
ist heute „Durch Eilboten" abgegangen. Ich bitte ihn, die Korrektur der letzten
Teile „Dostojewskijs" sofort zurückzusenden und mache ihn auf die Notwendigkeit einer raschen Herausgabe des Werkes aufmerksam, die mit der schweren Lage des Büchermarkts in Verbindung steht. Ich hoffe, dass die Korrektur
in allernächsten Tagen bei Ihnen eintreffen wird. Sie sollte längst in Tübingen
sein. Prof. Iwanow hat mit seinem letzten Brief mitgeteilt, dass die Korrektur der
ganzen Schrift unmittelbar vor ihrem Abschluss steht.

Gerne hätte ich eine „Selbstanzeige" entworfen, möchte es doch nicht ohne
Wissen des Verfassers machen. Darum habe ich in demselben Briefe die drin-
gendste Bitte an Iwanow gerichtet, die Selbstanzeige mir spätestens bis Freitag zu
senden. Sollte ich bis Samstag nicht im Besitz der Selbstanzeige sein, so werde
ich dieselbe selbst entwerfen. Zu diesem Zwecke bitte ich Sie, mir das Manuskript oder die Fahnen der „Dostojewskij"-Schrift zugehen zu lassen, damit ich
eine Unterlage hätte, nach der ich die Anzeige möglichst als eine Selbstanzeige
entwerfen könnte.

Der russische Titel der „Russischen Idee" lautet „Russkaja Ideja" (Русская идея).
Mit freundlichen Empfehlungen bleibe ich Ihr ganz ergebener
J. Schor

Brief 116)   Ivanov an Siebeck (SBB)

Pavia, d. 30sten November 1931

Hochgeehrter Herr Doktor,
Ich beehre mich Ihnen anbei die erwartete Selbstanzeige vorzulegen.[190] Etwas
lang ist sie wohl; aber der Inhalt lässt sich nicht kürzer zusammenfassen.

---

190 Die Selbstanzeige ist nicht erhalten. Im „Grünen Heft" von 1932 (Tübingen, 14. Mai,
Nr. 2, S. 52) erschien folgendes:
Wjatscheslaw Iwanow, *Professor in Pavia*, Dostojewskij. Tragödie – Mythos – Mystik.
Autorisierte Übersetzung von Alexander Kresling. *M. 4.20, in Ganzleinen geb. M. 6.30.*
Der dreifachen Betrachtung Dostojewskijs als Tragiker, Mythenbildner und Religions-
künder entspricht die Dreiteilung der Schrift in „Tragodumena", „Mythologumena",
„Theologumena". Es stellt sich dabei die innere Einheitlichkeit seines Schaffens heraus,
weil jeder der drei Aspekte die beiden anderen zugleich voraussetzt und bedingt.
Verfasser geht von der Untersuchung der Form aus: Dostojewskijs Dichtungen sind
der inneren Struktur nach Tragödien in epischer Einkleidung, wie die Ilias eine war.

Morgen oder übermorgen sende ich Ihnen den Rest der ersten Korrektur (mit nunmehr wenigen aber *absolut* notwendigen Einschaltungen) und die beiden ersten Bogen der Revision ab. Es tut mir ungemein leid, dass die Notwendigkeit einiger Erweiterungen erst in letztem Augenblick herausgestellt hat; jedoch tragen sie zur Vervollkommnung der Schrift wesentlich bei.

In hoher Achtung Ihr sehr ergebener

W. Iwanow

Brief 117)   Siebeck an Schor (SBB)

1. Dez. 1931

Herrn Professor J. Schor
Freiburg (Breisgau)
Schlierbergstr. 12

Sehr verehrter Herr Professor,

für Ihren freundlichen Brief vom 24. v. Mts. sage ich Ihnen meinen verbindlichsten Dank. Inzwischen habe ich von Iwanow wenigstens die Korrekturfahnen des 2. Teiles zurückerhalten. Vom Ganzen steht damit immer noch fast die Hälfte aus. Hoffentlich lässt die Erledigung dieser Korrektur nicht mehr allzu lange auf sich warten.

Das Manuskript für die Selbstanzeige habe ich heute von Herrn Professor Iwanow erhalten.

Mit bestem Dank für Ihre freundlichen Bemühungen und besten Empfehlungen verbleibe ich stets ihr ganz ergebener

Dr. O. Siebeck

Findet man aber in ihnen die äußerste Annäherung der Romanform an den Kunsttypus der Tragödie, so ist es nur darum der Fall, weil die Lebensempfindung des Dichters wesentlich tragisch und mithin realistisch ist. Dostojewskijs Weltanschauung ist eben eine Art ontologischer Realismus, aufgebaut auf dem mystischen Sicheinsetzen mit dem fremden Ich als einer im Ens realissimum gegründeten Realität. Die künstlerische Erforschung der Beweggründe des menschlichen Handelns in drei Ebenen zeigt, dass der Mensch sich als absolut freie Persönlichkeit nur in dieser dritten Sphäre betätigt und bestimmt. Hiermit wird die eigentliche Tragödie in die metaphysische Sphäre verlegt. Es gibt nun aber, um die Ereignisse der letzteren anschaulich zu machen, kein anderes Mittel als den Mythos.

Brief 118)   Schor an Siebeck (SBB)

Schlierbergstraße 12
Freiburg i B

den 1 12 31

Sehr geehrter Herr Doktor Siebeck,

Herzlichen Dank für die Zusendung der Fahnen. Professor Iwanow hat mir bereits heute seinen Entwurf der „Selbstanzeige" zugeschickt. Ich übersende ihn in zwei Varianten. Es scheint mir, dass die zweite Variante für eine „Selbstanzeige" geeigneter, weil im Ausdruck knapper und zusammengedrängter ist, wenn auch der Inhalt der beiden Varianten derselbe bleibt. Ich hoffe, dass die Selbstanzeige zur rechten Zeit ankommen wird und bitte Sie, die Korrektur Prof. Iwanow, nach Pavia, und mir, nach Freiburg, zugehen zu lassen.

Mit freundlichen Empfehlungen und besten Grüßen bliebe ich Ihr sehr ergebener

J. Schor

Brief 119)   Siebeck an Schor (SBB)

Dr.S./he A.–

4. Dezember 1931

Herrn Professor J. Schor
Freiburg (Breisgau)
Schlierbergstr. 12

Sehr verehrter Herr Professor,

für Ihren freundlichen Brief vom 1. ds. Mts., der sich mit dem meinigen vom gleichen Tage gekreuzt hat, sage ich Ihnen meinen verbindlichsten Dank. Von der Selbstanzeige des Iwanow'schen Buches glaube ich für beide Fassungen Verwendung zu haben. Die eine ist dem Verfasser schon in der Korrektur der Buchkarte zugegangen. Die andere beabsichtige ich nächstes Jahr in einem Sammelprospekt zu verwerten, in dem ich unter dem Titel „Russische Dichtung und Philosophie" meine einschlägigen Verlagswerke zu propagieren beabsichtige.[191]

Wenn meine Vertriebsabteilung in den Fall kommen sollte, bei der Zusammenstellung dieses Prospektes sachkundiger Beratung zu bedürfen, so darf ich gewiss auf die Sache zurückkommen.

---

191 Diesen Plan hat Siebeck nicht verwirklicht.

Weitere Korrekturen habe ich von Iwanow leider bis jetzt noch nicht bekommen. So muss die deutsche Ausgabe seines Buches eben gleich zu Anfang des neuen Jahres hinausgehen.

Wie Sie aus der Revision sehen werden, hat Iwanow in der Korrektur noch teilweise sehr umfangreiche Änderungen und Erweiterungen vorgenommen, und das hält natürlich auf.

Mit freundlichen Empfehlungen bin ich stets Ihr ganz ergebener

Dr. O. Siebeck

Brief 120)   Ivanov an Siebeck (SBB)

Pavia, 4. XII. 31

Hochverehrter Herr Doktor,

Ich bitte Sie, als Verleger, Ihr Urteil zu fällen in der folgenden Kontroverse. Der Titel des Buchs, den ich vorziehe, lautet: „Dostojewskij. Tragodumena, Mythologumena, Theologumena". Das ist elegant und präzise. Nun schreibt mir mein verehrter Freund Schor, dass der durchschnittliche Leser längst die „Prolegomena" Kants und die „Pererga und Paralipomena" Schopenhauers vergessen habe und vor den gelehrten griechischen Ausdrücken zurückschrecken werde, und das werde der Verbreitung des Buches schaden.[192] Was ich meinerseits sehr bezweifle. Und hier müssen Sie eher, als Verleger, entscheiden – natürlich will ich keine Hindernisse dem Erfolg der Publikation schaffen: ist aber ein bisschen gelehrte Eleganz wirklich ein Hindernis? Sind Sie mit *mir* einverstanden, so bin ich beruhigt und hoch zufrieden. Glauben Sie im Gegenteil dass Prof. Schor doch Recht hat, so bitte ich Sie den Titel zu ändern und etwa zu setzen: „Dostojewskij. Tragödie, Mythos, Mystik". Demnach ändere ich meinerseits nichts im Titelblatt der Revision und in der beiliegenden Selbstanzeige, indem ich Ihnen die definitive Fassung des Titels überlasse. Bitte diese direkte Anfrage gütigst entschuldigen zu wollen.

Mit hoher Achtung

W. Iwanow

---

192 Russischer Brief von Schor an Ivanov vom 1. 12. 31 (CS).

Brief 121)   Schor an Siebeck[193] (SBB)

Prof. J. Schor
Schlierbergstr. 12
Freiburg i. Br.   den 6 12 31

Sehr geehrter Herr Doktor Siebeck,
Herzlichen Dank für Ihren freundlichen Brief vom 4 12 31. Es freut mich sehr,
dass Sie an einen Prospekt denken, der ein geschlossenes Bild von den Beziehungen Ihres Verlags zum russischen Denken und Dichten geben wird. Selbstverständlich stehe ich Ihnen für eine eventuelle Beratung gerne zur Verfügung.

In diesem Zusammenhang möchte ich Ihnen eine Mitteilung machen, die für
Sie vielleicht von Interesse sein wird.

In einer Unterredung mit Prof. Heidegger kamen wir auf die Beziehungen
des russischen Denkens zu seiner Philosophie zu sprechen. Ich machte ihn auf
eine Reihe Affinitäten aufmerksam, die zwischen der russischen Denkart und
seiner Denkweise vorhanden sind und die dem russischen Leser seine Philosophie besonders nahe bringen.[194] Unter anderem berührte ich die Problematik, die gleichsam den Zugang zu seinem philosophischen Schaffen bildet: die
Doppelbedeutung des Wahrheitsbegriffs, um die er sich ständig müht und die
er durch geistreiche philosophisch-philologische Analyse zur Klärung bringt
(das ist seine berühmte Deutung des griechischen Wahrheitsbegriffs „ἀλήθεια"
als „ἀ-λήθεια" = Un-verborgenheit, – ein Terminus, den er in dieser Deutung
gewinnt und zum Grundbegriff seines Philosophierens, wie auch seiner Plato-
und Aristotelesinterpretation, macht). Ich teilte ihm mit, dass die russische Sprache bereits einen Doppelbegriff der Wahrheit kennt und ihn vermittelst einer
doppelten Bezeichnung zum Ausdruck bringt, somit auch von selbst das Problem stellt, das bei dem anderssprachigen Denken erst entdeckt werden muss.
Dass andrerseits, die Wortanalyse, die für seine Philosophie einführend und
grundlegend ist, von einem modernen russischen Theologen und Philosophen,
P. Florenski, in einem anderen Zusammenhang und breiter angelegt, bereits ausgeführt worden ist. Meine Mitteilung, die von einer knappen Darstellung der
Leistung von Florenski begleitet war, hat bei Heidegger ein lebhaftes Interesse

---

193 Dieser Brief erschien zuerst im Original und in russischer Übersetzung in: Vladimir Jan-
      cen, „Ėpizod iz istorii svjazej E. Gusserlja i M. Chajdeggera s russkoj mysl'ju". In: M. A.
      Kolerov (red.), *Issledovanija po istorii russkoj mysli 2003*. Moskva, 2004, S. 544–554.
194 Zum Thema „Schor und Heidegger" s. Janzen 2006a, S. 403–412, wo zwei russische
      Briefe an „einen unbekannten Pariser Korrespondenten" angeführt sind. Dieser
      „Unbekannte" war der in Odessa gebürtige Schriftsteller und Philosoph Alexandre
      Marc (1904–2000), Pseudonym für Aleksandr Markovič Lipjanskij.

erweckt. Sofort hat er mir zugerufen, ich solle doch das Werk Florenski's ins Deutsche übertragen (auf Grund der „Russischen Idee" und noch mehr – auf Grund einiger Übertragungen, die ich für Prof. Husserl aus den Werken seines Moskauer Schülers, Prof. Spett, gemacht hatte, wusste Heidegger, dass ich mich gerne darum bemühe, die russischen Denker den deutschen philosophischen Kreisen näher zu bringen).[195] Allein, ich wusste, dass einige Fragmente des Werkes von Florenski (Die Pfeiler und die Grundfeste der Wahrheit) von Bubnoff übersetzt und im „Östlichen Christentum" bei Beck erschienen sind, und habe Heidegger versprochen, mich zu erkundigen, ob da auch die von mir erwähnte Stelle zu finden wäre.[196] Nun habe ich mir das Buch kommen lassen und musste mit Bedauern feststellen, dass das schöne Werk Florenski's, das nicht nur tief angelegt und durchdacht, sondern auch künstlerisch gestaltet und von einem mächtigen Stil- und Kompositionsgefühl durchdrungen ist, durch die willkürliche Zerhackung entstellt worden ist. Es ist auch kein Wunder: ein Buch von 418 Seiten ist auf 167 zurückgeführt – ein Werk, aus dem man keine Zeile weglassen kann, ohne die Komposition des Ganzen und seinen wesentlichen Gehalt zu beeinträchtigen. Viel philosophisch Wichtiges und theologisch Bedeutendes (darunter auch die Stelle, von der ich mit Prof. Heidegger sprach) ist von Bubnoff unberücksichtigt geblieben, viele Schönheiten des Stils und der Darstellung sind durch die Fragmentierung verletzt. Die Herausgeber des „Östlichen Christentums" hatten wohl die besten Absichten gehabt; ich empfinde aber als eine Ungerechtigkeit gegenüber dem Verfasser und seinem Werke, dass man das Werk, das in seiner vollständigen Gestalt unbekannt bleibt, in dieser Zerstückelung dem Leser vorlegt. Somit entsteht die Aufgabe, das Werk von Florenski in seiner wahren Gestalt in der deutschen Sprache herauszugeben.

Florenski ist eine der merkwürdigsten und markantesten Persönlichkeiten des modernen Russlands. Er ist Priester, ehem. Professor der Moskauer geistlichen Akademie, die durch die Bolschewiken geschlossen wurde (er hatte da den philosophischen Lehrstuhl), und der erste russische Theologe, der eine russische Theodizee geschrieben hat. Er konnte es tun, weil er – ähnlich wie W. Iwanow – durch die Schule der deutschen Philosophie gegangen war und nicht nur der

---

195 Zu Schors Beziehungen zu Gustav Spett s. Janzen 2006, S. 142–144 und Janzen 2006a, wo u. a. (S. 379–381) der relevante Brief ins Russische übersetzt wird. Laut Janzen handelt es sich bei dem von Schor übersetzten Werk um „Der Skeptiker und seine Seele".

196 *Östliches Christentum: Dokumente.* Der erste Band („Politik") trägt kein Datum und wurde „in Verbindung mit Nicolai v. Bubnoff" von Hans Ehrenberg herausgegeben. Der zweite Band („Philosophie") wurde 1925 „von Nicolai v. Bubnoff und Hans Ehrenberg" herausgegeben. Die Florenskij-Auszüge sind im Bd. 2, S. 28–194.

deutschen Philosophie, sondern als glänzender Philologe und Linguist, auch der antiken und, was seltener ist, der mittelalterlichen Philosophie mächtig ist. Zudem ist er ein tiefer und schöpferischer Mathematiker und einer der besten Kenner der mathematischen Naturwissenschaften in Russland. Seine umfangreichen Kenntnisse auf dem Gebiet der Elektrizität haben ihm in der Zeit der Revolution das Leben gerettet. Als Spezialist für Elektrifikation wurde er von den führenden wirtschaftlichen Organen Sowjetrusslands zur beratenden Mitarbeit herangezogen. Trotz seiner Weigerung, sein Priestergewand auch <nur> für einige Stunden mit einer Zivilkleidung zu vertauschen, konnte er an dieser Arbeit Teil nehmen: der einzige Mensch, der in der Kutte im Kreml geduldet wurde. Seine Arbeit an der Elektrifikation Russlands war es, was ihn im Jahre 1922 von der Ausweisung bewahrt hatte, die die anderen Mitglieder der Moskauer religionsphilosophischen Akademie traf. Wie es ihm jetzt geht, ist unbekannt: keiner wagt es, sich mit ihm in Verbindung zu setzen, weil jede Beziehung mit dem Auslande für einen russischen Gelehrten und Priester in Moskau weilend, verhängnisvoll werden kann.

Sie sehen, dass Florenski eine hervorragende Persönlichkeit ist. Einzigartig steht sein Werk in der russischen religionsphilosophischen und theologischen Literatur da. Ich würde mich sehr freuen, wenn dieses Werk in ihrem Verlag eine Heimatstätte finden könnte. Prof. Heidegger wollte mir das letzte Mal einen Verleger angeben, der, wie er meinte, Interesse für dieses Buch haben könnte. Allein, es war mir noch nicht klar, welche Gestalt das Werk im „Östlichen Christentum" erhalten hat; auch wollte ich erst Ihre Stellung zu dieser Frage erfahren, bevor ich irgendwelche weiteren Schritte unternehmen würde. Gleich nach Weihnachten werde ich wieder ein Zusammensein mit Heidegger haben, bei dem wir manche Grundfragen seiner Philosophie durchdiskutieren werden. Sicher werden wir dabei wieder auf die russische Begriffsbildung und auf Florenski zurückkommen, zumal ich Heidegger versprochen habe, die philologischen Analysen aus Florenski's Werk für Heideggers persönlichen Gebrauch ins deutsche zu übertragen. Bis dahin möchte ich gerne Ihre Stellung zu dieser Frage wissen. Selbstverständlich würde die Übersetzung des vollständigen Werkes einige Zeit in Anspruch nehmen, so dass sie wohl nicht vor Frühjahr druckfertig sein könnte.

Mit herzlichen Grüßen und freundlichen Empfehlungen bleibe ich Ihr sehr ergebener

J. Schor

Brief 122)   Siebeck an Schor (SBB)

Dr.S./he A.–   9. Dezember 1931

Herrn Professor J. Schor
Freiburg (Breisgau)
Schlierbergstr. 12

Sehr verehrter Herr Professor,
für Ihren freundlichen Brief vom 6. ds. Mts. sage ich Ihnen meinen verbindlichsten Dank. So dankenswert mir Ihr Hinweis auf das Werk des russischen Philosophen Florenski ist, so muss ich Ihnen doch gestehen, dass ich im Augenblick nicht den Mut habe, auch nur mit Vorbehalt die Übersetzung eines weiteren Werkes von reichlich 25 Druckbogen zu übernehmen. Auch ohne die beinahe täglich zunehmenden allgemeinen Schwierigkeiten wird die Jahreswende 1931/32 für meinen Verlag ein Abschnitt von besonderer Bedeutung werden. Ich hoffe noch vor dem Fest den letzten von fünf Bänden meines Handwörterbuches „Die Religion in Geschichte und Gegenwart" hinauszubringen.[197] Dieses Unternehmen verlangte von Jahr zu Jahr eine zunehmende Anspannung, der mein Betrieb selbst unter einfacheren Verhältnissen auf die Dauer kaum gewachsen gewesen wäre. Deshalb müssen wir erst einmal wieder etwas zur Ruhe kommen, ehe ich weitere Übersetzungspläne aufgreifen kann.

Gerade die nächsten Monate werden auch für den deutschen Verlag aller Voraussicht nach besonders schwierig sein. Ich kann Sie daher nicht ermutigen, die Übersetzung des Florenskischen Werkes gerade jetzt in Angriff zu nehmen. Denn ich halte es zum mindesten nicht für wahrscheinlich, dass ich im kommenden Frühjahr für ein solches Unternehmen die Hände frei habe.

Herr Professor Iwanow berichtet mir inzwischen über Ihre Vorschläge für die Fassung des Titels seines Dostojewskij-Buches. Ich habe mir schon immer überlegt, ob ich ihm nicht selbst eine etwas verständlichere Fassung empfehlen soll. Deshalb habe ich diese neue Korrespondenz gerne zum Anlass genommen, den Titel zu ändern in: „Dostojewskij. Tragödie, Mythos, Mystik."

---

197 „Flaggschiff des theologischen Programms war das Lexikonprojekt *Religion in Geschichte und Gegenwart* (RGG). Seine erste Vorkriegsauflage bündelte auf einzigartige Weise den kulturliberalen, protestantischen Bildungsanspruch des Kaiserreichs. Seit 1924 forcierten Oskar und Werner Siebeck im Zuge des theologischen Umbruchs eine Neuauflage des Lexikons, die einen umfassenden Querschnitt protestantischen Wissens bieten sollte." Olaf Blaschke und Wiebke Wiede, „Konfessionelle Verlage". In: Ernst Rischer und Stephan Füssel (Hg.), *Geschichte des deutschen Buchhandels im 19. und 20. Jahrhundert: Die Weimarer Republik 1918–1933*. Berlin, 2012, Bd. 2, T. 2, S. 152–153.

Für diesen neuen Beweis Ihres Interesses und besonders für Ihre Bereitwilligkeit, uns bei der Zusammenstellung des geplanten Prospektes nötigenfalls zu beraten, bin ich Ihnen sehr zu Dank verpflichtet und verbleibe mit freundlichen Grüßen und Empfehlungen Ihr ganz ergebener

Dr. O. Siebeck

Brief 123)   Siebeck an Ivanov (SBB)

Dr. S./he A. –   9. Dezember 1931

Herrn Professor Wiatscheslav Iwanow
Alma Collegio Borromeo
Pavia (Italien)

Sehr verehrter Herr Professor,
    Für Ihre freundlichen Briefe vom 30. November und 4 ds. Mts. sage ich Ihnen meinen verbindlichen Dank. Hoffentlich ist es Ihnen möglich, die noch ausstehenden Korrekturen möglichst bald zu erledigen, damit sich das Erscheinen der deutschen Ausgabe Ihres Buches nicht mehr allzu lange verzögert. Der Vorschlag des Herrn Professor Schor für eine etwas verständlichere Fassung des Untertitels leuchtet mir sehr ein. Da Sie die Entscheidung mir anheimstellen, habe ich mir erlaubt, den Titel des Buches zu ändern in: „Dostojewskij. Tragödie, Mythos, Mystik".
    Ich sehe der Rücksendung der Korrektur des 3. Teiles gerne entgegen und verbleibe in vorzüglicher Hochachtung Ihr ganz ergebener

Dr. O. Siebeck

Brief 124)   Ivanov an Siebeck (SBB)

Pavia, Collegio Borromeo   d. 14. Dezember 1931

Hochgeehrter Herr Doktor,
    Mit verbindlichstem Dank für Ihre freundlichen Zeilen sende ich Ihnen anbei das „Vorwort" zu meiner Schrift u<nd> die Revision des Titelblatts. Morgen schicke ich auch die anderen Bogen der Revision zu. Ich erwarte die Revision vom 5. Bogen <ab?>.
    Mit vorzüglicher Hochachtung verbleibe ich Ihr sehr ergebener

W. Iwanow

PS. Die leichten Änderungen des Textes in der Revision sind mir neuestens von Kresling empfohlen worden. Außerdem habe ich den freien Raum auf S. 5 für eine aus inneren Gründen sehr erwünschte Erweiterung benutzt.
    Der Rest der Revision wird von mir voraussichtlich sofort erledigt werden; der Text ist definitiv festgestellt, nur kann Kresling eventuell irgendeine leise Besserung suggerieren. WI

Brief 125)   Ivanov an Kaubisch (UB)[198]

Pavia 21. XII. 31

Werter und lieber Herr Kaubisch!

Es tut mir unendlich leid, – ist hier die „Treulosigkeit des Lebens gegen seine eigenen Inhalte" nicht offenkundig?[199] – dass ich meinen ersten Brief an Sie, der doch hoffentlich einen ganzen Briefwechsel einleiten soll, anstatt mit „freudevollen Tönen"[200], die der großen und reinen Freude entsprächen, die Sie mir durch Ihre liebe Sendung bereitet haben, mit einem Bekenntnis meiner Schuld vor Ihnen beginnen muss und mich meinem Dankgefühl für alles Tiefe und Gute und Vertrauensvolle, das Sie mir von mir sagen und von Ihnen mitteilen, nicht unbefangen und harmonisch heiter hingeben kann, – es nicht erleben kann, ohne dass sich traurige Gefühle der Reue und Zerknirschung darein mischen. Ich meine selbstverständlich die Schuld meines so langen Schweigens, das Ihnen als schnöde Undankbarkeit erscheinen muss. Freilich wird Stepun in seiner „plastischen" Schilderung meines Schicksals und meines Wesens Sie wohl auch auf diesen schicksalhaften Zug meiner bis ins Alter der „Altersmystik"[201] sich „absurd gebärdenden"[202] Persönlichkeit hingewiesen haben, dass ich in Sachen des brieflichen Verkehrs mit Freunden an unheilbarer Abulie leide. Diesmal war es aber nicht der Fall, ich hatte den besten und tätigsten und unternehmungslustigsten Willen, Ihnen gleich zu antworten; aber die alltägliche Arbeit, die keinen Aufschub duldete, ließ mich nicht los (und zwar in erster Linie gerade die

---

198 Das Original ist verlorengegangen, aber Kaubisch hat eine Kopie davon getippt und an Fritz Lieb weitergeschickt. In dieser Kopie fehlt allerdings ein Wort.

199 Ivanov weist auf Kaubischs Schriften hin. In dem Aufsatz „Zur Lebensidee Goethes" schreibt Kaubisch: „Von diesen beiden Grunderfahrungen ist die erste: die von dem unausgesetzten Fluten und Strömen des Lebens, in dem alles vergänglich zu sein und nichts Dauer zu haben scheint als der Wechsel. Diese Erfahrung, die der junge Goethe zuerst auf schmerzlichste und allerpersönlichste Weise erfuhr in seiner Liebe zu Friederike Brion. Es ist – wie H. A. Korff in ausgezeichneter Formulierung hervorhebt – das große Problem ‚der Treulosigkeit des Lebens gegen seine eigenen Inhalte'". *Die Tat*, 19. Jahrgang, 1927/28, Bd. 2 (Oktober/März 1928), S. 658.

200 Anspielung auf Beethovens neunte Symphonie, bzw. die von Beethoven als Einleitung zur Schillerschen Ode „An die Freude" geschriebenen Worte: „O Freunde, nicht diese Töne! Sondern lasst uns angenehmere anstimmen, und freudenvollere."

201 Anspielung an Kaubischs Aufsatz „Grundzüge von Goethes Altersschau", wo der letzte, entscheidende Grundzug eine „besondere Mystik des Alters" sei, weil „in und mit dieser Mystik die Weltschau des Alters sich überhaupt erst krönt und vollendet." (M. Kaubisch, „Grundzüge von Goethes Altersschau", *Die Tat*, 12. Jahrgang, 1920/21, Bd. 1, S. 172.)

202 „Wenn sich der Most auch ganz absurd gebärdet, / Es gibt zuletzt doch noch e' Wein." *Faust II*, Z. 6813–14 („Hochgewölbtes Zimmer").

Korrektur meiner Schrift über Dostojewskij, die mich – meinem inneren Verhängnis gemäß – zu immer neuen Einfällen führte, welche sofort zur Verzweiflung des Verlegers in die Fahnen- und sogar in die Revisionsabzüge eingetragen wurden); und so hatte ich tatsächlich keine Möglichkeit, mich so zu konzentrieren, wie der Ernst der Sache es erheischte. Denn alles, was Sie berühren, ist in Wahrheit sehr ernst. Wenn wir unseren Gedankenaustausch weiter pflegen, so kommt das alles, so hoffe ich, natürlich zur Sprache: für den Augenblick taste ich nur herum und suche mich in Ihrem weiten Lande zu orientieren. Die beiden Namen – Goethe und Nietzsche[203] – bedeuten auch für mich sehr, sehr viel. Neulich habe ich ebenfalls (ich spiele auf Ihre schönen Goetheaufsätze an) von neuem darüber nachgedacht, ob Goethe in den „schweren Weltanschauungskämpfen der Gegenwart" als der geeignetste Führer angesehen werden dürfte.[204] Nun muss ich – nicht ohne melancholisches Gefühl, bekennen, dass meine Antwort negativ ausgefallen ist. Nicht als ob ich das, was Sie so klar und überzeugend darlegen, nicht wüsste und nicht teilte. Aber nicht nur der Humanismus, der an den schönen Menschen glaubte und eine „Iphigenie" hervorbrachte, ist, kraft des „Grundsatzes der Steigerung"[205], vom letzten Humanisten begraben worden, der vom Menschen verkündet hat, er sei „etwas, was überwunden werden muss": nicht nur haben wir das Faustische <ein Wort fehlt> <weswe?>gen Spengler und so viele andere moderne Denker in Deutschland und außerhalb Deutschland auch noch so viel von unseren faustischen Weltempfindungen reden; sondern es handelt sich um noch Wichtigeres. Wir haben das Vertrauen auf die natürliche Weltharmonie eingebüßt; wir brauchen *Anthropologie* und nicht mehr Biologie;[206] wir können nicht mehr der *Tragödie* aus dem Wege weichen; alles ist in der Gegenwart auf die Tragödie einer entscheidenden Selbstbestimmung des Menschen als solchen

---

203 In beiden Goethe-Aufsätzen kommt Kaubisch auf Nietzsche zu sprechen.

204 Vgl. den Anfang des Aufsatzes von Kaubisch „Zur Lebensidee Goethes" (S. 654): „In den schweren Weltanschauungskämpfen der Gegenwart, wie sie auf die großen Katastrophen der letzten Jahre notwendig folgten, ist uns Deutschen besonders Goethe in hohem Masse Meister und Führer geworden."

205 Der Ausdruck „Grundsatz der Steigerung" kommt bei Kaubisch nicht vor, aber die Wichtigkeit der Steigerung wird mehrmals betont, z. B. „Zur Lebensidee Goethes", S. 660: „Das Grundgesetz aller Verwandlung und alles Wechsels und damit des Lebens selber ist also Wachstum, Steigerung auch des Lebenswertes und der Lebenshöhe <...>"

206 Vgl. bei Kaubisch (S. 657): „Überblickt man dies alles, so muss man einem der jüngsten Goetheforscher, H. A. Korff, Recht geben, wenn er in seiner überaus klaren und eindringenden Schrift über die Lebensidee Goethes die Behauptung vertritt: Goethe sei seinem Wesen, seiner Haltung, seiner ganzen Weltauffassung nach zuinnerst ‚Biologe' gewesen. ‚Biologe' – freilich nicht im Sinne einer speziellen Wissenschaft – obwohl der Dichter das auch war –, sondern in dem umfassenderen, universell-metaphysischen

zugespitzt – und Nietzsche wusste darum, und deshalb fühlte er sich (wie sein Wahnsinn es verraten hat) als „gekreuzigter Dionysos";[207] und deshalb musste er sich mit Christus messen, es mit Christus aufnehmen, während Goethe Ihn zugleich verehrte, ja liebte und doch zu vergessen wusste, indem er ganz folgerichtig für Ihn keinen Raum fand in seiner sich ohne Antinomie, ohne Erbsünde, ohne Tragik entwickelnden Welt. Die heutigen Deutschen können nicht dem echten, wahren Goethe zutiefst treu sein, – wie sie keine Republikaner sein können, es sei denn vorübergehend und aus Notdurft, in Erwartung eines Umschwungs oder eines Umsturzes. Ihre Gedichte selbst, diese halb mystischen und doch mystikscheuen, von romantischer Melodie getragenen, romantisch fragmenthaften, mehr verschweigenden als aussprechenden, seelisch introspektiven Gedichte zeugen davon, dass Goethe für Sie nur ein Mittel ist, etwas in Ihrem Innern zu überwinden, was sich dennoch nicht überwinden lässt, worüber Sie sich wegtäuschen wollen durch Anrufung des vergötterten, großen Genies. Übrigens habe ich zu wenig Material, um darüber mit sicherer Überzeugung zu urteilen. Wie dem auch sein mag, – vergelten Sie nur nicht meine Schuld mit Ihrem Schweigen, vergessen Sie meiner nicht und glauben Sie fest an meine gegenseitige geistige Sympathie. Ich wünsche Ihnen frohe Feste und ein recht glückliches Neujahr und schließe mit erneuter Beteuerung meiner tief gefühlten Anerkennung für den ersten Schritt zu einer geistigen Annäherung, den Sie so weitherzig gemacht haben. In hoher Achtung verbleibe ich Ihr, Ihnen von Herzen ergebener

W. Iwanow

Brief 126)   Siebeck an Schor (SBB)

F.–sp.A.–   22. Dez. 1931

Herrn Professor J. Schor
Freiburg i. Br.
Schlierbergstraße 12

Sehr verehrter Herr Professor,
    von Herrn Professor Iwanow sind mir die Bogen seiner Schrift inzwischen vollständig zugegangen. Von einem Teil wünscht er aber noch Superrevision

---

Sinne, dass für Goethe eben – das Leben überall im Mittelpunkte seiner Weltanschauung stand."
207 Bei Nietzsche ist die Phrase „der gekreuzigte Dionysos" nicht zu finden, obwohl er seine letzten Briefe entweder als „Dionysos" oder „der Gekreuzigte" unterzeichnete. Dieser Fehler kommt in Ivanovs frühem Aufsatz „Nietzsche und Dionysos" schon vor und geht möglicherweise auf eine korrupte Nietzsche-Ausgabe zurück.

zu erhalten. Auf dem Vortitel des III. Teils vermerkt er, dass die Worte „Trago-dumena, Mythologumena, Theologumena" nur auf dem Titelblatt des Buches durch Tragödie, Mythos, Mystik ersetzt werden sollen, nicht aber auf den Titeln der Teile I, II und III.

Ich wäre Ihnen sehr verbunden, wenn Sie Herrn Professor Iwanow darlegen wollten, dass die auf dem Titelblatt vorgenommene Änderung mit den Vortiteln der einzelnen Teile übereinstimmen muss. Innerhalb des Buches eine andere Fassung anzubringen ist m. E. nicht möglich.

In der Herrn Professor Iwanow noch zugehenden Superrevision lasse ich den Wortlaut der Vortitel entsprechend der Fassung des Titelblatts bestehen.

In vorzüglicher Hochachtung begrüße ich Sie als Ihr ergebenster
J. C. B. Mohr (Paul Siebeck)

Brief 127)   Siebeck an Ivanov (SBB)

F.–sp.A. –   22. Dez. 1931

Herrn Professor W. Iwanow
Pavia/Italien
Alma Collegio Borromeo

Sehr verehrter Herr Professor,
Mit verbindlichstem Dank für Ihren freundlichen Brief vom 14. ds. Mts. bestätige ich Ihnen nachträglich den Empfang des Manuskripts zum Vorwort Ihrer Schrift über Dostojewskij. Inzwischen sind sämtliche von Ihnen erledigten Revisionsbogen in meine Hände gelangt. Von den Bogen 1–3 und 6 und 7 wird Ihnen die gewünschte Superrevision noch zugehen. Die Bogen 4 und 5, 8 und 9 liegen mit Ihrem Imprimatur vor.

In vorzüglicher Hochachtung begrüße ich Sie als Ihr ergebenster
J. C. B. Mohr (Paul Siebeck)

Brief 128)   Ivanov an Siebeck (SBB)

Almo Collegio Borromeo
Pavia   den 24. Dezember 1931

Sehr verehrter Herr Doktor,
Ich hegte bei meinen Anstrengungen, die Korrekturarbeit der letzten Wochen ohne den mindesten Verzug zu erledigen, noch immer die Hoffnung,

dass meine Schrift vor Neujahr erscheinen wird. Die allerletzte Verzögerung in der Rücksendung der von mir bereits revidierten, aber einer Superrevision bedürftigen Bogen 1–3, 6, 7, sowie der Korrektur des Vorworts, zeigt mir, dass Sie Ihrerseits darauf verzichtet haben. Das tut uns beiden natürlich sehr leid; ich weiß aber Ihr wohlwollendes und einsichtsvolles Entgegenkommen hoch zu schätzen, mit welchem Sie sich auf den Standpunkt des Verfassers gestellt haben, der erst im letzten Augenblick, da sein Text ihm gedruckt vorliegt, mancher Lücke in seiner Darstellung gewahr wird, die ihm früher entgangen ist, und sie auszufüllen versucht, um nicht die Qualität seiner Leistung durch Unterdrückung der endlich gefundenen richtigen Fassung zu beeinträchtigen. Wäre, was mir noch fehlt, bereits unter meinen Händen, so würde es vielleicht doch noch möglich sein, die ersten Exemplare vor Neujahr auf den Markt zu bringen. Wie dem auch sein mag, sehe ich jedenfalls dem baldigsten Erscheinen der Schrift entgegen, und darum ist es wohl an der Zeit, Sie auf meinen Wunsch, betreffend die Art und Weise, wie die Honorarauszahlung zu bewerkstelligen wäre, aufmerksam zu machen. Da nämlich mein Sohn (ein Gymnasiast, der unlängst in Davos eine Lungenkur durchgemacht hat) und meine Tochter sich in der Schweiz (Engelberg) befinden, möchte ich Sie bitten, die betreffende Geldsumme auf meinen Namen an eine Genfer Bank überweisen zu wollen, und zwar an die Bank Lombard, Odier & Co, Genève (la Corraterie). Sollte die Veröffentlichung (was mir jedoch als unwahrscheinlich vorkommt) einen längeren Aufschub erleiden (ich würde dazu meinerseits durch keine weitere Textänderung Anlass geben), so würde ich mir erlauben, Sie ergebenst zu bitten, Anfang Januar meiner dringenden Geldnot durch Überweisung wenigstens einer kleinen Geldsumme an die oben genannte Bank gütigst abhelfen zu wollen. Aber es ist wohl überflüssig, davon zu reden, wenn die Sache ihren normalen Gang fortgeht. Um Ihnen meinen ernsten Willen zu bezeugen, die Veröffentlichung zu beschleunigen, gehe ich noch weiter: ich überlasse *Ihnen* die Korrektur des Vorworts und die Superrevision der Bogen 1, 2, 3, 6, und 7, wenn Sie die literarische Verantwortung für die genaueste Befolgung meines Textes und meiner letzten Änderungen auf sich nehmen wollten. Es steht Ihnen also frei, diesen meinen Verzicht auf die Korrektur des Vorworts und die Durchsicht der oben gesagten Bogen auszunutzen; ist diese äußerste Maßnahme aber nicht absolut notwendig für den Erfolg der Publikation, so bitte ich mir die betreffenden Teile auf normalem Wege zur Durchsicht und zum Imprimatur unverzüglich zusenden zu wollen; ich werde die Sache am selben Tage, da ich die Sendung erhalten habe, erledigen.

Genehmigen Sie, sehr verehrter Herr Doktor, meine herzlichen Glückwünsche zum neuen Jahre! In vorzüglicher Hochachtung

Ihr sehr ergebener und dankbarer

W. Iwanow

Brief 129)   Ivanov an Siebeck (SBB)

Pavia, den 24. Dezember 1931

Sehr verehrter Herr Doktor,

noch eine – zur Ergänzung meines heutigen Briefes und in Rücksicht auf eine soeben erhaltene Mitteilung von Prof. Schor. „Tragodumena", „Mythologumena", „Theologumena" will ich durchaus beibehalten als Titel der einzelnen Teile der Schrift, und es ist gar nicht nötig, dass dieselben buchstäblich dem Titelblatt entsprechen, auf welchem (*nur* auf dem Titelblatt des Buches also) Sie ja anstatt dessen „Tragödie, Mythos, Mystik" zu setzen vorziehen. Ich möchte die Veröffentlichung rasch erledigen und fühle mich durchaus nicht gebunden an weitere Vorschläge Kreslings, der mit der Lektüre der Revision sich nicht sputet. Mein Imprimatur bleibt auch ohne seinen Beifall gültig, u<nd> ich warte ungeduldig auf den Rest der Revision.

Ich wiederhole meine besten Wünsche zum Weihnachts-Fest und Neujahr und verbleibe in hoher Achtung Ihr sehr ergebener

W. Iwanow

Brief 130)   Kaubisch an Ivanov (CS)

25. XII. 1931

Sehr verehrter und lieber Herr Professor!

Ich möchte Ihnen heute nur herzlich Dank sagen für Ihren so gütigen und geistvollen Brief, der mich nach so langem Schweigen doppelt erfreute u<nd> auf den ich Ihnen noch eingehend erwidre. Auch ich würde es sehr begrüßen, wenn viele der großen u<nd> ewigen Fragen, die eben heute mit ungeahnter Mächtigkeit sich von neuem erheben, in dem wechselseitigen Austausch zur Sprache kommen würden. Auch Fedor Stepun, der Sie herzlich grüßt, würde das sehr willkommen sein. Damit Sie nun erkennen u<nd> gewiss auch fr<eun>dl<i>ch *an*erkennen, dass ich tatsächlich „Böses mit Gutem vergelte", so begleiten diesen Brief wieder einige *eingeschriebene Send<un>gen*, für die ich zunächst nur eine ganz kurze *Ankunftsbestätigung* erbitte. Und zwar sende ich ab:

1). Zwei Essays (Erkenntnis u<nd> Liebe; Tod u<nd> Ewigkeit).
2). Eine Ansprache.
3). Die Sammlung der *Gedichte*.[208]
Möchte Sie alles herzlich grüßen u<nd> erfreuen.
Auch lege ich diesen Zeilen zwei kleine Bilder von mir bei. Man kennt einen
Autor weit besser wenn man sein Angesicht kennt. Dass ich Ideen habe, das teile
ich mit vielen anderen; aber dieses Antlitz, das ist meine Einzigkeit u<nd> in ihr
mein Schicksal.
Sehr tief würde mich auch hier eine Gegengabe freuen!
Für 1932 auch Ihnen getreuliche Wünsche u<nd> einen herzlich<en> dankbaren Gruß! In Verehrung der Ihrige

Martin Kaubisch

Brief 131)   Siebeck an Ivanov (SBB)

29. Dezember 1931

Herrn Professor Dr. W. Iwanow
Pavia
Alma Collegio Borromeo

Sehr verehrter Herr Professor,
Ihr freundliches an meinen Herrn Dr. Siebeck gerichtetes Schreiben vom 24.
ds. Mts. ist hier eingegangen. Sein Inhalt hat mich größten Teils durch meine
Sendung, die sich mit Ihrem Brief gekreuzt hat, erledigt. Die letzten druckfertigen Bogen habe ich inzwischen erhalten.
Mein Herr Dr. Siebeck ist z. Zt. durch Verhandlungen, die durch die letzte Not-
verordnung nötig geworden sind (bezüglich Preisänderungen), so in Anspruch
genommen, dass es ihm nicht möglich ist, Ihre freundlichen Zeilen selbst zu
beantworten. Er hat angeordnet, dass heute RM 500.– als Vorauszahlung auf Ihr
Honorar an die von Ihnen angegebene Genfer Bank zu überweisen sind. Ich bitte

---

208 Martin Kaubisch, *Gedichte*. Weimar, <1931>. Das in Rom-Archiv befindliche Exemp-
lar trägt die Widmung: „Venceslav Iwanow in herzlicher Verehrung. Martin Kaubisch.
Dresden, Weihn. 1931". Auf einer Leerseite vor dem ersten Gedicht steht auch eine Art
Widmung, ein Zitat aus der eigenen Dichtung: „Und die Himmel beginnen zu singen
/ Wie von überirdischen Dingen / Und die Erde löscht aus.....". Die zwei Aufsätze
waren: „Leonardo da Vinci, Erkenntnis und Liebe", *Die Tat*, 18. Jahrgang, 1926/27,
Bd. II, October/März 1927, S. 679–684 und „Tod und Ewigkeit", *Die Tat*, 16. Jahrgang,
Heft 9, Dezember 1924, S. 641–657.

Sie höflichst, mir den Empfang dieser Zahlung seinerzeit auf der beiliegenden Quittungskarte bestätigen zu wollen.

In vorzüglicher Hochachtung Ihr ergebenster

J. C. B. Mohr (Paul Siebeck)

Brief 132)   Schor an Siebeck (SBB)

Professor J. Schor
Schlierbergstr. 12
Freiburg i. Br.   den 31 XII 31

Sehr geehrter Herr Doktor Siebeck,

Herzlichen Dank für Ihre freundlichen Briefe v. 9 und 22 Dezember. Es freut mich sehr, dass „Die Religion in Geschichte und Gegenwart" bereits abgeschlossen ist. Unsere religiös aufgewühlte Zeit wird geistige Nahrung und Anweisung zur Orientierung in den religionsgeschichtlichen und philosophischen Fragen in diesem Werk finden. Ich gratuliere Ihnen herzlich zum Abschluss des großen Werkes. Auf Florenski und sein Buch werden wir vielleicht später einmal zurückkommen.

Bereits am 22 Dezember habe ich Prof. Iwanow meine Ansicht über die Fassung des Titels und der einzelnen Teile nochmals dargelegt und hoffe, dass er mit der Unifizierung und Vereinfachung der Titel einverstanden sein wird.[209]

Am 14 oder 15 Januar werde ich auf einige Wochen nach Berlin gehen. Meine Berliner Adresse wird folgende sein: Berlin-Wilmersdorf, Landhausstraße 9/3, bei Friedlaender. Sollte ich auch für eine Weile nach Dresden gehen, so werde ich Sie rechtzeitig darüber benachrichtigen, damit Sie mich jederzeit erreichen könnten.

Mit freundlichen Weihnachtsgrüßen und besten Neujahrswünschen bleibe ich Ihr ganz ergebener

J. Schor

---

209 Schor bezieht sich auf seinen russischen Brief an Ivanov, der das Datum 23. 12. 31 trägt. (CS)

Korrespondenz aus dem Jahr 1932

Brief 133)   **Siebeck an Schor (SBB)**

F.– sp. A.–   4. Januar 1932

Herrn Professor J. Schor
Freiburg/Br.
Schlierbergstraße 12

Sehr verehrter Herr Professor,
    für Ihren freundlichen an meinen Herrn Dr. Siebeck gerichteten Brief vom
31. Dezember v. Mts. und 2. ds. Mts., sowie für Ihre freundlichen Wünsche zum
Abschluss des Handwörterbuchs „Die Religion in Geschichte und Gegenwart"
sage ich Ihnen verbindlichsten Dank.[210]
    Von Ihrer ab Mitte des Monats gültigen Berliner Adresse habe ich Vormer-
kung genommen.
    Herr Professor Iwanow hat inzwischen schon wegen des Gesamttitels und der-
jenigen der einzelnen Teile an mich geschrieben und schlägt vor, es bei meiner
Vorschrift belassen zu wollen. Er legt sehr großen Wert darauf, dass der Druck
nicht länger aufgehalten wird. Aus diesem Grund möchte ich die Fertigstellung
des Buches nicht durch weitere Korrespondenzen verzögern und werde deshalb
seinen Wünschen entsprechen.
    Sämtliche Bogen einschließlich der Titelei liegen mit dem Imprimatur des
Herrn Professor Iwanow hier vor. Der Druck ist bereits in Angriff genommen.
Herr Professor Iwanow hat den Wunsch geäußert, nicht länger auf die Revisionsbogen des Herrn Kresling warten zu wollen. Unter diesen Umständen bitte ich
Sie davon abzusehen, Herrn Kresling noch zu Textänderungen zu veranlassen.
    Im Vorwort habe ich bei Ihrem Namen die gewünschte Änderung noch ange-
bracht.
    Ihre Neujahrs-Wünsche erwidere ich bestens dankend und begrüße Sie in
vorzüglicher Hochachtung als Ihr ergebenster

                                                              J. C. B. Mohr (Paul Siebeck)

---

210 Schors Brief an Siebeck vom 2. Januar 1931 ist nicht erhalten.

Brief 134)   Siebeck an Ivanov (SBB)

F.– sp. A.–   4. Januar 1932

Herrn Professor Venceslao Jwanow <sic>
Pavia / Italien
Alma Collegio Borromeo

Sehr verehrter Herr Professor,

nachträglich bestätige ich Ihnen bestens dankend den Empfang Ihrer freundlichen an meinen Herrn Dr. Siebeck gerichteten Karte vom 24. Dezember v. Js. und der restlichen druckfertigen Bogen nebst Titelei. Da Ihnen an der baldigen Fertigstellung Ihres Buches liegt, will ich Ihren Wünschen bezüglich der Fassung der Vortitel der einzelnen Teile Rechnung tragen und habe daher die Bogen zum Druck weitergegeben.

Herr Professor Schor hat mich davon in Kenntnis gesetzt, dass Herr Kresling noch einige kleine Textänderungen zu machen wünscht. Im Hinblick darauf, dass Sie weitere Vorschläge des Herrn Kresling nicht abwarten wollen, habe ich Herrn Professor Schor gebeten, von diesen Änderungen absehen zu wollen.

Ihre freundlichen Wünsche für die Festtage erwidere ich bestens dankend und begrüße Sie in vorzüglicher Hochachtung als Ihr ergebenster

J. C. B. Mohr (Paul Siebeck)

Brief 135)   Ivanov an Siebeck (SBB)

Almo Collegio Borromeo
Pavia   d. 19ten Januar 1932

Sehr verehrter Herr Doktor,

Gestatten Sie mir, Ihnen für die freundliche Überweisung von 500 RM. an die von mir angegebene Genfer Bank (Lombard, Odier & Co, Genève) als Vorauszahlung meinen verbindlichsten Dank auszusprechen. Für weitere Zahlungen bleibt dieselbe Bankadresse gültig.

Ich sehe nun dem baldigen Erscheinen meiner Schrift entgegen und möchte, ohne durch diese Anfrage Ihre Pläne im mindesten beeinflussen zu wollen, Bescheid haben, wann die Schrift erscheinen soll.

Ist der dritte Bogen noch nicht gedruckt worden, so bitte ich Sie ergebenst, eine chronologische Ungenauigkeit auf S. 47, Fußnote 2 verbessern zu lassen: statt „aus dem Jahre 1881" soll stehen: *„aus dem Jahre 1878".*

Mit besten Grüßen verbleibe ich in vorzüglicher Hochachtung Ihr ergebenster

W. Iwanow

PS Ist der betreffende Bogen bereits fertig gedruckt, so werden Sie schon ein anderes Mittel finden, dem (übrigens unbedeutenden) Übel irgendwie abzuhelfen.

Brief 136)   Siebeck an Ivanov (SBB)

F.– sp. A. –   22 Januar 1932

Herrn Professor W. Iwanow
Pavia /Italien
Alma Collegio Borromeo

Sehr verehrter Herr Professor,
    im Besitz Ihres freundlichen an meinen Herrn Dr. Siebeck gerichteten Briefes vom 19. ds. Mts. teile ich Ihnen höflichst mit, dass Ihre Schrift über „Dostojewskij" mit andern Neuerscheinungen meines Verlags in der nächsten Woche ausgegeben wird. Der Druck ist schon vollendet, deshalb kann die nachträglich angegebene Korrektur auf Seite 47 nicht mehr vorgenommen werden. Da Sie selbst dieses Versehen für unbedeutend halten, lohnt sich eine Berichtigung nicht.
    In vorzüglicher Hochachtung begrüße ich Sie als Ihr ergebenster
                                                    J. C. B. Mohr (Paul Siebeck)

Brief 137)   Siebeck an Schor (SBB)

                                                    25. Januar 1932

Herrn Professor J. Schor
Freiburg (Breisgau)
Schlierbergstr. 12

Sehr verehrter Herr Professor,
    unter Bezugnahme auf den Brief meines Herrn Dr. Siebeck übersende ich Ihnen in der Anlage den Entwurf einer Liste, nach der ich die Rezensionsexemplare von Iwanow, Dostojewskij zu verschicken gedenke. Ich darf Sie freundlichst bitten, mir diese Liste umgehend mit Ihren evtl. Wünschen für irgendwelche Änderungen und Ergänzungen zurücksenden zu wollen, da das Buch noch im Laufe dieser Woche verschickt werden soll. Für Herrn Studienrat Kaubisch habe ich auf alle Fälle ein Rezensionsexemplar des Werkes vorgemerkt, da Herr Kaubisch sich auch inzwischen dieserhalb direkt an mich gewandt hat.[211]

---

211 Im Brief vom 27. XII. 1931 (SBB) schrieb Kaubisch an Siebeck: „Es ist mir sehr leid, dass Sie so wenig Muße u<nd> so viel Sorgen haben, wenn dies heute freilich leider unser aller Teil ist. Aber Sie wissen, wie sehr ich an dem Geschick des Verlages Anteil nehme; u<nd> für ihn eintrete, wo ich kann. Ich hoffe, dass ich dafür auch noch

Wenn auch die Herren Professor Stepun und Metner das Werk besprechen wollen, so wäre es, wie mein Herr Dr. Siebeck Ihnen bereits unter dem 18. Dezember dargelegt hat, empfehlenswert, wenn ich die Zeitschriften erfahren könnte, in denen die Besprechung erscheinen soll, damit ich das Exemplar an die betreffenden Redaktionen schicken kann. Diese sehen es nur sehr ungern, wenn Ihnen die Vergabe der Rezensionsexemplare aus der Hand genommen wird.

Rezensionsliste für Iwanow: Dostojewski

Euphorion; Deutsche Vierteljahresschrift; Die Literatur; Deutsche Literaturzeitung; Logos; Neue Schweizer Rundschau; Hochland; Stimmen der Zeit; Zeitwende; Zwischen den Zeiten; Theologische Literaturzeitung; Die Furche; Theologische Rundschau; Bausteine für Leben und Weltanschauung; Der Gral; Kunstwart; Der Morgen; Die Neue Rundschau; Schweizerische Rundschau; Die literarische Welt; Das neue Russland; Ost-Europa; Der russische Gedanke; Geisteskultur; Archiv für Religionspsychologie; Philosophie und Leben; Die Tatwelt; Zeitschrift für osteurop. Geschichte; Geisteskampf der Gegenwart; Philosophisches Jahrbuch; Orient und Occident; Die Kreatur; Die Tat; Jahrbücher für Kultur und Geschichte d. Slaven; Philosophischer Weltanzeiger; Zeitschrift für Religionsphsychologie; Literar. Jahresbericht des Dürerbundes; Slavische Rundschau; Prager Rundschau; Die Neue Literatur; Corona; Frankfurter Zeitung; Kölnische Zeitung; Kölnische Volkszeitung; Augsburger Postzeitung; Münchner Neueste Nachrichten; Deutsche Allgemeine Zeitung; Vossische Zeitung; Schwäbischer Merkur; Stuttgarter Neues Tagblatt; Nationalzeitung; Basler Nachrichten; Der Bund; Neue Zürcher Zeitung; Prager Presse; Neues Wiener Tagblatt; Arbeiterzeitung; Pester Lloyd; Prager Tagblatt

Brief 138)   Ivanov an Siebeck (SBB)

An den Verlag Mohr-Siebeck in Tübingen

< d. 25. 1. 32>[212]

Sehr geehrter Herr,

Halten Sie es nicht für zweckmäßig, den Exemplaren meiner Schrift über Dostojewskij einen gedruckten Zettel beizulegen (bzw. anzukleben) mit der Bitte

---

öffentlich Zeugnis ablegen kann. Entweder in m<einer> Besprech<un>g v<on> Joël oder von Iwanow (mit dem ich auch in Briefwechsel stehe). Jedenfalls hat gerade *Ihr* Verlag *heute* eine wirkliche *Send<un>g* zu erfüllen. Heute, wo religiöse, metaphys<ische> u<nd> theologische *Selbstbesinnung* mehr not tut als je. Möchte dieses Bewusstsein Ihnen Freude u<nd> Kraft schenken in aller Schwierigkeit u<nd> Not."

212 Datum nach Antwortbrief.

an den Leser, folgende Versehen (deren ich erst jetzt gewahr werde) zu berichtigen?[213] –

S. 47, Z. 3 v. unten gedruckt:	1881	zu lesen:	1878
S. 55, erste Zeile	" § 10	"	§ 8
S. 64, Z. 3 v. oben	" Wucherin	"	Wuchererin
S. 77, Z. 5 v. unten	" Leben."	"	Leben.
S. 108, Z. 16 v. oben	" dem Menschen "		vom Menschen

Jedoch wünschte ich nicht, dass dadurch das Erscheinen der Schrift verzögert wurde, und so stelle ich die Frage über die Herstellung dieses Zettels Ihrem Ermeßen anheim. Das letztgenannte Versehen macht den ganzen betreffenden Satz fast unverständlich. Die vorhergehenden sind weniger wichtig; der chronologische Fehler ist immerhin störend.

In vorzüglicher Hochachtung Ihr ergebener

W. Iwanow

Brief 139)   Siebeck an Ivanov (SBB)

F.-A.   28. Januar 1932

Herrn Professor W. Iwanow
Alma Collegio Borromeo
Pavia / Italien

Sehr verehrter Herr Professor,

im Besitz Ihres freundlichen an meinen Herrn Dr. Siebeck gerichteten Briefes vom 25. ds. Mts. teile ich Ihnen höflichst mit, dass Ihre Schrift über „Dostojewskij" schon versandbereit ist. Ich möchte deshalb die Ausgabe nicht durch die Herstellung eines Berichtigungszettels aufhalten und weiß Sie damit einverstanden.

In vorzüglicher Hochachtung begrüße ich Sie als Ihr ergebenster

J. C. B. Mohr (Paul Siebeck)

---

213 Wie aus dem folgenden Brief klar wird, wurden diese Fehler nie korrigiert.

Brief 140)   Schor an Siebeck (SBB)

<d. 7. 2. 1932>[214]

Professor J. Schor
z. Z. Berlin Wilmersdorf
Landhausstr. 9, II

Sehr geehrter Herr Doktor Siebeck,

für Ihre freundlichen Zeilen v. 25. Januar 32 und für die Zusendung des „Dostojewskij" sage ich Ihnen meinen aufrichtigen Dank. Das Buch ist auch in seiner äußeren Erscheinung sehr gut gelungen und macht einen geschlossenen Eindruck.

Ich bitte mich entschuldigen zu wollen, dass ich erst heute meine Ergänzungen zu der Rezensionsliste sende. In Frage kommen:

Blätter für die Deutsche Philosophie, Junker und Dünnhaupt (Dr Ipsen)
Philosophisches Jahrbuch d. Görres-Gesellschaft Fulda (in den letzten Heften d<er> beiden Zeitschriften waren Aufsätze über Berdiajews „Philosophie des freien Geistes")
Zeitschrift für slavische Philologie hg. v<on> Vasmer, Markert und Petters <Verlag>
Germanoslavica, im Auftr. d. deutsch. Gesellsch. f. slav. Forschungen hg. v. Josef Janko (nicht verwechseln mit Janko Janew!) u. F. Spina.
Slavia, hg. v. Hujer u. Murko, Prag I Smetanovo nam. Filosofska fakulta.
Archiv für Geschichte d Philosophie hg. v. Artur Stein, Carl Heymanns B<er>l<i>n (für die russische Philosophie – Prof. D. Tschizeswkij)
Vigile, hg. von Du Bos Paris Grasset.
Nouvelles Litéraires, hg. v Martin de Gard. Paris Larousse
Ich erwarte Nachricht von meinen Kollegen aus England u. Italien über die paar Zeitschriften, auf deren Rezension man rechnen können wird. Darüber gebe ich Ihnen demnächst Bescheid.

Mit freundlichen Grüßen und besten Empfehlungen bleibe ich Ihr ganz ergebener

J. Schor

Es wäre wohl von Nutzen, den Dozenten der russischen Sprache Literatur u<nd> Geschichte wie überhaupt den Slavisten an den Universitäten Deutschlands, Frankreichs, England und Amerika Prospekte oder Postkarten mit der Selbstanzeige (vielleicht mit dem Bilde des Verfassers – so hat man seinerzeit

---

214 Datum nach Antwortbrief.

in Russland getan) zu senden. Nötigenfalls könnte ich Ihnen eine betreffende Liste zur Verfügung stellen. Diese Art Postkarten, die teils in d. Buchhandlungen verkauft, teils den Freunden des Verlags für ihre Korrespondenz zur Verfügung gestellt werden, hat man in Russland als ein ausgezeichnetes Werbemittel verwendet.

Brief 141)   Ivanov an Siebeck (SBB)[215]

Pavia, den 10.II.32

Firma J. C. B. Mohr (Paul Siebeck) in Tübingen

Ich bestätige den Empfang Ihrer Honorar-Abrechnung vom 29. I. 32 über Dostoewskij mit M. 500 zu meinen Gunsten und erkenne dieselbe für richtig an.

Mein Guthaben erbitte ich durch Überweisung an mein Bank-Konto bei: Lombard, Odier & Co in Genf (Schweiz) – Genève, Corraterie – richten zu wollen

Prof. Dr. W. Iwanow

Die weiteren 40 Frei-Expl<are> sind folgendermassen zu verteilen:
10 Exemplare *an Herrn Prof. J. Schor*
Berlin Wilmersdorf

Landhausstr. 9
– nebst den Zetteln „überreicht vom Verfasser"

17 Exemplare (darunter 8 gebundene)
an verschiedene Personen, deren Verzeichnis mit resp. Adressen beigelegt ist

Die übrigen mir zukommenden Exemplare (unter diesen *4 in Einband*) bitte ich mir nach *Pavia* Collegio Borromeo (Italien) zuzusenden.

Die Zahl der erwünschten *gebundenen* Exemplare beträgt im Ganzen also 12.

Prof. Dr. W. Iwanow

17 Exemplare als „vom Verfasser überreicht" zu verschicken an:

1. Prof. Dr Ernst Robert Curtius, *Bonn*, Universität
2. Prof. Dr N. v. Bubnoff, *Heidelberg*, Universität
3. Prof. Dr F. Stepun, *Dresden*, A., Paradiesstr. 6
4. Herrn Bernt v. Heiseler, *Brannenburg a/Inn*, Obb.
5. Frl. Maria Signorelli, bei Frau Lenel, Kurfürstendamm 93, *Berlin Halensee*

---

215 Bei diesem Brief handelt es sich um eine Handschrift auf der gedruckten und im Brief vom 29. Dezember 1931 (Brief 131) erwähnten Quittungskarte.

6. Prof. Dr Th. Zielinski, *Warschau* (Polen), Universität
7. Prof. Dr Sergius Hessen, *Prag* (Tschechoslow.) Deutsche Gesellschaft für slavische Forschung, Praha I, č. 606.
8. Dr Emil Medtner, Huttenstr. 66, *Zürich* (Schweiz)
9. Mr Andrea Caffi, La Cigaloun, Camp de Laurent, *La Seyne-sur-Mer*, Frankreich

Gebundene Exemplare:

10. Dr Martin Buber, *Heppenheim* an der Bergstraße
11. Herrn Lambert Schneider (Verleger), Schorlemer-Allee, 13a *Berlin Dahlem*
12. Herrn Martin Bodmer, Muraltengut, *Zürich* (Schweiz)
13. Dr Korrodi, Neue Züricher Zeitung, *Zürich* (Schweiz)
14. Dr Rychner, Neue Schweizer Rundschau, *Zürich* (Schweiz)
15. Dr Herbert Steiner, Winkelwiese 5, *Zürich* (Schweiz)
16. Herrn Stud. Demetrius Ivanov, Hôtel Engelberg, *Engelberg Obw.* (Schweiz)
17. Dr. Michael Thalberg, Susenbergerstr. 146, *Zürich* (Schweiz)

Brief 142)   Siebeck an Schor (SBB)

11. Februar 1932

Herrn Professor I. Schor
z. Zt. Berlin-Wilmersdorf
Landhausstr. 9, II

Sehr verehrter Herr Professor,
für Ihr freundliches Schreiben vom 7. II., mit dem Sie mir die Rezensionsliste des „Dostojewskij" ergänzten, danke ich Ihnen verbindlichst.

Ihrer Anregung, den Dozenten der russischen Sprache, Literatur und Geschichte Buchkarten mit der Selbstanzeige zu übersenden, will ich gerne nachkommen. Falls Sie mir eine entsprechende Liste zur Verfügung stellen würden, die ich als Ergänzung meiner Adressen benützen könnte, so wäre ich Ihnen hierfür sehr dankbar.

Mit vorzüglicher Hochachtung ergebenst

J. C. B. Mohr (Paul Siebeck)

Brief 143)   Kaubisch an Ivanov (CS)

Dresden A. 21
Ermelstr. 9
d. 14.II.1932

Sehr verehrter Herr Professor!

Nun ist Ihre herrliche Schrift[216] glücklich in meinen Händen, und ich freue mich sehr. Fünf Exemplare habe ich schon verschenkt; u. a. auch an Prof. Janentzky-Dresden, der „Goethe und das Tragische" ausgezeichnet behandelt. (Logos, 16 Jg.).[217] Zu Ostern bespreche ich Ihre Schrift.[218] Inzwischen warte ich auf Ihre Genesung; warte, ob Ihre „unheilbare-epistolare-Abulie" sich langsam in beglückende Verlautbarung löst. (Hört! Hört! lebhaftes Bravo auf allen Tribünen des „deutschen Hauses"). Sie sehen: ich spreche nicht nur für mich, sondern: pro domo; (wie Dichter wohl immer). Denn: ein größerer Freundeskreis empfängt und erwartet mit Freude Ihre Schriften und Briefe (durch m<eine> Vermittl<un>g), u<nd> oft „beschwören" wir Ihre Schau u<nd> Ihre Gestalt. Dabei ist auch – angeregt durch Stepun – der Plan aufgetaucht: ob Sie einmal *zu Vorträgen* nach *Deutschland* kommen könnten, – falls Ihre Arbeit u<nd> Ihre Gesundheit u<nd> unsere – vorbereitende – Mitarbeit das erlaubt? Natürlich müssten Sie in *mehreren* Städten u<nd> Gesellschaften sprechen, damit auch die hohen Reisekosten ersetzt werden können.

Bitte schreiben Sie offen u<nd> bald, ob die Verwirklich<un>g dieses Planes im Bereiche Ihrer Möglichkeit liegt. Auch Stepun würde sich „wahnsinnig freuen", Sie wiederzusehen.

Haben Sie meine vielfache Sendung erhalten? (Gedichte; drei Aufsätze; Aphorismen?)

Ich bin tief in neuen Projekten. Davon bald mehr; auch zu Ihrem Briefe u<nd> – Goethes Tragik. Mit herzlichem Gruß! Ihr dankbarer

M. Kaubisch

Brief 144)   Siebeck an Ivanov (SBB)

Herrn Professor Dr. V. Ivanov
Pavia / Italien
Almo-Collegio Borromeo

Hb.–wa. A.–   Tübingen, den 18. Februar 1932

Sehr verehrter Herr Professor,

Ihre Bestätigung meiner Honorarabrechnung vom 29. I. habe ich erhalten und 30 Exemplare Ihres Buches an die von Ihnen angegebenen Adressen abgesandt.

---

216 Gemeint ist das Dostojewskij-Buch.
217 Christian Janentzky, "Goethe und das Tragische", *Logos*, Bd. XVI (1927), S. 16–31.
218 Kaubisch hat die Schrift nie rezensiert.

Ihr Guthaben abzüglich meiner Rechnungen vom 16. ds. Mts. mit RM. 22.74 habe ich an die angegebene Bank in Genf überwiesen.

In vorzüglicher Hochachtung Ihr ergebenster

J. C. B. Mohr (Paul Siebeck)

Brief 145)   Waibel an Schor (NL)

Josef Friedrich Waibel
Freiburg im Breisgau / Bertoldstraße 20: Fernruf 2655

19.2.32

Lieber Herr Schor!

Die beiliegende Karte meiner Frau wird Sie und Ihre Frau Gemahlin über alle Vorgänge unterrichten. Auch das andere Kind wurde nun glücklich geboren.[219]

Siebeck hat auch bereits mit mir abgerechnet und mir den vereinbarten Betrag überwiesen.

Da ich annehme, dass er gleichzeitig auch mit Wjatscheslaw Iwanow abgerechnet hat, darf ich wohl in den nächsten Tagen auch von dort die nun fällig gewordenen 100.– erwarten.

Es bleibt jetzt dann für alle Beteiligten die angenehme Hoffnung auf eine baldige zweite Auflage.

Mit den besten Grüßen Ihr

J. F. Waibel

Brief 146)   Schor an Siebeck (SBB)

Professor I. Schor
Berlin Wilmersdorf / Landhausstr. 9, III   den 28 Februar 32

Sehr geehrter Herr Doktor Siebeck,

Für Ihre freundlichen Zeilen vom 11. 2. 32, wie auch für die Zusendung von 10 Exemplaren des „Dostojewskij"-Buches sage ich Ihnen meinen verbindlichsten Dank. In den nächsten Tagen werde ich die von mir versprochenen Adressen der Dozenten schicken. Heute will ich noch ein Paar französische Zeitschriften angeben, denen man Rezensionsexemplare senden könnte. Der Erfolg des „Briefwechsels" (W. Iwanow – M. Gerschenson), der im Jahre 30 in der Zeitschrift „Vigile" (Du Bos, bei Grasset) und jetzt in Buchform bei R. A. Correa

---

219 1932 kam Josef Waibel, das vierte Kind von Waibel und seiner Frau Margarete (1895–1981, geb. Inselberg), zur Welt.

veröffentlich worden ist, wird wohl der Verbreitung des deutschen „Dostojewskij" in Frankreich verhelfen.[220]

Das sind also: Mercure de France
                 Nouvelle Revue Française
                 Europe. (7, Place St. Sulpice. Paris)
                 Commerce. 219 rue St. Honoré, Paris.

Dann auch: Goetheanum, intern. Wochenschrift. Dornach bei Basel
                 Times (Litterary <*sic*>)

Mit besten Empfehlungen und vorzüglicher Hochachtung Ihr ganz ergebener

J. Schor

Brief 147)   Schor an Siebeck (SBB)

<d. 7. März 1932>[221]

Prof. I. Schor
z. Z. Berlin-Wilmersdorf / Landhausstr. 9 III
An den Verlag JCB Mohr (Paul Siebeck)
Tübingen

Hiermit bitte ich höflichst, mir 5 Exemplare der „Russischen Idee" von W. Iwanow zuschicken zu wollen.

Hochachtungsvoll,

I. Schor

Brief 148)   Waibel an Schor (NL)

Josef Friedrich Waibel
Freiburg im Breisgau / Bertoldstraße 20: Fernruf 2655

Herrn Professor J. Schor
Berlin-Wilmersdorf
Landhausstr.

10.3.32

Lieber Herr Schor!

Iwanoff hat bisher leider nicht reagiert und hat mir mein Geld noch nicht gesandt. Der Betrag ist vereinbarungsgemäß seit über einem Monat fällig, Mohr hat auch bereits zu Ende Januar pünktlich abgerechnet.

---

220 Die Übersetzung erschien 1931 bei Correa mit einer Einführung von Gabriel Marcel und mit dem von Ivanov für diese Ausgabe französisch verfassten „Brief an Charles Du Bos" als Nachwort. Hélène Isvolski und Charles Du Bos übersetzten den „Briefwechsel".
221 Datum laut Vermerk des Verlags.

Da ich fürchte, dass ich ähnlich lange warten soll wie mit dem Übersetzungshonorar das gegen alle Vereinbarung seitens Iwanoff's erst zum Erscheinungstermin zahlbar gestellt wurde, möchte ich ihm jetzt einen dringenden Brief
schreiben.

Ich wäre Ihnen recht dankbar, wenn Sie mir seine genaue Adresse schrieben.

Mit den besten Grüßen Ihr ergebener

J. F. Waibel

Brief 149)   Waibel an Schor (NL)

28.3.32

Lieber Herr Schor!

Iwanoff schweigt sich restlos aus.

Ich kann mir denken, dass es Ihnen peinlich ist bei ihm zu reklamieren und
bitte Sie deshalb nochmals um seine genaue Adresse, damit ich selbst an ihn
schreiben kann.

Ich könnte natürlich auch über Mohr versuchen Verbindung mit Iwanoff zu bekommen, möchte aber zunächst davon absehen diesen Weg zu
beschreiten.

Da ich mit jedem Pfennig zu rechnen habe, wäre ich Ihnen für die umgehende Adressenangabe dankbar, der Betrag ist jetzt seit zwei Monaten überfällig,
ich kann es mir nicht leisten, noch länger zu warten.

Ihnen und Ihrer Frau Gemahlin noch nachträglich beste Ostergrüße

Ihr ergebener

J. F. Waibel

Brief 150)   Waibel an Schor (NL)

23.04.1932

Lieber Herr Schor!

Auf meine Karte vom 28. März habe ich zu meinem Bedauern weder von
Ihnen die erbetene Adresse noch aber von Iwanoff mein Geld bekommen.

Sie werden verstehen, dass ich so nicht mehr weitermachen kann; ich bitte
Sie nochmals mir doch die Iwanoffsche Anschrift nicht vorenthalten zu wollen, da er auf Ihre Zuschriften nicht reagiert, muss ich ihm doch selbst schreiben.

Mit den besten Empfehlungen Ihr ergebener

Jos. Waibel

Brief 151)   Waibel an Ivanov (CS)

Josef Friedrich Waibel

Freiburg im Breisgau

Bertoldstraße 20: Fernruf 2655

Herrn Professor Wjatscheslaff Iwanoff

Facolta di filosofia et lettere

Pavia

4. Mai 1932

Sehr geehrter Herr Professor!

Auf Grund meiner Vereinbarungen mit Ihrem Vertreter, Herrn Professor Schor steht mir bei Erscheinen Ihres Dostojewski-Buches die Rückzahlung eines Honorarvorschusses von RM 100. (RM einhundert) zu.

Das Buch ist zu Ende Januar erschienen, der Verleger J. C. B. Mohr hat damals mit mir abgerechnet, es steht jetzt aber noch die obengenannte Summe von Ihnen aus.

Ich habe Herrn Schor etwa 4 mal gebeten sich dieserhalb an Sie, verehrter Herr Professor, zu wenden, damit die Angelegenheit geregelt werde. Zuerst hat mich Herr Schor vertröstet, neuerdings aber gibt er keinerlei Antwort und verweigert mir auch die Mitteilung Ihrer Adresse.

Ihre Anschrift habe ich mir nun anderweitig besorgt, ich wäre Ihnen sehr zu Dank verpflichtet, wenn ich mit der Überweisung meines Guthabens in den nächsten Tagen rechnen dürfte.

Mit den besten Empfehlungen

J. F. Waibel

Brief 152)   Schor an Waibel (NL)

Professor I. Schor

Berlin-Wilmersdorf

Landhausstr. 9, III

den 8 5 32

Lieber Herr Waibel,

Bitte mich entschuldigen zu wollen, dass ich Ihnen erst heute antworte. Das Tempo des Berliner Lebens ist so scharf, dass man nur mit einer großen Anstrengung ihm folgen kann. Kaum hat man sich umgesehen, ist schon eine Woche vorbei, und das Rad des Lebens beginnt wieder seinen Lauf. Meistens ist es ein Leerlauf des Lebens, den die Berliner Bevölkerung zu tanzen gezwungen ist. Man muss Mauern um sich errichten, damit man von diesem Rasen und Rennen nicht mitgezogen wird.

Ich bin jetzt sehr in der Arbeit. Unter anderem an einem Buche über eine ganz merkwürdige Kunst. Aus dem beiliegenden Kataloge werden Sie einen Eindruck von dieser Kunst gewinnen.[222] Darum mein langes Schweigen. Ich hoffe, dass Sie die Anschrift von Ivanov durch Kresling erfahren haben und befinden sich in einer unmittelbaren Verbindung mit Pavia. Sollte es unerwarteter Weise anders sein, so werde ich Ihnen gerne diese Anschrift mitteilen. Oder besser, ich gebe Ihnen heute schon. Sie lautet: „Al illustro Signor Professor Dr. V. Ivanov. Almo Collegio Borromeo. Pavia. Italien".

Wir würden uns sehr freuen, Nachricht von Ihnen zu erhalten. Wie geht es dem Kleinen? Vertragen sich die Kinder mit einander gut? Hoffentlich hat sich die Gesundheit Ihrer Frau Gemahlin vollkommen wiederhergestellt.

<I. Schor>

Brief 153)   Waibel an Ivanov (NL)

Josef Friedrich Waibel
Freiburg im Breisgau
Bertoldstraße 20: Fernruf 2655

Herrn Professor W. Iwanoff
Pavia
Collegio Borromeo

12.5.32

Sehr geehrter Herr Professor!

Mit Schreiben vom 4. ds. Mts. bat ich Sie um Überweisung der mir vereinbarungsgemäß seit Ende Januar zustehenden Rückvergütung der Ihnen seinerzeit gegebenen Honorarvorauszahlung in Höhe von RM 100.

Da ich diesen Betrag bis heute noch nicht erhalten habe, erlaube ich mir meine Bitte zu wiederholen, umsomehr als mir Herr Schor inzwischen Ihre genaue Anschrift gab.[223]

---

222 Um diese Zeit widmete sich Schor mit charakteristischem Eifer einer großen Arbeit über die Kunst von Maria Signorelli, die eigenartige Marionettenfiguren herstellte. Eine Ausstellung ihrer Werke fand in der Berliner Galerie Gurlitt im März 1932 statt. Schor schickte an Waibel den Ausstellungskatalog, in dem ein Auszug aus „Professor" J. Schors „demnächst erscheinendem Buch *Die tragische Kunst Maria Signorellis*" als Einführung diente. Das Buch ist aber nie erschienen. Segal und Segal 2012, S. 386–387, 394–395, 469.

223 Ivanov hat die Worte „umsomehr als mir Herr Schor inzwischen Ihre genaue Anschrift gab" unterstrichen und am Rand daneben „Wozu?!" geschrieben.

Wenn Sie berücksichtigen, dass meine Vereinbarungen vom 8. 8. 31 mit Ihrem Vertreter, Herrn Schor, schon in Betreff meiner Ansprüche aus dem Übersetzerhonorar nur sehr zu meinen Ungunsten[224] gehalten wurden und nur ganz verwässert in Ihrem Vertrag mit J. C. B. Mohr untergebracht wurden, dann darf ich wohl jetzt um gefl. umgehende Rückzahlung meiner Honorarvorauszahlung bitten.
Mit den besten Empfehlungen

J. F. Waibel[225]

Brief 154)   Schor an Waibel (NL)

Prof. I. Schor
Berlin-Wilmersdorf
Landhausstr. 9, III   den 12 5 32

Lieber Herr Waibel,
Eben habe ich einen Brief von Professor Iwanow erhalten. Zu meinem großen Bedauern muss ich feststellen, dass Ihre Beziehungen zum Übersetzer des „Dostojewskij"-Buches noch immer an einer wesentlichen Unklarheit leiden, die Ihnen und allen anderen Teilnehmern dieses Unterfangens Unannehmlichkeiten bereitet.
Sie wissen wohl, dass Sie mir am 6 7 31 mitgeteilt haben, dass die Übersetzung von Ihnen überbezahlt worden ist. Sie werden sich wohl auch erinnern können, dass im Laufe des Herbstes 31 ich Sie wiederholt gebeten habe, mir schriftliche Unterlagen Ihrer Beziehungen und Verabredungen mit Herrn Kresling, etwa eine Kopie des Vertrags u. a. m., zugehen zu lassen, damit ich diese an Prof. Iwanow weiter leiten könnte. Leider haben Sie sich geweigert, Ihre Beziehungen mit Herrn Kresling schriftlich zu fixieren und mir die von mir gebetenen Unterlagen zur Verfügung zu stellen. Ja sogar mein Brief vom 11. 11. 32, in dem ich Sie wiederum um diese bat, blieb unbeantwortet. Bis heute haben Sie weder dem Verfasser, noch mir diese Dokumente zugesandt, *wodurch Sie auch dem Verfasser jede Möglichkeit genommen haben, die Frage des Übersetzerhonorars zu klären.*

---

224 Ivanov hat die Worte „zu meinen Ungunsten" unterstrichen und am Rand daneben ein Ausrufezeichen gesetzt.

225 Unten auf dieser Seite befinden sich folgende handgeschriebene Zeilen von Ivanov an Schor: „Дорогой Евсей Давыдович, согласно Вашему мудрому и великодушному распоряжению (которое вполне отвечает моему желанию не вступать с Вайбелем в личные переговоры) немедленно пересылаю Вам к сведению это второе ко мне обращенное послание надоедливой осы. Ваш Вяч. Иванов 15 мая." („Lieber Evsej Davydovič, Ihrer weisen und großzügigen Anordnung entsprechend – die vollkommen meinen Wunsch, nicht in persönliche Verhandlungen mit Waibel zu treten, widerspiegelt – schicke ich Ihnen unmittelbar zur Kenntnisnahme diese zweite an mich gerichtete Sendung der lästigen Wespe zu. Ihr Vjač. Ivanov. 15. Mai.")

Professor Iwanow ist mit Ihnen vollkommen einverstanden, dass die Übersetzung überbezahlt worden war. Es ist ihm bekannt, dass das Durchschnittshonorar für eine Buchübersetzung etwa 40 bis höchstens, für einen „Siebeck-Bogen", 50 Mark ausmacht. Er gibt zu, dass im Falle „Dostojewskijs", wo es um eine außerordentlich schwierige Übersetzung ging, das Übersetzungshonorar bis zu 75 Mark pro Bogen erhöht werden könnte. Das ganze Buch sollte also mit M. 675 bezahlt werden.

Professor Iwanow ist überzeugt, dass Sie sich längst, jedenfalls sofort nach dem Erscheinen des Buches, bemüht haben, diese Frage ins Reine zu bringen und bittet Sie, ihm die Ergebnisse Ihrer Bemühungen mitteilen zu wollen.

Mit vielen herzlichen Grüßen von Haus zu Haus

<I. Schor>

Brief 155)   Waibel an Ivanov (NL)

23.5.32

Sehr geehrter Herr Professor!

Ich komme auf meine Schreiben vom 4. und 12. dieses Monats zurück und bedauere feststellen zu müssen, dass ich noch ohne Ihre Überweisung geblieben bin.

Mein Guthaben in Höhe von RM 100. ist seit Ende Januar fällig, ich habe Ihnen bereits mitgeteilt, dass die Vereinbarungen mit Ihrem Vertreter Herrn Schor betreffs Rückzahlung des Übersetzerhonorars sehr unpünktlich gehalten wurden.

Da es sich bei meiner jetzigen Forderung um die zinslose Rückzahlung meines Honorarvorschusses an Sie handelt, darf ich wohl um Überweisung bis spätestens zu Ende dieses Monats bitten. Der Betrag ist dann 4 Monate überfällig.

Hochachtungsvoll

J. F. Waibel

Brief 156)   Ivanov an Schor (NL)[226]

Herrn Prof. Schor
Berlin-Wilmersdorf

Pavia, den 25. Mai 1932

Lieber Freund,

Indem ich Ihnen die von Herrn J. Waibel in Freiburg abermals an mich gerichtete Forderung, ihm die Geldsumme von RM. 100 unverzüglich zu

---

226 Dieser Brief ist im Archiv als Handschrift und auch als Maschinenschrift zu finden. Sie unterscheiden sich dadurch, dass in letzterer „Paris" statt „Pavia" als Ort angegeben wird. Derjenige, der den Brief getippt hat, hat sich anscheinend verlesen.

überweisen (Postkarte vom 23. d. M.), anbei übersende, bitte ich Sie nochmals, Herrn Waibel in meinem Namen davon in Kenntnis setzen zu wollen,
dass ich allerlei Verhandlungen mit ihm betreffs seiner Ansprüche im Zusammenhang mit dem Verlag meines Dostojewskij-Buches ausschließlich in Ihre
Hände gelegt habe.

Mit besten Grüßen Ihr sehr ergebener

W. Iwanow

Brief 157)   Prager an Ivanov (CS)

Wien, 27. Mai 1932

Sehr geehrter Herr Professor,

Verlag Mohr in Tübingen sandte mir Ihr Buch über Dostojewski, das ich mit
großem Interesse lese und rezensieren werde.[227] Schon vor einiger Zeit las ich
Ihre „Russische Idee" etc., so dass Sie mir als namhafter Dostojewski-Interpret
nicht unbekannt sind.

Umso lebhafter muss ich nun bedauern, festzustellen, dass Sie offenbar von
der Existenz meines vor 7 Jahren (!) erschienenen Buches „Die Weltanschauung
Dostojewskis" keine Ahnung zu haben scheinen, das eine große Bekanntheit
errungen hat. Sie schreiben auf Seite 99 Ihrer Schrift: „... die große organische
Einheit, als solche sich das ganze Schaffen Dostojewskis darstellt..." und auf
Seite 100: „In ihrem Zusammenhang ist die Weltanschauung Dostojewskis bis
jetzt noch nicht erschlossen worden." – Ich behaupte nun, dass ich als erster
diese organische Einheit und diesen Zusammenhang erschlossen habe und dies
ist auch von verschiedenen Seiten bestätigt worden. – In meinem Bande habe
ich auch gezeigt, wie nahe „Der Idiot" und „Don Quijote" zueinander stehen
u. s. f. –

Ich würde es lebhaft begrüßen, wenn Sie, sehr geehrter Herr Professor, Einsicht in mein Buch nehmen würden.

Mit verbindlichster Empfehlung! Ihr sehr ergebener

Hans Prager

---

227 Hans Prager (1887–1940) studierte Philosophie in Zürich und Wien. Seine Schrift
Wladimir Solovjeff's universalistische Lebensphilosophie erschien 1925 bei J. C. B. Mohr
(Paul Siebeck). Eine von ihm verfasste Rezension zu Ivanovs Buch ist nicht bekannt.

Brief 158)   **Waibel an Ivanov (NL)**

Josef Friedrich Waibel
Freiburg im Breisgau
Bertoldstraße 20: Fernruf 2655

Herrn Professor W. Iwanoff
Pavia
Collegio Borromeo   7. Juni 1932

Sehr geehrter Herr Professor!

Es tut mir leid Ihnen ein viertes Mal schreiben zu müssen, da ich aber auf meine Schreiben vom 4. 12 und 23. Mai ohne Ihre Antwort und Geldüberweisung blieb, sehe ich mich dazu veranlasst.

Wie ich Ihnen bereits schrieb sind meine ausdrücklichen Rücktrittsbedingungen von Ihrer Seite nicht eingehalten worden, es stehen mir die Zinsen für RM 600.– für die Zeit vom 1. Oktober 1931 bis zum 31. Januar 1932 zu.

Weiterhin stehen mir jetzt Zinsen für RM 100.– für die Zeit vom 31. Januar 1932 bis heute bez<iehungs>w<eise> bis zur Zahlung des überfälligen Betrages von RM 100.– zu.

Ich erlaube mir Ihnen nachstehend nochmals eine Aufstellung meines Guthabens zu geben

Am 1. Februar fälliger Honorarvorschuss	100.– RM
8% Zinsen aus 600. für 4 Monate	16.–
Mein Guthaben am 1. Februar 1932	116.–
8% Zinsen vom 1.2.32. bis zum 1.6.32	3.10
Portoauslagen für Mahnschreiben	.90
	120.–

Diesen Betrag erwarte ich jetzt mit wendender Post, spätestens jedoch am 15. Juni hier eingehend.

Nachdem Ihr Vertreter, Herr Schor, auf etwa vier Briefe mir nicht zu meinem Gelde verholfen hat und Sie selbst auf weitere drei Schreiben nicht reagieren, muss ich mir weitere Schritte vorbehalten.

Ich mache schon heute darauf aufmerksam, dass ich meine Zustimmung unter genau festgelegten Bedingungen gegeben habe, die leider in keinem Punkte eingehalten wurden. Ich behalte mir ausdrücklich vor, die nötigen Folgerungen hieraus zu ziehen.

Hochachtungsvoll

                                                        J. F. Waibel

Brief 159)   Schor an Waibel (CS; NL)

Professor I. Schor
Berlin-Wilmersdorf
Landhausstr. 9, III   Berlin, den 19 6 32

Herrn Josef Friedrich Waibel
Freiburg i B
Bertholdstraße 20.

Lieber Herr Waibel,

Es tut mir leid Ihnen ein zweites Mal schreiben zu müssen. Allein mein Brief vom 12 6 32 blieb unbeantwortet, den ich im Auftrage von Professor Ivanov geschrieben habe. Vor einigen Tagen erhielt ich Ihren letzten Brief an Professor Ivanov; da Sie in diesem auf die von mir formulierten Forderungen von Prof. Ivanov nicht eingegangen sind, so sehe ich mich veranlasst, – und bin auch seitens Prof. Ivanov darum gebeten, – den Standpunkt von Prof. Ivanov noch klarer zu formulieren.

Keineswegs möchte Prof. Ivanov bestreiten, dass er im Frühjahr 1925 RM. 100 von Ihnen erhalten hat und Ihnen dadurch das Recht übertragen, die ersten 1000 Exemplare seiner Schrift: „Dostojewski als tragischer Dichter" herauszugeben. Für das II. und III. Tausend Exemplare sollte er (Ihr Schreiben vom 6 11 24) je 300 RM. erhalten.[228]

Keinesfalls ist er aber gewilligt, sein Recht fallen zu lassen und Sie von Ihrer Pflicht zu suspendieren, ihm Rechenschaft über das Übersetzerhonorar zu geben und die von Ihnen überbezahlte Summe zurückzufordern.

Professor Ivanov möchte Sie daran erinnern, dass:

1) nie die Rede davon war, dass er die Übersetzung seines Werkes „Dostojewski" bezahlen sollte,

2) Sie sich darum auch nie um seine Stellung zu der Höhe des Übersetzerhonorars erkundigt oder bekümmert haben, und dass es, drittens, ein großes Opfer seitens Prof. Ivanov war, als er sich entschloss, das Übersetzerhonorar aus seinem Verfasserhonorar zu bezahlen. Hätte er das nicht getan, so wäre das Buch bis jetzt nicht herausgegeben und Sie wären um Ihr Geld gebracht. Prof. Ivanov könnte aber auch in diesem Falle sein Recht auf die Herausgabe

---

228 In Waibels in der Einführung angeführtem Brief vom 6. November 1924 ist davon keine Rede.

des Werkes Ihnen gegenüber geltend machen, und so wären Sie gezwungen, entweder das Buch herauszugeben oder den Schadenersatz zu leisten.

Prof. Ivanov möchte Sie weiterhin daran erinnern, dass Sie ihm gegenüber mehrmals versagt haben, und zwar:

1) Im Jahre 1925, als <Sie> die Herausgabe des ersten Heftes des Werkes (Heft I, Dostojevski als tragischer Dichter) dadurch vereitelt haben, dass Sie alle drei Teile als *ein* Buch herausgeben wollten, (wenngleich die ersten Fahnen des Werkes bereits gesetzt worden waren); weil Sie die Absicht hatten, eine Druckpresse zu kaufen und mit derselben das ganze Werk drucken zu lassen.

2) Als Sie versäumt haben, einen Vertrag mit dem Übersetzer zu schließen und feste Termine für die Lieferung der Übersetzung festzustellen, weswegen auch die Übersetzung des II. und III. Teils des Werkes, die vom Verfasser im Frühjahr 1926 an den Übersetzer geschickt wurden, erst im Jahre 1930 zu Ende kam.

3) Als Sie das Übersetzerhonorar überbezahlt haben und dann während der Verhandlungen mit Herrn Dr. Siebeck, trotz meiner wiederholten Bitten und meines Briefes von 22 11 31, keine Unterlagen betreffend Ihrer Beziehungen mit dem Übersetzer Professor Ivanov geben wollten und ihm dadurch unmöglich machten, diese Frage zu prüfen.

Wegen Ihrer und des Übersetzers Schuld hat sich die Übersetzung, wie gesagt, bis in das Jahr 1930 gezogen, wodurch die beste Zeit für die Herausgabe eines Buches über Dostojewski verloren ging, und das Werk von Prof. Ivanov in einer krisenvollen und kaufschwachen Zeit herauskommen musste.

Als Professor Ivanov im Jahre 1927 und 1928 noch immer keine Übersetzung des II. und III. Teils bekommen hatte, so wollte er und hatte das volle Recht, sich um einen anderen Übersetzer umzusehen. Hätte Prof. Ivanov diese seine Absicht in Erfüllung gebracht, was für ihn unbedingt vorteilhaft <gewesen> wäre, so wären Ihre 800 M., die Sie für die Übersetzung vorausbezahlt hatten, restlos verloren.

Nur weil ich mich dazwischen warf und Prof. Ivanov mitgeteilt habe, welch ein Verlust für Sie dieser Schritt bedeuten würde, hatte er sich entschlossen – wider seiner eigenen Interessen – auf die Übersetzung weiter zu warten.

Sie sehen, lieber Herr Waibel, dass Sie Prof. Ivanov mehrfach zu Dank verpflichtet sind.

Ich weiß wohl, dass Sie selbst ein Opfer Ihrer Gutmütigkeit sind. Viel größer ist aber das Opfer, das Prof. Ivanov zu tragen hat: das Buch, ein Ergebnis einer vieljährigen Arbeit, musste er für ein Honorar abgeben, das in keinem Verhältnis zu der künstlerischen, philosophischen und literaturhistorischen Leistung steht. Und aus diesem Honorar musste er noch das Übersetzungshonorar bezahlen! So ist das Wenigste, was er von Ihnen erwarten kann eben, dass Sie ihm die Rechenschaft über das auf ihn auferlegte Opfer geben und sich die Mühe gäben, die von Ihnen überbezahlten Gelder zurückzukriegen.

Das ist der Standpunkt von Professor Ivanov. Ich glaube nicht, dass man ihn bestreiten könnte.

Nun werden Sie mir sagen, dass es für Herrn Kresling unmöglich wäre, das überbezahlte Geld zurückzugeben. Das sehe ich vollkommen ein. Aber warum soll Prof. Ivanov der Leidtragende sein, da er sowieso die ganze Last der Übersetzungskosten auf sich genommen hat?

Fürwahr: würde Prof. Ivanov sein Recht auf Schadenersatz wegen der Verzögerung der Herausgabe des Buches geltend machen, – stellen Sie sich vor, was für Folgen das für Sie haben könnte.

Also wollen wir doch die Problematik dieses Falls friedlich lösen. Sprechen Sie bitte darüber mit Herrn Kresling. Sicher werden Sie einen friedlichen Ausweg finden, mit dem Prof. Ivanov einverstanden sein wird. Dr. Siebeck hat doch Ihnen bereits geschrieben, dass es ein Glück war, das ich in *dieser* Zeit einen Verleger gefunden habe.[229] Wollen wir dieses Glück nicht verderben und die Sache endgültig harmonisch klären.[230]

Es scheint mir, dass alle Fragen klar formuliert sind. Wir müssen doch einmal die ganze Sache vom Standpunkt Professor Ivanovs aufrollen. Ich bitte Sie also, mir auf diesen Brief Antwort zu geben, da Prof. Ivanov mich gebeten hat, diese Angelegenheit wiederum in die Hand zu nehmen und ins Klare zu bringen. Da alle Unterhandlungen durch meine Vermittlung geführt wurden, konnte ich es

---

229 Am 28. Oktober 1931 hatte Siebeck an Waibel geschrieben (SBB): „In der heutigen Wirtschaftslage wird man es fast als ein besonders glückliches Zusammentreffen ansehen müssen, dass es Herrn Professor Schor gelungen ist, für eine deutsche Ausgabe dieses Buches einen anderen Verleger zu finden, trotzdem der Verfasser über das Übersetzungsrecht seines Werkes nach anderen Ländern schon verfügt hat. Unter diesen Umständen bedaure ich, Vorauszahlungen auf die vertraglich festgesetzten Honorare nicht leisten zu können, zumal es in Zeiten eines so katastrophalen Rückgangs des Bücherabsatzes, wie wir ihn jetzt haben, genauester Einteilung der flüssigen Mittel bedarf, wenn man als Verleger sein unter viel günstigeren Verhältnissen eingeleitetes Verlagsprogramm auch nur einigermaßen ohne größere Abstriche durchhalten will".

230 Der Durchschlag im Rom-Archiv endet an dieser Stelle. Es fehlt die letzte Seite, die nach der früheren Fassung aus dem Schor-Archiv in Jerusalem zitiert wird.

selbstverständlich nicht abschlagen. Allein, ich habe bereits so viel Zeit und Mühe dem Buche gewidmet, dass ich Sie bitten muss, sich mit Herrn Kresling in Verbindung zu setzen und die Angelegenheit durchzusprechen; dann aber mir eine eingehende Antwort zu geben, in welcher der Standpunkt Prof. Ivanovs berücksichtigt wäre. Sonst werden wir immer weiter <aneinander> vorbeischreiben.

Zur selben Zeit schreibe ich an Herrn Kresling und bitte ihn, sich mit Ihnen in Verbindung zu setzen.

Ich werde mich sehr freuen, Nachricht von Ihnen zu erhalten und Näheres von Ihrem Leben zu erfahren. Die Zeiten werden von Tag zu Tag düsterer. Wie gelingt es Ihnen, sich durchzusetzen? Ist Ihre Druckerei mit Aufträgen versorgt? Ist das Antiquariat wieder in Bewegung gesetzt? Wie geht es bei Ihnen zu Hause? Wie stehen die Kinder zu einander? Sehr viel Liebe oder auch etwas Eifersucht? In Ihrer kleinen Wohnung ist jetzt noch mehr Leben. Fällt das Frau Waibel nicht zu schwer?

Jedenfalls ist die Stimmung in Freiburg besser als in Berlin. In den letzten Tagen ist die Atmosphäre sehr gespannt. Bei schönem Wetter eilt das ganze Berlin zu den Seen, deren Wasser die politischen Leidenschaften abkühlt. Aber das schlechte Wetter macht die Großstädter nervös. Und die Ereignisse in Preußen geben wirklich keinen Grund zur Beruhigung.[231]

Die Spannung zwischen dem katholischen und protestantischen Deutschland ist sehr stark geworden. Wollen wir hoffen, dass der Gipfel der Spannung erreicht ist. Der religiöse Dualismus ist vielleicht die treibende Kraft der geistigen Entwicklung des Landes.

Aber alle inneren Spannungen und Konflikte werden durch diesen Zwiespalt verschärft. Es ist auch bewunderungswürdig, dass das deutsche Volk – trotz aller Kalamitäten – noch so viel Selbstbeherrschung besitzt und immer noch Ruhe bewahrt. Wie lange wird es noch dauern? Was meint man in Freiburg? Wie stehen Sie selbst zu all diesen Fragen?

Selbstverständlich bedauern wir sehr, aus Freiburg weggegangen zu sein. Wenn auch Berlin sehr viel künstlerische Anregungen bietet, denkt man doch gerne an das schwarzwaldische Idyll. Ob wir noch in diesem Herbst nach Freiburg kommen, ist aber nicht entschieden.

Mit vielen herzlichen Grüßen auch an Ihre Gattin und die Kinder von uns beiden

<J. Schor>

---

231 Am 4. Juni löste Franz von Papen den Reichstag auf. Am 9. Juni trat ein Notverordnungsrecht in Kraft, wonach u. a. das Gehalt der Zivilbeamten herabgesetzt wurde.

Übrigens: Ihr Brief vom 7 Juni 32, wo Sie Prof. Ivanov als Frist den 15 Juni angeben, wurde am 13 von Freiburg abgesandt und ist am 14 in Pavia eingetroffen. Der Briefumschlag mit den Poststempeln ist aufbewahrt worden. Wer hat Ihnen diesen Dienst geleistet? Auch darin muss wohl ein Missverständnis liegen.

Brief 160)   Schor an Siebeck (SBB)

Professor J. Schor
Berlin Wilmersdorf
Landhausstr. 9, III
Berlin   den 25 Juli 32

Sehr verehrter Herr Doktor Siebeck,

für die Zusendung der Dostojewski-Rezensionen und der Besprechungen der „russischen Idee" sage ich Ihnen meinen verbindlichsten Dank. Bei dieser Gelegenheit möchte ich auf die Frage zurückkommen, die ich bereits früher berührt habe: auf die Frage nach der Herausgabe der anderen Werke von W. Iwanow.

In seinem Vorwort zu „Dostojewskij" erwähnt W. Iwanow, dass die Anregung, „Gedrucktes und Ungedrucktes über Dostojewskij zu einer einheitlichen Darstellung zu bringen", von mir ausgegangen ist. In ähnlicher Weise habe ich W. Iwanow veranlasst, seine in Zeitschriften und Sammelwerken zerstreuten Essais um drei große Themen zu konzentrieren. So sind drei Bücher entstanden, von denen ich Ihnen in meinem Briefe vom 16 VI 29 eine kurze Notiz gegeben habe: 1. Kunst und Symbol. 2. Überwindung des Individualismus. 3. Schicksal des Theaters. Es scheint mir, dass alle drei Werke in unseren Tagen besonders aktuell geworden sind.

1. „Kunst und Symbol" ist eine Religionsphilosophie der Kunst, die sich aus den Tiefen der dichterischen Erfahrung erhebt und in einer unvergleichlichen Weise die phänomenologische Beschreibung der geistig-schöpferischen Prozesse mit der philosophischen Reflexion und mit der religiösen Weltanschauung vereinigt. Zur selben Zeit ist in diesem Buche die Darstellung der Entstehung und des Wesens des symbolischen Denkens gegeben und eine Theorie, oder besser eine Ästhetik des westeuropäischen und russischen Symbolismus als dichterischer Schulen herausgearbeitet.

2. „Die Überwindung des Individualismus" verfolgt in großen Linien die Entstehung des Individualismus als Idee und Lebensform im westeuropäischen und russischen Geistesleben, deckt das Wesen und den inneren Mangel des Individualismus auf und zeigt die Wege seiner Überwindung im christlichen Sein und Bewusstsein.

Und endlich: 3. „Das Schicksal des Theaters" ist ein Buch über die Krise und das innere Wesen des Theaters. In den Mittelpunkt der Betrachtung wird das Problem der Tragödie gerückt, eine tiefe Einsicht in das Wesen des Tragischen gewährt, und in der inneren Struktur der Tragödie die „Norm des Theaters" gefunden. Das Buch behandelt nicht nur die brennende Frage nach der Krise des Theaters, die jetzt im Mittelpunkte des theatralischen, vielleicht auch des künstlerischen Lebens steht; es deckt die wesentliche Verflochtenheit dieser Frage mit der Problematik der Tragödie auf und gewinnt dadurch die Möglichkeit, den Weg der Überwindung der Krise zu zeigen und die Norm der Wiedergeburt des Theaters aufzustellen. In einer merkwürdigen Weise hat hier ein russischer Dichter dem westeuropäischen Denken vorgearbeitet; denn aus einem ähnlichen Krisenbewusstsein ist im Jahre 1930 das Buch „Thespis" entstanden, in welchem das Problem der Tragödie eine zentrale Stellung einnimmt.[232] Allein, diesem breit angelegten und alle Seiten der theatralischen Kunst berührenden Sammelwerk fehlt die letzte Lösung des Problems, die in dem Buch Iwanows bereits vorhanden ist und seinen Nerv bildet. Wohl darum, weil ein Bewusstsein der geistigen Krise, das in Deutschland nur langsam und zögernd nach dem Weltkriege aufgegangen ist, in Russland sich bereits nach dem japanischen Krieg und der misslungenen Revolution von 1905 gebildet hat. Wie es auch sein mag: je düsterer das Leben Westeuropas, desto aktueller wird das Schrifttum Iwanows, in dem die Problematik der europäischen Kulturkrise zutiefst erlebt ist und die Auswege erschaut <sind>.

Alle drei Bücher sind sehr knapp gefasst. Nach einer vorläufigen Berechnung schätze ich folgendermassen ihren Umfang:

„Kunst und Symbol" – etwa neun Dostojewskij-Bogen
„Die Überwindung des Individualismus" – etwa fünf bis sechs Bogen
„Das Schicksal des Theaters" – etwa fünf bis sechs Bogen.

Einige von den Essais, die in diese Bücher eingegangen sind, werden, wie ich Ihnen einmal mitgeteilt habe, in der Zeitschrift „Corona" („Die Grenzen der Kunst" – aus dem Buche „Kunst u Symbol"; „Du bist" aus dem Buche „Die Überwindung des Individualismus") und in der Zeitschrift „Orient und Occident" („Nietzsche und Dionysus" – aus dem Buche „Das Schicksal des Theaters")

---

232 *Thespis: das Theaterbuch 1930*. Berlin, 1930. Dieser Sammelband wurde von Schors Freund Rudolf Roeßler in Verbindung mit Kurt Karl Eberlein und Oskar Fischel im Bühnenvolksbundverlag herausgegeben.

veröffentlicht.[233] Ich hoffe, dass es der Herausgabe der Bücher keineswegs im Wege stehen, vielmehr zu ihrem Erfolge beitragen wird. In allen Fällen wird man angeben können, dass der Aufsatz dem demnächst erscheinenden Buche entnommen ist, somit werden die Aufsätze für die Bücher werben.

Ich würde mich sehr freuen, wenn Sie Interesse für die Herausgabe dieser Werke haben würden. Prof. Iwanow möchte gerne diese Werke in der deutschen Sprache erschienen sehen und hat mich gebeten, die dazu nötigen Schritte zu unternehmen. Noch eine Frage über „Dostojewskij". Durch meine Freunde in U. S. A. und in Brasilien hoffe ich, die deutschen Kreise für „Dostojewskij" gewinnen zu können.[234] Dazu brauche ich mehrere Exemplare des Buches. Könnte ich diese zum Verlegerpreis haben?

Mit besten Empfehlungen und vorzüglicher Hochachtung bleibe ich Ihr sehr ergebener

J. Schor

Brief 161)   Schor an Lieb (UB)

Berlin, den 27. 7. 32

Lieber Fedor Iwanowitsch,

Aus der beiliegenden Kopie meines Briefes an Siebeck werden Sie entnehmen können, dass ich wiederum die Initiative zur Herausgabe der Werke Ivanovs ergriffen habe.[235] Denn: je düsterer die Zeiten, desto mehr Sehnsucht nach echter geistiger Nahrung. Die Essais, die in den Sammelwerken und Zeitschriften zerstreut sind, werden jetzt in drei Büchern gesammelt:

Kunst und Symbol. Eine Philosophie des symbolischen Dichtens und Denkens, zugleich eine Religionsphilosophie der Kunst, zugleich eine Ästhetik des russischen und westeuropäischen Symbolismus,

Die Überwindung des Individualismus, und

Das Schicksal des Theaters.

Über den Inhalt der drei Bücher schreibe ich ausführlich in diesem Briefe an Siebeck.

---

233 Aus diesen geplanten Veröffentlichungen ist nur der Aufsatz „Du bist" realisiert worden, der stark überarbeitet unter dem Titel „Anima" in *Corona* 1935 erschien, wobei Schors Übersetzung des russischen Originaltextes als „nützliche Vorlage" gedient hat. *DB*, S. 109–110. Alexandra Moik, *Vjačeslav Ivanovs Werk im deutschsprachigen Raum: Autoversion und Fremdübersetzung.* Dissertation, Universität Wien, 2015, S. 50–71.

234 Es ist nicht bekannt, wer diese Freunde waren.

235 Zusammen mit diesem Brief schickte Schor einen Durchschlag von seinem Brief an Siebeck vom 25 Juli 1932.

Die Aufsätze, die in diese Bücher eingehen, sind nur teilweise übersetzt. Aber ich hoffe, dass Siebeck sich jetzt auch ohne Manuskripte entschließen kann, einen Vertrag abzuschließen. Für die pünktliche Lieferung der Arbeit übernehme ich die Garantie, da Iwanow die ganze Sache in meine Hände gelegt hat.

Ich nehme an, dass Siebeck Sie um Rat bitten wird. Ich weiß nicht, ob Sie die Aufsätze Iwanows gelesen haben, die in seinen Essais-Sammlungen (Borosdy i Meži, Po swesdam) herausgegeben sind. Die drei obengenannten Bücher sind im größten Teil aus dem Material dieser Essais zusammenkomponiert. Wenn Sie aber diese Essais auch nicht gelesen haben, – ich glaube nicht, dass ich Ihnen Iwanow zu empfehlen brauche. Sie schätzen ihn doch nicht weniger als ich. Darum hoffe ich, dass Sie Ihrer Stellung zu Iwanow in Ihrem Gutachten eventuell Ausdruck geben werden. Jedenfalls will ich die Sache nicht in Angriff nehmen, ohne Sie darüber in Kenntnis zu setzen.

Am Ende des Semesters haben Sie sicher sehr viel zu tun. Darum erwarte ich auch keinen ausführlichen Brief. Würde Ihnen aber für eine Karte mit einer Antwort auf die Fragen meiner letzten Briefe sehr dankbar.

Aus „OrO" habe ich erfahren, dass der Aufsatz von Iljin (Ssobornost') im nächsten Heft erscheinen wird.[236] Da die Übersetzung vor anderthalb Jahren

---

236 Ivan Aleksandrovič Il'in (1883–1954), Philosoph. Sein Aufsatz „Was ist Sobornost" erschien in der Zeitschrift *Orient und Occident* im ersten Heft des Jahres 1933, S. 1–8. Zu Il'in gibt es interessante Stellen im Briefwechsel zwischen Schor und Roeßler (NL). Am 27. 12. 34 antwortete Schor auf Roeßlers Frage nach dem Schriftsteller Ivan Šmelev (Schmeljow): „Schmeljow ist ein sehr begabter Dichter (Erzähler). Das letzte, was ich von ihm gelesen habe, war eine ergreifende Darstellung eines russischen Menschenschicksals zur Zeit der Revolution (deutsch, in ‚Eckart'). Seine Erzählung wurde durch ein Einführungswort von Prof. I. Iljin, Berlin, empfohlen. Iljin, den ich sehr gut kenne, ist ein sehr begabter Philosoph; kommt zur Philosophie von der Jurisprudenz; gehörte früher zu den Konstitutionalisten-Demokraten (‚Kadeten'), die durch die Bolschewistische Revolution zum Teil vernichtet wurden. Iljin wurde zusammen mit Stepun, Berdiajew u. a. aus Russland im Jahre 1922 ausgewiesen, hat sich dann in Berlin niederlassen, hat sich hier stark nach rechts entwickelt; letzlich hörte ich in Berlin, dass er den russischen ‚Nazi'-Formationen nah wäre, die eine Zeit in Berlin ihr trauriges Wesen getrieben haben. Trotz des sehr warmen Empfehlungsworts, das die Erzählung Schmeljows einführt, glaube ich nicht, dass Schmeljow selbst in dieser Weise politisch gefärbt wäre. Ich will hoffen, dass auch I. Iljin inzwischen eine Wendung erfahren hat. Teile Ihnen dies mit, um Sie von einer möglichen Gefährdung der ideologischen Linie Ihres Verlags zu schützen." Wie sich Il'in weiterentwickelte, wurde jedoch bekannt. Am 14. November 1935 schrieb Roeßler an Schor (NL): „Dass Prof.

ausgeführt war, so möchte ich sie gerne noch einmal durchsehen, bevor sie in die Druckerei gehen wird. Denn in der Korrektur wird man doch nicht viel verbessern dürfen? Also, schicken Sie mir bitte den Aufsatz noch vor Ihrer Ferienreise, damit ich die Übersetzung in voller Ruhe durchsehen könnte.

Die Zeitschrift selbst hat ein sehr hohes Niveau und ist zugleich sehr temperamentvoll. „Nietzsche und Dionysos" bleiben immer noch in der dichterischen Werkstatt Iwanows, obgleich er mir mehrmals versprochen hat, den Aufsatz sofort zuzusenden. Soll ich Ihnen Bescheid geben, wenn der Aufsatz bei mir eintreffen wird?

Mit vielen herzlichen Grüßen auch für Ihre Frau von uns beiden

Ihr J. Schor

Brief 162)   Siebeck an Schor (SBB)

He A.–   Tübingen, den 27. Juli, 1932

Herrn Professor J. Schor
Zzt. Berlin Wilmersdorf
Landhausstr. 9 III

Sehr verehrter Herr Professor,

in Abwesenheit meines Herrn Dr. Siebeck bestätige ich Ihnen mit verbindlichstem Dank den Empfang Ihrer freundlichen, an Herrn Dr. Siebeck gerichteten Zeilen vom 25. ds. Mts. Herr Dr. Siebeck hat sich zu einem längeren Kuraufenthalt nach Bad Kissingen begeben und wird voraussichtlich erst Anfang September hierher zurückkehren. Da Herr Dr. Siebeck während seines Kurgebrauchs keine Nachsendungen zu erhalten wünscht, darf ich Sie freundlichst bitten, sich mit einer Stellungnahme zu Ihren Anregungen zunächst etwas gedulden zu wollen.

Die von Ihnen erbetenen Exemplare des „Dostojewski" lasse ich Ihnen gleichzeitig zugehen. In vorzüglicher Hochachtung Ihr ergebenster

J. C. B. Mohr (Paul Siebeck)

Lieb ‚Orient und Okzident' im Gotthelf-Verlag herausbringen will, habe ich Ihnen wohl schon geschrieben. Ich finde es grotesk, dass diese Zeitschrift, für die ja auch Berdiajew zeichnet, in einem Verlag erscheinen soll, der Norman (Iljin) verlegt hat!!" Unter dem Pseudonym Alfred Norman veröffentlichte Il'in 1935 im Gotthelf-Verlag (Bern) das nazistische Propaganda-Buch *Bolschewistische Weltmachtpolitik: Die Pläne der 3. Internationale zur Revolutionierung der Welt: Auf Grund authentischer Quellen dargestellt.*

Brief 163)   Ivanov an Kaubisch (CS)[237]

30.VII.32

Sehr verehrter und lieber Herr Doktor,

Die Scham verwährt uns, von gewissen Dingen zu reden; und so möchte ich denn auch von meinem Schweigen lieber – schweigen. Aber dass ich stets an Sie mit liebevollem Einfühlen und herzlicher Dankbarkeit gedacht habe, das darf ich doch wohl gestehen. Und vor allem bin ich Ihnen für die beiden kleinen Bilder dankbar: sie taten oftmals Wunder und raunten mir vernehmlich so etwas wie orphische Urworte, ja Sie begannen mitunter „zu singen wie von überirdischen Dingen"[238]; sooft ich Ihre Züge betrachtete, dachte ich auch an „ein weites Tal – und eine Brücke".[239] Gleichen Dank bin ich für Ihre Gedichte schuldig. Gar süß und wohltuend scheint manches Lied aus den heiligen Hainen der frühen Romantik herüber zu tönen. In der Zwischenzeit habe ich Ihre Lyrik wirklich liebgewonnen, und kann nun mit Überzeugung sagen, dass es keine vorübergehende Liebschaft ist, denn sie hat eine Zeitprobe wohl bestanden. Wie schön ist z. B. „Irre"![240] Die Echtheit Ihrer Lyrik bewährt sich darin, dass ihre Quellader wohl immer aus den Tiefen einer musikalischen Begeisterung hervorsprudelt. An einem Gedichte glaube ich sogar den musikalischen Ursprung der Stimmung, der Vision, des Rhythmus positiv nachweisen zu können: ist „Beatrice" nicht Ihr poetischer Text zu Schuberts Melodik im Liede „Auf dem Wasser zu singen"?[241] Und nun diese tiefen Brunnen – Ihre meist aus „schicksalhaft" erlebten

---

237 Der Brief ist verlorengegangen, aber eine frühe Fassung ist im Ivanov-Archiv (CS) erhalten, die wir hier drucken. (S. Abb. 2, S. 296.)

238 Anspielung auf die Schlusszeilen von Kaubischs Gedicht „Der silberne Strom". Martin Kaubisch, *Gedichte*, Weimar, <1931>, S. 35. „Und die Himmel beginnen zu singen wie von überirdischen Dingen… Und die Erde löscht aus. – –". In dem an Ivanov geschenkten Exemplar hat Kaubisch selber diese Verse auf der ersten Leerseite eingetragen.

239 Anspielung auf Kaubischs Gedicht „Spiegel", S. 40: „Und als ich tiefer drang in diese Blicke, Stieg eine Landschaft zauberhaft empor: Ein weites Tal, ein Strom und eine Brücke, Die sich in fernen Sonnenduft verlor."

240 S. 9. Im Inhaltsverzeichnis seines Exemplars hat Ivanov diesen Titel unterstrichen.

241 Es handelt sich um das bekannte Lied von 1823 (D774), Text von Friedrich Leopold Graf zu Stolberg. Kaubischs „Beatrice" ist das vorletzte Gedicht in seinem Buch (S. 55). „O du, entwachsen nun siegloser Trauer, wölbe dich über mich, Himmel von Licht! Laß mich versinken im Glanz deiner Schauer, schicksalentrissen in seliger Sicht. // Purpurn erdämmern schon glühende Meere. Morgendlich hebt sich ein ewiger Tag. Und wie entwunden der irischen Schwere löst du die Ruder mit silbernem Schlag. // Länder versinken und Himmel und Sonnen. Götter verlöschen wie täuschender

Entscheidungen des Geistes entsprungenen Aphorismen,[242] unter denen mancher Spruch sich tief in mein Gedächtnis eingegraben hat, wie etwa: „die letzte
Lösung vor unauflöslichen Problemen – das vollkommene Opfer", oder „Nur
der Liebende ist wahrhaft gerecht" oder „Nichts ist gegeben, alles aufgegeben",
oder „Nur der jenseitigste Mensch könnte der diesseitigste sein" (ja! Verbum
caro factum est[243]). Ihre feinfühligen Aufsätze sind besonders dadurch charakteristisch, dass sie auf Schritt und Tritt Ihr heroisches Ansinnen verraten, eine Art
positive Religion abzugewinnen der Irrlehre vom werdenden Gotte, von dem,
„der sich selbst erschuf von Ewigkeit in schaffendem Beruf".[244] Ihre Briefe an
Prof. Engelhardt scheinen für Ihre letzte Epoche bezeichnend zu sein und stimmen in einzelnen Punkten öfters mit meinen Ansichten überein.[245] Sehr lieb ist

---

Traum. Aber die Barke berauschender Wonnen loht noch wie Morgen im stürzenden
Raum." Die zwei von Ivanov erwähnten Gedichte ähneln sich metrisch (vierfüßige
Daktylen, sechszeilig bei Stolberg, vierzeilig bei Kaubsich) und auch thematisch (eine
symbolische Wasserfahrt).

242 Ivanov bezieht sich auf eine Maschinenschrift („Aphorismen"), die Kaubisch ihm
geschickt hat.

243 Johannes 1:14. („Und das Wort ward Fleisch.")

244 Goethe, „Prooemion".

245 Im Ivanov-Archiv sind zwei Briefe (Maschinenschriften) an Roderich von Engelhardt
(1862–1934) erhalten. Ob sie zur Veröffentlichung bestimmt waren, ist nicht klar.
Im Brief an Lieb vom 15. 5. 1931 (UB) schrieb Kaubisch: „Die *Aphorismen* hätte ich
gerne in ‚Orient und Occident' gesehen (falls möglich). An eine Veröffentlich<un>g
des Briefes an Dr. v. Engelhardt hatte ich aber *nicht* gedacht." In den Briefen an Engelhardt behandelt Kaubisch u. a. die Dionysos-Christus Problematik und zwar auf eine
Weise, die Ivanovs Ansichten nahe war. Im ersten (undatierten) Brief schreibt er: „Und
hat nicht Nietzsche selbst in der allerletzten Zeit seines Schaffens diese tiefen metaphysischen Zusammenhänge geahnt? Wie hätte er sich sonst in seinen letzten Briefen unterzeichnen können: ‚Der Gekreuzigte'? War dieser Augenblick, da Christus
und Dionysos in seiner Seele sich begegneten, vielleicht der alles lösende Kairos, in
dem sein ‚Sternen-Schicksal' sich erfüllte? Hätte vielleicht auch hier aus einem Sau-
lus ein Paulus werden können?" Im zweiten Brief, der das Datum 6. Dezember 1931
trägt, geht es um eine Kritik an dem Aufsatz „Das europäische Reich der Mitte",
dessen ersten Teil Kaubisch in der Zeitschrift *Die Tat*, 25. Jahrgang, 1923/24, Band II,
S. 514–522 veröffentlichte und der als ganzes Werk in *Orient und Occident* (Heft 8,
1932, S. 9–22) erschien. Das im Ivanov-Archiv befindliche Exemplar dieses Aufsatzes
trägt die handgeschriebene Widmung: „Mit großem Danke Ihr M. K. Febr. 1932".
Im zweiten Brief an Engelhardt schreibt Kaubisch zu seiner Verteidigung: „Dass ich
Nietzsche zu ‚panegyrisch' behandelt habe – auch darin haben Sie recht. *Aber*: auch
ich sehe sehr klar seine Grenze, die Tragik der Hybris und seinen teils romantischen,
teils nihilistischen *Illusionismus*. Darauf hat ja auch *Obenauer* gedeutet, obwohl – die

mir Ihre „Ansprache" über den Tod und die Hingeschiedenen. Genehmigen Sie also meinen späten aber innigsten Dank für eine so große Fülle geistiger Gaben. Aber auch für Ihre und Stepuns freundliche Sorge dafür, mir eine Möglichkeit zu verschaffen, vor dem deutschen Publikum mit öffentlichen Vorträgen aufzutreten. Ich habe gleich eingesehen, dass die Zeit dazu noch nicht gekommen ist, ich bin noch viel zu wenig bekannt, ein solches Unternehmen müsste solider gesichert sein. Ich kann der Versuchung nicht widerstehen, Ihnen einen Teil meines mystischen Cyklus „Der Mensch" in deutscher Umarbeitung, die ich selbst für Corona fertiggestellt habe, vorzulegen in Hoffnung, dass das „hermetische" Gedicht sich Ihnen enthüllen wird und dass Sie es nicht verweigern werden (dieselbe Bitte richte ich auch an Stepun) Ihr Urteil davon abzugeben und etwaige Besserungen im poetischen Text vorzuschlagen. Und so verbleibe ich im Harren eines Wiedererwachens unserer Dichterkommunion Ihr von Herzen ergebener

W. I.

Ekstatik Nietzsches keineswegs *nur* nihilistische, sondern auch *durchaus positive*, d. h. wahrhaft gläubige – religiöse Elemente, enthält. Und gerade diese sind es, welche ich so gern darstellen möchte: Nietzsche als religiös-prophetischer Typus *und* – Nietzsche als Selbstverkenner dieses Typus". Bei der Veröffentlichung des „Europäischen Reiches der Mitte" (in *Orient und Occident*,) versah Kaubisch seinen Aufsatz mit einer Widmung („Dr. von Engelhardt, Dorpat, dankbar gewidmet") und eine Anmerkung: „Ich widme diesen Beitrag zu einer *deutschen Philosophie*, der freilich kaum mehr als eine Ouvertüre bedeutet, einem verehrten Freunde und kraftvollen Vorkämpfer des schwer bedrängten Deutschtums im Auslande, dem ich – persönlich und sachlich – für das Verstehen der *Tragödie* Deutschland zu größtem Danke verpflichtet bin. (Vgl. auch R. v. Engelhardt: Organische Kultur. München, 1925.)". Engelhardt war Autor mehrerer Schriften zur Naturwissenschaft, Medizin und Philosophie sowie des Buches *Die deutsche Universität Dorpat in ihrer geistesgeschichtlichen Bedeutung* (München, 1933), in dem er die Russifizierung der Universität bedauert. In einem Brief an Siebeck vom 20. X. 1926 (SBB) schrieb Kaubisch in Bezug auf die Verbreitung seiner Dostoevskij-Schrift: „Mit den *Vertrags*bedingungen bin ich *völlig* einverstanden; nur hätte ich gern evt. *50* Freiexemplare. Ich würde dann selbst mitpropagieren; denn ich habe einen großen Freundeskreis in allen Teilen Deutschlands und auch einen großen Schülerkreis an Universitäten, der mir sehr zugetan ist. Auch würde im Auslande, besonders im Baltikum, Herr Dr. v<on> *Engelhardt*, (mit dem ich herzl<ich> befreundet bin) ein Vetter A<dolf> v<on> Harnacks, Leiter der baltischen Hochschulkurse (Dorpat, Reval) und der wissenschaftl<ichen> Beilage des ‚*Revaler Boten*', an dem viele deutsche Universitätsprofessoren mitarbeiten, ebenfalls nachdrücklich auf die Schriften aufmerksam machen."

Die Abschrift möchte ich nach 3–4 Monaten zurückhaben, eventuell mit Ihren Randbemerkungen.[246]

Brief 164)   Kaubisch an Ivanov (CS)

                                                                                    7. 8. 32
Sehr v<erehter> u<nd> lieber Herr Prof<essor>!

Aus dem schön<en> Tirol, wo ich auch in diesem Jahre Erhol<un>g suche, danke ich Ihnen tief u<nd> herzl<ich> für Ihren so gütigen u<nd> verstehenden Brief, der mir nur viel zu hohe Ehre antut, u<nd> für d<ie> Dicht<un>g D<er> Mensch. Ich werde in d<en> nächsten Wochen eingehend erwidern. Ebenso Stepun. Ihr herz<lich> erg<ebener>

                                                                                    M. Kaubisch

Brief 165)   Kaubisch an Ivanov (CS)

Tulfes, b<ei> Innsbruck   d. 11. 8. 1932

Sehr verehrter und lieber Herr Professor!

Ehe ich diese sonnige Höhe, auf der auch Zarathustra-Nietzsche gern über die Zukunft der Menschheit nachgedacht haben würde, Anfang der neuen Woche verlasse, nochmals einen herzl<ichen> Gruß u<nd> als neues Zeichen d<es> Dankes vier kleine Gedichte, von denen das vierte die Menschen besond<ers> lieben. Am 15. 8. hoffe ich wieder in Dres<den> zu sein; dann schreibe ich Ihnen ausführlich.

      Von Herzen der Ihrige

                                                                                    Martin Kaubisch

Brief 166)   Schor an Siebeck (SBB)

Professor J. Schor
Berlin Wilmersdorf / Landhausstr. 9, III   Berlin, den 18 8 32

An den Verlag J. C. B. Mohr (Paul Siebeck) Tübingen Postfach 8
Ihr Schreiben v. 27 7 32. / Ihre Zeichen: He A.–

      Ich danke Ihnen für Ihre freundlichen Zeilen vom 27 7 32 und die Zusendung der Dostojewski-Bücher.

---

246 Zu Ivanovs Lebzeiten erschien die deutsche Version dieser Dichtung nicht. Der Text mit stilistischen Verbesserungen von Kaubisch erschien in *DB*, S. 275–282. Ob Ivanov Kaubischs Vorschläge angenommen hätte, muss dahingestellt bleiben.

Selbstverständlich möchte ich die Kur von Dr. O. Siebeck keinesfalls stören. Allein, ich bin seitens Professor Iwanow gebeten worden, diese Fragen so schnell wie möglich zu klären, da er keine anderweitigen Verpflichtungen auf sich nehmen will, ohne die Stellungnahme des Herrn Dr. Siebeck erfahren zu haben. Darum bitte ich Sie, meinen Brief vom 25 Juli d/J. Herrn Dr. Siebeck gleich nach dem Abschluss seiner Kur vorzulegen, damit ich seine prinzipielle Stellungnahme zu der Herausgabe der vorgeschlagenen drei Bücher möglichst bald erfahren könnte.

Inzwischen werde ich Ihnen ein ausführliches Inhaltsverzeichnis der Bücher zugehen lassen.

Mit vorzüglicher Hochachtung Ihr sehr ergebener

J. Schor

I.   KUNST und SYMBOL
1. Dichter und Pöbel.
2. Die Lanze der Athene.
3. Symbolik der ästhetischen Prinzipien.
4. Zwei Richtungen des modernen Symbolismus.
5. Gebote des Symbolismus.
6. Vom Wesen des Symbolismus.
7. Manier, Antlitz und Stil.
8. Grenzen der Kunst.

II.   ÜBERWINDUNG des INDIVIDUALISMUS
1. Die Krise des Individualismus.
2. Die Verschmähung der Welt.
3. „Du bist".
4. Die Würde der Frau.
5. Terror antiquus.
6. Klüfte.

III.   SCHICKSAL des THEATERS
1. Nietzsche und Dionysos.
2. Wagner und das Dionysische.
3. Zeichen und Ahnungen.
4. Ästhetische Norm des Theaters.
5. Vom Wesen der Tragödie.
6. Gogols „Revisor" und die Komödie des Aristophanes.

Brief 167)   Siebeck an Schor (SBB)

Herrn Professor Dr. I. Schor
Zzt. Berlin-Wilmersdorf
Landhausstr. 9/III

S./ehn.A.–   Tübingen, den 19. August 1932

Sehr verehrter Herr Professor,
    in umgehender Beantwortung Ihrer freundlichen Zuschrift vom 18. ds.
Mts., für die ich Ihnen verbindlichsten Dank sage, teile ich Ihnen höflichst mit,
dass mein Herr Dr. Siebeck voraussichtlich nicht vor Mitte September hierher
zurückkehren wird. Sollte die Angelegenheit Iwanow nicht bis dahin vertagt
werden können, so bitte ich Sie um eine freundliche Mitteilung, damit ich Herrn
Dr. Siebeck Ihren ausführlichen Brief vom 25. Juli schon vor seiner Rückkehr
gelegentlich vorlege.
    In vorzüglicher Hochachtung Ihr ergebenster
                                                     J. C. B. Mohr (Paul Siebeck)

Brief 168)   Schor an Siebeck (SBB)

                                                     Berlin, den 23 8 32
An den Verlag J. C. B. Mohr (Paul Siebeck). Tübingen.

    Ich danke Ihnen für Ihr freundliches Schreiben v<om> 19 8 32 und werde
Ihnen darüber demnächst Bescheid geben.
    Bitte mir 5 Exemplare der Schrift „Die russische Idee" zugehen zu lassen.
    Hochachtungsvoll

                                                     <I Schor>

Brief 169)   Schor an Siebeck (SBB)

Professor I. Schor
Berlin-Wilmersdorf
Landhausstr. 9, III   Berlin, den 26.8.32

An den Verlag J. C. B. Mohr (Paul Siebeck) Tübingen

Den beiliegenden Brief bitte ich Sie, Herrn Dr. Oskar Siebeck mit meinem
Schreiben vom 25. Juli d. J. vorzulegen.
    In vorzüglicher Hochachtung

                                                     Ihr ergebener I Schor

Brief 170)   Schor an Siebeck (SBB)

Professor I. Schor
Berlin-Wilmersdorf
Landhausstr. 9, III   Berlin, den 26.8.32

Sehr geehrter Herr Doktor Siebeck,

in Ergänzung meines Schreibens vom 25. Juli d. J. möchte ich Sie auf das Buch von Ernst Robert Curtius „Deutscher Geist in Gefahr" aufmerksam machen, das für die Frage der Herausgabe der Iwanowschen Schriften von größter Bedeutung ist.

Die Symptomatik der geistigen Krise wird von Curtius schonungslos dargestellt und das Einbrechen eines neuen kulturfeindlichen Barbarentums aufgezeigt. In dem Augenblick aber, wo er sich nach einer Rettung vor der nahenden Kulturkatastrophe umschaut, sieht er sich gezwungen, nach einer kleinen Schrift von W. Iwanow zu greifen (Briefwechsel mit Gerschenson. „Die Kreatur" von Martin Buber, 1. Jahrgg., Heft 2, 26). Denn nur bei Iwanow findet er das erlösende Wort: die Idee der Synthese von humanistischer Bildung und religiösem Erlebnis, der Kultur als geistiger Initiation.

Curtius, Deutscher Geist in Gefahr, S. 116–119 und dann S. 122: Man muss vielleicht ein russischer Christ, also ein Erbe von Byzanz, sein, um, wie Iwanow, die Idee antiker Mysterienweihen in den Humanismus aufzunehmen".

a. a. O., S. 123: „Der russische Humanist und Mystiker, dem wir gefolgt sind, ist also wohl berechtigt, sich auf diesen gemeinsamen Ursprung zu besinnen und daraus zu folgern, dass die humanistische Überlieferung, in der wir stehen, nicht nur ein Monument der Erinnerung, sondern auch ein Prinzip neuen Anfangs und neuen Ansatzes sein müsse. Das ist der letzte Gesichtspunkt, den ich den Lesern dieser Schrift unterbreiten möchte."

Ich berufe mich auf Curtius, weil es mir scheint, dass diese Wendung zu Iwanow, die das kulturelle und humanistische Deutschland mit Curtius vollzieht, die beste Anregung und Rechtfertigung zur Herausgabe der Iwanowschen Schriften bedeutet.

Mit besten Empfehlungen und freundlicher Hochachtung bleibe ich Ihr sehr ergebener

I. Schor

Brief 171)   Schor an Siebeck (SBB)

<d. 5. September 1932>[247]

Einer Büchersendung nach Amerika möchte ich gerne Ihren Verlagskatalog und Prospekte (wenn möglich Probenummern) der von Ihnen herausgegebenen

---

247 Datum nach Poststempel.

philosophischen und theologischen Zeitschriften beilegen, und wäre Ihnen für deren Zusendung sehr verbunden.

Ich danke Ihnen für die mir zugeschickten 5 Ex<emplare> der „Russischen Idee".

Mit vorzüglicher Hochachtung bleibe ich Ihr sehr ergebener

J. Schor

Brief 172)   Siebeck an Schor (SBB)

Dr.S./he A. –   14. September 1932

Herrn Professor Dr. J. Schor
Berlin-Wilmersdorf
Landhausstr. 9 III

Sehr verehrter Herr Professor,

meinen Sommerurlaub musste ich in diesem Jahr aus Gesundheitsgründen länger ausdehnen als sonst. Sie müssen daher freundlichst entschuldigen, dass Sie auf Ihre letzten Briefe, die ich bei meiner Rückkehr hier vorgefunden habe, so lange auf Antwort warten mussten.

Selbst wenn die Annahme, dass die Wirtschaftskrise den Tiefpunkt erreicht hat, sich als <nicht> zu optimistisch erweisen sollte, wird es nach meiner Überzeugung noch Jahre dauern, bis die Erholung sich auch auf den deutschen Büchermarkt auswirken kann. In kaum einem andern Land sind die Verwüstungen der Krise so tiefgehend wie in Deutschland. Die Absatzchancen des wissenschaftlichen Verlags wiederum werden vor allem bestimmt durch das Niveau der Beamtengehälter und Kulturétats. Dieses wird sich erst wieder heben können, wenn die öffentlichen Finanzen wieder gründlich saniert sind. Ich rechne daher gerade für den wissenschaftlichen Verlag noch mit recht schweren Jahren.

So werden Sie verstehen, dass ich für die nächste Zeit bezüglich neuer Unternehmungen mit äußerster Vorsicht disponieren muss. Den im Vergleich zu meiner Produktion der letzten Jahre sehr bescheidenen Spielraum glaube ich aber vor allem für Anforderungen freihalten zu müssen, die von Seiten deutscher Gelehrter und Schriftsteller an mich herantreten. Übersetzungen fremdsprachiger Werke werden daher bis auf weiteres aus meinem Verlagsprogramm ausscheiden müssen. Nach Ihrem Briefe ist mir aber auch zweifelhaft geworden, ob mein rein fachwissenschaftlich orientierter Verlag für die 3 Bücher, die Herr Professor Iwanow auf Ihre Veranlassung zusammengestellt hat, ganz der richtige ist. Einen Verlag zu nennen, der dafür eher in Frage kommt, wage ich unter den heutigen Verhältnissen nicht. Denn ich weiß, dass die meisten meiner Kollegen die Aussichten für neue Produktion mit mindestens der gleichen Zurückhaltung beurteilen wie ich.

Es tut mir natürlich sehr leid, dass ich Herrn Professor Iwanow zur Verwirklichung seiner neuen Pläne nicht behilflich sein kann, und ich darf Sie bitten, mein Bedauern darüber auch ihm an meiner Stelle auszusprechen.

Indem ich Sie nochmals bitte, die Verzögerung meiner Antwort mit den besonderen Umständen freundlichst zu entschuldigen, verbleibe ich mit besten Empfehlungen stets Ihr ganz ergebener

Dr. O. Siebeck

Brief 173)   Kaubisch an Ivanov (CS)

31. X. 32

Lieber Herr Prof<essor>!

T<au>s<en>d Dank für Ihren so gütigen Brief, den ich bald erwidre. Heute nur dies: ich spreche mit Stepun, bes<onders> auch wegen d<er> Besprech<un>g Ihres Dostoj<ewskij>. Wir sind sehr in Ihrer Schuld, leider auch überlastet. Eben erschien v<on> Stepun: „Kino u<nd> Theater" – er schickt es Ihnen sicher.[248] *Eine* Besprech<un>g zu "Dostoj<ewskij> erschien in Or<ient und> O<ccident> Heft 11 S<eite> 45 von Fred Höntzsch; dieser j<un>ge Schriftsteller ist mit Stepun u<nd> mir befreundet. Wir haben d<ie> Besprech<un>g mitbetreut! In Pavia lebt ein sehr lieber Schüler von mir: Hans Schrader: Libr<eria> Frat<elli> Treves, R<egia> Università; *sehr* belesen etc. Darf er Sie besuchen?[249] Ihr Gedicht bespreche ich mit Stepun!! Herzl<ich>

Ihr M. Kaubisch

---

248 Fedor Stepun, *Kino und Theater*. Berlin, 1932. Das Buch erschien im Bühnenvolksbundverlag, in dem Rudolf Roeßler als Herausgeber wirkte.

249 Johannes Franz August Schrader (1903–1977) war sein Leben lang im Buchhandel tätig, mehrere Jahre in Italien (Pavia) und ansonsten in Deutschland. Aus seinen Briefen an Ivanov (CS) geht hervor, dass die beiden sich 1933 kennenlernten. In einem Brief an Ivanov vom 22. IV. 36 schrieb er: „Die Begegnung mit Ihnen gehört mit zu den unvergesslichen meines Lebens und nie werde ich aufhören, Ihrer in Dankbarkeit und verehrender Liebe zu gedenken". Schrader kehrte 1937 nach Deutschland (Leipzig) zurück. Laut seinen unveröffentlichten Erinnerungen an Anton Kippenberg (ÖNB) zog er, 1945 aus der Kriegsgefangenschaft entlassen, nach Marburg. In einem Brief an Stepun vom 28. 10. 46 (BL) berichtete er, er sei dort Mitinhaber der Buchhandlung Otto Roppel. Er fügte hinzu: „Sie würden mich sehr glücklich machen, wenn Sie mir die Anschrift von Prof. Ivanov geben könnten, mit dem ich in Pavia unvergessliche Stunden verlebte. Mit einigem Zögern wagte ich mich auf Kaubischs

Brief 174)   Schor an Siebeck (SBB)

Professor I. Schor
Landhausstr. 9
Berlin-Wilmersdorf   Berlin, den 1. Nov. 1932

Sehr geehrter Herr Doktor Siebeck,
    für Ihren ausführlichen Brief vom 14. Sept. d. J., mit dem Sie mich in die gegenwärtige Lage des deutschen Büchermarktes eingeweiht haben, sage ich Ihnen meinen verbindlichsten Dank.
    Ich bedaure sehr, dass die allgemeine Situation und die materiellen Schwierigkeiten die geistigen Beziehungen Deutschlands zu den anderen Ländern zu beeinträchtigen drohen. Ich will aber hoffen, dass die von äußeren Umständen erzwungene geistige „Autarkie", die der Weltstellung Deutschlands als geistiger Großmacht widerspricht, wieder von einem regen geistigen Verkehr abgelöst werden wird.
    Mit herzlichen Grüßen und freundlichen Empfehlungen bin ich Ihr sehr ergebener

                                                                    I. Schor

Brief 175)   Kaubisch an Ivanov (CS)

                                                        Dresden, d. 16. 11. 32

Sehr verehrter Herr Professor!
    Heute nur die Nachricht, dass ich am nächsten Sonntag, d<en> 20 Nov<ember> im Mitteldeutsch<en> Rundfunk (Dresd<en>-Leipzig) die *Ansprache zum Gedächtnis der Toten* halte u<nd> zwar 3/411–1/412.[250] Da Leipzig jetzt d<en> stärksten Sender in Europa hat (120 Kw.) (außer Moskau), wäre es ev<en>t<uell> möglich, dass Sie es in Pavia hören könnten.
    Bald ausführlicher

                                                            Ihr Martin Kaubisch

---

dringendes Anraten hin zu ihm ins Collegio Borromeo, fürchtete einen weltfremden, unendlich erlauchten Gelehrten vorzufinden, und fand einen so herrlichen, strahlenden Menschen, der aus dem Schubfach einer wackeligen Kommode eine Flasche Schnaps und Zigaretten holte und bald mein Vertrauter in einer etwas verworrenen Liebesgeschichte mit einer jungen Italienerin wurde."

250 Im Jahre 1932 fiel Totensonntag auf den 20. November. Es ist möglich, dass Kaubischs Teilnahme daran mit dem Tod seines Vaters zusammenhing. Am 16. 4. 32 schickte Kaubisch an Schor eine Todesanzeige (NL) mit den Worten: „Lieber Herr Schor, Heute nur die schmerzliche Nachricht, dass wir am Dienstag unseren lieben Vater verloren haben an den Folgen einer Herzembolie. Ich weiß, dass Sie herz<lich> mitfühlen werden u<nd> grüße Sie herzlich. In Hochschätzung Ihr Martin Kaubisch".

Brief 176)   Höntzsch an Ivanov (CS)[251]

Fred Höntzsch

Dresden-N. 6

Obergraben 19   Dresden, am 20. Nov. 32

S<einem> H<ochwohlgeboren>
Herrn Professor Wjatscheslaw Iwanow
Pavia Italia

Hochverehrter Herr Professor!

Meine lieben und verehrten Freunde, Herr Kaubisch und Herr Prof. Stepun, haben mich wiederholt aufgefordert, Ihnen zu schreiben und meine Besprechungen zu Ihrem schönen und tiefen Dostojewskij-Buch zu senden.[252] Darüber hinaus ist aber auch der eigene Wunsch, für Ihr Buch Ihnen zu danken, der Grund meines Briefes. Ich bin Ihren Untersuchungen, die ich schon aus früheren Veröffentlichungen, so z. B. „Dostojewskij und die Romantragödie", wie auch aus dem in der Neuen Schweizer Rundschau abgedruckten Auszug, teilweise kannte, mit großem Interesse und weitgehender Zustimmung gefolgt.[253] Am aufmerksamsten vielleicht in der Untersuchung Dostojewskijs als des großen Dialektikers und Philosophen des Bösen, den Sie in den Begriffssymbolen Luzifer-Ahriman-Legion unübertrefflich tief interpretieren. Trotzdem dieser Seite meine besondere Aufmerksamkeit gilt, weiß ich doch, dass Ihre Darstellung der positiven religiösen Ideale Dostojewskijs das Letzte und Tiefste Ihrer Ausführungen ist, die ich darum auch in „Orient und Occident" besonders hervorgehoben habe. An einer einzigen Stelle Ihres Buches spürte ich Widerstand und starke Bedenken, und zwar bei der Analyse der Dämonen und der dabei vorgetragenen Faust-Analogie, die mich nicht überzeugt hat. Verzeihen Sie gütigst, dass ich mir erlaube, diese Bedenken Ihnen offen auszusprechen, was selbstverständlich in gar keiner Weise die Bedeutung Ihrer in große Tiefen gehenden Untersuchungen herabmindern kann noch – für mich persönlich – herabmindern wird.

---

251 Dieser Brief erschien zuerst im Original und in russischer Übersetzung in: Majkl Vachtel' (Wachtel), „Vjačeslav Ivanov i ego ‚drezdenskie druz'ja' (novye materialy)", *Russkaja literatura*, Nr. 3, 2006, S. 154–156.

252 Diese Besprechungen sind auf S. 334–341 wiederabgedruckt.

253 „Dostojewskij und die Romantragödie" war eine unautorisierte Übersetzung von Dmitrij Umanskij. S. Schors Brief an Siebeck vom 12 VI 31 (Brief 68). Dagegen war „Dostojewskij als Denker: Fragment von Wjatscheslaw Iwanow" (Deutsch von Alexander Kresling. *Neue Schweizer Rundschau*, 1931, Nr. 40–41, Heft 2, S. 123–134) ein Auszug aus der autorisierten Übersetzung.

Ich übersende Ihnen also meine Besprechungen und hoffe, dass Sie Ihnen Freude bereiten. Gern benütze ich auch die Gelegenheit, Ihnen zwei andere Arbeiten von mir beizulegen. Einen Aufsatz über Leonid Leonow in der Kölnischen Zeitung (die stilistischen Unebenheiten darin bitte ich, zu entschuldigen, da die Redaktion die Arbeit grausam entstellt hat durch Streichungen usw.)[254] Doch glaube ich, dass der Grundgedanke sichtbar geblieben ist. Die andere Arbeit ist nicht mehr als ein Versuch, an die Ost-West-Problematik des „europäischen Reiches der Mitte" heranzugraben.[255] Ich weiß nicht, ob die darin vorgetragenen Gedanken sich mit Ihren Gedanken berühren und wäre Ihnen gerade darum – falls Ihre Zeit es einmal erlauben sollte – für einige Worte dazu sehr zu Dank verpflichtet.

Für heute empfehle ich mich Ihnen mit dem Ausdruck meiner vorzüglichsten Hochachtung als Ihr dankbar ergebener

Fred Höntzsch

Brief 177)   Schor an Siebeck (SBB)

<d. 30. 11. 32>[256]

An den Verlag J. C. B. Mohr (Paul Siebeck) Tübingen.

Hiermit bitte ich Sie höflichst, mir 5 Exemplare der Schrift von Wiatscheslaw Iwanow „Die russische Idee" und 3 Exemplare von „Dostojewski" (broschiert) zugehen zu lassen.

Hochachtungsvoll

I. Schor

Brief 178)   Ivanov an Höntzsch (CS)

Pavia, Almo Collegio Borromeo   d. 4ten Dezember 1932

Sehr verehrter Herr Höntzsch,

Mit innigem Dankgefühl habe ich Ihren freundlichen Brief und Ihre beiden sehr wichtigen und so überaus wohlwollenden Besprechungen meiner Dostojewsky-Schrift erhalten. Vielen Dank sage ich Ihnen auch für die beiden zugestellten Aufsätze: „Zwei russische Literaturen" und „Deutschland zwischen Ost und West". Hoch erfreut hat mich Ihr Protest gegen die Abirrung, die ich seit Jahren

---

254 „Zwei russische Literaturen". *Kölnische Zeitung* (Unterhaltungsblatt), Nr. 552. 8. Oktober 1932.

255 „Deutschland zwischen Ost und West: Gedanken zu Ernst Niekischs Politik des Widerstandes", *Die Christliche Welt: Protestantische Halbmonatsschrift für Gebildete aller Stände*. 46. Jahrgang, Nr. 15. 1. August 1932, S. 704–708. Zum Aufsatz „Das europäische Reich der Mitte" s. Ivanovs Brief an Kaubisch vom 30. VII. 32 (Brief 163).

256 Datum nach Poststempel.

als eine für das gegenwärtige Deutschland naheliegende Gefahr befürchtete: ich meine die Tendenz, fur „Eurasien" und Asien zu optieren im Widerstreite gegen „Westen" und „Westlertum". Schon die heutzutage zur Mode gewordene Auffassung Russlands als einer „eurasischen" d. h. letzten Endes asiatischen, Macht ist giftig genug: die bolschewistische Infektion ist darin nicht zu verkennen.[257]

---

257 Vgl. Ivanovs Brief an E. R. Curtius vom 1. März 1932: „Die Bekehrung des Fürsten Swjatopolk-Mirskij zum Bolschewismus ist folgerichtig als Selbstbesinnung eines Atheisten und zudem eines der Hauptrompeter der neubackenen ‚eurasischen' Doktrin, die in vollem Einklang mit der bolschewistischen Grundtendenz Russland mit den Mongolen und Chinesen zu verbrüdern sucht, um es der Christenheit definitiv zu entreißen. Die Auffassung Russlands als eines Teils der asiatischen Welt ist grundfalsch. Der Einfluss der Mongolen auf Russland war im Mittelalter nicht tiefer, als der der Araber auf Spanien. Aber Russland ist Byzanz bis in die tiefsten Schichten der Sprache und der Denkformen; und Byzanz war von Anfang an (durch den Hellenismus) eurasisch – im guten Sinne – und wurde es in seinen weiteren Schicksalen immer mehr, was unser historisches Erbe schon ungünstig belastet. Die europäische Kultur aber, die ich immer noch den Mut habe als Christenheit zu bezeichnen, ist noch seit den vorhellenistischen Zeiten Orient *und* Occident. Und Russland muss eben der *europäische* Orient bleiben; denn die beiden Prinzipien befruchten sich und müssen eine organische Einheit bilden. Während der Protestantismus eine innere dialektische Antithese im Kreise des Occidents ist, muss die Doppelantlitzhaftigkeit von Orient und Occident im umfassenderen Kreise der gesamten europäischen Kultur, die für mich die Christenheit ist, nicht in eine grundsätzliche Spaltung ausarten. Und alles, was in Russland schöpferisch ist, scheint mir diese gesunde – sowohl humanistische als christliche – Orientierung bzw. Orientsbehauptung zu bestätigen." *DB*, S. 59–60. In einer frühen Fassung des Briefes an Höntzsch (CS) drückte sich Ivanov an dieser Stelle noch schärfer aus: „ein bösartiges Geschwür, welches von der Blutvergiftung Russlands durch die bolschewistische Infektion verursacht worden ist. Soll auch Deutschland damit angesteckt werden? Nein, Europa, d. h. die Christenheit, besteht von Anfang an aus Okzident und Orient, die sich gegenseitig so ergänzen, wie sie sich noch im vorchristlichen Altertum ergänzten, da sie die zweieinige griechisch-römische Kultur bildeten. Sind beide Elemente getrennt, so sind die beiden Teile des Ganzen krank. Der Protestantismus war eine Antithese innerhalb des westlichen Kreises: das ist am Leibe der Christenheit die Wunde des Amfortas, die ihren Ursprung im letzten Grunde dem großen Schisma zwischen dem christlichen Okzident und dem christlichen Orient verdankt. Der christliche Orient aber hat mit dem außerchristlichen Asien nichts gemein, abgesehen von den asiatischen Elementen, die er schon seit der hellenistischen Epoche in sich produktiv eingesogen und im christlichen Sinne verarbeitet hat. Der germanische Stamm gehört dem christlichen Westen, die Russen dem christlichen Orient an. Die Deutschen dürfen nicht Europa verraten und ihre eigene Vergangenheit verkennen und verleugnen; ebenso die Russen. Die antichristlichen Gewalthaber Frankreichs aber sind Verräter an Europa als Christenheit in fast eben demselben Masse wie die bolschewistischen Gewalthaber Russlands."

Soll nun auch Deutschland damit angesteckt werden? Dies ist die geschichtsphilosophische Einstellung derjenigen, für die Europa als Christenheit (und zwar zweieinige Christenheit von Orient und Okzident, wie auch schon das vorchristliche Europa in diesem Sinne zweieinig war) nicht mehr existiert und die Welt der Kampfplatz ist der beiden gleich antichristlichen Widersacher – des bürgerlichen Jakobinismus im Westen und des sich und das europäische Proletariat befreienden Asiens. Sollte Deutschland, tatsächlich gestellt zwischen Jakobinertum und Bolschewismus, seinen Beruf verkennen, Europa als Christenheit und sich selbst als einen Teil derselben (ungeachtet der antithetischen Stellung des Protestantismus innerhalb des westlichen Kreises) zu behaupten, so wären die Folgen dieses Verrats verhängnisvoll. Dies schreibe ich, weil Sie wissen wollten, ob meine Gedanken sich mit den von Ihnen vorgetragenen berühren; natürlich muss ich im Rahmen eines Briefes mich auf wenige Winke beschränken.

Was soll ich nun sagen, um Ihnen die von mir aufgestellte Analogie zwischen „Faust" und „Dämonen" weniger paradox erscheinen zu lassen? Vielleicht auf eine Voraussetzung hinweisen, die in meiner Schrift nicht deutlich genug ausgesprochen ist. Meines Erachtens beherrscht die Idee des uns (den männlichen Geist in seinem Sehnen und Wagen) hinanziehenden Ewig-Weiblichen die ganze Faust-Dichtung. Dieses Leitmotiv klingt schon in den Worten: „Wo fass' ich dich, unendliche Natur? euch Brüste, wo?" – Die Mütter gehören dazu nicht weniger als Mater Gloriosa. Unter dem Aspekte der Erde wird das Ewig-Weibliche unmittelbar zum Gegenstand der leidenschaftlichen Liebe Faustens („aus dieser Erde quellen meine Freuden"… „du, Erde, warst auch diese Nacht beständig" u. s. w.) und noch als Greis ist der freien Boden für freies Volk erringende Faust in dieselbe träumerisch verliebt. Diese Liebe macht ihn trotz aller Schwärmerei zu einem Realisten, gleich Goethe selbst, und die reale Vertreterin der mystischen Wesenheit Erde ist für ihn Gretchen, sein „jugenderstes, längstentbehrtes höchstes Gut", wie er ihrer nach dem Verschwinden des Eidolens Helenens sehnsüchtig gedenkt (im Einleitungsmonolog des IVten Aktes). Nun verhält sich die Lahme bei Dostojewskij zu dieser mystischen Wesenheit just so, wie Gretchen sich zu derselben verhält bei Goethe. Und diese Symbole hat der russische Dichter dem deutschen abgelauscht, wie er denn auch die Schilderung des Wahnsinns bei Goethe in seinem Roman nachgeahmt hat.

Zudem ich Ihnen nochmals meinen herzlichsten Dank ausspreche mit der Freude, Sie aus der Ferne freundschaftlich begrüßen zu dürfen, verbleibe ich Ihr sehr ergebener

W. Iwanow.

P.S. Herzliche Grüße an Kaubisch und Stepun. W. I.

Korrespondenz aus den Jahren 1933–1936

Brief 179)   Schor an Siebeck (SBB)

An die J. C. B. Mohr (Paul Siebeck)
Laupp'sche Buchhandlung
Tübingen   <d. 5. 1. 33>[258]

Hiermit bitte ich Sie, die mir zugehende Korrespondenz an meine neue
Adresse: „Berlin-Tempelhof. Renate Privatstr. 1" zu adressieren. (Früher: Frei-
burg–Zähringen i B. Blasiusstr. 4)
Hochachtungsvoll

J. Schor

Brief 180)   Kaubisch an Ivanov (CS)

1. II. 33

Lieber Herr Professor!
Ich bin tief in Ihrer Schuld. Ich hätte längst schreiben müssen. Zu Weihnacht
vor allem. Aber: ich war erst nicht wohl; dann überlastet. Erst durch den Vortrag zu d<en> „Grenzen des faustischen Menschentums", über den ich Ihnen ja
Berichte zugehen ließ;[259] jetzt ersticke ich in *Prüfungen*. Aber: *Ende Februar* hoffe
ich Ihnen eingehender berichten zu können. Auch Stepun, der Unverwüstliche,
war vor Weihnacht wochenlang krank. Jetzt ist er zu *russisch*<en> Vorträgen in
Prag. Ehe er zu Vorträgen in die *Schweiz* reist, Ende Februar, schickt er Ihnen
gewiss s<eine> prachtvolle Schrift: „Kino u<nd> Theater". Ich werde ihn „treten", bis... Dass H<er>r Höntzsch, mit dem ich herzl<ich> verbunden bin, auch
einer m<einen> unzähligen „geistigen Söhne" Ihnen schrieb u<nd> berichtete,
freute mich sehr. Ich fühlte mich da moralisch etwas „entlastet". Ebenso dass
auch m<eines> lieben, oft sehr einsamen u<nd> unglücklichen Schülers: *Hans
Schrader*. Hoffentl<ich> darf er bald einmal wiederkommen? Es bedeutet ihm
so viel!
Heute nur eine *Legende* (D<er> Besessene) und eine *Skizze* mit d schönen Titel „Das Lächeln der Vollendeten", womit ich mich für heute – lächelnd –
Ihrer Nachsicht und Güte treulich empfehle!

Ihr M. Kaubisch

---

258 Datum nach Poststempel.
259 Am 4. 1. 1933 hielt Kaubisch diesen Vortrag in der Goethe-Gesellschaft in Dresden.

Brief 181)   Schor an Siebeck (SBB)

Professor I. Schor
Renate-Privatstr. 1
Berlin-Tempelhof

Berlin, den 25. Februar 1933

Sehr geehrter Herr Doktor Siebeck,

bei Ihrem freundlichen Besuch in Freiburg haben Sie die Frage gestellt nach den Gründen, die die Werke Berdiajews dem breiten Leserkreis unzugänglich machen. Damals habe ich ganz flüchtig erwähnt, dass Berdiajew durch und durch Russe ist, seine Werke aus einer originär russischen Erfahrung formt und sich an eine solche wendet. Aus dieser Schaffensweise entstehen Eigentümlichkeiten der Gedankenführung und logischen Gestaltung, die dem westeuropäischen Leser große Schwierigkeiten bereiten. – Bald darauf habe ich von Berdiajew erfahren, dass diese Schwierigkeiten von ihm selbst empfunden werden. Letzten Endes hat er mich zu einer Zusammenarbeit herangezogen, in der die Verdeutschung seiner Werke nicht nur als eine bloße Übersetzung seiner Ideen in die deutsche Sprache, sondern als eine Übertragung seiner Ideen in die deutsche Gedankenwelt ausgeführt werden sollte. Als erster Versuch dieser Zusammenarbeit erschien sein Aufsatz „Die Psychologie der russischen Gottlosigkeit" (Hochland, Juniheft 32), der dann in mehreren großen deutschen Zeitschriften teilweise abgedruckt wurde. Den zweiten Versuch unserer Zusammenarbeit, den Aufsatz „Die geistige Situation der modernen Welt" (Tatwelt, Dezember 32) lasse ich Ihnen gleichzeitig als Drucksache zugehen und würde mich sehr freuen, sehr geehrter Herr Doktor, Ihren Eindruck von diesem Aufsatz zu erfahren.

Bei dieser Gelegenheit möchte ich Sie bitten, mir mitzuteilen, ob Sie Besprechungen der in Ihrem Verlag herausgegebenen Werke Berdiajews besitzen und mir diese für einige Tage zur Verfügung stellen könnten. Sollten Sie diese Möglichkeit haben, so wäre mir dadurch ein großer Dienst erwiesen.

Mit freundlichen Empfehlungen und herzlichen Grüßen bleibe ich Ihr ganz ergebener

J. Schor

Brief 182)   Siebeck an Schor (SBB)

12. April 1933

Herrn Professor J. Schor
Berlin-Tempelhof
Renate-Privatstr. 1

Sehr verehrter Herr Professor,
die Antwort auf Ihren freundlichen Brief vom 25. Februar, für den ich Ihnen nachträglich meinen verbindlichsten Dank sage, habe ich immer wieder aufgeschoben, weil ich Ihnen nicht schreiben wollte, ohne den mir freundlichst übersandten Aufsatz in der „Tatwelt" gelesen zu haben. So stürmische Zeiten, wie wir sie seither erlebt haben, sind aber zumal für einen Geschäftsmann für solche Lektüre wenig geeignet.[260] Ich muss Ihnen daher schon heute einmal die erbetenen Rezensionsbelege über die in meinem Verlag erschienenen Werke von Berdiajew übersenden und kann Ihnen für heute nur nochmals für Ihre Aufmerksamkeit bestens danken. Nach Gebrauch erbitte ich die Belege wieder zurück.[261]
Mit freundlichen Empfehlungen bin ich stets Ihr ganz ergebener

Dr. O. Siebeck

Brief 183)   Schor an Siebeck (SBB)

Professor I. Schor
Renate Privatstr. 1
Berlin Tempelhof   Berlin, den 15 4 33

Herrn Dr. Oskar Siebeck
Tübingen

Sehr verehrter Herr Doktor,
für Ihre freundlichen Zeilen und die Zusendung der Rezensionsbelege sage ich Ihnen meinen verbindlichsten Dank.
Bei dieser Gelegenheit möchte ich Sie auf ein Werk aufmerksam machen, dass mir von großer Aktualität zu sein scheint. Ich weiß nicht, ob dieses Werk in das Programm Ihres Verlags hineinpassen würde. Jedenfalls aber möchte ich mich

---

260 Die Reichspräsidentenwahl von 1932 fand am 13. März und 10. April statt. Von Hindenburgs Sieg bedeutete, dass Hitler damals vorerst nicht an die Macht kam.

261 In einem Brief an Rudolf Roeßler vom 23. 12. 34 (NL) schrieb Schor: „Ich habe kurz vor meiner Abreise aus Berlin die Presse über Berdiajew von Siebeck erhalten. Solch eine Presse habe ich von keinem der modernen Denker gelesen. Nach dieser Presse zu beurteilen, ist B. der größte Denker unserer Zeit."

nicht eher an einen anderen Verlag wenden, bevor ich Ihre Stellungnahme zu dieser Frage kennen lernte.

Es geht um das Werk von Professor Dr. Sergius N. *Prokopowitsch*:[262] „Die Entwicklung der Volkswirtschaft in der UdSSR." Der Verfasser (früher Universitätsprofessor in Moskau, ehem. Minister für Volksernährung, Handel u. Industrie in Russland, jetzt weilend in Prag) hat sich die Aufgabe gestellt, auf Grund der sowjet-russischen Erfahrung die Grenzen festzustellen, die eine Planwirtschaft nicht überschreiten darf, ohne ihre eigene Existenz in Frage zu stellen und das Volk dem Pauperismus auszuliefern.

Das wirtschaftliche System der UdSSR betrachtet Prof. Prokopowitsch als ersten Versuch einer im großen Maßstab durchgeführten Planwirtschaft, der auch als Grundlage und Material einer wissenschaftlich fundierten Kritik gelten kann. Die Ergebnisse der Kritik von S. N. Prokopowitsch fallen *negativ* aus: nicht *dieses* wirtschaftliche System vermag den Kapitalismus abzulösen. Wohl können einzelne Gebiete der Wirtschaft verstaatlicht werden; das muss aber nicht aus prinzipiellen, geschweige politischen Gründen geschehen, vielmehr aus denen der praktischen, ökonomischen Zweckmäßigkeit – gemäß der konkreten Situation.

Das ganze Gerede über Sozialismus und Sozialisation bei dem gegenwärtigen Entwicklungsstand der Weltwirtschaft hält Prokopowitsch für eine leere *Phraseologie*. Durch eine Revolution kann eine ökonomische Ordnung überhaupt nicht umgeworfen werden. Außerdem hat noch niemand eine genaue Darstellung der sozialistischen Wirtschaftsordnung gegeben. Marx ist gänzlich veraltet; bei der Analyse der komplizierten Erscheinungsformen des modernen Wirtschaftslebens versagt sogar seine Methodologie.

Dies – zur prinzipiellen Einstellung des Verfassers.

Während der ersten 5 Jahre der Revolution vermochte Prof. Prokopowitsch rettend auf die wirtschaftliche Tätigkeit der Sowjet-Organe zu wirken, wurde dann nach Norden verbannt und 1922 mit anderen Gelehrten Russlands ausgewiesen.

Dem Verfasser steht zur Verfügung das ganze statistische Material Sowjet-Russlands wie auch alle Arbeiten und Berichte der nichtrussischen Gelehrten und Schriftsteller, die in den letzten Jahren Russland besucht oder über Russland geschrieben haben. Die tiefe Kenntnis der russischen Wirtschaft überhaupt, unaufhörliche Auseinandersetzungen mit den wirtschaftlichen Organen Sowjet-Russlands während der ersten Jahre der Revolution geben ihm Möglichkeit, auch die jüngsten Berichte dieser Organe kritisch zu sichten und das Bild der tatsächlichen Gesamtlage der russischen Wirtschaft herauszuarbeiten.

---

262 Sergej Nikolaevič Prokopovič (1871–1955) wurde 1922 aus Sowjetrussland ausgewiesen, lebte ab 1922 in Berlin, ab 1924 in Prag und ab 1938 in Genf.

Zur Zeit befindet sich S. Prokopowitsch in Prag, ist Mitglied des Slavischen Instituts und Leiter dessen ökonomischer Abteilung. Wie er mir vor kurzem mitgeteilt hat, steht er jetzt vor dem Abschluss dieses Werkes, dessen endgültige Fassung bereits im Mai fertig vorliegen wird. Professor Prokopowitsch, dessen Gesundheit in den Jahren seiner Sibirienverbannung sehr gelitten hat und jetzt noch nicht ganz wiederhergestellt ist, bittet mich, Sorge um die Herausgabe seines Werkes in Deutschland zu tragen. Den Augenblick für die Herausgabe eines Werkes eines russischen Gelehrten würde ich als sehr ungeeignet betrachten, wenn dieses Werk nicht ein so aktuelles Problem und nicht in diesem Lichte behandeln würde.

Ich bitte Sie, sehr verehrter Herr Doktor, mich entschuldigen zu wollen, dass ich Sie wieder Mal mit einer Frage in Anspruch nehme, die vielleicht nicht ganz in der Richtung Ihrer verlegerischen Tätigkeit liegt. Jedenfalls würde Ihr Rat in dieser Angelegenheit sehr wertvoll sein.

Mit vielen herzlichen Ostergrüßen und freundlichen Empfehlungen bleibe ich Ihr ergebener

J Schor

1 Zulage

Professor Dr. Sergius N. Prokopowitsch.
Die Entwicklung der Volkswirtschaft in der UdSSR

Inhaltsverzeichnis
Vorwort.
Erster Teil
Kap. I.   Die ökonomische Politik der Sowjetmacht.
1) Lenins revolutionäres Programm.
2) Kommunistische Politik der Jahre 1918–1922
3) Politik der Wiederherstellung der Volkswirtschaft.
Kap. II.   Bevölkerung, ihre Bewegung und Schichtung.
Kap. III.   Großindustrie.
1) Bedingungen der Entwicklung der Großindustrie
2) Produktivitätspolitik der Großindustrie
Kap. IV.   Löhne in der Großindustrie
1) Staatliche Data über die Höhe der Löhne, ihr soziales Niveau und Differenzierung.
2) Löhne und Produktivität der Arbeit.
Kap. V.   Agrarwirtschaft
1) Produktivitätsstatistik der Agrarwirtschaft
2) Änderungen in der Struktur, Produktivität und den Marktverhältnissen der Bauernwirtschaft.

Zweiter Teil
Kap. VI. Das Volkseinkommen und nationaler Reichtum.
Kap. VII. Finanzen und Geldverkehr.
Kap. VIII. Außenhandel.
Kap. IX. Der Fünfjahresplan.
   1) Erste Versuche der wirtschaftlichen Planierung
   2) Fünfjahresplan in der Großindustrie
   3) Kollektivierung der Agrarwirtschaft

Brief 184)   Schor an Siebeck (SBB)

Professor I. Schor
Renate-Privatstr. 1
Berlin Tempelhof   Berlin, den 24 4 33

An die J. C. B. Mohr (Paul Siebeck)
H. Laupp'sche Buchhandlungen
Tübingen

   hiermit bitte ich Sie höflichst, mir 5 Exemplare der Schrift von W. Iwanow
„Die russische Idee" zusenden zu wollen.
Hochachtungsvoll

                                                             <I Schor>

Brief 185)   Siebeck an Schor (SBB)

Dr.S. / he A. –   5. Mai 1933

Herrn Professor I. Schor
Berlin-Tempelhof
Renate Privatstr. 1

Sehr verehrter Herr Professor,
   die jüngsten Ereignisse sind auch für meinen Verlag von so einschneidender
Bedeutung, dass ich seit Wochen immer nur die Briefe beantworten kann, die auf
den Tag erledigt werden müssen.[263] Deshalb konnte ich es leider nicht vermeiden,
dass Ihre vertrauensvolle Anfrage vom 15. April so lange liegen geblieben ist.

---

263 Höchstwahrscheinlich bezieht sich Siebeck auf die vielen antisemitischen Maßnah-
     men, die in diesen Tagen eingeführt wurden. Was das Verlagswesen am direktesten
     traf, war das am 7. April in Kraft tretende „Berufsbeamtengesetz", wonach alle jüdi-
     schen Beamten (einschließlich Professoren) ihre Ämter aufgeben mussten.

Dass ich zu Ihrer freundlichen Anfrage nicht früher Stellung nehmen konnte, bedauere ich doppelt, weil ich keine Möglichkeit sehe, das Werk von Herrn Professor Prokopowitsch zum Druck zu befördern. Ich habe in den letzten Jahren über Recht und Wirtschaft Sowjetrusslands verschiedene Werke von Verfassern gebracht, die zum Teil erst vor kurzem genötigt waren, Russland zu verlassen. In allen diesen Fällen hat sich gezeigt, dass Juristen oder Nationalökonomen, die ihren Wirkungskreis in Sowjetrussland aufgeben mussten, schon nach erstaunlich kurzer Zeit nicht mehr über denjenigen Kontakt mit ihrem Lande verfügen, dessen es bedarf, um so aktuelle Gegenstände, wie sie auch in dem Buche von Herrn Professor Prokopowitsch erörtert werden, so zu behandeln, dass die Darstellung gerade auch in Deutschland mit Nutzen verwendet werden kann. In einer besonders für den wissenschaftlichen Verlag so schwierigen Zeit wie der heutigen kann ich mich daher zu einer Wiederholung derartiger Experimente nicht entschließen, und ich kann Sie auch nicht ermächtigen, Herrn Professor Prokopowitsch zu ermutigen, dass er mit mir in nähere Verhandlungen über den Verlag seines Werkes eintritt.

Ich danke Ihnen gleichwohl verbindlichst für das Vertrauen, das Sie mir durch Ihre Anfrage bewiesen haben, und verbleibe in vorzüglicher Hochachtung Ihr ganz ergebener

Dr. O. Siebeck

Brief 186)   Kaubisch an Ivanov (CS)

Dresden, d. 9 Mai 1933

Sehr verehrter Herr Professor!

Mit einem herzl<ichen> Gr<uß> sende ich heute nur einige Dichtungen (Drucksache) an Sie; ein ausführlicher Briefbericht folgt. Stepun grüßt Sie herzlich. Mit vielen Wünschen!

Ihr erg<ebener>

Martin Kaubisch

Dresden A. 21 / Ermelstr. 9 II / Germania

Brief 187)   Siebeck an Schor (SBB)

Hb.–wa. A.–   6. Juni 1933

Herrn Professor J. Schor
Berlin Tempelhof
Renate Privatstr. 1 hp.

Sehr verehrter Herr Professor, ich muss Sie leider darauf aufmerksam machen, dass auf Ihrem Konto
RM. 52.–

zu meinen Gunsten offen stehen. Da es bei den heutigen Verhältnissen – zumal bei Gewährung des Nettopreises – ganz unmöglich ist, einen längeren Kredit zu gewähren, ersuche ich Sie höflichst um möglichst umgehende Einsendung meines Guthabens.

In vorzüglicher Hochachtung Ihr ergebenster

J. C. B. Mohr

Brief 188)   Schor an Siebeck (NL)

Berlin, den 13. 06. 1933

Professor I. Schor
Renate-Privatstr. 1
Berlin-Tempelhof

Herrn Dr. Oskar Siebeck
Tübingen

Sehr geehrter Herr Doktor,
herzlichen Dank für Ihre freundlichen Zeilen vom 6. d. Mon. Wenn ich meine Rechnung bis heute noch nicht bezahlt habe, so lag das daran, dass ich immer auf eine Zusammenarbeit mit Ihrem Verlage gehofft hatte, wobei ich dann die Summe verrechnet hätte. – Da das aber bei der heutigen Lage nicht möglich ist, so werde ich mich bemühen, mein Konto durch allmähliche Zahlungen so bald es mir möglich ist, glatt zu stellen.

Mit vorzüglicher Hochachtung

<I. Schor>

Brief 189)   Schor an Siebeck (SBB)

Professor J. Schor
Renate-Privatstr. 1
Berlin-Tempelhof   Berlin, den 15. 6. 33

Herrn Dr. Oskar Siebeck
Tübingen

Sehr geehrter Herr Doktor Siebeck,
ich bin dabei, das letzte Werk Berdiajews für eine deutsche Herausgabe zu bearbeiten. In den Anmerkungen, vielleicht auch in der Einleitung, werde ich Hinweise auf frühere Werke Berdiajews geben. Selbstverständlich brauche ich für diesen Zweck auch die übrigen ins Deutsche übersetzten Werke

Berdiajews. Wäre es Ihnen vielleicht möglich, mir die bei Ihrem Verlage erschienenen Arbeiten des Verfassers als eine Art von Besprechungsexemplaren zur Verfügung zu stellen? Sie würden mir dadurch einen Dienst erweisen. Für die Verbreitung Ihrer Verlagswerke dürfte es wohl auch nicht ohne Nutzen sein.

Mit besten Empfehlungen und freundlicher Hochachtung Ihr sehr ergebener

J. Schor

<handschriftliche Anmerkungen am Rand, offensichtlich vom Verlag>

Berdiajew: Sinn d. Schaffens, Philos. d. fr. Geistes[264]

Brief 190)   Schor an Siebeck (SBB)

<Rückseite> Professor I. Schor
Berlin Tempelhof
Renate Privatstr. I
Südring 4060   Berlin, den 2 8 33

An den Verlag J C B Mohr (Paul Siebeck), Tübingen

Für die freundliche Zusendung des Berdiajewschen Werkes „Sinn des Schaffens" sage ich Ihnen meinen verbindlichsten Dank.

Hochachtungsvoll

J. Schor

Brief 191)   Kaubisch an Ivanov (CS)

Dresden A. 21
Ermelstr. 9 II
d. 12. 9. 33

Lieber Herr Professor,

Ich danke Ihnen herzlichst für die so liebenswürdige Übersendung des schönen *Corona*heftes. Ich habe mich *sehr* darüber gefreut. Besonders über Ihren eigenen Beitrag, der die Beziehungen zwischen Gogol u<nd> der Antike so geistvoll paraphrasiert.[265] Ich bin ja selbst alter Humanist u<nd> kenne die Materie genau. Aber auch die Erinnerungen Annenkovs haben mich sehr gefesselt.

---

264 Laut Vermerk wurden die Bücher am 20. VI. 33 verschickt.
265 „Gogol und Aristophanes", *Corona*, Juni, 1933, S. 611–622. Der 1926 in der UdSSR erschienene Aufsatz wurde von Benno Nesselstrauss (Pseudonym: Lessen) übersetzt.

Was für ein sonderbarer Kauz dieser Gogol!! Sehr schön auch die Briefe Rilkes an die Fürstin von Taxis, deren Erinnerungen an den poeta seraphicus mir ganz besonders lieb sind. Ecce poeta beatus *et* cruciatus.[266] Also: Reichen Dank! Übrigens hat man mich von Freundesseite schon *sehr* angeregt, auch einmal in „Corona" zur Veröffentlichung zu kommen. Ich hätte selbst große Lust. Und zwar hatte ich an den Gedichtkreis: *das Tor der Toten* u<nd> an *Prosa* gedacht (*Der Besessene*). Ob *Sie* wohl die Güte hätten, der Leit<un>g, *der ich ja völlig unbekannt bin,* ein fr<eun>dl<iches> Wort von mir zu sagen? Ich wäre Ihnen herzl<ich> dankbar. Ich schreibe an neuen Gedichten. Eine Probe: „Gralsträger" lege ich bei.[267] Im November soll die 2. Aufl<age> erscheinen. Aber ich weiß noch nicht, *wo*?! Eine neue Legende schicke ich Ihnen auch noch: „Die Berufung"; auch diese käme event<uell> f<ür> „Corona" in Betracht. Im Winter hoffe ich dann vor allem das herrl<iche> Projekt *„Grenzen des faustischen Menschentums"* wieder aufnehmen zu können u<nd> Dostojewsky für Mohr-Siebeck. Aber *nach Ihnen zu diesem Thema neu u<nd> eigenartig zu sprechen ist* unendlich *schwer*!! Ihre eigene Schrift werde ich dann auch noch würdigen. Eben erschien in deutscher Sprache: *Schümer:* „Leben u<nd> Tod bei Dostoj<ewsky>" Evang<elischer> Verlag, *Calw.*[268] (4. 20) *Sehr gut.* – Haben Sie schon Spenglers „Jahre der Entscheid<un>g" gelesen?[269] Ausgezeichnet. Fascinierend, wenn auch *sehr* anfechtbar.

Ich danke Ihnen noch für Ihren lieb<en> Gruß, den mir H<er>r *Schrader* überbrachte. Stepun grüßt Sie auch *sehr.* Er arbeitet an „das Antlitz Russlands" u<nd> an dem Essay für Sie. Kennen Sie schon „Theater u<nd> Kino"? –

Dies für heute! In alter Verehrung u<nd> mit der Bitte um „ein Zeichen" Ihr herzl<ich> erg<ebener>

Martin Kaubsich

<Am Rand> 1 Gedicht 1 Legende 1 Bild

---

266 (lat.) „Seht! Ein Dichter, selig *und* gemartert!"

267 Eine Handschrift dieses Gedichts ist im Ivanov-Archiv (CS) erhalten. Nach der Schlusszeile folgt: „M. K. Sept. 1933. Wiatscheslaw Iwánow in Verehrung und Dank. Martin Kaubisch". Der Wortlaut des Gedichts ist identisch mit der Version, die unten zusammen mit dem Brief von Kaubisch an Schor vom 19. 12. 1933 angeführt wird. (Brief 195)

268 Wilhelm Schümer, *Tod und Leben bei Dostojewski. Ein Beitrag zur Kenntnis des russischen Christentums,* Calw, 1933.

269 Oswald Spengler, *Jahre der Entscheidung.* München, 1933.

Brief 192)   Kaubisch an Ivanov (CS)

Dresden A. 21
Ermelstr. 9 II
d. 5. Okt<ober> 1933

Sehr verehrter Herr Professor,

Heute nur die erg<ebene> Frage, ob Sie glauben, dass die beigefügte Legende „Die Berufung" vielleicht für d<ie> „Corona" geeignet wäre? Oder ob Sie meinen: lieber den dynamisch stärkeren „Besessenen", den Sie ja auch besitzen von mir.

An Gedichten wollte ich an „Corona" schicken: „Das Tor der Toten", Für ein<en> gefall<enen> Freund, Gethsemane, Ecce homo. Sollten Sie der Leit<un>g d<er> „Corona" einmal ein fr<eun>dl<i>ches Wort sagen können, freut es mich *sehr*.

M<einen> letzten Brief erhielten Sie wohl? Wie geht es Ihnen? Step<un> grüßt Sie sehr. Haben Sie sein Theaterbuch? Endlich noch ein kleines Bild u<nd> herzlichste Grüße!

In Verehr<un>g der Ihrige!

Martin Kaubisch

Brief 193)   Schor an Siebeck (SBB)

Professor I. Schor
Kaiserallee 188
Berlin-Wilm.   den 8. 10. 33

Herrn Dr. Oskar Siebeck
Tübingen

Sehr geehrter Herr Doktor Siebeck!

Zu meinem größten Bedauern, ist es mir noch nicht gelungen meine Rechnung zu bezahlen. Meine literarischen Pläne, die in diesem Jahre reif geworden sind, mussten aufgeschoben werden. Jedenfalls wird es mir gelingen, das Theaterbuch von Wiatscheslaw Iwanow in einem deutschen Theaterverlag und das letzte Werk von Berdiajew (Von der Bestimmung des Menschen – Versuch einer Ethik des schöpferischen Lebens), wie ich Ihnen bereits mitgeteilt habe, in einem Schweizer Verlag im Laufe des Winters 33/34 herauszubringen.[270] Dann werde

---

270 Schor erreichte einen Vertrag für Ivanovs Theaterbuch mit Rudolf Roeßler, dem damaligen Leiter des Bühnenvolksbundverlags. S. Abb. 4, S. 298. Vgl. seinen Brief aus Tel-Aviv an den inzwischen nach Luzern gezogenen Roeßler (Gründer des Vita Nova Verlags) vom 11 April 1935: „Teilen Sie mir bitte mit, wie es mit den

ich auch die Möglichkeit haben, meine Schuld bei Ihnen zu begleichen. Selbstverständlich werde ich mich bemühen, Ihnen schon früher kleinere Posten zu überweisen.

Zu gleicher Zeit habe ich neue Beziehungen zu ausländischen Zeitungen angeknüpft und habe mich verpflichtet für die italienische Zeitschrift „Sofia" / Palermo und für die russische religionsphilosophische „Put'" (Weg), Paris, Darstellungen der führenden geistigen Persönlichkeiten Deutschlands (Philosophen und Theologen) zu geben.[271] Einer der ersten Berichte wird Albert Schweizer gewidmet sein. Da ich dabei auch eine Übersicht der Werke von Schweizer zu geben beabsichtige, so würde ich Ihnen sehr dankbar sein, wenn Sie mir die bei Ihnen erschienenen Werke von Albert Schweizer als Besprechungsexemplare zugehen lassen könnten. Es ist möglich, dass mein Aufsatz über Albert Schweizer auch in einer amerikanischen Zeitschrift erscheinen wird, da ich zur Zeit darüber mit Herrn Professor Dr. Heinrich Lanz, Stanford University, Californien, Verhandlungen führe.[272]

Verträgen steht, die seinerzeit mit den deutschen Verlegern geschlossen wurden, jetzt aber von diesen im Punkte der Honorarzahlung nicht gehalten werden können. Ich denke an das Theaterbuch von W. Iwanow. Wohl habe ich eine Anzahlung (210 M.) vom Theaterverlag erhalten; weitere Zahlungen kann aber der Verlag an Iwanow, der sich im Auslande befindet, nicht machen (infolge der betreffenden Regulierungen des ausländischen Geldverkehrs). Hätten wir (Iwanow und ich) das Recht, diesen Vertrag als ungültig zu betrachten? Ich frage Sie an, weil wir gerne über die Lage orientiert werden möchten und weil ich eine schwache Hoffnung habe, dass dieses Buch vielleicht für Ihren Verlag von Interesse sein könnte. Die Übersetzung ist bereits längst gemacht. Iwanow selbst möchte aber an dieser Schrift nicht arbeiten, bevor er die Zuversicht hat, dass die Veröffentlichung dieser Schrift verwirklicht werden kann." Das Buch ist nie herausgekommen. Das Berdiaev-Buch ist 1935 im Gotthelf-Verlag (Bern) erschienen.

271 Beiträge von Schor in diesen Zeitschriften sind nicht bekannt.

272 Der in Moskau gebürtige Genrich Ernestovič Lanc (Heinrich; Henry Lanz) (1886–1945) hat in Heidelberg 1910 mit einer Dissertation über „Das Problem der Gegenständlichkeit in der modernen Logik" promoviert. 1918 ist er nach Amerika gekommen, wo er eine Professur an der Stanford University bekam und die Abteilung für Slawistik gründete. Er war mit der ganzen Familie Schor bekannt. Schor bezieht sich auf einen Brief, den er an Lanz aus Berlin am 6. 6. 1933 (NL) schickte: „<...> Ich stehe in sehr enger Beziehung zu vielen russischen Denkern, in erster Linie zu Berdiajew, Wiatscheslaw Ivanow und Stepun. Die Lage der russischen Gelehrten und Philosophen hat sich in der letzten Zeit sehr verschlimmert, und nun bemühe ich mich, ihr Tätigkeitsfeld zu erweitern. Die 3 genannten Freunde (wir sind also 4 Musketiere) haben mir ihre Sachen vertrauensvoll in die Hand gelegt, und ich möchte auch gern

Mit freundlichen Grüßen und besten Empfehlungen, bleibe ich Ihr sehr ergebener

J Schor

<Handschriftliche Anmerkungen am Rand, offensichtlich vom Verlag>

76/105 Schweitzer, Mystik d. Apostels Paulus
50/29 ", Das Abendmahl
35/22 ", Geschichte d. Leben Jesu Forschung 5. Aufl.
50/18 Schweitzer, Gesch. d. paulin. Forschung
35/21 ", Psychiatr. Beurteilung Jesu 2. Aufl.

---

etwas für sie erreichen. Vielleicht könnte doch die eine oder andere Zeitschrift ständig einen Raum gewähren für Beiträge dieser führenden Persönlichkeiten? Nun aber wissen Sie eigentlich gar nicht, was ich inzwischen getan habe. Im Jahre 1923 bin ich als Professor und Mitglied der Russischen Akademie für Kunstwissenschaft aus Russland gegangen und habe mich dem philosophischen Studium in Freiburg (Husserl, Kroner, Cohn, Heidegger) gewidmet. Bis jetzt durfte ich nicht an die Öffentlichkeit treten, weil dadurch Komplikationen für meine Kollegen an der Akademie entstehen könnten. Jetzt aber ist die Akademie aufgelöst und ich gewann die innere Möglichkeit, zu Wort zu kommen. Als erster Versuch war mein Aufsatz über die ‚Grenzen der tragischen Kunst', den ich Ihnen als Drucksache zugeschickt habe.
Mit meiner eigenen Tätigkeit hängt auch die erste Frage zusammen, die ich in diesem Brief an Sie gerichtet habe, – ich möchte nämlich gerne Berichte in irgendeiner amerikanischer Zeitung geben über die Strömungen und Erscheinungen des geistigen Russlands und Deutschlands (Philosophie, Theologie, Geisteswissenschaften, Kunst etc.) – so eine Art philosophischen Tagebuchs. Meinen Sie, dass so etwas möglich wäre?
Für eine Antwort auf diese Fragen, wie auch eventuell für nähere Hinweise und Vermittlungen würde ich Ihnen sehr verbunden sein. Über die ‚Russische Idee' werde ich Ihnen demnächst schreiben." (Wie Schor im Brief erklärt, schrieb er diesen Brief auf Deutsch, weil seine russische Schreibmaschine in der Reparatur war.)
Sofern man nach den erhaltenen Briefen von Lanz beurteilen kann, waren die von Schor erwähnten „Verhandlungen" eher einseitig. Lanz hat den Stand der Dinge nicht verhehlt. So z. B. hatte er schon in einem Brief vom 3. Januar 1933 (NL) geschrieben: «Американцы народ практический, реалистичный. Мистика здесь не пойдет. Здесь любят факты и истории. Это – народ рассказчиков, не философов.» („Die Amerikaner sind ein praktisches, realistisches Volk. Mystik verkauft sich hier nicht. Hier liebt man Fakten und Geschichten. Es ist ein Volk der Erzähler, nicht der Philosophen.")

Brief 194)   Schor an Siebeck (SBB)

Berlin, den 22 X 33

Sehr geehrter Herr Doktor Siebeck,

für die freundliche Zusendung der Werke von Albert Schweizer sage ich Ihnen meinen verbindlichsten Dank. Die Belegexemplare werde ich Ihnen gleich nach der Erscheinung meiner Aufsätze zugehen lassen.

Mit besten Empfehlungen und herzlicher Hochachtung bleibe ich Ihr sehr ergebener

J. Schor

Brief 195)   Kaubisch an Schor (NL)

Dresden–A.21,   den 19.12.1933
Ermelstr. 9,II
Tel. 34309

Lieber Herr Schor!

Ich habe so lange nichts von Ihnen gehört und möchte gern fragen, wie es Ihnen geht? Leider war auch ich so überlastet, dass ich viele Briefe liegen lassen musste.

Heute nur einige Fragen: Wissen Sie, dass Stepuns neues Buch „Das Antlitz Russlands und das Gesicht des Bolschewismus" in diesen Tagen erscheinen wird?[273] Ferner: dass sein sehr schöner Aufsatz über Ivanoff ebenfalls abgeschlossen ist und am letzten Dienstag an das Hochland für das Januar-Heft abging?[274] Er will mir einen Durchschlag schicken, und ich bin sehr gespannt darauf. Ich liebe Iwanoff ja sehr, obwohl ich ihn nicht kenne und lange nichts von ihm hörte. Nur weiß ich, dass er die große Freundlichkeit hatte, eine Legende von mir an die „Corona" zu vermitteln.[275] Ich muss ihm noch danken dafür.

Neben meinen alten geliebten Themen von den „Grenzen des faustischen Menschentums" beschäftigen mich noch neue Legenden und Gespräche und ein Aufsatz: „Der priesterliche und der prophetische Mensch". Ich bedaure immer, dass ich mich darüber nicht mit Ihnen unterhalten kann. Sie haben mir im vorigen Jahre sehr verstehend geschrieben über die „Verwandlungen des Todes".

---

273 Stepuns Buch erschien 1934 beim Gotthelf-Verlag in Bern als erstes in der „Reihe religiöser Russen".

274 „Wjatscheslaw Iwanow. Eine Porträtstudie", *Hochland*, Nr. 4 (Januar), 1934, S. 350–361.

275 Aus dem Brief von Kaubisch an Ivanov vom 31. 12. 1933 (Brief 196) geht hervor, dass Kaubisch von Schrader darüber informiert wurde. Vgl. *DB*, S. 144–145.

Wenn ich nicht irre, sagten Sie u. a., in einer alten christlichen Legende erschiene der Tod als ein gefallener Engel, der als Sühne für seinen Fall den Auftrag erhielt, den Menschen die Todesbotschaft zu bringen. Ich wollte Sie nun fragen, ob Sie in der russischen Literatur und in der Überlieferung der griechischen Kirche noch andere Todeslegenden kennen. Mir schwebte nämlich vor ein Gespräch: „Der Fürst und der Tod" in einer großen nächtlichen Landschaft auf der Terrasse des Schlosses. Es ist nun sehr schwer, die äußere Gestalt zu finden, in welcher der Tod da auftreten soll, und ich bedaure, dass Sie so selten nach Dresden kommen, denn dann könnten wir vieles besprechen. – Bleiben Sie dauernd in Berlin? Wie geht es mit Ihren Arbeiten und hat Iwanoff Ihnen wieder geschrieben?

Ich würde mich herzlich freuen, von Ihnen zu hören, und grüße Sie sehr! Frohe Weihnacht!

Ihr Martin Kaubisch

L<ieber> H<er>r Schor! Dieser Brief liegt schon lange auf m<einem> Tisch; denn mir fehlte Ihre Adresse. Nun kommt zu m<einer> großen Freude Ihr Gruß aus Rom. Herzl<ichen> Dank! Wie lange bleiben Sie dort? Haben Sie Iwánoff gesehen? Ich will auch ihm schreiben in diesen Tagen. Auch von m<einem> Projekt, m<eine> kleine Studie über Dostojewsky in Zusammenhang zu bringen mit dem Problem der *Theodizee*. Vielleicht lässt sich von da aus vieles eigentümlich beleuchten.

Leicht ist es freilich nicht, doch liegt es mir. Die 2. Aufl<age> d<er> Gedichte soll, um 12 neue Stücke vermehrt, 1934 erscheinen. Titel: Der silberne Strom.[276] Wenn ich weiß, wo Sie sind, schicke ich Ihnen. Haben Sie Dank f<ür> Ihr liebes Gedenken – empfangen Sie noch m<eine> herzl<ichen> Wünsche u<nd> Grüße für 1934!! Ihr M.K.

Bunin ist hier bei Stepun; diesem geht es gut; s<einer> Mutter, die wir ja alle sehr lieben, leider weniger.[277]

Gralsträger

Der Abend sinkt; das Licht verdämmert.
Ein Jüngling pilgert durch das dunkle Land.
Behutsam trägt er eine goldne Schale,
Die zuckt und flammt.

---

276 Kaubischs *Der silberne Strom: Gedichte* erschien erst 1935 bei Wunderlich in Tübingen.
277 Es folgt noch ein Wort, das nicht zu entziffern ist. Zu Stepuns Mutter (Maria) und ihrem jüngeren Freundeskreis, s. Hufen, S. 424.

In ihrem Glanze spiegeln sich die Zeiten.
In ihrer Mitte blitzt die Ewigkeit.
Wir alle folgen ihrem sanften Gleiten
Und dienen ihrer Herrlichkeit.

Er aber geht und geht... Die Länder schwinden.
Er wird nicht müde, wird nicht alt.
Er muss die Stätte der Erlösung finden,
Kein Gott gebietet ihm mehr Halt.

Schon siehst du ihn in das Gebirge dringen
Von Fels zu Felsen, ohne Rast und Ruh.
Die Sterne jubeln, und die Gipfel singen,
Er aber wandert, wandert immerzu...

Und als die Mitternacht mit dunklem Schwunge
Die stille Erde überdröhnt,
Da hebt er strahlend die geliebte Schale
Zum höchsten Gipfel – sieggekrönt.

Ein Glanz umgibt ihn, und die Himmel brechen
Wie goldne Barren königlich entzwei,
Und selig hörst du seine Stimme sprechen
Im Chor der Engel, groß und frei!

Martin Kaubsich. 1933.

Ihnen, lieber Herr Schor, mit herz<lichem> Dank. Ihr M. K. Weihn<achten> 1933.

Brief 196)   Kaubisch an Ivanov (CS)[278]

Dresden, den 31. 12. 1933
Ermelstr. 9 II

Sehr verehrter und lieber Herr Professor,

Am letzten Advent, etwas nach 12 Uhr mittags, erschien bei mir plötzlich Fedor Stepun mit dem schönen Aufsatz über Sie, der nun im Januarheft des

---

278 Dieser Brief ist der letzte bekannte Brief von Kaubisch an Ivanov. Es gibt aber ein weiteres Zeugnis ihres Kontakts, und zwar das „Neue Sächsische Kirchenblatt" vom 15. Juli 1934 (Nr. 28), in dem Kaubischs Artikel „Religiöse Elemente in der Dichtung Stefan Georges" auf S. 433–438 zu finden ist. Das im Rom-Archiv befindliche Exemplar hat Kaubisch mit einer Widmung versehen: „Wiatscheslaw Iwanow in Verehrung und Dank. M. Kaubisch".

„Hochland" erscheinen soll. Wir haben die ganze Arbeit 5 Stunden durchge-
ackert und ich habe so auch ein kleines Teilchen meiner Dankesschuld an Sie
vielleicht mit abgetragen. Ich finde die Arbeit ganz ausgezeichnet, sie gibt wirklich ein Gesamtbild, auch dem Fernerstehenden, und ich grüße wieder mit wirk-
licher Verehrung und tiefer Sympathie Ihre „synthetische Persönlichkeit".[279]
Besonders eindrucksvoll empfand ich die Unterscheidung des idealistischen
und des religiösen Symbolismus.[280] Herrlich auch die Schlusspartie des Ganzen
über den *Dichter* Iwanow, der mir natürlich besonders nahe steht und bei dessen
Schilderung ich mich, en miniature, ein wenig mitgetroffen fühlte. So vor allem
an der Stelle „Gott habe Sie zwar als Dichter, aber in einer seiner nachdenklichsten, um nicht zu sagen: philosophischsten, Stunde erschaffen und in die Welt
befohlen."[281]

Mit Stepun zusammenzuarbeiten, ist ja überhaupt köstlich; das wissen
Sie ja selbst von Russland her! Nur eines bedaure ich tief und mit mir Stepun, dass ich nicht Russisch kann, um Ihre – unübersetzbaren – Gedichte
im Original zu lesen. Vor allem auch die Römischen Sonette, durch die Sie
den erstaunlichen Reichtum Ihres Schaffens und Schauens in wunderbarer
Weise krönten. Ich weiß nicht, ob Ihnen Stepun, bei dem ja jetzt Iwan Bunin
haust, das Manuskript des Aufsatzes schon zugesandt hat? Ich kann mir denken, welche Freude die Lektüre Ihnen machen wird. Auch habe ich Stepun

---

279 Der genaue Ausdruck „synthetische Persönlichkeit" kommt in Stepuns Aufsatz nicht
vor, aber auf dieses von Ivanov verkörperte Ideal weist Stepun mehrmals hin, so z. B.
„Der höchste russische Gedanke ist die allseitige Aussöhnung aller Ideen". Zur Verkündung und Verteidigung dieses höchsten Gedankens Dostojewskijs brachte Iwanow vielleicht mehr Voraussetzungen mit als irgendein anderer seiner Zeitgenossen."
PS, S. 352. Vgl. S. 356 über das „synthetische Antlitz der Gegenwart" und S. 358 über
die „symphonische Persönlichkeit der Nationen".

280 „So hebt sich bei Iwanow der religiöse Symbolismus, der mit behutsamer Hand die
Dinge der Welt an Gott zurückgibt, scharf von dem idealistischen ab, der im prome-
theischen Rausch den Dingen ihre eigene Ewigkeit zu schenken vermeint. Der religiöse Symbolismus ist Findung und Verklärung des Gegenstandes, der idealistische
seine Erfindung und Umgestaltung; der religiöse die Behauptung des wahrhaft Seienden, der idealistische des Sein-Sollenden; der religiöse das Hinstreben zur objektiven
Wahrheit, der idealistische zur subjektiven Freiheit; der religiöse Seinshörigkeit, der
idealistische Selbstherrlichkeit." *PS*, S. 354–355.

281 „Iwanow denkt, sinnt, deutet und kündet in seinem dichterischen Werk so frei und
selbstverständlich, wie es in ihm singt und formt, weil ihn Gott wohl als einen großen
Dichter, aber in einer seiner nachdenklichsten, man möchte sagen seiner philosophischsten, Stunden, erschaffen und in die Welt befohlen hat." *PS*, S. 359.

gebeten, mehrere Sonderdrucke herstellen zu lassen, zur Gabe auch in *meinem* Freundeskreis.

Sehr werde ich mich natürlich freuen, wieder selbst von Ihnen zu hören. In der letzten Zeit hat mir nur Herr Schrader von Ihnen und Ihrem Ergehen berichtet; u. a. auch, dass Sie so freundlich waren, in meinem Interesse an die Schriftleitung der „Corona" zu schreiben und die *Berufungs*legende wohl mit einzuschicken. Ich danke Ihnen herzlich für diese *große* Freundlichkeit und würde mich natürlich riesig freuen, wenn ich einmal mitarbeiten könnte![282] Außer den Legenden hatte ich noch an Gedichte gedacht, besonders an das „Tor der Toten" und die Nänien für den gefallenen Freund. Die Antwort wird wohl länger auf sich warten lassen. Inzwischen versuche ich, an den Legenden weiterzuschreiben, unter denen sich einige sehr schöne Projekte befinden. Wie schade, dass ich nicht mit Ihnen davon sprechen kann! Gerade das Ineinander von Mystik, Dichtung, Philosophie und Musik würde in Ihrer polyphonen Seele wahrscheinlich starken Widerhall erwecken. Neben diesen dichterischen Entwürfen habe ich mich wieder in *Dostojewski* vertieft, um so mehr als mein höchst liebenswürdiger Verleger Dr. Siebeck–Tübingen mich von neuem mahnte. Er pflegt seinen Neujahrswunsch immer mit dem Wunsche zu begleiten, dass in diesem neuen Jahre nun die kleine Schrift zum Abschluss komme.[283] Hoffentlich gelingt es dieses Mal! In der Mitte des nun vergangenen Jahres bot ich Dr. Siebeck meine Studien zu den „Grenzen des faustischen Menschentums" an. Er bestand jedoch auf

---

282 Trotz Ivanovs Empfehlung kam Kaubisch nie zur Veröffentlichung in *Corona*. *DB*, S. 146.

283 Am 8. Januar 1929 schrieb Siebeck an Kaubisch (SBB): „In Erwartung Ihres Dostojewski-Manuskriptes stelle ich Ihnen den II. Band von Holls ‚Gesammelten Aufsätzen' zu dem gegenüber dem Ladenpreis um 25% ermäßigten Autorpreis gern zur Verfügung. <...> Wenn Ihnen die Begleichung dieser und Ihrer alten ‚Schulden' Schwierigkeiten macht, so warten Sie damit ruhig zu, bis wir diese gegen Ihr Honorar für das Dostojewski-Heft verrechnen können." Gemeint ist Karl Holl, *Gesammelte Aufsätze zur Kirchengeschichte*, Bd. II: *Der Osten*. Tübingen, 1928. Am 9. Januar 1933 schrieb Siebeck an Kaubisch (SBB): „Sehr verehrter Herr Doktor <sic!>, lassen Sie mich Ihnen für Ihren Weihnachtsgruß schon einmal herzlichen Dank sagen und mit den besten Wünschen zum neuen Jahre der Hoffnung Ausdruck geben, dass in der ‚Sammlung gemeinverständlicher Vorträge' 1933 auch Ihr Heft über Dostojewski wird erscheinen können. Nachdem ich in letzter Zeit über die russischen Denker so interessante Bücher bringen konnte wie diejenigen von Iwanow und Sapir, wird mir Ihr Heft, von allem anderen abgesehen, eine erwünschte Gelegenheit geben, für diese Veröffentlichungen erneut Propaganda zu machen." Das Sapir Buch war: Boris Sapir, *Dostojewsky und Tolstoi über Probleme des Rechts*. Tübingen, 1932.

Dostojewski in *Ihrer* wahlverwandtschaftlich bestimmten Nähe.[284] Ein Zeugnis großen Vertrauens, das ich kaum erfüllen kann! Denn neben Ihrer herrlichen Schrift zu bestehen, ist eine hohe Forderung! Auch wusste ich lange nicht, von welchem besonderen Blickpunkte aus ich meine Gedankenmaßen ordnen und gruppieren sollte. Seit einigen Wochen schwebt mir nun vor, das Problem der *Theodizee* in den Mittelpunkt zu stellen. Denn schließlich ist ja das Werk des großen Dichters eine einzige Gottesrechtfertigung. Ich wollte nun eine grundsätzliche Einleitung dazu geben, die natürlich ihre großen Schwierigkeiten hat. Eine philosophisch-rationale Theodizee, wie sie z. B. Leibniz gab, ist heute nicht mehr möglich, vielmehr nur noch eine Theodizee in der Form der Kunst oder als unmittelbare religiös-theologische Verkündigung. Damit ist aber das Einzigartige der Theodizee Dostojewskis noch nicht bezeichnet. Es muss vor allem gezeigt werden, dass diese Gottesrechtfertigung in ihrer Form, wie Sie überzeugend dargelegt haben, eine Tragödie, in ihrem Gehalte aber vom Geist des großen und strengsten Christentums bestimmt ist. Auch ist die Rechtfertigung Gottes für Dostojewski unlösbar verbunden mit der Rechtfertigung des Menschen durch Christus und der besondere Sinn des Tragischen mit dem übertragischen Erlebnis des Glaubens. Wenn ich den Grundriss des Ganzen in voller Klarheit vor mir sehe, werde ich mir erlauben, ihn einmal an Sie einzuschicken. Mit Stepun sprach ich natürlich auch davon, und vielleicht ist es doch möglich, nach und nach das Ganze festzuhalten. Ich kann nur nicht zu lange philosophisch arbeiten, denn dann lockt mich immer wieder die Dichtung, und da bin ich doch mehr „Herr im eigenen Hause" als in der philosophischen Interpretation. Sie werden diese Spannung und doch auch dieses *Ineinander*wachsen ja aus einer viel reicheren Erfahrung kennen. Sie haben ja auch den Dichter Iwanow gerettet nicht nur durch die Stürme des Weltkriegs und der Revolution, sondern auch

---

284 Am 25. Januar 1933 schrieb Siebeck an Kaubisch (SBB): „Ich kann mir nicht recht vorstellen, dass die Ausarbeitung eines Vortrags über ‚Grenzen des faustischen Menschentums' sich zur Veröffentlichung als selbständige Schrift eignet, auch wenn diese in einer meiner Reihen erscheint. Für einen solchen Aufsatz kann vielmehr nach meinem Empfinden nur eine Revue vom Range der ‚Neuen Deutschen Rundschau' oder der Cassirerschen Zeitschrift ‚Kunst und Künstler' als geeigneter Rahmen in Frage kommen.
Hier haben Sie auch den großen Vorteil, dass Sie ohne Weiteres ein viel größeres Publikum erreichen als dasjenige, in dessen Hände die Hefte meiner Schriftenreihen im besten Falle gelangen. Für die ‚Sammlung gemeinverständlicher Vorträge' möchte ich daher unter allen Umständen an dem Thema ‚Dostojewski' festhalten. Denn auf ein solches Heft warte ich zur Abrundung dieser Reihe schon lange, aber gerne auch noch weiter so lange, bis Sie neben Ihren anderen Arbeiten an diese Aufgabe kommen."

durch die Dialektik des europäischen Geistes und Ihres persönlichen Schicksals. Echte Dichtung ist nun einmal immer auch Ausdruck einer neuen Weltschau. Erst von da aus ist die Wirkung in der Tiefe möglich.

Zum Schluss möchte ich Ihnen noch einige ganz hervorragende Werke zur Sinndeutung der griechischen und römischen Antike nennen, deren Kenntnis jeden Leser tief bereichert und die Sie sich vielleicht einmal aus Deutschland kommen lassen können:

1.) Walter F. Otto: Dionysos (Frankfurt/M. 1933, Verlag Kellermann). (Die erste und bedeutendste zusammenfassende Deutung des ganzen Materials in Deutschland.)[285] 9.50M.
2.) Dr. E. Tabeling: Mater Larum[286] (ebnda.) 6.00
3.) Werner Jäger: Paideia[287] (Verlag de Gruyter, Berlin, 1933 8 RM)
4.) Kurt Hildebrandt: Plato, Der Kampf des Geistes um die Macht.[288] 10.00

Diese Bücher stehen augenblicklich in Deutschland im Mittelpunkte der Erörterung, und ich darf glauben, dass ihre Kenntnis auch Ihnen eine wirklich große Freude bringen würde.

Nun aber muss ich schließen und möchte Ihnen nur noch viele herzliche Wünsche sagen für das neue Jahr!

In dankbarer Verehrung

Ihr Martin Kaubisch

Brief 197)   Schor an Siebeck (SBB)

Professor I. Schor
Roma, Via G. B. De Rossi 22, presso Stoli. T. 81276   26 3 34

An den Verlag J. C. B. Mohr (Paul Siebeck). Tübingen.

Anbei übersende ich Ihnen 30 fr.fr. (= 5M.) und bitte Sie, mir 5 Exemplare der Schrift von W. Iwanow "Die russische Idee" zugehen lassen zu wollen.

Mit vorzüglicher Hochachtung

I. Schor

---

285 Walter Friedrich Otto, *Dionysos: Mythos und Kultus*. Frankfurt/M., 1933. Ivanov las dieses Werk gründlich, als er 1937 die deutsche Ausgabe seines eigenen Dionysos-Buches vorbereitete. Kaubischs Hinweis war anscheinend das erste Mal, dass Ivanov von der Existenz dieses Buches erfuhr.
286 Ernst Tabeling, *Mater Larum: Zum Wesen der Larenreligion*. Frankfurt/M., 1932.
287 Werner Jäger, *Paideia: Die Formung des griechischen Menschen*. Berlin, 1934.
288 Kurt Hildebrandt, *Platon: Der Kampf des Geistes um die Macht*. Berlin, 1933.

Brief 198)   Schor an Siebeck (SBB)

Professor I. Schor
Roma
Via G. B. De Rossi 22/14
presso Stoli   den 10 7 34
Herrn Dr. Oskar Siebeck, Tübingen

Sehr geehrter Herr Doctor,
für die deutsche Ausgabe des Buches von N. Berdiajew „Die Bestimmung des Menschen" brauche ich u. a. bibliographische Angaben über die bei Ihnen erschienenen Werke. Ich würde Ihnen sehr verbunden sein, wenn Sie mir einen Katalog Ihres Verlags mit Angaben des Erscheinungsjahres der ersten und letzten Ausgabe der Werke folgender Verfasser zugehen ließen: W. Windelband, H. Rickert, R. Kroner, E. Brunner, G. Gurwitsch, E. Rohde.
Für die Prospekte über die Werke der betreffenden Autoren wäre ich Ihnen besonders verbunden.
Mit besten Empfehlungen und vorzüglicher Hochachtung bleibe ich Ihr sehr ergebener

I. Schor

Brief 199)   Siebeck an Schor (SBB)

Herrn Professor I. Schor
Roma
Italien
Via G. B. de Rossi 22/14
presso Stoli

Pf.–sp.A.–   12. Juli 1934

Sehr verehrter Herr Professor,
mit verbindlichstem Dank bestätige ich den Empfang Ihres freundlichen Schreibens vom 10. 7., das Sie an meinen Herrn Dr. Siebeck richteten. Da meine Fachkataloge zur Zeit leider vergriffen sind, übersende ich Ihnen in der Anlage Aufstellungen mit genauen bibliographischen Angaben über die in meinem Verlag erschienenen Werke von W. Windelband, Heinrich Rickert, Richard Kroner,

Emil Brunner, G. Gurwitsch und E. Rohde, soweit von diesen Werken noch Buchkarten vorhanden sind, füge ich diese ebenfalls bei.

In vorzüglicher Hochachtung

J. C. B. Mohr / Paul Siebeck[289]

Brief 200)   Siebeck an Schor (SBB)

Hb.–wa. A.–   30. August 1934

Herrn Professor J. Schor
Rom / Italien
Via G. B. de Rossi 22/14
presso Stoli

Sehr verehrter Herr Professor,
    unter Bezugnahme auf meinen Konto-Auszug vom 18. Juli ds. Js. ersuche ich Sie höflichst, mein Guthaben von

RM. 52.–

durch *regelmäßige monatliche* Teilzahlung auszugleichen, da, wie ich Ihnen schon im Juni v. Js. schrieb, es mir unmöglich ist, das Entgegenkommen, das ich Ihnen dadurch bewiesen habe, dass ich Ihnen Ihre Bezüge zum Nettopreise berechnet habe, noch dadurch zu erweitern, dass ich Ihnen einen *zeitlich* unbegrenzten Kredit einräume.

In vorzüglicher Hochachtung

J. C. B. Mohr / Paul Siebeck

Brief 201)   Schor an Siebeck

Professor I. Schor
Roma
Via G. B. de Rossi 22
Presso Stoli   den 12.9.34

Sehr verehrter Herr Doctor Siebeck,
    ich danke Ihnen für Ihre freundlichen Zeilen vom 30 August 34. Ich bedaure unendlich, dass es mir bis heute noch nicht gelungen ist, meine Rechnung zu gleichen. Es hat sich ein Kreislauf der Schulden gebildet: meine Schuldner

---

289 Darauf folgen zwei Namen: nur „Dr. Häberle" ist zu entziffern. Die Anlage ist nicht erhalten.

können ihren Verpflichtungen nicht nachgehen und versetzen mich in die unangenehme Lage, meine Rechnung unbezahlt lassen zu bleiben. Ich werde mir aber die höchste Mühe geben, Ihnen kleinere Summen zugehen zu lassen, durch die meine Schuld allmählich getilgt wird.

Ihr Entgegenkommen, mit dem Sie mir die bei Ihnen erscheinenden Werke zum Nettopreis berechnen, schätze ich sehr und hoffe, dass Sie mir diese Freundlichkeit auch im Weiteren erweisen werden.

In vorzüglicher Hochachtung

J. Schor

Brief 202)   Schor an Kaubisch (NL)

den 29.I.35[290]

c/o Signorina Olga Chor
Presso Petrocchi. Corso Umberto 184. Roma.

Mein lieber Herr Doktor,

für die freundliche Zusendung Ihres Gedichts (Gralsträger) sage ich Ihnen meinen verbindlichsten Dank. Der „Gralsträger" hat mir eine große Freude bereitet. Öfters bin ich im Laufe des vergangenen Jahres zu ihm immer wieder zurückgekehrt und jedesmal hatte ich die Empfindung einer doppelten Begegnung – mit Ihnen, lieber Herr Kaubisch, und mit der Sphäre Ihrer Werke.

Das vergangene Jahr war sehr reich an Erlebnissen und Begegnungen. Am Anfang und am Ende meines italienischen Aufenthalts hatte ich Tage des Zusammenseins mit V. Ivanov. Einmal in Pavia, im Schloss des Collegio Borromeo, in der durchgeistigten Atmosphäre seines Arbeitzimmers.[291] Das andere

---

290 Zu dieser Zeit war Schor schon beinahe zwei Monate in Palästina. (Anfang Dezember 1934 verließ er Italien, s. Segal und Segal 2012, S. 460.) In einem Brief vom 28–30. Dezember 1934 (CS) aus Palästina schrieb er an seine Cousine in Rom: «Я не решаюсь посылать отсюда письма в Германию Степуну и пр‹очим›, чтобы им не напортить. Разреши посылать эти письма тебе; – с просьбой переправлять их дальше.» („Ich traue mich nicht, Briefe von hier aus an Stepun und andere nach Deutschland zu schicken, da ich ihnen nicht schaden möchte. Gestatte mir, die Briefe an Dich zu schicken – mit der Bitte, sie weiterzuleiten.") Es ist anzunehmen, dass der hier angeführte Brief über Rom nach Dresden geschickt wurde. Ob der Brief seinen Adressaten erreicht hat, muss dahingestellt bleiben. Keine weiteren Briefe von Kaubisch an Schor sind bekannt.

291 Schor verbrachte zwei Tage in Pavia bei Ivanov am Anfang November 1933. Segal und Segal 2012, S. 441–442.

Mal in Rom, in einem kleinen Pensionzimmer an der Piazza Colonna, in der gespannten Stimmung der nahenden Trennung.[292]

Rom selbst ist unendlich schön, ist schöner geworden als früher – kaiserlicher, monumentaler. In der komplizierten Existenzproblematik war seine Schönheit der große Trost. – Ich habe sehr viel in der Bibliothek des germanischen Instituts

---

292 Von Schors Begegnungen mit Ivanov erfährt man aus verschiedenen Briefen. Im Brief vom 3. 8. 34 an Fritz Lieb (NL) schrieb Schor: „mit Freude habe ich von Berdiajew erfahren, dass Sie eine unmittelbare Beziehung zur Herausgabe der ‚Russischen religiösen Reihe' des Gotthelf-Verlags haben und beabsichtigen, das Manuskript der Übersetzung durchzulesen. Für diese Freundlichkeit, wie auch für Ihre event. Bemerkungen zur Übersetzung und Gestaltung des Textes werde ich Ihnen sehr verbunden sein. Denn, wenn auch die Übersetzung von meinen deutschen Freunden durchgelesen worden ist, und ich die schwierigsten Fragen mit W. Iwanow eingehend besprochen habe, ist mir Ihr Rat von großem Wert." In Pavia sprachen Schor und Ivanov auch allgemein über Fragen der Kirche. So berichtet Schor in einem Brief an Rudolf Roeßler vom 9. 2. 34 (NL): „Während unserer Gespräche in Pavia sagte er mir mit Staunen: ‚wie merkwürdig, dass Sie über kirchliche Dinge sprechen, wie ein Mensch, der in der Kirche tief verwurzelt ist; dass Sie mit einer Selbstverständlichkeit die Dinge behandeln und Urteile fällen, die nur für wenige von denen, die in der Kirche stehen, fassbar sind.' "
Es war anscheinend beim letzten Treffen, dass Schor das erste Kapitel seines Manuskripts *Deutschland auf dem Wege nach Damaskus* mit Ivanov besprach. S. Schors Brief an Roeßler, den Herausgeber des Werkes, vom 23. 12. 1934 (NL): „Vielleicht aber sollte ich diesen scheinbar so hingeworfenen Gedanken einmal richtig theologisch unterbauen und systematisch durchführen, – zeigen, wie die Behauptung und Bekenntnis einer christlichen Konfession sich mit einer Hochschätzung (und nicht unbedingt mit der Anathemisierung) anderer christlichen Konfessionen verbinden kann.
Sehr charakteristisch für diese Frage war die Haltung von V. Ivanov. Als ich ihm den ersten Teil zur Ansicht gegeben habe, wurde er, der katholischer als der Papst ist, ergrimmt. Unser Gespräch am Abend nach seiner Lektüre der ‚Kirchenspaltung' begann er mit einem scharfen Angriff gegen meine Positionen. Als ich ihm aber im Laufe des Gesprächs den Plan und die Ideen ‚Damaskus' entwickelt habe (unser Gespräch dauerte gute 4 Stunden), hat er, der seinen ursprünglichen Standpunkt nicht zu ändern vermochte, mich innigst umarmt und mich gleichsam gesegnet. Mit mir auch meine Arbeit.
In dieser Frage, lieber Herr Doktor, entscheidet nicht die Taktik der Kirchenpolitiker, sondern das unmittelbare religiöse Gefühl eines gläubigen Menschen. Wesentlich wäre für mich darum nicht die ‚offizielle Haltung' der katholischen Kreise, sondern der Eindruck eines in Wahrheit religiösen Katholiken."
Ivanovs Bedenken gegenüber „Damaskus" erwähnt Schor ebenfalls in einem russischen Brief an Ivanov selbst aus Palästina vom 1. XII. 34 (CS).

gearbeitet. Das Institut befindet sich auf dem Gianicolo, in einer herrlichen Villa mitten in einem Park, in dem zahme Pfauen herumstolzieren. Gegen den Sonnenuntergang pflegte ich auf das Dach der Villa heraufzugehen, um die Aussicht auf Rom und seine Umgebung zu genießen. In der Bibliothek war es sehr still. Öfters war ich der einzige Besucher. Die ganze Bibliothek und ein spezielles Arbeitszimmer standen mir zur Verfügung. Wo findet man eine bessere Umgebung für die geistige Arbeit?

Sehr viel Zeit und Arbeit hat die Verdeutschung der „Bestimmung des Menschen" von Berdiajew verlangt. Ein ganz gewaltiges Werk. Ich glaube das Beste, was auf dem Gebiet der Ethik seit einem Jahrhundert geschrieben wurde. Das Buch wird im Laufe 1935 im Gotthelfverlag, Bern, erscheinen.[293]

---

293 Nikolai Berdiajew, *Von der Bestimmung des Menschen: Versuch einer paradoxalen Ethik.* Deutsch von J. Schor. Bern-Leipzig: Gotthelf-Verlag, 1935, 399 S. Reihe religiöser Russen; Bd. 2. Über die Zustände, in denen Schor dieses Werk übersetzt hat, gibt sein Brief aus Rom an Fritz Lieb vom 22. 8. 34 (NL) Einsicht: „Lieber Fedor Iwanowitsch, ich bedaure sehr, Ihnen zum zweiten Mal über die Gotthelf-Verlag-Angelegenheit schreiben zu müssen, aber seit der Zeit, da der Empfang des Manuskripts der Übersetzung (Bestimmung des Menschen) vom GHV <Gotthelf-Verlag> bestätigt wurde, bleiben alle meine Briefe an den GHV ohne Antwort. Unter anderen Umständen hätte ich auf die Bezahlung meiner Arbeit ruhig warten können. Nun aber befinde ich mich in einer äußerst schwierigen Situation: die deutsche Revolution hat die materielle Basis unserer Existenz ganz ruiniert; mit meiner Frau und ihrer kleinen Schwester, die Berlin verlassen musste, leben wir als Flüchtlinge in Rom, ohne andere Existenzmittel zu haben als meine literarische Arbeit. Im Glauben, dass der GHV seine Verpflichtungen in der Tat erfüllen und meine Arbeit sofort nach der Ablieferung des Manuskripts bezahlen wird, habe ich die anderen Arbeiten, die ich für den Vita Nova-Verlag, Luzern auszuführen hatte, liegen lassen, um mich ganz der ‚Bestimmung des Menschen' zu widmen. Die Arbeit wuchs ins Unermessliche; ich musste die Werke der deutschen Philosophen und Gelehrten durchnehmen, die Berdiajew in sein Buch eingearbeitet hat: ich konnte doch die Darstellung ihrer Lehren nicht anders, als in ihrer eigenen Terminologie und Ausdrucksweise ausführen. Zu diesem Zwecke hat mir auch der GHV eine Reihe von Büchern zur Verfügung gestellt, die ich in Rom nicht finden konnte. Das gab mir auch die Zuversicht, dass der GHV auch in der Honorarfrage seinen Verpflichtungen nachgehen wird. Ich habe mit der sofortigen Bezahlung des Honorars für die Übersetzung fest gerechnet; war es doch die Bedingung, die seit dem ersten Vertragsentwurf (April 33) immer wieder bestätigt wurde. Ich habe gehofft, dass ich im Laufe von 2 Wochen nach der Ablieferung des Manuskripts das Geld erhalten werde. Dies ist aber nicht geschehen. Das Geld ist bis heute nicht eingetroffen. Was diese Verzögerung für uns bedeutet, davon kann <sich> ein gut situierter Schweizer, wie etwa Herr Lutz, gar keine Vorstellung machen. Nicht genug aber, dass diese Verzögerung mich selbst in eine äußerst schwierige Lage

Interessant war auch die Arbeit an dem anderen Buche Berdiajews: „Wahrheit und Lüge das Kommunismus".[294] Hier musste ich tiefer in die Gestaltung des Werkes eingreifen, vor allem im philosophischen Kapitel. Die Schrift ist aus drei Aufsätzen und einem Anhang zusammenkomponiert, deren jeder noch die Wärme, die Spannung, den Impetus seiner Entstehungsstunde trägt.

Zuletzt kam ich auch zu meiner eigenen Arbeit. Durch ein Versehen des Verlags wurde Ihnen das Buch erst spät zugesandt. Ich hoffe aber, dass Sie jetzt in seinem Besitz sind. Die Schrift ist ein Fragment einer größeren Arbeit über die religionsmetaphysischen Grundlagen der deutschen Kultur. Gleichsam unterirdisch wird sie durch das Problem der Tragödie getragen, das eigentlich nur an einer Stelle und scheinbar ganz flüchtig zum Ausdruck kommt. In diese kleine Schrift ist eine große Problematik eingebaut, sodass sie Fragment und Programm gleichzeitig ist.

Ihre aufrichtige Meinung über meine Schrift zu erfahren wird für mich von großem Wert sein.

Schreiben Sie mir bitte bald über Ihr Schaffen und Ihre Arbeit; über Ihr Leben und Ihre Pläne. Und auch – über unsere gemeinsamen Freunde, mit denen ich leider so selten Briefe wechsle.

Mit vielen herzlichen Grüßen von uns allen
Ihr in Treue

<J. Schor>

---

versetzt, bringt sie mit sich noch andere Folgen: ein Teil meines Honorars sollte nach Russland geschickt werden; das Ausbleiben dieser Sendung verurteilt mehrere Menschen in Russland zum Hungern. Sie sehen, lieber Fedor Iwanowitsch, dass ich guten Grund habe, mich um mein Honorar für die ausgeführte Arbeit zu kümmern." Zu Lutz s. den Brief von Berdjaev an Schor vom 27. Oktober <1932> (NL): «Дорогой Евсей Давидович! Вы, вероятно, уже знаете о бернском издательстве, в котором Федор Иванович Либ хочет устроить мою книгу ‚О назначении человека'. Речь даже идет о целой серии русских книг. Этот издатель был на днях в Париже и заходил ко мне. Его предложение очень серьезно и он производит хорошее впечатление. Я дал ему Ваш адрес. Сообщаю Вам его имя и адрес: Ernest <sic> Lutz, Gotthelf-Verlag (Berne-Leipzig), Berne, 39, Kirchbühlweg.» („Lieber Evsej Davidovič, wahrscheinlich wissen Sie schon von dem Berner Verlag, in dem Fedor Ivanovič Lieb mein Buch ‚Von der Bestimmung des Menschen' unterbringen will. Die Rede ist gar von einer ganzen Reihe russischer Bücher. Dieser Verleger war kürzlich in Paris und hat mich besucht. Sein Angebot ist sehr seriös, und er macht einen guten Eindruck. Ich habe ihm Ihre Adresse gegeben. Ich teile Ihnen seinen Namen und Adresse mit: Ernst Lutz, Gotthelf-Verlag (Bern-Leipzig), Bern, Kirchbühlweg 39.") Der im Brief erwähnte Redakteur war Ulrich Ernst Lutz (1887–1943).

294 Nikolaj Aleksandrovič Berdjaev, *Wahrheit und Lüge des Kommunismus: Der Mensch und die Technik.* Luzern, 1935. Das Buch erschien im Vita Nova Verlag.

Brief 203)   Siebeck an Schor (SBB)[295]

Hb.– wa. A.–   27. März 1935

Herrn Professor J. Schor
Rom / Italien
Via G. B. de Rossi 22/14
presso Stoli

Sehr verehrter Herr Professor,
es ist mir nicht angenehm, dass ich auf unsere frühere Correspondenz bezüglich Ausgleich Ihres Kontos nochmals zurückkommen muss. Da ich aber seit
Ihrem Schreiben vom 12. September v. Js. keine Nachricht von Ihnen erhalten
habe, muss ich Sie höflichst bitten, doch dafür besorgt sein zu wollen, dass mein
Guthaben von

RM. 52.80–

in nicht allzu langer Frist durch regelmäßige Monatsraten ausgeglichen wird.
In vorzüglicher Hochachtung

J. C. B. Mohr / Paul Siebeck

Brief 204)   Hans-Georg Siebeck[296] **an Schor (SBB)**

Herrn Professor J. Schor
Via G. B. de Rossi 22/14
Presso Stoli
Rom.

A.–hb   1.IV.1936

Sehr geehrter Herr Professor,
nachdem ich bis heute vergeblich auf eine Zahlung von Ihnen gewartet habe,
ersuche ich Sie hiermit ebenso höflich wie dringend, doch endlich mit der
Abzahlung Ihrer alten Schuld von RM. 52.80 beginnen zu wollen, da ich bei
dem Ihnen s. Z. eingeräumten Preisnachlass unmöglich einen längeren Kredit

---

295 Dass dieser Brief und mehr noch der nächste Brief seinen Adressaten je erreichte, ist
zweifelhaft. Diese Durchschläge befinden sich unter den Papieren des Mohr Siebeck
Verlags in der Berliner Staatsbibliothek. Schor war um diese Zeit in Palästina, und es
ist fraglich, ob ihm die Post aus Italien weitergeleitet wurde.
296 Am 24. Februar 1936 beging Oskar Siebeck Selbstmord. Da sein jüngerer Bruder Werner
schon 1934 starb, wurde sein Sohn Hans-Georg (1911–1990) zum alleinigen Besitzer
der Firma, der unter den damaligen politischen Verhältnissen der Bankrott drohte.

gewähren kann. Ich bitte, es so einzurichten, dass die Sache im Laufe des I. Halb-
jahrs 1936 aus der Welt geschafft wird.
   In vorzüglicher Hochachtung

                                                              H. Siebeck

<Stempel: J. C. B. MOHR (Paul Siebeck)>

Teil II
Briefwechsel mit dem Verlag Benno Schwabe

Brief 205)   Landau an Ivanov (CS)[1]

Berlin-Grunewald, Trabener Str. 66   le 15 mai 1936

Monsieur,

Par la bontée de monsieur le professeur Fedor Stepun, qui m'a chargé de ses meilleurs compliments pour vous, je suis enfin à même de m'adresser a vous dans une affaire, qui me tient au coeur depuis longtemps. Vivement impressioné par vos essays, publiés dans la revue „la Corona" dans la traduction de monsieur de Bubnoff, j'ais l'ardent désir de faire connaître votre admirable œuvre à un circle plus vaste non seulement d'érudits mais aussi d'un public distingué interessé aux rites et mythes anciens. Par l'intermédiaire de mrs. de Bubnoff et Dr. Steiner à Zurich j'ai entendu de votre chef d'oeuvre: DIONYSOS. Dans une série de publications qui se rapportent à la Mythologie il me semble de la plus grande urgence, de presenter à un public interessé aux publications en langue allemande votre livre. Mon intention est appuyé par les éditeurs Benno Schwabe & Cie., Basel, maison d'ancienne réputation internationale. Je me flatte que ma proposition ne sera pas refusé de votre part et que vous auriez l'amabilité d'en faciliter la realisation. Il ne vous sera pas inconnu, que les interessés déplorent le manqué de votre oeuvre dans prêsque toutes les bibliothèques publics. Je vous serais infiniment obligé, si vous aviez la bontée de me confier un de vos exemplaires particuliers. La traduction serais faite par un personage très competent. Monsieur le professeur Stepun ou monsieur le professeur de Bubnoff se chargeraient de la verification du texte. Une réponse prochaine m'obligerait infiniment en me donnant la possibilité de preparer la publication pour l'automne.

Agréez, monsieur, l'assurance de mes remerciments et de mes salutations respectueuses.

Dr. Edwin Landau

---

1   Die folgenden zwei französischen Briefe werden hier ohne sprachliche Korrekturen angeführt.

Brief 206)   Landau an Ivanov (CS)

Berlin-Grunewald, Trabener Str. 66   le 28 mai 1936

Monsieur,

il j'a à peux près dix jours, que j'ai eu l'honneur de vous faire connaître mon vive interet pour votre chef d'oeuvre DIONYSOS – en tout cas inclus une copie de ma lettre. Étant bien triste, d'être sans réponse je prends la liberté de vous prier encore de m'en donner une pour que je sache, à quoi m'en tenir quant à vos idées sur ma proposition. Mettez mon indiscretion sur le compte de mon enthousiasme.

Agréez, Monsieur, avec mes excuses, mes remerciements bien sentis et mes salutations respectueuses.

Dr. Edwin Landau

Brief 207)   Landau an Kuttner[2] (CS)

<Am Beginn des Briefes befinden sich folgende handgeschriebene Zeilen von Kuttner an Ivanov: „29. IX. 36. Sehr verehrter Herr Professor, wie verabredet, schicke ich Ihnen heute den Brief, der Gegenstand meines gestrigen Besuchs war. Die Hauptpunkte meiner Antwort habe ich am Schluss notiert. In großer Verehrung Ihr ergebener Stephan Kuttner">

Berlin-Grunewald
Trabener Str. 66   den 26. 9. 36

---

2   Stephan Georg Kuttner (1907–1996). In einem Brief an Herbert Steiner vom 25. 12. 36 schreibt Ivanov: „Durch freundliche Vermittlung eines jungen Kirchenrechtshistorikers Dr. Kuttner, der hier an der Vatikanischen Bibliothek arbeitet und zu mir von Herrn Landau in Berlin abgeordnet worden war, ist zwischen mir und dem Schwabe Verlag in Basel (an welchem Landau beteiligt ist) eine Vereinbarung hinsichtlich meines Dionysos-Buches zustande gekommen, die nicht nur pekuniär sehr günstig ist, sondern mich auch deshalb außerordentlich befriedigt, weil es sich nicht mehr um Übersetzung meiner ersten Schrift (Sie wissen ja, wie schwer meine Bedenken waren, sie, wie sie daliegt, zu veröffentlichen) handelt, sondern um <die> Übersetzung meiner großen Dionysos-Monographie, welcher jene frühere Schrift etwa in Auszug oder in einigen Partien – nach meiner Auswahl – als Einleitung vorangeschickt werden muss. Dabei bestehen die Verleger darauf, dass die Übersetzung von ihren jüngeren philologischen Mitarbeitern (Hans Nachod und Paul Stern, die ‚Briefe des Francesco Petrarca', Berlin 1931 Verlag ‚die Runde', übersetzt haben) aber unter Redaktion Fedor Stepuns ausgeführt werden soll." *DB*, S. 193–194. Kuttner promovierte in Berlin, verließ Deutschland 1933, forschte im Vatikan bis zum Jahre 1940, als er in die USA emigrierte. Dort verfolgte er eine glänzende akademische Karriere an der Catholic University, Yale University und University of California at Berkeley.

Sehr verehrter Herr Doktor Kuttner!

Wenn Sie meinen gestrigen Brief erhalten haben, dann werden Sie ermessen können, mit welcher Freude ich heute den Ihrigen vom 23. gelesen habe, Freude vor allem auch darüber, dass Sie mit solcher Begeisterung die Vermittlung übernommen haben. In der Tat: wenn ich Ihren Brief lese, dann komme ich auch zu der Überzeugung, dass es sich lohnen muss, dem allen nachzugehen, und die Besprechungen, die sich dabei ergeben, dürften gewiss für jeden viel Interessantes bieten. Nach allem, was Sie mir berichten, kommt doch eigentlich nur in Frage, aus den beiden Büchern[3] ein neues zu machen mit den letzten Abschnitten des ersten Buches, dem Text des zweiten und am Schluss die gekürzten Anmerkungen, alles andre wäre nur halbe Arbeit, die den Gelehrten so wenig wie den Verlag und die Leser befriedigen könnte, zumal die Möglichkeit so sachkundig über das Thema zu hören, wohl nicht bald wiederkehren dürfte. Bei der Weite des Gesichtspunktes dürfte auch der Umfang kaum hinderlich sein. Nach allem, was ich von Prof. Iwanoff kenne, wird er uns nicht nur ein grundgelehrtes sondern auch ein schön dargestelltes Buch schenken, das auch außerhalb der Fachkreise sein Publikum finden sollte.

Der Verlag hat im Laufe seiner bald 450jährigen Entwicklung schon eine Reihe religionswissenschaftlicher Bücher herausgegeben; einen Prospekt über die neueste Publikation lege ich bei und erwähne noch die Arbeit von Bernoulli über Bachofen[4] – im übrigen soll, sobald die Verhältnisse es gestatten eine Bachofen-Ausgabe erscheinen[5] – und das Buch (<handgeschrieben am Rande>: erscheint Frühjahr 37) des englischen Gelehrten Guthrie über Orpheus und die griech. Religionen.[6] Wir bereiten eine Reihe von Darstellungen auf dem Gebiet des Humanismus vor – kürzlich erschien eine billige Ausgabe des Huizinga'schen

---

3　Mit den „beiden Büchern" sind Ivanovs zwei russische Schriften zum Dionysos-Thema gemeint. Die erste bestand aus der in russischen Zeitschriften 1904–1905 veröffentlichten *Religion des leidenden Gottes*, die zweite war die in Baku erschienene Dissertation *Dionysos und die vordionysischen Kulte*.

4　Carl Albrecht Bernoulli, *Johann Jakob Bachofen und das Natursymbol, ein Würdigungsversuch*. Basel, 1924.

5　*Johann Jakob Bachofens gesammelte Werke*; mit Benützung des Nachlasses unter Mitwirkung von Max Burckhardt, Matthias Gelzer, Olof Gigon. Herausgegeben von Karl Meuli. Der erste der zehn Bände erschien 1943.

6　William Keith Chambers Guthrie, *Orpheus and Greek Religion: A Study of the Orphic-Movement* wurde 1935 in London veröffentlicht. Die Übersetzung dieses Buches ist bei Benno Schwabe nicht erschienen.

Erasmus[7] –, aber in einer festen Reihe würde das Buch von Herrn Iwanoff nicht erscheinen, so dass er sich bei seinen Überlegungen nicht an einen Typus gebunden sehen sollte. Zwei Bücher, die in etwa als Vorbild dienen könnten und die aus meinem alten Verlag stammen, lasse ich in den nächsten Tagen abgehen.[8] Es wird wohl mehr darauf ankommen, dass Herr Iwanoff sich mit unsern Vorschlägen bezüglich der Ausstattung später einverstanden erklärt, als dass wir ihn jetzt auf einen Typus festlegen.

Was nun die wirtschaftliche Seite der Angelegenheit betrifft, so würde man wohl eine Vereinbarung dahingehend treffen, dass der Autor mit 10% des Ladenpreises am Absatz beteiligt ist und daraufhin einen größeren Vorschuss erhielte, damit er auch ungestört an die Arbeit gehen kann; man wird wohl mit einem Preis von etwa RM 15. für das Exemplar rechnen müssen bei dem Umfang. Da man während der Übersetzung laufend den Text bekäme, könnte man das Buch propagandistisch sehr gut vorbereiten, so dass es auch einen netten Erfolg erbrächte. Ich denke, Prof. Iwanoff wird auch bereit sein, uns sämtliche Rechte an dem Buch, auch die für fremde Sprachen, zu übertragen, wenn er an dem Verkauf der Übersetzungsrechte mit 40% beteiligt würde; die Möglichkeit einer Übersetzung ins Englische oder Französische scheint mir durchaus gegeben.

Für die Übersetzung ist Frau Aline Kirchner vorgesehen, die schon die verschiedensten Übersetzungen gemacht hat;[9] ich würde dann die Übersetzung durch Prof. Stepun in Dresden oder Prof. v. Bubnoff in Heidelberg überwachen lassen. Falls aber Prof. Iwanoff sich nicht andere Arbeiten vorgenommen hat, die ihm wichtiger erscheinen, wäre doch ernsthaft zu überlegen, ob er, da er ein sehr schönes Deutsch schreibt, nicht selbst die Übertragung vornehmen will, natürlich gegen ein besonderes Übersetzungshonorar. Dabei gehe ich immer von der Annahme aus, dass das Werk in russisch niedergeschrieben ist, sonst könnte ich andere Vorschläge machen.

---

7   Johan Huizinga, *Erasmus* (deutsch von Werner Kaegi, mit Holz- und Metallschnitten von Hans Holbein d. J.). Basel, 1936.
8   Eins der Bücher war: *Briefe des Francesco Petrarca: Eine Auswahl.* Übersetzt von Hans Nachod und Paul Stern. Verlag die Runde, Berlin, 1931. Das Buch befindet sich im Ivanov-Archiv (CS). Das andere Buch war wahrscheinlich Lothar Helbing (Pseudonym für Wolfgang Frommel), *Der Dritte Humanismus*, Berlin, 1932, das ebenfalls im Archiv zu finden ist.
9   Über Aline Kirchner ist es uns nicht gelungen, etwas in Erfahrung zu bringen. Wie aus dem späteren Briefwechsel hervorgeht, war sie an der Übersetzung letzten Endes nicht beteiligt.

Ende Oktober erwarte ich Herrn Schwabe hier und würde ihm dann gerne genaue Vorschläge für einen Vertragsabschluss unterbreiten. Vielleicht kann ich dann auch erfahren, wie lange Prof. Iwanoff für seine Arbeit an der Zusammenstellung brauchen wird und gegebenenfalls auch für die Übersetzung.

Sie sehen: ich habe die Sturmflut Ihrer Fragen ganz gut überstanden und ich hoffe, sie so beantwortet zu haben, dass Sie in Ihrem Verkehr mit Herrn Prof. Iwanoff, dem Sie mich bitte angelegentlichst empfehlen wollen, statt der diplomatischen Aktion das gelehrte Gespräch treten lassen können.

Mit den besten Grüßen Ihr sehr ergebener

Edwin Landau

<Unter dem Brief befinden sich noch handgeschriebene Zeilen von Kuttner an Ivanov>

Antwort am 29. 9. ab<gegangen>.

1. Honorar 15%. Vorschuss 1/3 der Auflage. Abzug des Vorschusses vom Honorar bei den Terminabrechnungen nur ratenweise, so dass immer ein angemessener Rest bar zu zahlen bleibt.

2. Übersetzungsrechte: die Verhältnisse sind noch zu klären, ehe hierauf eingegangen werden kann (40% von welchem Mindestbetrag?) Evt. bestehen eigene Verbindungen für eine Übersetzung ins Französische.[10]

3. Mit der Person der Übersetzerin einverstanden, auch mit der Nachprüfung durch Stepun-Bubnow. Letzte Kontrolle bei Korrektur der Bogen vorbehalten.

St<ephan> K<uttner>

Brief 208)   Landau an Kuttner (CS)

Berlin-Grunewald

Trabener Str. 66   den 11. 10. 36

Sehr verehrter Herr Doktor Kuttner!

Eine kleine Reise hat unsere Korrespondenz etwas ins Stocken gebracht, aber ich habe ja die verschiedensten Aufgaben für unsere Firma zu erledigen. Dafür kann ich Ihnen heute Grüße von Ihrer Cousine Olga schicken und Ihnen sagen, dass es ihr recht gut geht.[11] Am Mittwoch muss ich wieder fort und bin dann erst um den 23. wieder in Berlin, aber im wesentlichen ist ja jetzt alles geklärt, so dass

---

10 Am Anfang der 1930-er Jahre gab es einen Versuch, Ivanovs Dionysos-Buch ins Französische zu übersetzen. *DB*, S. 44.

11 Es ist nicht bekannt, von wem hier die Rede ist.

wir Ende des Monats, wenn Herr Schwabe herkommt, einen Vertrag aufsetzen können. Nun will ich Ihre letzten Fragen Punkt für Punkt klären. Unser Interesse an dem zweifellos einzigartigen Werk ist sehr stark und wir waren uns von vornherein klar, dass dafür einige Opfer zu bringen seien. So wird sich die Erhöhung des Honorars auf 15% wohl ermöglichen lassen, ebenso der Modus, dass der Vorschuss nur ratenweise an den Abrechnungsterminen verrechnet wird, sich durchführen lassen. Die Höhe des Gesamthonorars ohne Manuskript und Kalkulation zu ermitteln, wird sehr schwierig sein; es ist also am besten, wir verständigen uns auf einen Vorschuss von schw. Frcs. 700. Damit dürfte angesichts der Valutaverhältnisse Herr Prof. Ivanov doch einige Zeit ungestörter Arbeit vor sich sehen. Jedenfalls: was nur irgend möglich ist, soll dafür geschehen, wenn es auch nicht ganz leicht für den Verlag sein wird. Vielleicht kommt uns Herr Prof. Ivanov dann insofern entgegen, als er uns die Übersetzung auch für Frankreich freigibt, wobei natürlich seine Verbindungen in erster Linie berücksichtigt würden. Den Wert dieser Übersetzungsrechte vorweg abzuschätzen, ist sehr schwer, da es sehr davon abhängt, ob man eine einmalige Gebühr erhält oder auch prozentual beteiligt ist, wobei die Abrechnungen eine sehr ungewisse Angelegenheit sind. Wenn man das erste Verfahren vorzieht, dann kann man mit 800 bis 1000 Sfrcs. etwa rechnen; falls es nicht anders geht, könnte man bezüglich des Prozentsatzes noch etwas ändern, aber es bleibt doch zu sagen, dass die Herausgabe des Werkes für den Verlag ein nicht unerhebliches Risiko bedeutet, für das er einen gewissen Ausgleich in der Verwertung der Übersetzungsrechte billigerweise haben müsste, zumal in der Honorarfrage als solcher ja weitgehend alle Wünsche befriedigt werden.

Bezüglich der deutschen Übersetzung habe ich insofern einen andern Vorschlag zu machen, als ich aus Gründen der absoluten Sicherheit es vorziehen würde, die Übertragung den nicht nur sprachlich sondern auch fachlich ganz hervorragenden Herren Dr. Nachod und Stern in Leipzig zu übergeben, deren vorbildliche Petrarca-Übersetzung ich gestern an Herrn Prof. Ivanov geschickt habe und die auch bei Hegner eine große Übertragung gemacht haben.[12] Es wird

---

12 Thomas de Aquino, *Die Summe wider die Heiden*. Deutsch von Hans Nachod und Paul Stern, Erläuterungen von August Brunner. In 4 Büchern, Leipzig 1935–1937. – Hans Nachod (1885–1958), Archäologe, 1939 Emigration in die USA; Paul Stern (1888–1944), Bibliothekar, in Auschwitz ermordet; Jakob Hegner (1882–1962), Drucker, Verleger, Dichter, Übersetzer. Bei ihm hatte Landau ein Jahr als (unbezahlter) Geselle Buchdruckerkunst gelernt. Wie Landau war Hegner jüdischer Herkunft und

dann noch eine Kontrolle eingeschaltet und zwar werde ich Prof. Stepun vorziehen, da er sowohl für die beiden Übersetzer als auch für mich in Dresden leichter erreichbar ist und überdies das Erscheinen des Werkes sehnsüchtig erwartet. Wie lange Prof. Ivanov für die Arbeit benötigen wird, ist wohl kaum noch zu übersehen, wenngleich es nicht unwichtig für die ganzen finanziellen Dispositionen wäre, das zu wissen.

Ich vergass oben: vielleicht lässt es sich erreichen, dass die letztinstanzliche Kontrolle der Übertragung schon im Manuskript vorgenommen wird, damit nicht zuviel Korrekturen entstehen. Nichtsdestotrotz würde Prof. Ivanov laufend dann bei der Drucklegung die Korrekturen erhalten. Vielleicht erörtern Sie auch einmal mit ihm, ob dem Band Bildbeigaben mitgegeben werden sollen.

Dass Sie so sorgfältig alle Fragen zu klären bemüht sind und uns so schön helfen bei der Verfolgung unserer Pläne danke ich Ihnen immer wieder ganz besonders.

Mit freundlichen Grüßen Ihr sehr ergebener

Edwin Landau

<Am Rande zwei handgeschriebene Zeilen von Kuttner an Ivanov: „Mit besten Grüßen. Antwort ist am 18. 10 abgegangen. K."*>*

Brief 209)   Landau an Ivanov (CS)

Berlin-Grunewald
Trabener Str. 66   den 11. Oktober 36

Sehr verehrter Herr Professor!

Es freut mich sehr, dass durch die freundliche Vermittlung von Herrn Dr. Kuttner wir nun doch an die Drucklegung Ihres Buches in einiger Zeit denken können. Nun alle Fragen der äußeren Durchführung dieses Planes Ihnen abgenommen sind, werden Sie gewiss mit Freude daran denken. Alle sachlichen Fragen werde ich mit Herrn Dr. Kuttner erörtern. Gestern sandte ich auch die beiden Bücher an Ihre Adresse, die Sie bitte als Zeichen meiner Verehrung annehmen wollen.

Wegen einer kleinen Reise hat die Korrespondenz gestockt, aber nun wird wohl bald alles geklärt sein.

---

musste aus Nazi-Deutschland flüchten. Ab 1936 war er in Wien, ab 1938 in England. (S. Brief 234 von Landau an Ivanov vom 30. XII. 1938.) Erst nach dem Krieg kam er nach Deutschland zurück, wo er seine Arbeit wieder aufnahm. Sowohl Nachod als auch Stern und Hegner waren jüdische Konvertiten zum christlichen Glauben.

In dieser Hoffnung bin ich mit den besten Empfehlungen Ihr sehr ergebener

Edwin Landau

Brief 210)   Landau an Ivanov (CS)

Berlin-Grunewald, Trabener Str. 66   den 12. 12. 36

Sehr verehrter Herr Professor Ivanov!

Bei meinen Besprechungen in Basel habe ich alles soweit geklärt, dass ich Ihnen nunmehr einen Vertrag vorlegen kann. Ich glaube, dass er Ihnen sogar noch günstiger erscheinen wird als meine letzten Vorschläge, so dass Sie sicher zustimmen werden. Ich bitte Sie, sich noch wenige Tage gedulden zu wollen, da ich aus Familiengründen erst Ende der nächsten Woche nach Berlin zurückkomme; ich möchte Sie aber nicht im Ungewissen darüber lassen, dass alles zum guten Abschluss kommen wird.

Mit den besten Empfehlungen Ihr sehr ergebener

Edwin Landau

<Anlage>

VERTRAG (CS)

Zwischen dem Verlag Benno Schwabe & Co., Basel, Klosterberg 27, einerseits und Herrn Prof. Wjatscheslaw Iwanow, Roma, Via del Monte Tarpeo 51, andererseits wird unter dem heutigen Tage der nachfolgende Vertrag abgeschlossen, der zum Zeichen des Einverständnisses von beiden Seiten gegengezeichnet wurde.

1. Herr Professor Iwanow übergibt dem vorgenannten Verlag in russischer Sprache ein Werk, das sich aus seinen beiden Publikationen „Die Religion des leidenden Gottes" und „Dionysos und die vordionysischen Kulte" zusammensetzt. Er verpflichtet sich, die beiden Werke zu einem geschlossenen Ganzen zusammenzufügen und auf den heutigen Stand der Forschung zu bringen, namentlich auch die wissenschaftlichen Anmerkungen im Anhang zu ergänzen, bzw. im Hinblick darauf, dass das Buch nicht nur an gelehrte Kreise sich wenden soll, zu kürzen. Umfang des Buches etwa 400 Seiten im Format des Bandes „Petrarca-Briefe".

2. Der Verlag seinerseits verpflichtet sich, das Buch in einer angemessenen deutschen Übertragung herauszubringen. Die Übersetzung sollen im Einverständnis mit Herrn Prof. Iwanow die Herrn Dr. Nachod und Stern in Leipzig durchführen, jedoch soll die Übertragung vor der Drucklegung Herrn Prof. Stepun in Dresden und dem Autor selbst zur Prüfung vorgelegt werden.

3. Von dieser deutschen Übertragung wird der Verlag eine erste Auflage in Höhe von 2000 (zweitausend) Exemplaren ehestens erscheinen lassen. Der Erscheinungstermin

wird nach Fertigstellung der deutschen Übertragung endgültig festgelegt; der nächsterreichbare Herbst- oder Frühjahrstermin, nach Möglichkeit der Herbst 1937, soll dann wahrgenommen werden.

4. Das Honorar soll 15% des zu vereinbarenden Ladenpreises des broschierten Exemplars betragen. Auf dieses Honorar erhält Prof. Iwanow bei Abschluss des Vertrages einen Vorschuss in Höhe von 1000 Sfrcs., zahlbar in vier Monatsraten von 250 Sfrcs jeweils zum 1. Januar, Februar, März und April 1937, ferner bei Ablieferung des russischen Manuskriptes einen weiteren Betrag von 1000 Sfrcs. Über das weitere Honorar wird nach Abdeckung des Vorschusses vierteljährlich jeweils zum 31. März, 30. Juni, 30. September, 31. Dezember abgerechnet werden.

5. Gleichzeitig überträgt der Verfasser dem Verlag die Rechte an einer englischen und französischen Ausgabe; an dem Verkauf dieser Rechte ist der Verfasser mit 40% des Erlöses beteiligt. Für die französische Ausgabe ist eine bereits vorhandene Übertragung zugrunde zu legen.

6. Der Verlag verpflichtet sich, das Werk in einer angemessenen Ausstattung herauszubringen. Ist die erste Auflage vergriffen, so wird bei genügender Nachfrage eine zweite herausgegeben.

7. Erfüllungsort und Gerichtsstand für diesen Vertrag ist Basel.

Basel, den 15. Januar 1937   Rom, den 17. Januar 1937
Benno Schwabe & Co.   Wenceslaus Ivanov

Brief 211)   Ivanov an Schwabe (SV)

<d. 17. 1. 37>

An den Verlag Benno Schwabe & Co., Basel

Indem ich anbei den von mir unterzeichneten Vertrag betreffend die Herausgabe meines Werkes über die Dionysos-Religion in Griechenland übersende, erkläre ich mich für verpflichtet, das Original bis zum 1sten Mai d. J. dem Verlag übersetzungsfertig vorzulegen.

Mit der Bitte, mir das unterzeichnete Duplikat des Vertrags und die erste Rate des Vorschusses demnächst freundlichst zukommen lassen zu wollen, zeichne ich

hochachtungsvoll und ergebenst

Prof. Dr. W. Iwanow (auf italienisch schreibe ich meinen Namen: Venceslao Ivanov)

Rom, Via di Monte Tarpeo, 61

Brief 212)   Schwabe an Ivanov (CS)

BS/M

Herrn Prof. Dr. W. Ivanov

Via di Monte Tarpeo, 61

Roma

2 März 1937

Sehr geehrter Herr Professor,

nach Erhalt Ihres Verlagsvertrages haben wir Ihnen am 19. Januar einige Zeilen geschrieben, die durch ein Versehen unsrer Expedition anstatt nach Rom, nach Mailand gegangen und erst heute als unbestellbar zurückgekommen sind. Es freut uns aufrichtig, dass sich zwischen Ihnen und uns eine Verständigung hat finden lassen, und wir hoffen, es werde Ihnen möglich sein, Ihr Manuskript bis zum 1. Mai fertigzustellen. Was Ihr Honorar betrifft, so werden Sie die erste und zweite Rate wohl richtig erhalten haben; die dritte und vierte lassen wir Ihnen Mitte März und Mitte April zustellen.

Mit besten Empfehlungen, in vorzüglicher Hochachtung

Benno Schwabe & Co.

Brief 213)   Landau an Ivanov (CS)

Berlin-Grunewald, Trabener Str. 66   17.3.37

Sehr verehrter Herr Professor Ivanov!

Nun werden Sie wohl mitten in der Arbeit an dem großen DIONYSOS-Buch stehen, dessen Erscheinen für Sie gewiss eine große Beglückung bedeuten wird. Ich kann Ihnen versichern, dass wir diesem Bande voller Erwartung entgegensehen und uns sehr darauf freuen, das Werk in einer würdigen Ausgabe der Öffentlichkeit vorlegen zu können. Umso größer ist aber auch unsre Sorge, dass es wirklich vollendet erscheinen kann. Wieviel wird da gerade von der Übersetzung abhängen, die auch der tüchtigste Außenstehende nicht so schön herausbringen kann, wie das Werk im Original wirkt. Selbst wenn Sie dann die Übersetzung durchsehen würden, müsste Ihnen doch sicher manches fremd erscheinen. Auch Herr Schwabe hat da Befürchtungen bei allem Vertrauen zu den Übersetzern der Petrarca-Briefe. Verstehen Sie es daher bitte recht, wenn wir Ihnen noch einmal den Vorschlag machen, Ihr persönlichstes Werk doch selbst zu übersetzen. Gewiss, die Größe einer solchen Arbeit mag Sie etwas erschrecken. Aber gerade die Lektüre Ihres letzten Aufsatzes in der Corona hat uns wieder gezeigt, dass es doch eigentlich das Schönste wäre, wenn Sie sich dazu entschließen könnten.[13] Ihre Gedanken kommen dem Leser in Ihrer eigenen Sprache viel schöner und plastischer entgegen. Die Sprache wirkt in Ihrer Übertragung so ursprünglich, wie sonst eine Übersetzung nie wirken kann.

Bitte, überlegen Sie doch noch einmal, ob die Liebe zu Ihrem Werk nicht doch über die Angst vor solcher Anstrengung siegen kann. Ich bin überzeugt davon, dass es die schönste Förderung des ganzen Planes wäre, über die Sie selbst schließlich die größte Freude empfinden würden. – Es hätte auch sonst noch manche Vorteile für ein glückliches Gelingen, die nicht zu unterschätzen wären.

Ich nehme an, dass Herr Doktor Kuttner die Frage mit Ihnen noch besprechen wird. Es wäre sehr schön für uns, wenn er uns einen günstigen Bescheid bringen könnte.

Darf ich bei der Gelegenheit betonen, dass uns besonders viel an einer ständigen Zusammenarbeit mit Ihnen liegen würde und wir es sehr begrüßen würden, wenn Sie uns auch in Zukunft Ihre Buchpublikationen anvertrauen wollten.

In der Hoffnung, dass diese Zeilen Sie wohl antreffen, darf ich mich empfehlen als Ihr stets sehr ergebener

Edwin Landau

Brief 214)   Schwabe an Verlag Oldenbourg (SV)

BS/M   26. April 1937

An den Verlag R. Oldenburg *<sic!>*
Schließfach 31
München 1

Sehr geehrte Herren,

Wie wir gehört haben, werden Sie bald einmal einen kleinen Band von Aufsätzen aus der Feder von Herrn Prof. Ivanov in Rom herausbringen und zwar in den Schriften der Corona.[14] Vielleicht interessiert es Sie, zu vernehmen, dass

---

13 Landau bezieht sich auf den Aufsatz „An Alessandro Pellegrini", der im ersten Corona-Heft von 1937 erschien. Unter den Anmerkungen am Ende des Heftes (S. 126) liest man: „Wjatscheslaw Iwanows Brief, italienisch geschrieben, von ihm selbst ins Deutsche übersetzt, ist die Antwort auf Alessandro Pellegrinis ‚Considerazioni sulla Corrispondenza da un angolo all'altro' (beides Convegno, Mailand 1934)." Allerdings hat Ivanov auch in diesem Fall eine „Vorlage" benutzt. Sein Sohn Dimitri hat eine erste Übersetzung des Textes verfasst, die sein Vater dann umarbeitete. *DB*, S. 189.

14 Letzten Endes kam weder das Dionysos-Buch noch der *Corona*-Band heraus. Zum Verlag Oldenbourg vgl. Reinhard Wittmann, „Ein konservativer Verlag im Dritten

unser Verlag im Herbst ebenfalls ein Buch von Herrn Prof. Ivanov (über Dionysos) veröffentlichen wird und da möchten wir Sie fragen, ob wohl die Möglichkeit besteht, einen Anzeigen- oder Beilagenaustausch zwischen den beiden Publikationen vorzunehmen. Die Auflage unsres Buches wird 2200 Exemplare betragen, und wir erklären uns, wie schon bemerkt, gerne bereit, ein Inserat oder eine Beilage aufzunehmen.

In Erwartung Ihrer gefl. baldigen Nachricht, zeichnen wir
Hochachtungsvoll

<Benno Schwabe & Co.>

Brief 215)   Schwabe an Ivanov (CS)

BS/M

Herrn Prof. Dr. W. Ivanov
Via di Monte Tarpeo, 61
Roma

31. Mai 1937

Sehr geehrter Herr Professor,

Wir möchten gerne einmal anfragen, wie es mit dem Manuskript Ihres Werkes über Dionysos steht. Sie schrieben uns im Januar d. J., dass wir das Original bis zum 1. Mai d. J. erwarten dürfen; inzwischen hat Herr Dr. Landau mit Ihnen darüber korrespondiert, dass Sie den größeren Teil des Werkes selber übersetzen sollen. Wir nehmen an, dass Sie mit der Übersetzung auch schon begonnen haben und wären Ihnen dankbar, möglichst bald erfahren zu können, bis wann wir den von Ihnen übersetzten Teil abgeliefert bekommen.

Mit besten Empfehlungen und freundlichem Gruße Ihre sehr ergebenen
Benno Schwabe & Co.

Brief 216)   Ivanov an Schwabe (SV)

Rom, Via di Monte Tarpeo, 61   d. 3. Juni 1937

Sehr geehrter Herr Dr. Schwabe,

Auf Ihre geehrte Anfrage vom 31. Mai d. J. beeile ich mich Ihnen folgendes mitzuteilen.

Mein „Dionysos" besteht aus zwei Teilen, und zwar aus einer *Einführung* (Hellenische Religion des leidenden Gottes: Versuch einer ersten Fragestellung") und aus der *Monographie* „Dionysos und die vordionysischen Kulte". Im Anhang können eventuell meine in „Hochland" veröffentlichten Aufsätze über Wilamowitz als Religionshistoriker und über das Wesen der Tragödie (der erstere teilweise, der letztere vollständig) wieder abgedruckt werden.

Was die Einführung betrifft, welche ich ganz umarbeiten und beträchtlich kürzen will, so dass sie wohl auf kaum mehr als 60 Druckseiten reduziert wird, hat Herr Dr. Landau mir vorgeschlagen, die deutsche Fassung dieses so radikal umzuformenden Teils selbst zu besorgen, und zwar im Laufe dieses Sommers. Der feingefühlte freundliche Vorschlag entspricht durchaus meinem eigenen Wunsche; sollte es mir aber schwer fallen (namentlich aus Zeitmangel), diese Arbeit selbständig zu leisten, so werde ich Ihnen nach ein paar Monaten den betreffenden russischen Text mit allerlei Änderungen und Kürzungen behufs der Übersetzung vorlegen (was natürlich keine Verzögerung der Arbeit mit sich bringt).

Die Hauptmasse des Buches bildet aber der ziemlich starke russische Band, welcher die oben genannte Monographie enthält. Diese habe ich nun durchgesehen und habe gefunden, dass sie keine wesentliche Umgestaltung zulässt. Deshalb übersende ich in den nächsten Tagen dem Verlag nach Basel den russischen Band mit der Bitte, die Übersetzung in Angriff zu nehmen und die Maschinenabschrift der einzelnen übersetzten Kapitel (mit möglichst breiten leeren Raum für eventuelle Änderungen und kleine Nachträge) zur sofortigen Durchsicht und auch sachlichen Vervollständigung (welche sich an der endgültigen deutschen Fassung bequemer durchführen lässt) – jeweils nach Abschluss eines einzelnen Kapitels bzw. größeren Abschnitts – mir nach Rom schicken zu wollen. Dabei möchte ich bitten, die Fußnoten *unübersetzt* zu lassen: ich werde die Abfassung der Fußnoten selbst besorgen, zumal da die griechischen Zitate in meinem russischen Buch leider in lateinischer Transkription gegeben sind. Auch müssen die meisten Nachträge, größeren oder geringeren Umfangs, gerade in den Fußnoten eingeschaltet werden. Ich glaube, wir werden beim Druck diese Fußnoten in Anmerkungen umwandeln, die, sei es am Schluss der einzelnen Kapitel, sei es am Schlusse der ganzen Untersuchung beisammen gedruckt werden können: das Erstere ist wohl vorzuziehen, jedenfalls will ich Sorge dafür tragen, dass die von mir durchgesehene Übersetzung der einzelnen Kapitel immer mit den bereits druckfertigen Fußnoten bzw. Anmerkungen versehen sein soll.

Soviel zur Organisation der Arbeit, die ich meinerseits mit der Übersendung des zu übersetzenden Buches in den nächsten Tagen einleite. Genehmigen Sie, sehr geehrter Herr Doktor, im Namen Ihres hochgesinnten und rühmlichen

Verlags, meinen verbindlichsten Dank für die vertragsgemäße Auszahlung als Vorschuss der Summe von tausend Schweizer Francs, die ich in vier Raten richtig erhalten habe. Was die weitere Vorschusszahlung von 1000 Fr. betrifft, so darf ich dieselbe nicht beanspruchen bis der zu übersetzende Text Ihnen vollständig vorliegt. Da ich aber andererseits den größten Teil derselben heutzutage dennoch liefere, so erlaube ich mir Sie zu bitten, den quantitativ entsprechenden Vorschuss mir schon jetzt nicht verweigern zu wollen.

Mit herzlichem Gruß auch an Herrn Dr. Landau, verbleibe ich in hoher Achtung

Ihr sehr ergebener

Wjatscheslaw Iwanow
(Venceslao Ivanov)

Brief 217)   Landau an Ivanov (CS)

Berlin-Grunewald, Trabener Str. 66   den 9. 6. 37

Sehr verehrter Herr Professor Ivanov!

In diesen Tagen kam die von Ihnen freundlicherweise akzeptierte Übersetzerin[15] von ihrer Reise zurück, leider aber ohne jedes Manuskript. Ich kann natürlich von hier aus schwer übersehen, welches Missgeschick da im Spiele ist. Aber ich möchte es Ihnen auf alle Fälle mitgeteilt haben, da ja möglicherweise etwas verloren gegangen sein kann. Wie mir Herr Doktor Kuttner schrieb, würden Sie lieber das Manuskript stückweise nach Basel schicken. Falls sich das doch vermeiden ließ, ohne Zeitverlust, wäre ich Ihnen sehr dankbar, da das Weiterschicken nach Berlin nicht ganz einfach ist, es also unserer Basler Firma eine große Erleichterung bedeuten würde, wenn sie dann alles in einem an mich schicken könnten.

In der Hoffnung, dass es Ihnen gut geht und Sie mit dem Fortgang der Arbeit zufrieden sind, verbleibe ich mit den besten Grüßen und Empfehlungen Ihr sehr ergebener

Edwin Landau

---

15 Wie aus späteren Briefen ersichtlich wird, handelt es sich um Käthe Rosenberg (1883–1960), eine erfahrene Übersetzerin aus dem Französischen, Englischen und Russischen.

Brief 218)   **Landau an Ivanov (CS)**

Berlin-Grunewald
Trabener Str. 66   den 27. 7. 37

Sehr verehrter Herr Professor Ivanov!

Mit größter Freude entnahm ich dem letzten Brief von Herrn Dr. Kuttner, dass die ersten Kapitel Ihres Buches bei Ihnen richtig eingegangen sind und die Übersetzung Ihre Zustimmung gefunden hat. Das war für mich eine große Beruhigung, besonders aber die Übersetzerin freute sich sehr darüber, da sie sehr bescheiden ist und immer wieder Zweifel hatte, ob ihre Arbeit Ihnen genügen würde. Nun geht sie mit umso größerer Sicherheit an die weitere Übertragung.

Das Kapitel 3 schicke ich mit gleicher Post an Ihre Anschrift. Diesmal ließ sich Ihr Wunsch, 2 Abzüge zu erhalten, noch nicht verwirklichen, aber vom 4. Kapitel ab soll es gern geschehen. Da die Druckerei doch erst mit der Satzarbeit beginnen wird, wenn ein größerer Teil fertig ist, lässt es sich vielleicht so einrichten, dass Sie vorerst die fertiggestellten Kapitel dort behalten und erst absenden, wenn etwa 150 bis 200 Seiten fertig sind. Ich fahre in diesen Tagen nach Basel und werde die Herren Schwabe über den guten und glatten Fortgang der Arbeit unterrichten.

Es freut mich auch für Sie, dass die Last dieser Aufgabe nun jeden Tag für Sie leichter wird. Denn es bedeutet gewiss viel Mühe für Sie, das Buch neu fertigzustellen.

Nun darf ich noch einmal die Zitaten-Frage anschneiden. Da es bei den unbekannteren Zitaten schwierig wäre, vorhandene Übersetzungen aufzufinden, hat sich die Übersetzerin damit geholfen, dass sie nach Ihrer russischen Übersetzung ins Deutsche zurückübertragen hat. Mir scheint das auch in erstaunlichem Maße gelungen zu sein. Nur gibt sie selbst zu, nicht immer die Versmaße genau beachtet zu haben; vielleicht haben Sie die große Freundlichkeit, gerade unter diesem Aspekt die Zitaten-Übertragungen, soweit es sich um Vers-Stellen handelt, noch einmal liebevoll zu überprüfen und überwachen.

Eine besondere Freude wäre es für mich, wenn ich in der nächsten Woche Ihren Herrn Sohn noch antreffen könnte. Sein Besuch in Basel ist jedenfalls avisiert.

Mit den besten Grüßen und Empfehlungen Ihr stets sehr ergebener

Edwin Landau

Brief 219)   Schwabe an Rosenberg (SV)

Dr. L/Le

Fräulein Käthe Rosenberg
z<u> g<eehrten> H<änden> <von> Frau Dr. Thomas Mann
Küsnacht bei Zürich

12. August 1937

Sehr geehrtes gnädiges Fräulein,

Wir bestätigen Ihnen gerne die Vereinbarungen, die mit Ihnen hinsichtlich Ihrer Übertragung des Werkes „Dionysos" von Prof. Ivanov getroffen worden sind. Danach übernehmen Sie die Übersetzung des Werkes, die endgültige Redaktion des Textes bleibt aber Herrn Prof. Ivanov in Rom überlassen.

Wir vereinbaren, dass Sie für 300 Seiten Text von der Buchstabenzahl unsres Verlagswerkes „Francesco Barbaro" ein Honorar von Sfr. 800 erhalten, soweit die Arbeit diesen Umfang überschreitet, erhalten Sie ein Mehrhonorar, das im genauen Verhältnis zu dem Grundhonorar stehen soll. Der Betrag von SFr. 800 wird bei Fertigstellung der Arbeit überwiesen; wir erwarten noch Ihre, bzw. die Nachricht von Frau Dr. Thomas Mann, wohin dieser Betrag zu überweisen ist. Sobald wir anhand des abgesetzten Textes den etwaigen Mehrumfang errechnet haben, werden wir den weitern Betrag an die gleiche Adresse zu Ihren Händen überweisen.

Wie wir hören, haben Sie schon eine Reihe Kapitel übersetzt, und Ihre Arbeit hat die vollste Anerkennung von Herrn Prof. Ivanov gefunden und so dürfen wir hoffen, dass die Arbeit bald zu einem guten Ende gebracht wird.

Indem wir Ihnen unsern besondern Dank dafür aussprechen, dass Sie die Arbeit mit so großer Sorgfalt durchführen, möchten wir unsrer Freude über diese Zusammenarbeit Ausdruck geben und zeichnen mit den besten Empfehlungen als

Ihre sehr ergebenen

<Benno Schwabe & Co.>

Brief 220)   Schwabe an Ivanov (CS)

21. August 1937

Sehr geehrter Herr Professor,

Wir danken Ihnen nachträglich noch verbindlich für Ihr gesch. Schreiben vom 3. Juli d. J., worin Sie uns nochmals den Plan Ihres Werkes und die Art von dessen Durchführung auseinandersetzen.

Da Sie in der Sache seinerzeit mit Herrn Dr. Landau korrespondiert haben, so gaben wir Ihren Brief an ihn weiter und er hat sich in der Folge, wie er uns schrieb, mit Ihnen und Ihrem Gewährsmann verständigt.

Wir dürfen wohl hoffen, dass inzwischen Ihre sowie die Übersetzung der Berliner Dame gute Fortschritte gemacht hat und dass mit der baldigen Fertigstellung des gesamten druckfertigen Manuskriptes gerechnet werden darf.

Ihre Nachricht, dass Ihr Herr Sohn Anfang August in die Schweiz kommen wolle, hat Herr Dr. Landau seinerzeit an uns weitergeleitet. Nachdem wir aber bisher leider nicht das Vergnügen gehabt haben, Ihren Herrn Sohn begrüßen zu dürfen, so erlauben wir uns anzufragen, ob Ihnen die Übermittlung weiterer S. Fr. 500 nach Rom erwünscht ist? Bitte lassen Sie uns kurz wissen, ob Ihnen der genannte Betrag gleich zugestellt werden soll und wie weit inzwischen die Angelegenheit vorgerückt ist.

Wir freuen uns außerordentlich auf Ihr Buch und verbleiben mit herzlichen Grüßen auch von Herrn Dr. Landau

Ihre sehr ergebenen

Benno Schwabe & Co.

Brief 221)   Ivanov an Schwabe (SV)

Rom, Via di Monte Tarpeo, 61   d. 24. August 1937

Sehr geehrter Herr Dr. Schwabe,

Indem ich Ihnen für Ihr mir gestern zugekommenes freundliches Schreiben verbindlich danke, beehre ich mich nochmals zu bestätigen, dass mein z. Z. in der Schweiz verweilender Sohn Dr. phil. Demetrius Ivanov[16] von mir beauftragt ist, die Summe von Schw. Fr. 500, von der Sie schreiben, für mein Konto in Empfang zu nehmen. Ob er sich Ihnen in Basel persönlich vorzustellen die Möglichkeit hat, wird er Sie in Kenntnis setzen.

Die Arbeit an meinem Dionysos-Buch nimmt meine ganze Zeit und Kraft in Anspruch, kann aber leider in dem mir ebensowohl wie Ihnen erwünschten Tempo nicht fortschreiten wegen sehr vieler Änderungen und Ergänzungen, die ich an der ursprünglichen Fassung des Werkes vornehmen muss; bald bin ich aber im Stande, die bis jetzt mir zugesandten Kapitel der Übersetzung, gründlich

---

16 Dimitri Ivanov (1912–2003) – bekannter Journalist und Autor mehrerer Bücher über den Vatikan und das Papsttum (unter dem Pseudonym Jean Neuvecelle), zusammen mit Olga Schor (Deschartes), Mitherausgeber der Werke seines Vaters.

umgearbeitet, dem Herrn Dr. Landau in Berlin, den ich herzlichst und mit innigem Dankgefühl grüße, – druckfertig vorzulegen.

Mit besten Grüßen verbleibe ich in hoher Achtung

Ihr sehr ergebener W. Ivanov

P.S. Es mag sein, dass mein Sohn Sie bitten wird, einen Teil dieser Summe mir direkt nach Rom übersenden zu wollen: das stelle ich ihm anheim.

Brief 222)   Dimitri Ivanov an Schwabe (SV)

Hotel Engelberg
Propiétaire: A. Hess-Waser
Telephon 8

Engelberg, den 26. August 1937

Hochverehrter Herr Doktor,

ich bedaure außerordentlich, dass mir meine Reiseroute nicht erlaubt hat, über Basel zu fahren; ich hätte gewünscht Ihnen persönlich die Grüße meines Vaters zu übermitteln und es wäre mir eine große Freude und Ehre gewesen, Ihnen zu begegnen. Leider muss ich aber den beiliegenden Brief übersenden;[17] ich hoffe doch, dass es mir bald möglich sein wird, bei Ihnen in Basel vorzusprechen.

Dürfte ich Sie bitten, die Güte zu haben, meinem Vater nach Rom 300 Franken zusenden zu wollen und mir, auf meine Engelberger Adresse, die übrigen 200 Franken zuzuschicken. Ich bitte Sie, die Mühe, die Ihnen daraus entsteht, verzeihen zu wollen.

Genehmigen Sie, hochverehrter Herr Doktor, den aufrichtigen Ausdruck meiner ergebensten Verehrung.

D. Ivanov

Brief 223)   Schwabe an Dimitri Ivanov (SV)

28. 8. 37
BS/M

Herrn Doktor D. Ivanov, Engelberg

Sehr geehrter Herr Doktor,

Ich danke Ihnen verbindlich für Ihre freundlichen Zeilen vom 21 d. M., die mich aber erst heute zusammen mit einem Schreiben Ihres Herrn Vaters vom 24. d. M. erreichten.[18] Auch ich bedaure es, Sie bisher nicht gesehen zu haben

---

17 Anscheinend war Ivanovs Brief vom 24. August 1937 die Beilage.

18 Dimitri Ivanovs Schreiben war nicht auf den „21" sondern auf den „26", datiert – allerdings in undeutlicher Handschrift. Somit war der Brief nicht lange unterwegs gewesen.

und hoffe, es werde dies in nächster Zeit einmal möglich sein; allerdings bin ich von heute bis zum 5. Sept. von Basel abwesend, dann aber wieder jederzeit im Bureau anzutreffen. Auf Wunsch lasse ich Ihnen mit gleicher Post Fr. 200 zugehen, während ich weitere Fr. 300 Ihrem Herrn Vater in Rom überweise.

Es freut mich, dass die Arbeit am Dionysos-Buch gut fortschreitet und ich verbleibe mit bestem Gruße Ihr

<Benno Schwabe>

Brief 224)   Landau an Ivanov (CS)

Berlin-Grunewald
Trabener Str. 66   den 2. 9. 37

Sehr verehrter Herr Professor Ivanov!

Mit der gleichen Post geht nun das VIII. Kapitel an Sie ab; ich hoffe, dass Sie alle Kapitel inzwischen erhalten haben und auch weiterhin mit der Arbeit der Übersetzerin zufrieden sind. Sie hat inzwischen geradezu ein klassisches Studium begonnen, oder führt es nebenher, um der Aufgabe ganz gerecht zu werden.

Nun wäre es wohl an der Zeit, wenn Sie das Manuskript dieser 8 Kapitel, soweit Sie es mit den Anmerkungen versehen haben, nach Basel an den Verlag schicken wollten, damit mit der Satzarbeit begonnen werden kann, so dass wir auf Mitte November spätestens den Band erscheinen lassen könnten. Es wäre für Sie ja auch eine schöne Befriedigung, das Ergebnis Ihrer diesjährigen Arbeit dann in Händen halten zu können.

Dabei möchte ich noch zwei technische Dinge mit Ihnen besprechen; es kommen laufend im Text eine ganze Reihe griechische Worte vor, die im russischen Original in lateinisch gesetzt sind. Glauben Sie nicht, dass es schöner wäre, wenn sie in der deutschen Ausgabe griechisch gesetzt würden; ich denke, die Transkription wird Sie nicht zu sehr aufhalten; vielleicht könnte das noch im Manuskript vorgenommen werden, bevor es in die Druckerei geht. Es sieht gewiss schöner aus und entspricht auch dem Brauch in deutschen gelehrten Werken dieser Art.

Sodann meinten Sie seinerzeit, die Anmerkungen sollten jeweils am Schluss eines Kapitels stehen. Ich verstehe Ihre Erwägungen sehr gut, aber ich möchte doch dazu raten, alle Anmerkungen am Schluss zusammenzustellen, da das Buch auch einen großen Kreis gebildeter Laien interessieren wird, der durch eine allzu wissenschaftliche Aufmachung des Buches abgeschreckt werden könnte. Vielleicht erlaubt es Ihnen doch die Rücksichtnahme auf diese Leserschicht, den Vorschlag anzunehmen.

Sodann lassen Sie mich doch wissen, ob die beiden Aufsätze aus dem Hochland unverändert abgedruckt werden; dann könnte ich sie ebenfalls in die Druckerei geben, da ich sie hier besitze.

Darf ich zum Schluss wohl bitten, dass Sie mich kurz wissen ließen, ob Sie alles richtig erhalten haben und ob der Fortgang der Arbeit, so wie ich ihn skizziert habe, Ihnen durchführbar erscheint.

Der Verlag hat Ihnen wohl aus Basel geschrieben, dass wir noch immer auf den Besuch Ihres Herrn Sohnes gewartet haben, da er aber nicht kam, gern gewusst hätten, ob Sie damit einverstanden sind, dass das weitere Honorar nach Rom geschickt wird.

In der Hoffnung, dass diese Nachrichten Sie wohl antreffen, verbleibe ich mit den besten Grüßen und Empfehlungen Ihr sehr ergebener

Edwin Landau

Brief 225)   Landau an Ivanov (CS)

B<erlin>, d. 14. 9. 37

Sehr verehrter Herr Professor Ivanov!

Mit gleicher Post sende ich Ihnen das 9. Kapitel Ihres Buches in 2 Exemplaren. Ich nehme an, dass schon ein Teil des Manuskriptes von Ihnen nach Basel geschickt wurde, da es sonst schwer halten dürfte, das Buch noch zum Herbst herauszubringen. Es wäre besonders liebenswürdig von Ihnen, wenn Sie mich auf einer Karte wissen ließen, wie Sie Ihre Dispositionen getroffen haben.

Mit freundlichen Grüßen und Empfehlungen Ihr sehr ergebener

Edwin Landau

Brief 226)   Landau an Ivanov (CS)

Berlin-Grunewald, Trabener Str. 66   den 24. 9. 37

Sehr verehrter Herr Professor Ivanov!

Zunächst muss ich um Entschuldigung bitten, dass ich erst heute Ihren überaus freundlichen Brief vom 16. September beantworte, aber ich war einige Tage durch Krankheit behindert. Nun bin ich aber wieder auf dem Posten und beeile mich, Ihnen zu schreiben und zu danken für alle Mühe, die Sie sich mit dem ausführlichen Bericht gemacht haben.

Um es vorwegzunehmen, so bin ich mit allen Ihren Vorschlägen für den weiteren Gang der Dinge einverstanden; auch unsre Basler Herren stehen auf dem Standpunkt, dass nicht gedrängt werden soll, denn die Arbeit ist doch groß und soll ja wirklich gelingen. Ich hoffe, dass auch bisher das Gefühl des

Gedrängtwerdens bei Ihnen nicht aufgekommen ist. Die Übersetzerin gibt sich in der Tat alle erdenkliche Mühe und hat auf dem ihr völlig neuen Gebiet zu Rate gezogen, wessen sie nur irgend habhaft werden konnte; ob sich das auch auf etwaige Übertragungen der angeführten Dichter bezieht, weiß ich nicht. Im übrigen hat sie die fertigen Kapitel nur sehr ungern aus der Hand gegeben, da sie gewohnt ist, eine Übersetzung, bevor sie sie aus der Hand gibt, noch einmal von Anfang bis zum Ende durchzuarbeiten. Auf der andern Seite wird sie wohl das Gefühl gehabt haben, dass es richtiger ist, wenn sie sozusagen nur eine Rohübersetzung anfertigt, die von Ihnen endgültig gestaltet wird. Es wäre mir leid, wenn Ihnen dadurch die Arbeit erschwert würde.

Im übrigen zweifeln Sie wohl nie daran, dass soweit meine bescheidenen Kräfte reichen, ich gerne alles auf mich nehme, was Ihnen die Fertigstellung erleichtern kann; namentlich mit rein technischen Dingen, wie Maschinenabschriften anfertigen, sollten Sie sich nicht mehr belasten, als Ihnen notwendig erscheint, um über das Fertige selbst sich einen guten Überblick zu schaffen. Soweit es sich aber um Erleichterungen für den Setzer handelt, vertrauen Sie es mir an; ich werde dann hier eine Reinschrift anfertigen lassen; das macht keine Schwierigkeit. Wenn ich auch keinen Ruf als Schriftsteller aufzuweisen habe, so glaube ich aus meiner verlegerischen Tätigkeit doch einiges Feingefühl für den speziellen Stil eines Autors zu besitzen; ich könnte Ihnen also gern mit der letzten Durchsicht vor dem Druck zur Hand gehen; es kann sich doch nur um ganze Kleinigkeiten handeln, die vielleicht modifiziert werden würden, niemals um die Ausdrucksweise als solche. Wie gesagt: in allen diesen Dingen bitte ich Sie, ganz über mich zu verfügen. Alles, was von mir aus geschehen kann, ist für mich nur eine Freude.

Im übrigen bin ich ganz Ihrer Meinung, dass man mit dem Setzen warten sollte, bis 9 Kapitel fertig sind. Es ist für Sie wohl das Einfachste, wenn Sie diese herschicken und mir schreiben, ob sie dann nochmals an Sie nach Rom gehen, oder von mir nach Basel weitergegeben werden dürfen.

Es ist für Sie gewiss ein schönes Gefühl, doch nun allmählich alles neu Gestalt gewinnen zu sehen; das wird Ihnen wohl auch die weitere Arbeit erleichtern, so groß das noch zu Bewältigende Ihnen auch manchmal erscheinen mag.

In diesem Sinne begleiten Sie meine besten Wünsche und ich empfehle mich Ihnen mit den besten Grüßen als Ihr sehr ergebener

Edwin Landau

Brief 227)   Kuttner an Ivanov (CS)

Grottamare (Ascoli)   26.VIII.38
2, via Artieri

Hochverehrter lieber Herr Professor,
    Ich habe heute an Landau geschrieben, will Ihnen also noch, wie vereinbart, seine Adresse zum eigenen Gebrauch, mitteilen: 51 Palace Terrace Gardens, London W.8.
    Mit den besten Wünschen und Grüßen von Haus zu Haus Ihr ergebener
                                                    Stephan Kuttner

Brief 228)   Landau an Ivanov (CS)

51, Palace Gardens Terrace, <London> W.8.   7. Sept. 38

Sehr verehrter Herr Professor Ivanov!
    Ihre freundlichen Zeilen haben mich hier erreicht und es hat mich sehr bewegt, Sie um mich besorgt zu wissen. Es geht mir äußerlich ganz gut, da ich vorerst bei Verwandten aufgenommen bin. Wenn die politische Nervosität sich gelegt hat, werde ich auch meine Verhandlungen abschließen können und kann dann sicher Gutes wirken und Ihnen Erfreuliches bald berichten. Aber natürlich bedeutet die Übersiedlung das Abreißen vieler Beziehungen und die Auflösung selbst der engsten Gemeinschaft, denn auch besuchsweise zu meinen alten Eltern gibt es kein Zurück mehr. So müssen wir sehen, wie wir uns über die Grenzen hinweg in christlicher Gemeinschaft zu neuem Wirken zusammenfinden, damit nicht eine heidnische Sintflut uns über kurz oder lang verschlingt.
    In diesem Sinne habe ich Ihre lieben Worte als ein tröstendes Zeichen aufgenommen und danke Ihnen aufrichtig dafür.
    Ihr sehr ergebener
                                                    Edwin Landau

Brief 229)   Katia Mann an Schwabe (SV)

                                    Küsnacht-Zürich, Schiedhaldenstr. 33
                                    <d. 7. September 1938>[19]
Sehr geehrte Herren:
    Im Begriff Europa für längere Zeit zu verlassen wende ich mich an Sie im Interesse meiner Cousine, Fräulein Käthe Rosenberg, die eine Übersetzung für Sie

---

19 Datierung nach folgendem Brief.

geliefert hat. Meines Wissens steht ihr noch ein Betrag von Sfr 500 zu. Ich wäre Ihnen sehr verbunden, wenn Sie diese Summe umgehend an mich überweisen wollten. Ich bin nur noch bis 14. des Monats in Küsnacht, darum wäre ich für rasche Erledigung sehr dankbar.

Mit hochachtungsvoller Begrüßung Ihre ergebene

Frau Thomas Mann

Brief 230)   Schwabe an Katia Mann (SV)

O/M
Frau Thomas Mann
Schiedhaldenstrasse 33
Küsnacht (Zch.)

9. September 38

Sehr geehrte Frau,

Wir sind im Besitze Ihres Schreibens vom 7. d. M. und bedauern, Ihnen mitteilen zu müssen, dass wir die fragliche Übersetzung von Fräulein Käthe Rosenberg noch nicht erhalten haben.

Sie werden verstehen, dass wir das Honorar erst nach Erhalt und gründlicher Prüfung der Übersetzung überweisen können.

Hochachtungsvoll

<Benno Schwabe & Co.>

Brief 231)   Katia Mann an Schwabe (SV)

Küsnacht-Zürich. 13. IX. 38

Sehr geehrter Herr Schwabe:

Ich bin sehr getroffen über Ihren Brief. Meines Wissens ist die fragliche Übersetzung vor mehr als einem Jahr an Sie abgegangen. Sie scheint demnach nicht in Ihre Hände gelangt zu sein. Bei der Unmöglichkeit direkter Verständigung wird es einige Zeit erfordern, bis ich mich bei meiner Cousine über den Sachverhalt unterrichten kann, ich werde aber jedenfalls von Amerika trachten den Fall aufzuklären. Für alle Fälle gebe ich Ihnen unsere neue Adresse an: Princeton, New Jersey, Stocktonstreet 65.

Hochachtungsvoll

Katia Mann

Brief 232)   Schwabe an Ivanov (CS)

6. Okt.1938

Sehr geehrter Herr Professor,

es interessiert uns sehr zu erfahren, wie es nun eigentlich mit dem Manuskript zu Ihrem Dionysos-Buch steht. Wären Sie so freundlich, uns genaue Auskunft darüber zu geben.

Mit Herrn Dr. Landau arbeiten wir seit diesem Frühjahr nicht mehr zusammen, und wir möchten Sie darum bitten, alle Ihre Mitteilungen über Ihr Manuskript usw. an uns richten zu wollen.

Mit hochachtungsvollem Gruße Ihre sehr ergebenen

Benno Schwabe & Co.

Brief 233)   Ivanov an Schwabe (SV)

Herren Benno Schwabe & Co., Basel

Rom, via di Monte Tarpeo, 61   den 15 Okt. 1938

Sehr geehrte Herren,

Erst aus Ihrer geehrten Postkarte vom 6. d. M. erfahre ich, dass Sie mit Herrn Dr. Landau nicht mehr zusammen arbeiten: so beeile ich mich, Ihnen die gewünschte Auskunft zu geben.

Es liegt mir in Maschinenabschrift (434 Seiten) eine Übersetzung meiner Abhandlung „Dionysos und die vordionysischen Kulte" ohne Fußnoten vor. Meine Aufgabe bestand darin, diesen Text, der mir als Vorlage diente, zu bearbeiten und zu ergänzen.

1) Die sorgfältige und (abgesehen von einigen philologischen Einzelheiten) sehr genaue Übersetzung erforderte jedoch eine durchgreifende Umgestaltung, sowohl aus stilistischen Gründen und der Notwendigkeit, poetische Zitate in deutsche Verse umzugießen, als auch aus dem Bedürfnis des Verfassers, manche Stelle seines nunmehr 15 Jahre alten Originaltextes anders zu formulieren; hinzu kamen wichtige Einschaltungen, welche den heutigen Stand der Forschung berücksichtigen.

2) Die zahlreichen Anmerkungen mussten nicht nur übersetzt, sondern auch umgearbeitet und erweitert werden.

3) Es war geplant worden, der Monographie, von welcher die Rede ist, meine frühere Skizze „Die griechische Religion des leidenden Gottes" (etwa 12 Druckbogen stark), die für ein größeres Publikum bestimmt war, als Einleitung voranzuschicken, mit dem Nebentitel: „Erster Versuch der Fragestellung". Ich habe diese Skizze nicht bloß bedeutend gekürzt, sondern vor allem dem Ganzen anzupassen versucht, und dennoch sticht sie von der Monographie zu stark ab. So halte ich es nun für zweckmäßiger, den wesentlichen Inhalt der Skizze, mit Weglassung alles dessen, was in der Monographie eingehend entwickelt ist, in

einem synthetischen Aufsatz zusammenzufassen, der die ganze Problematik des dionysischen Wesens (und nicht etwa bloß meinen „Ersten Versuch der Fragestellung") orientierend beleuchten soll. Das besagt aber, dass ich einen neuen unedierten Beitrag zu liefern habe, und ich bin gerade bei der Arbeit.

Aus dem Gesagten ersehen Sie wohl, wie kompliziert meine Aufgabe ist, und wenn meine Arbeit, namentlich bei meiner angegriffenen Gesundheit, nicht so rasch wie wir es wünschen fortschreitet, so möchten Sie doch in Betracht ziehen, dass es sich eigentlich um ein beinahe neues Werk handelt. Darum bitte ich Sie um weitere freundliche Nachsicht und Geduld, und verbleibe in hoher Achtung Ihr sehr ergebener

Wenceslaus Ivanov

Brief 234)   Landau an Ivanov (CS)

<Lugano, den 30. XII. 1938>[20]

Sehr verehrter Herr Professor Ivanov!

Von einem kurzen Urlaub in südlichen Gefilden sende ich Ihnen die besten Wünsche zum kommenden Jahre. Nach langen Verhandlungen ist es nun so weit, dass ich in Kürze mit Jakob Hegner zusammen meine Tätigkeit wieder aufnehme; vielleicht können wir dann bald die englische Ausgabe Ihres Buches herausbringen. Darüber schreibe ich Ihnen ehestens. In dieser Zuversicht grüße ich Sie in aller Ergebenheit.

Edwin Landau

Brief 235)   Landau an Ivanov (CS)

51, Palace Gardens Terrace, <London> W.8.   22. 5. 39

Sehr verehrter Herr Professor Ivanov!

Es ist lange her, dass ich von Ihnen gehört habe und ich wüsste gern, wie es Ihnen geht und was aus Ihrem Buch geworden ist. Ich schreibe Ihnen heute, weil die Übersetzerin sich an mich gewandt hat. Sie ist hierher geflüchtet und in großer Not, so dass ihr mit dem Übersetzungshonorar sehr geholfen wäre.[21] Bisher hat Schwabe, mit dem ich selber in keinerlei Kontakt mehr stehe, sich geweigert, das Honorar zu zahlen, da die Übersetzung noch nicht fertig sei. Ehe die Übersetzerin sich also an Schwabe wendet, müsste sie wissen, wie weit die Arbeit gediehen ist.

---

20 Datum und Ort gemäß Poststempel.

21 Es ist nicht bekannt, wann Käthe Rosenberg Deutschland verlassen hat. Am 31. Dezember 1938 bekam Thomas Mann einen „verzweifelten Brief von Käthe Rosenberg". Thomas Mann, *Tagebücher 1937–1939*. Hg. von Peter de Mendelssohn. Frankfurt a. M., 1980, S. 339. Leider ist dieser Brief, laut einer Mitteilung des Thomas-Mann-Archivs, nicht erhalten.

Bitte lassen Sie mich doch recht bald wissen, wie es damit steht. Ich bin sicher, dass Sie der Übersetzerin zu ihrem Recht verhelfen wollen; sie hat es ja ehrlich verdient.

In der Hoffnung, dass es Ihnen gesundheitlich gut geht, bin ich mit freundlichen Grüßen Ihr sehr ergebener

Edwin Landau

Brief 236)   Ivanov an Rosenberg (SV)

Rom, Via di Monte Tarpeo 61   d. 25. Mai 1939

Sehr geehrtes Fräulein,

Hiermit bestätige ich nochmals, dass ich von Ihnen, durch freundliche Vermittlung des Herrn Dr. Landau, eine vollständige Übersetzung meines Werkes „Dionysos und die vordionysischen Kulte" (in 12 Kapiteln, 434 Seiten Maschinenschrift) längst erhalten und dieselbe für gut und dem Originaltext getreu befunden habe. Ihre weitere Teilnahme an der Herstellung des zu veröffentlichenden Textes ist nicht mehr erforderlich; Sie haben Ihre Aufgabe erledigt, und für allerlei Ergänzungen, Beilagen und Umgestaltungen, mit denen ich als Verfasser die deutsche Ausgabe meiner Abhandlung zu vervollkommnen suche, tragen Sie keine Verantwortung: es ist meine Obliegenheit, dem Verlag das druckfertige Manuskript des Buches abzuliefern. Denn es stand von vornherein fest, dass Ihre Übersetzung mir nur als Vorlage dienen sollte bei der von mir unternommenen gründlichen Umarbeitung des Originals, welches viele Erweiterungen, Einschaltungen, Anhängsel, sachliche und formelle Änderungen erheischte.

Ich ergreife diese Gelegenheit, um Ihnen für Ihre mit so viel Liebe und Sorgfalt ausgeführte Arbeit herzlich zu danken, und verbleibe in hoher Achtung Ihr ergebener

Wenceslas Ivanow

Brief 237)   Landau an Ivanov (CS)

51, Palace Gardens Terrace, <London> W. 8.   31. 5. 39

Sehr verehrter Herr Professor Ivanov!

Soeben erhalte ich Ihren liebenswürdigen Brief und den an die Übersetzerin gerichteten. Ich bin Ihnen außerordentlich dankbar, dass Sie sich die Mühe gemacht haben. Die Sachlage ist genau so, wie Sie es beurteilen, und ich möchte daher annehmen, dass Ihr Brief der Übersetzerin zu ihrem Recht verhelfen wird. Natürlich können Sie sich nicht in diese Dinge einschalten, deren Regelung sich im Grunde von alleine versteht.

Es freut mich zu hören, dass Sie mit der Arbeit voran kommen. Ich wünsche Ihnen aufrichtig ein gutes Gelingen und die Kräfte dazu. Qui <*sic!*> va piano va sano,[22] sagt man, glaube ich, in Ihren südlichen Gefilden.
Mit herzlichen Grüßen Ihr sehr ergebener

Edwin Landau

Brief 238)   Rosenberg an Schwabe (SV)

London NW. 3
93a, Fellows Road
1. 6. 1939

An den Verlag Benno Schwabe
Basel 10
Klosterberg 27

Sehr geehrter Herr Schwabe,
Ich bin seit kurzer Zeit in London und kann endlich selber in meiner Angelegenheit ein Wort an Sie richten.
Ich hörte durch meine Cousine Frau Thomas Mann, mit der Sie seinerzeit die schriftliche Abmachung über meine Übersetzung des Buches „Dionysos und die vordionysischen Kulte" von Professor Ivanow getroffen hatten, dass Sie im Herbst 1938 die festgesetzte Honorarzahlung ablehnten mit der Begründung, dass Sie kein Manuskript von mir erhalten hätten. Das Manuskript aber hatte ich längst, der Verabredung gemäß, an Professor Ivanow abgeliefert, der das Buch für die deutsche Ausgabe ja einer Umarbeitung unterziehen will.
Ich habe mich nun von hier um Auskunft an Professor Ivanow gewandt und erhielt vor einigen Tagen einen Brief von ihm, den ich Ihnen in der Abschrift beifüge. Aus diesem Brief geht klar hervor, dass ich meinen Verpflichtungen restlos nachgekommen bin und pünktlich das vollständige Manuskript abgeliefert habe; mit der von Professor Ivanow beabsichtigten Umarbeitung habe ich nichts mehr zu tun.
Ich bitte Sie nunmehr höflich, mir das nach Fertigstellung meiner Übersetzung zustehende Grundhonorar von Frcs. 800. (achthundert) baldmöglichst zu überweisen. Die Arbeit ist umfangreicher als ursprünglich veranschlagt worden war; das zusätzliche Honorar mag bis zur Veröffentlichung des Buches ruhen.
Ich bin in Erwartung Ihres Bescheides mit vorzüglicher Hochachtung

Käthe Rosenberg

---

22 „Gut Ding will Weile haben."

Brief 239)   **Schwabe an Ivanov (SV)**

5. Juni 1939

Sehr geehrter Herr,

Gestatten Sie, dass wir uns in der Angelegenheit betreffend Ihr Manuskript „Dionysos und die vordionysischen Kulte" wieder einmal an Sie wenden. Wir danken Ihnen noch für Ihr Schreiben vom 15. Oktober v. J., mit dem Sie uns den Gang Ihrer Arbeit mitteilten und darauf hinwiesen, dass die Vollendung des Werkes infolge Ihrer angegriffenen Gesundheit nur langsam fortschreite. Es würde uns außerordentlich freuen, wenn es Ihnen gesundheitlich so gut ginge, dass Sie inzwischen Ihre Arbeit fördern konnten, und wir wären Ihnen dankbar, wenn Sie uns, wie schon erwähnt, wieder einmal kurz über den Stand Ihrer Arbeit berichten wollten.

Fräulein Käthe Rosenberg, die von Herrn Dr. Landau seinerzeit beauftragt wurde, einen Teil Ihres Manuskriptes zu übersetzen, wünscht, dass wir sie für diese Arbeit jetzt entschädigen. Sie sendet uns eine Kopie Ihres Schreibens vom 26. Mai, woraus ersichtlich ist, dass sie sich ihrer Aufgabe Ihnen gegenüber entledigt hat und Sie Ihrer Zufriedenheit hierüber Ausdruck geben. Wir nehmen an, dass die Sache mit der Übersetzung also vollkommen in Ordnung ist und werden darum das entsprechende Honorar an Fräulein Rosenberg auszahlen.

Mit hochachtungsvollem Gruße Ihre sehr ergebenen

<Benno Schwabe & Co.>

Brief 240)   **Schwabe an Rosenberg (SV)**

Fräulein Käthe Rosenberg
93a, Fellows Road
London NW. 3

16. Juni 1939

Sehr geehrtes Fräulein,

Verzeihen Sie, dass wir Ihnen auf Ihr Schreiben vom 1. d. M. noch nicht geantwortet haben. Wir setzten uns sofort nach Erhalt Ihres Briefes mit Herrn Prof. Ivanow in Verbindung und erwarten bis heute seine Nachricht. Sobald diese eingetroffen sein wird, werden wir Ihnen Ihr Honorar übermitteln.

Mit vorzüglicher Hochachtung

<Benno Schwabe & Co.>

Brief 241)   Rosenberg an Schwabe (SV)

1. 7. 39

An den Verlag Benno Schwabe
Basel 10

Hierdurch teile ich Ihnen höflich mit, dass meine Adresse von heute an lautet:
London NW3, 11a Maresfield Garden.
Ich sehe Ihrer Honorar-Überweisung entgegen.
Mit vorzüglicher Hochachtung

Käthe Rosenberg

Brief 242)   Schwabe an Ivanov (SV)

7. Juli 39
BS/M

Herrn Professor Dr. W. Ivanow,
Via di Monte Tarpeo 61
Roma

Sehr geehrter Herr Professor,
Wir erlauben uns, Sie an unser Schreiben vom 5. Juni d. J. zu erinnern und
wären Ihnen dankbar, wenn Sie uns möglichst bald ein kurzes Wort, wie es nun
mit Ihrer Arbeit steht, mitteilen wollten. Um uns mit unserm Verlag einrichten zu können, sollten wir wissen, wann wir etwa Ihr druckfertiges Manuskript
erwarten dürfen.
Mit bestem Dank im voraus und freundlichem Gruße Ihre sehr ergebenen
<Benno Schwabe & Co.>

Brief 243)   Ivanov an Schwabe (SV)

Herren Benno Schwabe & Co., Basel

Rom, d. 11. Juli 1939

Mit lebhaftem Dank habe ich Ihr freundliches Schreiben vom 5ten Juni
d. J. erhalten, dem ich entnehme, dass die Bitte der Übersetzerin des in Russland gedruckten Urtextes meiner Dionysos-Monographie um Auszahlung des
ihr zukommenden Honorars Ihrerseits als berechtigt anerkannt und dement-
sprechend befriedigt worden ist, was mich von einer lastenden Sorge befreit.
Ich bedaure es bitterlich, nicht einmal im Herbst mit meiner Arbeit fertig werden zu können, will aber meine ganze (allerdings sehr geminderte)

Arbeitskraft darauf verwenden, um Ihnen den druckfertigen Text des Buches doch noch vor Weihnachten zu liefern.

In hoher Achtung Ihr sehr ergebener

Wenceslas Iwanow

Via di Monte Tarpeo, 61

Brief 244)   Schwabe an Ivanov (SV)

Herrn Professor Dr. W. Ivanow,
Via di Monte Tarpeo 61
Roma

Basel, den 14. Juli 39
BS/M

Sehr geehrter Herr Professor,

Mit verbindlichem Dank bestätigen wir Ihnen den Empfang Ihres Schreibens von 11. d. M. Die Angelegenheit mit der Übersetzung Ihres Werkes ist also erledigt, und wir haben gerne davon Kenntnis genommen, dass Sie uns das druckfertige deutsche Manuskript Ihrer geschätzten Arbeit nun endgültig auf Weihnachten dieses Jahres liefern werden. Wir werden dann für eine sorgfältige und gediegene Drucklegung bemüht sein!

Ihnen eine recht gute Gesundheit wünschend und mit besten Grüßen Ihre sehr ergebenen

Benno Schwabe & Co.

Brief 245)   Schwabe an Rosenberg (SV)

Fräulein Käthe Rosenberg
11a Maresfield Gardens
London NW3

25. Juli 1939

Sehr geehrtes Fräulein,

Erst am 13. d. M. traf von Herrn Prof. Iwanow die Bestätigung ein, dass er Ihre Übersetzung richtig erhalten habe. Wir haben darum dem Schweiz. Bankverein Auftrag gegeben, Ihnen raschestens Schweizer Franken 600. zu übermitteln.

Ist mit diesem Betrag unsere Schuld an Sie nun endgültig beglichen?

Sie werden sich erinnern können, dass Herr Dr. Landau seinerzeit in unserm Namen mit Ihnen verhandelt hat. Das Werk sollte voraussichtlich im Herbst 1937 erscheinen. Im Februar 1938 begab sich Dr. Landau dann nach England.

Wie die Dinge damals standen wussten wir nicht, denn Sie haben uns auf unser Schreiben vom 12. August 1937 nicht mehr geantwortet und uns später auch nicht mitgeteilt, dass Ihre Übersetzung abgeliefert sei und welchen Umfang diese habe. Wir hoffen, dass die leidige Angelegenheit nun in Ordnung sei, und wir danken Ihnen nachträglich noch für Ihre Bemühungen.

Prof. Iwanow wird nach seinem letzten Brief seine ganze Arbeitskraft aufwenden, um uns sein fertiges Manuskript auf Weihnachten abzuliefern. Hoffentlich wird das möglich sein und wird das Werk dann im nächsten Frühjahr erscheinen können.

Mit vorzüglicher Hochachtung

<Benno Schwabe & Co.>

Brief 246)   Rosenberg an Schwabe (SV)

Käthe Rosenberg
London NW3
11a Maresfield Gardens
27. 7. 1939

Benno Schwabe & Co. Basel

Sehr geehrter Herr Schwabe,

Ich bestätige dankend den Empfang Ihres Schreibens vom 25 / 7. Mit höchstem Erstaunen nehme ich Ihre Frage zur Kenntnis, ob durch eine Übermittlung von Schweizer Franken 600 Ihre Schuld an mich beglichen sei. Keineswegs! Sie wissen sehr wohl, dass für meine Übersetzung ein Grundhonorar von Schweizer Franken 800 schriftlich ausgemacht ist, und ich habe nicht die geringste Veranlassung, mich jetzt für die ungemein schwierige Arbeit, die ein spezielles Studium erforderte, mit weniger zu begnügen. Im Gegenteil, Herr Dr. Landau hatte mir ja sogar seinerzeit in Ihrem Namen eine gute Verzinsung meines bei Ihnen ruhenden Honorars vom Ablieferungstag meines Manuskriptes bis zum Zahlungstermin zugesichert! Auf diese will ich, um unerquickliche Weiterungen zu vermeiden, verzichten, ebenso wie auf das zusätzliche Honorar, das fällig würde, wenn die Bogenzahl bei der Drucklegung die vorgesehene Norm überschreiten sollte, – was zweifellos der Fall sein wird. Auf der ungesäumten Auszahlung des mir rechtens zustehenden Honorars von Schweizer Franken 800 bestehe ich aber nunmehr unbedingt.

Mit vorzüglicher Hochachtung

Käthe Rosenberg

Brief 247)   Schwabe an Rosenberg (SV)

BS/B
Fräulein Käthe Rosenberg
11a Maresfield Gardens
London NW3

29. Juli 1939

Sehr geehrtes Fräulein,

Wir danken Ihnen für Ihr Schreiben vom 27. dies. und müssen Ihnen folgendes mitteilen: Ihren Brief vom l. Juni hatten wir verlegt und konnten uns nicht mehr genau erinnern, ob Sie als Honorarforderung Fr. 600 oder Fr. 800 angegeben hatten. Darum stellten wir ja auch die Frage an Sie, ob die Angelegenheit mit Fr. 600 erledigt sei. Wir lassen Ihnen nun nochmals durch den Schweizerischen Bankverein Fr. 200 überweisen und nehmen gerne davon Kenntnis, dass damit die Angelegenheit erledigt ist.

Mit vorzüglicher Hochachtung

<Benno Schwabe & Co.>

Brief 248)   Schwabe an Thomas Mann (SV)

BS/B
Herrn Dr. Thomas Mann
Grand Hotel & Kurhaus
„Huis ter Duin"
Noordwijk aan Zee /Holland

31. Juli 1939

Sehr geehrter Herr Doktor,

Wir bestätigen Ihnen den Empfang Ihrer geschätzten Zeilen vom 23. dies. Die Angelegenheit betr. Übersetzung von Fräulein Käthe Rosenberg hat inzwischen ihre Erledigung gefunden. Wenn sie nicht früher zu einem Abschluss kam, so trägt Fräulein Rosenberg selber daran ebenso sehr die Schuld wie wir. Fräulein Rosenberg hat es seinerzeit unterlassen, uns zu benachrichtigen, dass die Übersetzung abgeliefert ist und dass und wo das Honorar bezahlt werden soll. Erst aus dem Schreiben von Herrn Prof. Ivanov an Fräulein Rosenberg am 25. Mai erfuhren wir, dass die Angelegenheit in Ordnung ist, worauf wir uns an Herrn Prof. Ivanov wandten, der uns unter dem 11. Juli antwortete. Das Werk sollte ja schon im Herbst 1937 erscheinen; aber das Manuskript wird, wenn alles gut geht, erst auf Weihnachten 1939 fertig sein.

Mit vorzüglicher Hochachtung Ihre sehr ergebenen

<Benno Schwabe & Co.>

Brief 249)   Schwabe an Ivanov (SV)

BS/M

Herrn Professor Dr. W. Ivanow,
Via di Monte Tarpeo 61, Roma

3. Juli 1940

Sehr verehrter Herr Professor,

Nun ist wieder ein ganzes Jahr vergangen, seitdem wir zum letztenmal etwas von Ihnen gehört haben. In Ihrem Schreiben vom 11. Juli 1939 teilten Sie uns mit, dass Sie uns den druckfertigen Text zu Ihrem Buch über „Dionysos" noch vor Weihnahten 1939 schicken wollten. Wir haben aber das Manuskript bis heute nicht erhalten und bedauern darum, Sie jetzt drängen zu müssen, damit dieses Werk endlich erscheinen kann. Wir dürfen annehmen, Sie werden unsre Ungeduld verstehen, denn das Manuskript war vertraglich am 1. Mai vor drei Jahren abzuliefern.

Hoffend, es gehe Ihnen gesundheitlich gut und Sie werden unserm Verlangen entsprechen können, sind wir mit hochachtungsvollem Gruße Ihre sehr ergebenen

Benno Schwabe & Co.

Brief 250)   Schweizerische Gesandtschaft an Schwabe (SV)

Legazione di Svizzera in Italia
Largo Elvezia – Via Barnaba Oriani, 61
TEL. 872-401-872-402-872-403, Rif. N. 13.E.1.

Firma Benno Schwabe & Co., Basel, Klosterberg 27.

Roma, den 16. August 1940

Wir empfingen Ihre Anfrage vom 7. dies., mit welcher Sie den Wunsch ausdrückten, die gegenwärtige Adresse des Herrn Professor Dr. W. *Ivanow*, welcher früher in Rom, Via di Monte Tarpeo 61 gewohnt hat, zu erfahren.[23]

Unsere Nachforschungen ergaben, dass Herr Prof. Ivanow gegenwärtig in Rom, Via Leo Battista Alberti 5, II. piano Scala I Int. 8 wohnt.

Zur Deckung unserer Auslagen bitten wir Sie um Vergütung von Lire 20. Mit vorzüglicher Hochachtung.

SCHWEIZERISCHE GESANDTSCHAFT
Für den Kanzleivorsteher: Perpellini

---

23 Dieser Brief ist nicht erhalten.

Brief 251)   Schwabe an Ivanov (CS)

Herrn Professor Dr. W. Ivanov
Via Leon Battista Alberti 5, II. piano
Scala I Int. 8
Roma

14. Oktober 1940

Sehr geehrter Herr Professor,
  nun ist schon wieder mehr als ein Jahr vergangen, seit Sie uns geschrieben haben. In Ihrem Brief vom 11. Juli 1939 haben Sie uns Ihr fertiges Manuskript für Weihnachten 1939 in Aussicht gestellt, seither aber nichts mehr von sich hören lassen. Nachdem die Angelegenheit nun aber schon so weit zurückliegt, und Sie uns das Manuskript schon vor mehr als vier Jahren hätten abliefern sollen, so glauben wir uns doch berechtigt, Sie jetzt drängen zu dürfen, damit das Werk endlich einmal erscheinen kann.
  Wollen Sie uns bitte möglichst bald benachrichtigen, auf wann spätestens wir Ihr Manuskript erwarten dürfen.
  Ihrer gefl. baldigen Nachricht entgegensehend, zeichnen wir hochachtungsvoll

Benno Schwabe & Co.

Brief 252)   Schwabe an die Schweizerische Gesandtschaft (SV)

BS/M
Schweiz. Gesandtschaft
Largo Elvezia–Via Barnaba Oriani 61 Roma

7. August 1941

Sehr geehrter Herr,
  Am 16. August letzten Jahres teilten Sie uns die Adresse von Prof. Dr. W. Ivanov, Rom, mit, um die wir Sie mit Schreiben vom 7. August 1940 gebeten hatten.
  Inzwischen haben wir wiederholt an Herrn Prof. Ivanov geschrieben, aber keine Antwort erhalten. Darum möchten wir uns erlauben, nochmals an Sie zu gelangen mit der Bitte, uns wenn möglich behilflich sein zu wollen.
  Es handelt sich um folgendes; im Jahre 1937 haben wir von Prof. Dr. Ivanov, Rom, dessen neue Adresse lautet: Via L. B. Alberti 5, II piano. Scala l. Int. 8, laut Verlagsvertrag eine Arbeit über „Dionysos und die vordionysischen Kulte" usw. erworben und ihm dafür im Jahre 1937 einen Vorschuss von SFr. 1500 geleistet. Für die Übersetzung des russischen Teils des Werkes in die deutsche Sprache

haben wir außerdem der Übersetzerin Sfr. 800 bezahlt, insgesamt also SFr. 2300 für das Werk ausgegeben.

Zuletzt schrieb uns Prof. Ivanov am 11. Juli 1939, er werde die Arbeit im Herbst 1939 fertigstellen und sie uns auf Weihnachten 1939 liefern. Seitdem haben wir, wie schon erwähnt, wiederholt an Prof. Ivanov geschrieben; aber überhaupt keine Antwort mehr erhalten.

Gelingt es jetzt nicht, die längst versprochene Arbeit von Prof. Ivanov zu bekommen, so müssen wir den oben erwähnten Betrag von Sfr. 2300 wohl endgültig als verloren betrachten.

Unsre Bitte an Sie geht darum dahin, Sie möchten einen geeigneten Herrn zu Prof. Ivanov schicken, der ihn zu bewegen sucht, die Arbeit herauszugeben, die Sie uns dann „eingeschrieben" übermitteln. Ist die Arbeit noch nicht abgeschlossen, so soll der Herr bitte fragen, *wann* mit dem Abschluss *bestimmt* gerechnet werden kann, und erklären, dass er später wieder vorsprechen werde.

Sie würden uns, sehr geehrter Herr, durch Ihr Eintreten auf unsre Bitte eine große Gefälligkeit erweisen, und wir sind selbstverständlich gerne bereit, Ihnen die entstehenden Kosten zurückzuerstatten.

Mit bestem Dank im voraus, in vorzüglicher Hochachtung

<Benno Schwabe & Co.>

Brief 253)   Schweizerische Gesandtschaft an Schwabe (SV)

Roma, 20. August 1941

Legazione di Svizzera in Italia
Largo Elvezia – Via Barnaba Oriani, 61
TEL. 872–401–872–402–872–403

Rif. N. C.C.20.
Ihre B.S./M.

An den Verlag Benno Schwabe & Co., Schweighauserische Buchdruckerei, Basel.

Sehr geehrter Herr,

Ich beehre mich, Ihr Schreiben vom 7. ds. zu bestätigen und Ihnen zur Kenntnis zu bringen, dass es der Gesandtschaft gelungen ist Ihrem Wunsche entsprechend, mit Herrn Prof. Dr. Ivanov in Fühlung zu treten.

Herr Prof. Ivanov befindet sich momentan in schwierigen finanziellen Verhältnissen, so dass er gezwungen ist eine ihm von einem Kloster übertragene, längere Arbeit zu vollenden, die es ihm ermöglicht sich den Lebensunterhalt zu verdienen.[24] Er drückte sein lebhaftes Bedauern aus und anerkannte seine Schuld bezüglich der Nichterfüllung seiner Verpflichtungen Ihrem Verlag gegenüber. Zugleich hofft er aber im Laufe des Monats Oktober mit der ihm vom Kloster übertragenen Arbeit fertig zu werden, sodass er mit der endgültigen Korrektion des für Sie bestimmten Werkes, das er bereits schon weitgehend vorbereitet hat, beginnen kann.

Leider war es ihm unmöglich eine bestimmte Frist für die Fertigstellung des Werkes zu nennen. Er ist jedoch der Ansicht, dass schlimmsten Falls innert eines Jahres das Werk druckfertig zu Ihrer Verfügung stehen wird. Auf alle Fälle wird er die Gesandtschaft weiterhin über das Fortschreiten der Arbeit auf dem Laufenden halten, sodass es möglich sein wird, auch Ihnen, wenn nötig, davon Mitteilung zu machen.

Herr Prof. Dr. Ivanov hat den ihn besuchenden Funktionär der Gesandtschaft gebeten, Sie in seinem Namen um Entschuldigung zu bitten und Ihnen seinen Dank für Ihre Geduld auszusprechen. Er werde sich bemühen, da es ihm nicht möglich sei, Ihnen eine finanzielle Entschädigung zukommen zu lassen, möglichst bald seine Verpflichtung Ihnen gegenüber zu erfüllen.

Die Gesandtschaft wird nicht unterlassen, im geeigneten Moment Herrn Prof Ivanov erneut an sein Versprechen zu erinnern und Ihnen über den Erfolg einer erneuten Unterredung mit genanntem Herrn Bericht erstatten.

Genehmigen Sie, sehr geehrter Herr, die Versicherung meiner vorzüglichen Hochachtung.

Schweizerische Gesandtschaft
Handelsdienst

Micheli

Brief 254) Schwabe an die Schweizerische Gesandtschaft (SV)

BS/M
An die Schweiz. Gesandtschaft, Roma

25. August 1941

Sehr geehrter Herr,

Für Ihr Schreiben vom 20. d. M. sowie Ihre so freundlichen Bemühungen in der Angelegenheit Prof. Ivanov sprechen wir Ihnen unsern verbindlichen Dank aus!

---

24 Von dieser Arbeit ist nichts bekannt.

Insbesondere danken möchten wir Ihnen aber auch für Ihre Mitteilung, Prof. Ivanov zu gegebener Zeit an sein Versprechen erinnern und uns auf dem Laufenden halten zu wollen.

Die einzige Befürchtung, die wir hegen, ist die, dass Prof. Ivanov seines vorgeschrittenen Alters wegen das Werk nicht mehr vollenden wird, wenn er nicht bald und energisch an die Arbeit geht. Vielleicht ist er jetzt schon in einer geistigen Verfassung, die ihm den Abschluss des Werkes nicht mehr ermöglicht? Sie schreiben darüber allerdings nichts, und so wagen wir vorerst noch auf einen guten Abschluss des Manuskriptes zu hoffen.

Mit wiederholtem bestem Dank für Ihre gütigen Bemühungen, in vorzüglicher Hochachtung

<Benno Schwabe & Co.>

Brief 255)   Schwabe an die Schweizerische Gesandtschaft (SV)

An die Schweiz. Gesandtschaft
Handelsdienst
Largo Elvezia
Roma

Basel, den 11. Juni 1942
BS/M.

Betr: Manuskript Prof. Ivanov.

Sehr geehrter Herr,

Mit Schreiben vom 20. August v. J. haben Sie uns in gütiger Weise über den Stand der Angelegenheit Prof. Ivanov unterrichtet und uns in Aussicht gestellt, Prof. Ivanov im geeigneten Moment an sein Versprechen erinnern zu wollen.

Inzwischen sind nun 10 Monate verstrichen, und bei dem hohen Alter des Genannten wäre es darum gewiss wünschbar nachzuforschen, ob er sein Versprechen auch wirklich eingehalten hat und einhält.

Es tut uns leid, Sie mit dieser Angelegenheit nochmals belästigen zu müssen; doch Sie haben sich in so entgegenkommender Weise bereit erklärt, uns behilflich zu sein, dass wir gerne von Ihrem Angebot Gebrauch machen.

Mit verbindlichem Dank im voraus, in vorzüglicher Hochachtung

<Benno Schwabe & Co.>

Brief 256)　　Schweizerische Gesandtschaft an Schwabe (SV)

Legazione di Svizzera in Italia
Largo Elvezia – Via Barnaba Oriani, 61
TEL. 872–401–872–402–872–403

Rif. N. 41.1261/C.C. 20.
Manuskript Prof. Ivanov.

Roma, 23. Juni 1942

Sehr geehrter Herr,

Ich beehre mich, Ihr Schreiben vom 11. Juni zu bestätigen und Ihnen zur Kenntnis zu bringen, dass die Gesandtschaft nicht unterlassen hat, sich erneut bei Herrn Prof. Ivanov über den Stand der Arbeit zu erkundigen. Herr Prof. Ivanov soll mit dem Abschluss der Arbeit beschäftigt sein.

Er versprach der Gesandtschaft in den nächsten Tagen den genauen Termin des Abschlusses bekannt geben zu wollen,

Genehmigen Sie, sehr geehrter Herr, die Versicherung meiner vorzüglichen Hochachtung.

SCHWEIZERISCHE GESANDTSCHAFT
Handelsdienst

Troendle[25]

An den Verlag Benno Schwabe & Co., Klosterberg, Basel

Brief 257)　　Schwabe an die Schweizerische Gesandtschaft (SV)

An die Schweiz. Gesandtschaft
Handelsdienst, Largo Elvezia, Roma

Basel, den 11. August 1942
BS/M

Betr: Manuskript Prof. Ivanov.

Sehr geehrter Herr,

Wir danken Ihnen verbindlich für Ihre Zeilen vom 23. Juni, womit Sie uns mitteilen, dass sich Ihre Gesandtschaft neuerdings bei Herrn Prof. Ivanov über den Stand seiner Arbeit erkundigt hat. Wir sind äußerst froh und dankbar, dass Prof. Ivanov mit dem Abschluss der Arbeit beschäftigt sein soll und vermögen

---

25　Max Troendle (1905–2004), geboren in Basel. In Italien 1940–1943 als Legationssekretär, 1944 mit Sondermission. Nach dem Krieg Schweizer Botschafter in Tokio, Moskau und Bonn.

dies eigentlich noch kaum zu glauben. Da Sie schreiben, Prof. Ivanov habe versprochen, der Gesandtschaft in den nächsten Tagen den genauen Termin des Abschlusses bekannt geben zu wollen, so dürfen wir annehmen, dass dies inzwischen geschehen ist. Wir wären Ihnen für nochmalige kurze Nachricht sowie für einen Vorschlag, wie Sie uns das Manuskript – nachdem Sie es erhalten haben – übermitteln wollen, zu besonderm Dank verpflichtet.

Mit den besten Empfehlungen, in vorzüglicher Hochachtung

<Benno Schwabe & Co.>

Brief 258)   Schweizerische Gesandtschaft an Schwabe (SV)

Legazione di Svizzera in Italia

Largo Elvezia – Via Barnaba Oriani, 61

TEL. 872–401–872–402–872–403

Rif. N. 41.1261/C.C. 20.

Manuskript Prof. Ivanov.

Roma, 5. September 1942

Sehr geehrter Herr,

Ich beehre mich, Ihr Schreiben vom 11. August zu bestätigen und Ihnen zur Kenntnis zu bringen, dass die Gesandtschaft nicht unterlassen hat, erneut mit Herrn Prof. Ivanov in Verbindung zu treten. Gestern besuchte mich der Sohn des Genannten und erklärte, dass sein Vater dauernd mit der Arbeit beschäftigt sei. Es handle sich noch darum, die Zitate und Anmerkungen zu übersetzen und teilweise in eine stilreinere Form zu bringen. Herr Prof. Ivanov sei momentan auch mit anderen Arbeiten beschäftigt, so zum Beispiel erscheine eine italienische Übersetzung seiner gesamten Werke, durch die er ziemlich in Anspruch genommen sei.[26]

Herr Prof. Ivanov bittet Sie, ihm mitteilen zu wollen, ob Sie irgendwelches Interesse daran haben, dass das Buch möglichst rasch erscheinen soll. In diesem Falle würde er sein Arbeitstempo beschleunigen. Andernfalls schlägt er Ihnen vor, die eventuellen finanziellen Verluste, die Ihnen aus der Verzögerung

---

26 Eine italienische Ivanov Gesamtausgabe sollte in der Schriftenreihe „Nuove Editioni Ivrea" bei dem Unternehmer und Herausgeber Adriano Olivetti erscheinen. Olivetti hatte im Frühling 1942 „exklusive Rechte" für italienische Übersetzungen von Ivanovs Werken erworben. Dieses Projekt wurde aber nie realisiert. Beniamino de' Liguori Carino, *Adriano Olivetti e le edizione di comunità (1946–1960)*, Roma, 2008, p. 49. Es ist anzunehmen, dass Ettore Lo Gattos geplante Übersetzung von Ivanovs Dostoevskij-Buch einen Teil dieser Ausgabe bilden sollte. A. B. Šiškin und B. Sul'passo (Sulpasso), „Perepiska Vjačeslava Ivanova i Ettore lo Gatto". In: K. Ju. Lappo-Danilevskij, A. B. Šiškin (Hg.), *Vjačeslav Ivanov: Issledovanija i materialy*, Sankt-Peterburg, 2010, Bd. 1, S. 777.

entstehen, von seinem ihm noch zustehenden Betrag der ihm im Moment der Abgabe der Arbeit ausbezahlt werden soll, in Abzug zu bringen.

Herr Dr. Ivanov hat mir versprochen, dass sein Vater Ihnen persönlich schreiben werde und zwar wird er mir in den nächsten Tagen einen Brief übergeben, den ich Ihnen dann zugehen lassen werde.

Genehmigen Sie, sehr geehrter Herr, die Versicherung meiner vorzüglichen Hochachtung.

SCHWEIZERISCHE GESANDTSCHAFT
Handelsdienst
<Unterschrift unleserlich>

Brief 259)   Schwabe an die Schweizerische Gesandtschaft (SV)

BS/M.   Basel, den 24. September 1942

Legazione di Svizzera
Largo Elvezia – Via Barnaba Oriani, 61
Roma

Sehr geehrter Herr,

Wir danken Ihnen verbindlich für Ihr Schreiben vom 5. d. M. (No. 41.1261/C.C.20), mit dem Sie uns mitteilen, dass Ihre Gesandtschaft es nicht unterlassen habe, neuerdings mit Herrn Prof. Ivanov in Verbindung zu treten.

Wenn Sie unsre Korrespondenz mit Ihnen in der Angelegenheit verfolgen, so werden Sie daraus ersehen, dass Prof. Ivanov Ihnen im August 1941 versprochen hat, dass er das Manuskript schlimmstenfalls innert eines Jahres druckfertig zur Verfügung stellen werde. Nach all den Versprechungen, die Prof. Ivanov uns schon seit Jahren macht, müssen wir ernsthaft befürchten, dass er uns sein Manuskript überhaupt nie liefern wird und dass seine neuen Ausreden nur wieder eine Verschleppungstaktik darstellen. Er hat eigentlich gar kein Recht, sich mit andern Arbeiten zu beschäftigen, bevor er seine Verpflichtungen uns gegenüber erfüllt hat. Wir sind der Meinung, und wir möchten Sie sehr bitten, ihm dies noch einmal ganz deutlich zu sagen und fest darauf zu bestehen, dass er das Manuskript nun *innert kürzester* Zeit abliefert. Es ist selbstverständlich, dass wir das Werk, das schon lange angezeigt ist, nun endlich bringen müssen.

Ein persönliches Schreiben des Prof. Ivanovs ist inzwischen nicht eingetroffen; statt seiner erwarten wir viel lieber das Manuskript selber.

Mit wiederholtem bestem Dank für Ihre gütigen Bemühungen, in vorzüglicher Hochachtung

<Benno Schwabe & Co.>

Brief 260)   Schweizerische Gesandtschaft an Ivanov (CS)

Herrn Prof. Dr. V. Ivanov
Via L. B. Alberti 5,II
Rom   30. Sept. 1942

Bezugnehmend auf die kürzlich mit Ihrem Sohne gehabte Unterredung möchte
ich Ihnen mitteilen, dass ich dem Verlag Benno Schwabe in Basel von Ihren Gründen für die Verzögerung der Ablieferung des in Frage stehenden Manuskriptes
Kenntnis gegeben habe.

Aus einem mir vom Verlag zugegangenen Schreiben geht hervor, dass dieser
nicht bereit ist, auf Ihre Vorschläge einzugehen und darauf dringt, endlich in den
Besitz des schon lange fälligen Manuskriptes zu kommen. Da der Verlag Ihr Werk
schon seit langer Zeit angekündigt hat, legt er Wert darauf, es in nützlicher Frist
erscheinen zu lassen.

Der Verlag möchte Sie auch darauf aufmerksam machen, dass Sie kein Recht
haben, neue Aufträge anzunehmen, bevor Sie nicht die schon längst übernommenen Verpflichtungen gegenüber Benno Schwabe erfüllt haben.

Ich bitte Sie, mir innert kürzester Frist mitteilen zu wollen, bis zu welchem
Datum Sie das schon lange fällige Manuskript abliefern können.

Mit Hochachtung,
Schweizerische Gesandtschaft, Handelsdienst

Troendle

Brief 261)   Dimitri Ivanov an Schwabe (SV)

Lombez (Gers)
aux bons soins de Colonel Martin

d. 30. Sept. 1942

Sehr geehrte Herren,
    ich benutze einen kurzen Aufenthalt im unbesetzten Gebiet Frankreichs um
Ihnen, wie es mit Herrn Dr. Rossetti[27] in Rom verabredet wurde, zu schreiben.
Leider war es mir nicht möglich nach einem längeren Aufenthalt in Rom bei
meinem Vater durch die Schweiz zu fahren. Sonst hätte ich versucht, mit Ihnen
persönlich, wenigstens telefonisch, in Verbindung zu treten. Mein Vater, Prof.

---

27 Oscar Rossetti (1912–1996), später schweizerischer Botschafter in Peking, Wien und
    Tunis. Er hat sein Doktorexamen am 20. August 1940 an der Universität Zürich bestan-
    den. Die Dissertation wurde erst später gedruckt: Oscar Rossetti, *Die strafrechtliche
    Bekämpfung des Exhibitionismus in der Schweiz*. Affoltern am Albis, 1943.

Wjatscheslaw Iwanow, bittet mich, Ihnen das, was er auch Herrn Dr. Rossetti gesagt hat, zu bestätigen, dass er keineswegs seine Verpflichtungen Ihrem Verlag gegenüber vergisst und dass er stets, wenn auch leider nur sehr langsam, an der Niederschrift seines Dionysos-Buches arbeitet. Seine durch den Krieg sehr prekär gewordenen materiellen Verhältnisse gestatten es ihm nicht, von aller laufenden schriftstellerischen Arbeit abzusehen und seine Professur am Päpstl. Orientalischen Institut nimmt ihn viel in Anspruch. Dazu kommt, dass die vorliegende Übersetzung des russischen Texts eigentlich nur als Vorentwurf zu einer neuen Abfassung des Buches dienen kann – da er jeden Satz nicht nur dem Sinn nach sondern auch in allen stilistischen Einzelheiten neu bearbeiten muss – und will.

In diesen letzten Jahren sind in Deutschland und in anderen Ländern mehrere Übersetzungen von Werken meines Vaters erschienen (so, u. a. seine Tragödie Tantalos in der Nachdichtung H<enry> v<on> Heiselers, beim K. Rauch-Verlag) und in Italien wird eine Gesamtausgabe all seiner literarischen und philosophischen Aufsätze (nicht der philologischen) erscheinen.[28]

Es scheint mir dies für die Aufnahme des von Ihnen herauszugebenden Buches nicht ungünstig.

Auf alle Fälle möchte ich Ihnen im Namen meines Vaters und auch in meinem eigenen mitteilen, dass das Manuskript des Dionysos-Buches Ihnen sobald es druckbereit ist, zugestellt sein wird – und dies so schnell es die heutigen Verhältnisse erlauben.

So viel uns Herr Dr. Rossetti sagte, haben Sie meinem Vater einige Male nach Rom geschrieben. Nun aber hat er seit sehr langer Zeit nichts von Ihnen bekommen – ich fürchte, dass die Briefe verloren gegangen sind. Nun wird ja Dr. Rossetti liebenswürdigerweise als Vermittler dienen; wenn Sie aber an meine Adresse schreiben wollten, so bitte ich in französischer Sprache an die oben angegebene Anschrift zu schreiben. Der Inhalt Ihres Briefes wird mir dann mitgeteilt.

Empfangen Sie, sehr geehrte Herren, den Ausdruck meiner dankbaren und ergebenen Hochachtung.

Dr. J. D. Ivanov
Prof. am Gymnasium Chartres

---

28 Durch die Bemühungen von Heiselers Sohn Bernt ist *Tantalos: Tragödie* 1940 bei Karl Rauch Verlag (Dessau und Leipzig) erschienen.

Brief 262)   Schweizerische Gesandtschaft an Schwabe (SV)

Legazione di Svizzera in Italia
Largo Elvezia – Via Barnaba Oriani, 61
TEL. 872–401–872–402–872–403

Rif. N. 41.1261/C.C. 20.
Manuskript Prof. Ivanov.

                                        Roma, den 12. Oktober 1942

An den Verlag Benno Schwabe & Co., Klosterberg, Basel

Sehr geehrter Herr,
    Bezugnehmend auf die in der oben vermerkten Angelegenheit geführte Korrespondenz beehre ich mich, Ihnen in der Beilage ein Schreiben von Prof. Ivanov zuzustellen.
    Anlässlich der Übergabe dieses Schreibens durch Herrn Prof. Ivanov hat die Gesandtschaft nicht unterlassen, nochmals ganz energisch auf der sofortigen Fertigstellung des Werkes zu beharren.
    Genehmigen Sie, sehr geehrter Herr, die Versicherung meiner vorzüglichen Hochachtung.

SCHWEIZERISCHE GESANDTSCHAFT
Handelsdienst

                                        Dr. O. Rossetti

Brief 263)   Ivanov an Schwabe (SV)

<Beilage zum Brief vom 12. Oktober 1942>

An den Verlag Benno Schwabe in Basel

                                        d. 6. Oktober 1942
                                        via L. B. Alberti, 5. Roma.

Sehr geehrte Herren,
    Mehrmals habe ich Ihnen mein Bedauern geäußert, durch Krankheit und Altersschwäche sowie veränderte Lebensbedingungen bisher verhindert worden zu sein, meinen Verpflichtungen Ihrem Verlag gegenüber gerecht zu werden und die überaus komplizierte Arbeit sachlicher und formeller Korrektur, vielfältiger Ergänzung und Erweiterung, ja teilweise vollständiger Umgestaltung an dem mir vorliegenden Manuskript zu Ende zu bringen.

Ihre neue Anfrage, bis zu welchem Datum ich das Manuskript abliefern könnte, beantworte ich folgendermaßen: ich hoffe bestimmt, dasselbe in diesem Winter bzw. im Frühjahr 1943 druckfertig zu stellen.

In hoher Achtung Ihr ergebener

Wenceslaus Ivanov

P. S. Die Übersetzung, die ich umarbeiten muss, liegt mir in einem Exemplar für die erste Hälfte des Werkes und in zwei Exemplaren für die zweite Hälfte vor. Wahrscheinlich ist ein zweites Exemplar der Maschinenabschrift der ersten Kapitel meines „Dionysos" im Verlage unausgenutzt liegen geblieben.[29] Wenn Sie die Güte hätten, danach zu suchen, und mir es freundlichst übersenden wollten, so würde dies meine Arbeit wesentlich erleichtern und fördern: ich muss ja ganze Partien von neuem abschreiben lassen. W. I.

Brief 264)   Schwabe an Dimitri Ivanov (SV)

Monsieur le Dr. J. D. Ivanov
aux bons soins de Colonel Martin
Lombez (Gers) France

13. X. 1942

Monsieur,

En possession de votre lettre du 30 septembre nous nous permettons de vous faire savoir que nous sommes fort déçus de la conduite de votre père. Selon notre contrat entre auteur et éditeur il y a maintenant plusieurs années que nous aurions du recevoir le manuscrit de votre père. Nous lui avions fait des avances pour que le manuscrit soit terminé et nous ne sommes pas disposés d'attendre plus longtemps.

Nous nous sommes plaints auprès de la Légation Suisse à Rome et nous avons insisté que votre père nous remette enfin le manuscrit.

Nous vous serions obligés si vous vouliez bien faire valoir votre influence auprès de votre père et nous vous prions d'agréer, Monsieur, l'expression de nos sentiments distingués

<Benno Schwabe & Co.>

---

29 Ivanov hatte anscheinend vergessen, dass die ersten Kapitel nur in einem Abzug vorbereitet worden waren. Vgl. Landaus Brief vom 27. 7. 37. (Brief 218)

Brief 265)   Schwabe an Ivanov (SV)

Herrn Professor Wenceslaus Ivanov
Via L. B. Alberti 5
Roma

Basel, den 28. Oktober 1942
BS/M.

Sehr geehrter Herr Professor,

Wir sind im Besitz Ihres Schreibens vom 6 d. M. und bedauern, dass Alter und Krankheit Sie bisher an der Fertigstellung Ihres Manuskriptes über „Dionysos" verhindert haben!

Da Sie inzwischen aber sowohl schriftstellerisch als auch als Professor an dem Päpstl. Oriental. Institut tätig waren und jetzt eine Gesamtausgabe Ihrer literarischen und philosophischen Aufsätze vorbereiten, so dürfen wir wohl die Frage stellen, warum Sie diesen Verpflichtungen jeweilen nachkommen, Ihrer Verpflichtung uns gegenüber aber nicht? Schon auf Weihnachten 1939 sollten Sie uns ja das Manuskript liefern!! Wir bitten Sie darum nochmals sehr, die Fertigstellung der Arbeit zu beschleunigen, und wir erklären uns bereit, Ihnen sofort nach Ablieferung des Manuskriptes einen weitern größeren Betrag zukommen zu lassen.

Unseres Wissens haben wir nie ein Exemplar der I. Hälfte Ihres Werkes erhalten; jedenfalls liegt nichts hier, und es könnte nur sein, dass Dr. Landau es seinerzeit mitgenommen hätte, was wir aber nicht glauben.

Ihrer gefl. Nachricht entgegensehend, zeichnen wir mit vorzüglicher Hochachtung
<Benno Schwabe & Co.>

Brief 266)   Ivanov an Schwabe (SV)

Rom, via L. B. Alberti, 5 (S. Saba)

d. 8. Dezember 1942

Sehr geehrter Herr Schwabe,

Eine Erkrankung (Venenentzündung) hat mich verhindert, Ihr Schreiben vom 28. Oktober d. J., welches mir am 6. November zugekommen war, sofort zu beantworten. Nun schreibe ich nur, um Ihnen dafür zu danken und zugleich um wiederum zu versichern, dass ich alles, was mir menschlich möglich ist, tun werde, um die Fertigstellung des Manuskripts zu beschleunigen. Ich bitte Sie um Vertrauen und verspreche, Sie in den nächsten Monaten über den Fortschritt der Arbeit in Kenntnis zu setzen. Es ist mir übrigens einleuchtend, dass ich, sollte ich meine Verpflichtungen Ihrem Verlag gegenüber vernachlässigen, ohne dazu gerade notgedrungen zu sein, meine eigenen Interessen vernachlässigen würde.

Mit bestem Gruß verbleibe ich in vorzüglicher Hochachtung Ihr ergebener
Venceslao Ivanov

Brief 267)   Schweizerische Gesandtschaft an Schwabe (SV)

Roma, 6. Februar 1943

Legazione di Svizzera in Italia
Largo Elvezia – Via Barnaba Oriani, 61
TEL. 872–401–872–402–872–403

Rif. N. 41.1261/C.C. 20.
Manuskript Prof. Ivanov.

Sehr geehrter Herr,

Da ich auf mein Schreiben vom 12. Oktober v. J., mit welchem ich Ihnen den Brief von Prof. Ivanov übermittelte, bisher keinen Bericht Ihrerseits erhalten habe, möchte ich Sie anfragen, ob die Angelegenheit als erledigt betrachtet werden kann. Sollte dies nicht der Fall sein, bitte ich Sie, die Gesandtschaft davon unterrichten zu wollen, damit Prof. Ivanov neuerdings an seine Verpflichtungen erinnert werden kann.

Genehmigen Sie, sehr geehrter Herr, die Versicherung meiner vorzüglichen Hochachtung.

SCHWEIZERISCHE GESANDTSCHAFT
Handelsdienst

Troendle

Brief 268)   Schwabe an die Schweizerische Gesandtschaft (SV)

An die Schweiz. Gesandtschaft
Handelsdienst
Largo Elvezia – Via Barnaba Oriani, 61
Roma

Basel, den 16. Februar 1943
BS/M.

Sehr geehrter Herr,

Verzeihen Sie, bitte, dass wir Ihnen auf Ihr Schreiben vom 12. Oktober v. J. nicht mehr geantwortet haben!

Sie sandten uns mit Ihrem Schreiben einen Brief von Prof. Ivanov (vom 16. 10. 42), den wir direkt beantworteten, um Sie in der Sache nicht allzusehr in Anspruch nehmen zu müssen. Herr Prof. Ivanov erwiderte uns, dass er das Menschenmögliche tun werde und hoffe, sein Manuskript bis zum Frühjahr zum Abschluss bringen zu können.

Wenn wir darum nochmals eine Bitte an Sie richten dürfen, so wäre es die, Herrn Prof. Ivanov Ende März an sein Versprechen zu erinnern und anzufragen, ob das Manuskript fertiggestellt sei. Damit würden Sie uns einen sehr großen Dienst erweisen, für den wir Ihnen im voraus bestens danken.

Genehmigen Sie, sehr geehrter Herr, die Versicherung unserer vorzüglichen Hochachtung.

<Benno Schwabe & Co.>

Brief 269)   Schweizerische Gesandtschaft an Schwabe (SV)

Legazione di Svizzera in Italia
Largo Elvezia – Via Barnaba Oriani, 61
TEL. 872–401–872–402–872–403

Rif. N. 41.1261/C.C. 20.
Manuskript Prof. Ivanov.

Roma, den 23. Februar 1943

An den Verlag Benno Schwabe & Co., Klosterberg, Basel

Sehr geehrter Herr,

Ich beehre mich, Ihr Schreiben vom 16. Februar zu bestätigen und Ihnen zur Kenntnis zu bringen, dass die Gesandtschaft nicht unterlassen wird, gemäß Ihrem Wunsche Herrn Prof. Ivanov Ende März an seine Verpflichtungen gegenüber Ihrem Verlag zu erinnern.

Ich werde Sie zu gegebener Zeit vom Erfolg meiner Mahnung unterrichten.

Genehmigen Sie, sehr geehrter Herr, die Versicherung meiner vorzüglichen Hochachtung.

SCHWEIZERISCHE GESANDTSCHAFT
Handelsdienst

Troendle

Brief 270)   Schweizerische Gesandtschaft an Ivanov (CS)

8. April 1943

Bezugnehmend auf Ihr direkt an den Verlag Benno Schwabe in Basel gerichtetes Schreiben vom 6. Oktober 1942, mit welchem Sie dem genannten Verleger versprachen, das in Frage stehende Manuskript bis zu diesem Frühling fertigzustellen, möchte ich Sie bitten, der Gesandtschaft mitzuteilen, wie weit Ihre Arbeit gediehen ist.

Mit Hochachtung
Schweizerische Gesandtschaft, Handelsdienst

Troendle

Brief 271)   Schweizerische Gesandtschaft an Schwabe (SV)

Legazione di Svizzera in Italia
Largo Elvezia – Via Barnaba Oriani, 61
TEL. 872–401–872–402–872–403

Rif. N. 42.1261/CC.20.
Manuskript Prof. Ivanov.

Roma, den 14. April 1943

An den Verlag Benno Schwabe & Co., Klosterberg, Basel

Sehr geehrter Herr,

Bezugnehmend auf die in der oben vermerkten Angelegenheit geführte Korrespondenz beehre ich mich, Ihnen zur Kenntnis zu bringen, dass die Gesandtschaft nicht unterlassen hat, Herrn Prof. Ivanov neuerdings an seine Verpflichtungen Ihrem Verlag gegenüber zu erinnern.

Mit Schreiben vom 10. April teilte Prof. Ivanov der Gesandtschaft mit, dass er die in Frage stehende Arbeit noch nicht ganz abgeschlossen habe. In Anbetracht der Kompliziertheit des Manuskriptes sei es ihm auch nicht möglich, den genauen Zeitpunkt der Beendigung vorauszusagen. Er werde bemüht sein, die Arbeit raschestens fertigzustellen.

Genehmigen Sie, sehr geehrter Herr, die Versicherung meiner vorzüglichen Hochachtung.

SCHWEIZERISCHE GESANDTSCHAFT
Handelsdienst

Troendle

Brief 272)   Ivanov an die Schweizerische Gesandtschaft (SV)

Roma, 9. Juni 1943

Via L. B. Alberti, 5. (S. Saba)
Tel. 564629

Sehr geehrter Herr Legationssekretär,

Einige Tage sind verstrichen, seitdem Ihr geehrtes Schreiben vom 2. d. M. (N. 42.1261/CC.20)[30] mir zugekommen <ist>; eine Krankheit hat mich verhindert, es sofort zu beantworten.

---

30 Dieses Schreiben ist nicht erhalten.

Ich tue alles, was in den Kräften eines Siebenundsiebzigjährigen liegt, um den Gang der Arbeit zu beschleunigen. Ihr widme ich mich nun ganz und *ausschließlich*, – andere Sachen sind bei Seite gelegt worden, – und wünsche nur, dass man mir die notwendige Gemütsruhe gönnt, um manches, was noch zu bewältigen bleibt, harmonisch zu vollenden. Aus den Gründen, die ich schon vor ein paar Monaten klarzulegen suchte, ist es mir immer noch unmöglich, den Zeitpunkt genau festzusetzen, da das Manuskript druckfertig sein wird. Ich will keine leeren Versprechungen geben, die Arbeit schreitet aber erfreulich fort. Und wenn ich „erfreulich" sage, so gilt es ja für beide Seiten, da die Interessen des Verlags und meine persönlichen Interessen vollkommen zusammenfallen.

Mit vorzüglicher Hochachtung

gez. Prof. Dr. Venceslao Ivanov

An Herrn I. Legationssekretär
Dr. Max Troendle
Legazione di Svizzera, Roma

Brief 273)   Schwabe an die Schweizerische Gesandtschaft (SV)

An die Schweiz. Gesandtschaft Handelsdienst, Roma

Basel, den 12. Juni 43
BS/M.

Sehr geehrter Herr!

Wir danken Ihnen verbindlich für Ihre Zeilen vom 14. April, womit Sie uns mitteilen, dass Sie Anfang April Herrn Prof. Ivanov wiederum an seine Verpflichtungen gegenüber unserm Verlag erinnert haben.

Es wäre vielleicht gut, wenn Sie Ihre Anfrage Anfang Juli wiederholen wollten, damit Herr Prof. Ivanov sieht, dass wir noch immer auf das Manuskript zählen und es sobald wie möglich erwarten.

Dürfen wir Ihnen bei dieser Gelegenheit noch eine andere Bitte vortragen?

Wir veröffentlichen in unserm Verlag die deutsche Übersetzung des Werkes „Eretici Italiani" von Herrn Prof. D. Cantimori und zwar besorgt die Übersetzung Herr Prof. W. Kaegi in Basel. Herr Prof. Kaegi hat sich in letzter Zeit wiederholt an Herrn Prof. Cantimori gewandt, um ihm diese und jene Frage betr. die Übersetzung vorzulegen; merkwürdigerweise hat er weder von Herrn Prof. Cantimori noch von dessen Gemahlin eine Antwort erhalten. Wir wären Ihnen darum dankbar, wenn Sie sich erkundigen könnten, ob Herr Prof. Cantimori, der Professor in Rom und in Pisa ist und bisher in der Via Filippo Casini 6 in Rom wohnte, vielleicht umgezogen oder in den Militärdienst getreten ist.

Indem wir Ihnen für Ihre Gefälligkeit im voraus bestens danken, empfehlen wir uns Ihnen

mit vorzüglicher Hochachtung

<Benno Schwabe & Co.>

Brief 274)   Schweizerische Gesandtschaft an Schwabe (SV)

Legazione di Svizzera in Italia
Largo Elvezia – Via Barnaba Oriani, 61
Rif. N. 47.483/SS.10
TEL. 872–401–872–402–872–403

Rif. N. CC.20.
Manuskript Prof. Ivanov.

Roma, den 17. Juni 1943

An den Verlag Benno SCHWABE & Co., Klosterberg, Basel

Ich beehre mich, Ihr Schreiben vom 12. Juni d. J. zu bestätigen und Ihnen zur Kenntnis zu bringen, dass die Gesandtschaft bereits am 2. Juni Herrn Prof. Ivanov aufforderte, ihr den genauen Zeitpunkt der Beendigung der für Sie bestimmten Arbeit bekanntzugeben. Der Genannte antwortete der Gesandtschaft gemäß dem in Kopie mitfolgenden Schreiben.

Was die Erkundigungen betreffend Herrn Prof. Cantimori anbelangt, wird die Gesandtschaft ihr Möglichstes tun, um Ihnen die gewünschten Auskünfte bald erteilen zu können.

In Auftrag des Schweizerischen Geschäftsträgers a. i.
Der mit den Handelsangelegenheiten betraute I. Legationssekretär:
i. V.
<Unterschrift unleserlich>

Brief 275)   Schwabe an die Schweizerische Gesandtschaft (SV)

Basel, den 23.6.1943
BS/Mü

Sehr geehrter Herr Legationssekretär!

Wir bestätigen Ihnen mit bestem Dank Ihr Schreiben vom 17. Juni mit dem Sie uns in freundlicher Weise Nachricht über die Angelegenheit Prof. Ivanov geben.

Es ist schade, dass, wie es scheint, die Arbeit nicht recht voran geht; aber nachdem Herr Prof. Ivanov in seinem Brief vom 9. Juni erklärt, er widme sich nun ganz und ausschließlich der Sache, so dürfen wir vielleicht doch noch hoffen, das Manuskript in absehbarer Zeit zu bekommen.

Für Ihre Güte, uns über Herrn Prof. Cantimori die gewünschte Auskunft erteilen zu wollen, sprechen wir Ihnen schon im voraus unsern besten Dank aus.

Mit dem Ausdruck unserer vorzüglicher Hochachtung

<Benno Schwabe & Co.>

Brief 276)   Ivanov an die Schweizerische Gesandtschaft (CS)

Rom, 8. September 1943

Via L. B. Alberti, 5. (S. Saba).

Tel. 584 629

Sehr geehrter Herr Legationssekretär,

In Beantwortung Ihres geehrten Schreibens vom 3. d. M. muss ich leider im Wesentlichen nur dasjenige wiederholen, was ich Ihnen in meinem Briefe vom 9. Juni d. J. bereits gesagt habe.[31] Der Brief wurde s. Z. in der Legation abgegeben, da Sie aber von ihm keine Erwähnung tun, mag er vielleicht zufällig nicht in Ihre Hände gelangt sein, weshalb ich eine Abschrift desselben anbeilege.

Ich setze eben alles daran, die für den Verlag Benno Schwabe in Basel bestimmte Arbeit endlich zum Abschluss zu bringen, bin aber immerhin noch nicht im Stande, den genauen Zeitpunkt der Fertigstellung des Manuskripts anzugeben; ich werde wohl noch den ganzen Winter hindurch daran arbeiten müssen.

In vorzüglicher Hochachtung

<V. Ivanov>

Brief 277)   Schweizerische Gesandtschaft an Schwabe (SV)

Legazione di Svizzera in Italia
Rif. N. CC.20.

Roma, 24. September 1943

An den Verlag Benno Schwabe & Cie., Klosterberg, Basel.

Im Nachgang zu einem Schreiben vom 17. Juni beehre ich mich, Ihnen zur Kenntnis zu bringen, dass die Gesandtschaft nicht unterlassen hat, verschiedene Male bei Professor Ivanov auf die Fertigstellung der für Sie bestimmten Arbeit zu dringen. Professor Ivanov hat der Gesandtschaft erklärt, dass er die Arbeit erst in einigen Monaten, d. h. spätestens im kommenden Frühling, zum Abschluss

---

31 Der Brief vom 3. September ist nicht erhalten.

bringen könne. Es werde dauernd am Buche gearbeitet, doch seien wesentliche Abänderungen notwendig, die ein eingehendes Studium der neuesten Literatur erfordern. Professor Ivanov versicherte sein Möglichstes zu tun, um Ihnen so rasch wie möglich eine gute und vollständige Arbeit abliefern zu können.

Mit vorzüglicher Hochachtung.

Im Auftrag des Schweizerischen Gesandten,

Der mit den Handelsangelegenheiten betraute I. Legationssekretär:

i. V.

<Unterschrift unleserlich>

Brief 278)   Schwabe an die Schweizerische Gesandtschaft (SV)

An die Schweiz. Gesandtschaft Handelsdienst

Rom

BS/M   20. Mai 1947

Sehr geehrter Herr!

Am 17. Juni des Jahres 1943 schrieben Sie uns ein letztes Mal und sandten uns gleichzeitig eine Kopie des Schreibens vom 9. Juni 1943 des Professors Dr. Venceslao Ivanov, mit dem wir damals schon längere Zeit wegen einer Arbeit über „Dionysos und die vordionysischen Kulte" in Verbindung standen.

Im Jahre 1937 hatten wir mit Prof Ivanov einen Verlagsvertrag über die genannte Arbeit abgeschlossen und ihm dafür einen Vorschuss von S. Fr. 1500 geleistet. Für die Übersetzung des russischen Teils der Arbeit haben wir einer Übersetzerin außerdem Fr. 800 bezahlt.

Prof. Ivanov sollte uns noch im selben Jahre, d. h. 1937, das druckfertige Manuskript zum Druck abliefern.

In der Folge wandten wir uns bis 1943 und zwar mehrere Male durch Ihre gefl. Vermittlung an Prof. Ivanov; stets hat er Versprechungen gemacht, sie aber nie eingehalten.

Wir wissen nun nicht, ob Prof. Ivanov noch lebt. Jedenfalls wären wir Ihnen zu ganz besonderm Dank verpflichtet, wenn Sie sich der Sache gütigst noch einmal annehmen wollten, um in Erfahrung zu bringen, ob wir noch auf die Ablieferung des Manuskriptes zählen dürfen.

Prof. Ivanov wohnte im Juni 1943: Via L. B. Alberti, 5 (S. Saba) und hatte Telephon 584.629.

Mit verbindlichem Dank im voraus für Ihre freundlichen Bemühungen, in vorzüglicher Hochachtung

<Benno Schwabe & Co.>

Brief 279)   Schweizerische Gesandtschaft an Schwabe (SV)

Roma, den 18. Juni 1947

Sehr geehrte Herren,

Im Nachgang zu Ihrem Schreiben vom 20. Mai betreffend den seinerzeit mit Prof. Ivanov abgeschlossenen Verlagsvertrag in Bezug auf eine Arbeit über „Dionysos und die vordionysischen Kulte" beehre ich mich, Ihnen in der Beilage einen an Sie von Prof. Ivanov adressierten Brief zugehen zu lassen.[32]

Prof. Ivanovs Sohn versprach meinem mit den wirtschaftlichen Angelegenheiten betrauten Mitarbeiter, dass sie beide alles tun würden um das Manuskript innert vier, höchstens sechs Monaten abzuliefern.

Genehmigen Sie, sehr geehrte Herren, die Versicherung meiner vorzüglichen Hochachtung.

für den Schweizerischen Gesandten zurzeit auf Dienstreise

<Unterschrift unleserlich>
Gesandtschaftsattaché

Brief 280)   Schwabe an die Schweizerische Gesandtschaft (SV)

Legazione di Svizzera in Italia
Largo Elvezia – Via Barnaba Oriani, 61
Roma / Italia.
BS/B

24. Juni 1947

Sehr geehrter Herr Gesandtschaftsattaché!

Für Ihre geschätzte Mitteilung vom 18. ds. M. danken wir Ihnen verbindlich.

Es ist für uns außerordentlich wertvoll zu hören, dass Prof. Ivanovs Sohn Ihrem Herrn Mitarbeiter versprochen hat, er und sein Vater würden alles tun, um das fragliche Manuskript innert 4–6 Monaten abzuliefern.

Der Brief Prof. Ivanovs an uns lag Ihrem Schreiben leider nicht bei. Dürfen wir ihn noch erwarten?

Mit nochmaligem bestem Dank für Ihre freundlichen Bemühungen in vorzüglicher Hochachtung

<Benno Schwabe & Co.>

---

32 Wie aus dem Brief vom 27. Juni 1947 hervorgeht, wurde Ivanovs Schreiben aus Versehen nicht beigelegt.

Brief 281)   **Schweizerische Gesandtschaft an Schwabe (SV)**

Roma, den 27. Juni 1947

Sehr geehrte Herren,

Im Nachgang zu Ihrem Schreiben vom 24. d. M. betreffend den seinerzeit mit Prof. Ivanov abgeschlossenen Verlagsvertrag in Bezug auf eine Arbeit über „Dionysos und die vordionysischen Kulte" beehre ich mich, Ihnen in der Beilage die Kopie des an Sie gerichteten Schreibens des Herrn Ivanov <zu senden>, welches leider aus Versehen meinem Brief vom 18. d. M. nicht angeheftet war.

Ich bitte Sie mich deshalb entschuldigen zu wollen und zeichne mit vorzüglicher Hochachtung.

Für den Schweizerischen Gesandten und i. V. der mit den Handelsangelegenheiten betraute Legationsrat:

A. Parodi[33]

1 Beilage

Brief 282)   **Ivanov an Schwabe (SV)**

<Beilage zum Brief vom 27. Juni 1947>

Via Leon Battista Alberti, 5
Roma, 14. 6. 47

Sehr geehrte Herren,

Ich beehre mich, Ihnen mitzuteilen, dass ich Ihnen in den vier oder höchstens sechs nächsten Monaten die von mir nunmehr fast vollständig durchgesehene Übersetzung meines Buches über Dionysos und die vordionysischen Kulte zusenden werde. Wie ich Ihnen in meinem letzten *<Brief geschrieben habe, war es>*[34] durch die langen Kriegsjahre hindurch äußerst schwer, wenn nicht überhaupt unmöglich, von den wichtigsten seit der Übersetzung meiner Schrift erschienenen Werken über das gleiche oder über analoge Themen Kenntnis zu nehmen, deshalb fühlte ich mich gezwungen, die endgültige Fassung meines Buchs so lange zu verzögern.

Ich hoffe nun, dass das Buch nach diesem auch für die geistigen Beziehungen so verhängnisvollen Krieg zu seiner richtigen Stunde kommen wird und indem

---

33 André Parodi (1909–1990), Diplomat, später schweizerischer Botschafter in Spanien und Ägypten.

34 Bei diesem Brief handelt es sich um eine Abschrift, in der scheinbar einige Worte vergessen wurden.

ich Sie bitte, die langwierigen Skrupel eines Autors verzeihen zu wollen, grüße ich Sie mit aller Hochachtung
als Ihr ergebener

W. Iwanov

Brief 283)   Schwabe an Ivanov (SV)

Herrn Professor Dr. W. Ivanov
Via Leon Battista Alberti 5
Roma
BS/G   28. Juni 1949[35]

Sehr geehrter Herr Professor,

Mit Schreiben vom 14. Juni 1947, das Sie uns durch die Schweizerische Gesandtschaft in Rom zukommen ließen, teilten Sie uns mit, dass Sie uns innert vier bis sechs Monaten die Übersetzung Ihres Werkes „Dionysos und die vordionysischen Kulte" übersenden werden.

Sie haben Ihr Versprechen dann aber leider wiederum nicht eingehalten – was uns ganz unverständlich ist – und so möchten wir Sie doch nochmals anfragen, wie es nun mit dem Manuskript steht. Dürfen wir es und bis wann spätestens erwarten? Es läge wirklich auch in Ihrem eigenen Interesse, dass das längst angezeigte Buch endlich einmal erscheinen könnte.

Ihrer gefl. umgehenden Nachricht gerne entgegensehend, verblieben wir mit vorzüglicher Hochachtung

<Benno Schwabe & Co.>

Brief 284)   Frommel an Dimitri Ivanov (Auszug; CS)[36]

21. VI. 1954

Lieber verehrter Herr Iwanow:

<...> Unsere Begegnung war für mich sehr beglückend – unser festliches gemeinsames Essen, das Hinaufbeschwören so vieler Erinnerungen, das so sichtbare Erlebnis, in Ihnen in wieder ganz anderer und doch mir so sehr vertrauter Weise wieder Ihrem unvergessenen Vater begegnen zu dürfen! Und dann zuvor schon die Stunden in Ihrer Wohnung, im Zimmer Ihres Vaters mit dem Blick auf die S. Peter-Kuppel… und die Gespräche und Führungen mit der lieben,

---

35 Ivanov starb am 16. Juli 1949 in Rom.
36 Wolfgang Frommel (1902–1986), Herausgeber der Zeitschrift *Castrum Peregrini*, in dem zwei Kapitel aus Ivanovs Dionysos-Buch gedruckt wurden: *Castrum Peregrini*, 48 (1961), S. 7–32, *Castrum Peregrini*, 168–169 (1985), S. 96–129.

verehrten Freundin,[37] bei der die dazwischen liegenden 1000 Jahre seit meinem ersten Rombesuch ins Nichts sich auflösten. Grüßen Sie sie bitte aufs angelegentlichste und sagen Sie ihr, ich würde ihr demnächst aus Amsterdam schreiben.

Es liegt mir ja sehr viel daran, den Namen, die Gestalt, das Werk Ihres Vaters wieder der jungen Generation ins Bewusstsein zu bringen. So schrieb ich an den Herausgeber der holländisch-deutschen Zeitschrift wegen unseres geplanten Vorabdruckes aus dem Russischen (noch nicht übersetzten) und aus dem bei Schwabe vorliegenden Buch und habe bereits seine grundsätzliche ganz positive Antwort. Er wird nun selbst bei Schwabe anfragen. Es wäre schön, wenn wir in Bälde zu guten Resultaten kämen. Jedenfalls werde ich Sie auf dem Laufenden halten, wie alles sich weiterentwickelt.

Ich wurde noch am Comosee aufgehalten und fahre erst heute durch Deutschland nach Amsterdam zurück.

Mit den freundschaftlichsten Grüßen an Sie und das ganze Haus Iwanow – dankend –

Ihr Wolfgang Frommel

---

37 Olga Schor (Deschartes) (1894–1978), langjährige Freundin der Familie Ivanov, die zusammen mit Frommel die Kapitel für *Castrum Peregrini* auswählte. Vgl. den von der Procida Insel abgesandten Brief von Frommel an Schor (Deschartes) vom 17. VII. 1957 (CS): „Noch oft erinnern wir uns mit Freude des festlichen Geburtstagsessens an der Piazza Navona. Ich nehme dies Zusammensein mit Ihnen als ein besonders gutes Omen für das neue Jahr und für unsere Zusammenarbeit am Castrum-Heft, das dem Gedenken Iwanows gewidmet sein soll." Nach ihrem Tod erinnerte sich Frommel: „Kein Romaufenthalt, bei dem wir nicht den Kontakt mit Olga <S>chor erneuerten <...> Unvergesslich, wie sie uns in die bei Bauarbeiten neu entdeckte Basilica sotterranea unweit der Porta Maggiore führte und den Sinn der Mysterienkulte explizierte. Holländische und deutsche Freunde, die mit unserer Empfehlung zu ihr kamen, kehrten begeistert und bereichert heim, und ein namhafter Kunsthistoriker gestand, diese Frau sei der einzige Romführer, der ihm zu seinem eigenen Erstaunen etwas wirklich Neues über die Ewige Stadt vermittelt habe." *Castrum Peregrini*, 29 (1980), S. 110.

Abbildungen

Abb. 1. Vjačeslav Ivanov in seinem Arbeitszimmer in Rom

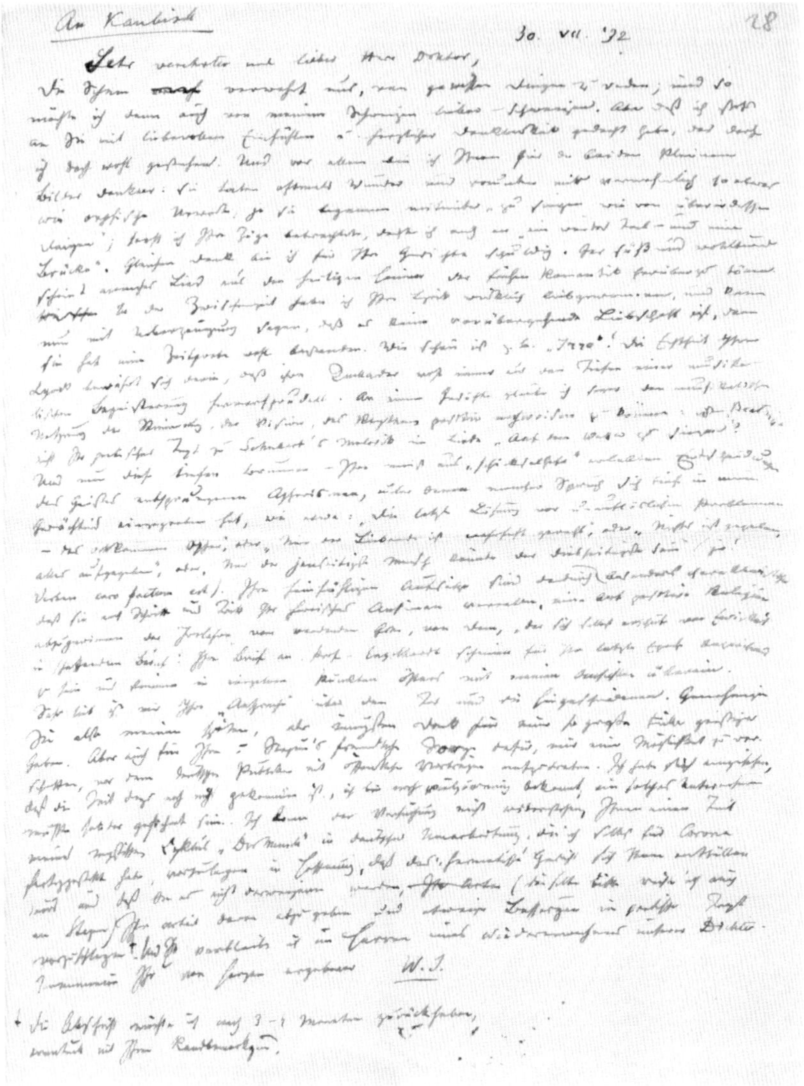
An Kaubisch

30. VII. 32 28

Sehr verehrter und lieber Herr Doktor,

W. I.

Abb. 2. Brief Vjačeslav Ivanovs an Martin Kaubisch (Nr. 163)

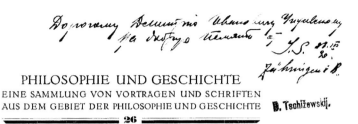

PHILOSOPHIE UND GESCHICHTE
EINE SAMMLUNG VON VORTRÄGEN UND SCHRIFTEN
AUS DEM GEBIET DER PHILOSOPHIE UND GESCHICHTE
—————— 26 ——————

WIATSCHESLAW IWANOW

DIE RUSSISCHE IDEE

ÜBERSETZT UND
MIT EINER EINLEITUNG VERSEHEN VON
J. SCHOR

1 9 3 0

VERLAG VON J. C. B. MOHR ⟨PAUL SIEBECK⟩
TÜBINGEN

Abb. 3. Titelblatt der „Russischen Idee" Vjačeslav Ivanovs mit der Widmung des
Übersetzers Evsej Schor an Dmitrij Tschižewskij

BÜHNENVOLKSBUNDVERLAG
G. M. B. H.

FERNSPRECHANSCHLUSS: DÖNHOFF NUMMER 7670-71 • DRAHTANSCHRIFT: BÜHNENVOLKSBUND BERLIN
BANKKONTEN: DEUTSCHE BANK, BERLIN, DEPOSITENKASSE W. / DRESDNER BANK, BERLIN, DEPOSITENKASSE S II.
DEUTSCHE VOLKSBANK A.-G., FILIALE BERLIN, KOCHSTRASSE 63 • POSTSCHECKKONTEN: BERLIN NR. 90152
BERN NR. III 695t / PRAG NR. 501.551 · WIEN 46856, BÜHNENVOLKSBUND E. V. • GERICHTSSTAND: BERLIN-MITTE

BERLIN SW 68, DEN   19
Kochstraße 80

AKTENZEICHEN:
Antwortschreiben bitte mit unserem Aktenzeichen versehen und nicht persönlich fassen.

Verlagsvertrag.

Zwischen Herrn I w a n o w, W., Pavia,
und Herrn Professor S c h o r, Berlin-Tempelhof, Renate-
Privatstrasse 1, einerseits,
und
dem Bühnenvolksbundverlag GMBH, Berlin SW 11, Annalter Str.7,
vertreten durch dessen Geschäftsführer, Herrn Direktor
Rudolf R o e s s l e r, andererseits,
wird folgender Vertrag geschlossen:

§ 1: Die Herren Iwanow und Professor Schor übertragen unter gleichzeitiger
Ermächtigung zur alleinigen und gerichtlichen Verfolgung im eigenen Namen
der aus diesem Vertrag Dritten gegenüber erwachsenen Rechte und Ansprüche,
zugleich für sich, ihre Erben und Rechtsnachfolger dem Bühnenvolksbundverlag, und zwar Herr Iwanow als Verfasser und Herr Professor Schor als Übersetzer, das Werk

"Das Schicksal des Theaters"

in der gegenwärtigen als auch abzuändernden Gestalt zum alleinigen und
ausschliesslichen Verlag in In- und Ausland, gleichviel, ob mit den ausländischen Staaten urheberrechtliche Verträge bestehen oder nicht. Wird die
Schutzfrist des Urheberrechtes verlängert, so behält dieser Vertrag gemäss
den gesetzlichen Erweiterungen Gültigkeit.

§ 2: Die erste Auflage des Werkes beträgt 2.000 Stück, ausserdem 10% nicht
zu honorierende Frei- und Besprechungsstücke.

§ 3: Die Autoren erhalten zusammen ein Honorar von 12% vom Ladenpreis
der Verkaufspreis des Buches soll etwa zwischen drei und vier Reichsmark
liegen. Das Honorar soll wie folgt zur Auszahlung gelangen: die ersten 500
Stück werden bei Ablieferung des Manuskriptes honoriert, weitere 500 Stück
nach Verkauf der ersten 500 Stück, der Rest von 1.000 Stück nach Verkauf der
ersten 1.000 Stück.

§ 4: Bei Vergebung der Uebersetzungsrechte werden die Einnahmen aus dieser
Vergebung im Verhältnis von 50 : 50 zwischen den Autoren und dem Verlag ge-
teilt.

§ 5: Forderungen aus diesem Vertrage können ohne schriftliches Einverständnis der Vertragsgegner nicht abgetreten werden.

V 2 II. 10000. 9

Abb. 4. Erste Seite des Verlagsvertrages für das nicht erschienene Buch Vjačeslav
Ivanovs *Das Schicksal des Theaters*

Abb. 5. Dimitri Ivanov

Abb. 6. Vjačeslav Ivanov mit seinen Kindern Lidija und Dimitri bei einem Spaziergang in Rom

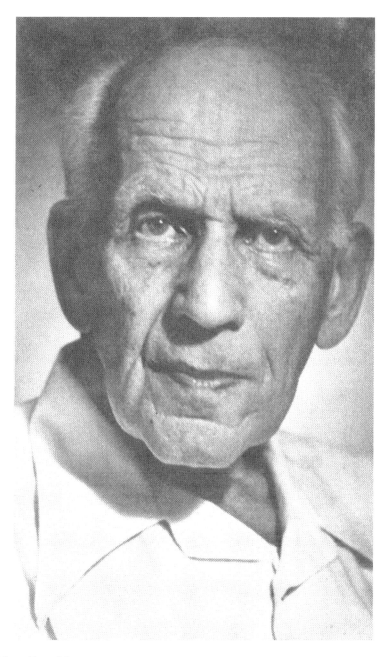

Abb. 7. Evsej Schor

Abb. 8. Oskar Siebeck

Abb. 9. Josef Friedrich Waibel

Abb. 10. Benno Schwabe

Abb. 11. Fedor Stepun während seiner Zeit in Dresden

Abb. 12. Martin Kaubisch

Abb. 13. Alfred Höntzsch

Abb. 14. Fritz Lieb

Abb. 15. Edwin Landau

Abb. 16. Stephan Kuttner

Abb. 17. Nicolai von Bubnoff

Abb. 18. Hans Prager

Abb. 19. Katia und Thomas Mann

Abb. 20. Käthe Rosenberg

Abb. 21. Alfred Bem

Abb. 22. Vjačeslav Ivanov in den frühen 1940er Jahren (Büste von Walter Rössler)

Teil III
Rezensionen zu Vjačeslav Ivanovs deutschsprachigen Werken

Die russische Idee

1A

W. Iwanows Wesensschau des Russentums

Von Emil Medtner[1]

I.

Ist der Leser kein Russe und liest er dazu diese „Broschüre"[2] rasch durch – bloß als Nr. 26 der „Sammlung von Vorträgen und Schriften aus dem Gebiete der Philosophie und Geschichte", so kann es sich leicht ereignen, dass er gerade über der Kürze und Klarheit dieser Schrift die Überfülle ihres sowohl sichtlichen Gehaltes, als auch ihres im Verborgenen angestauten tragischen Stoffes nicht gewahr wird. Hinter ragender Geschlossenheit von Iwanows Darstellung der Idee zittert vor Spannung sein Gefühl.

Sowohl was dort – heute besonders – aktuell ist (und zwar für alle), wie auch das, was unzeitgemäß scheinen mag, für das Russentum aber überzeitliche Problematik bleibt – erhält eine gesteigerte Bedeutung dank der Persönlichkeit des Autors, den man – allerdings nur teilweise zutreffend – den „russischen Stefan George" nennt. Bei solchen Kundgebungen ist es nicht belanglos, ob ein und derselbe Gedanke von jemand, der z. B. ein verspäteter Nachzügler der Slawophilen ist, noch einmal in gewohnten Formulierungen ausgedrückt wird, – oder

---

1   Emil Medtner (Эмилий Карлович Метнер, 1872–1936), Kritiker und Freund Ivanovs. Am 24. November 1930 schrieb Ivanov an Herbert Steiner: „Das Erscheinen der Medtner'schen Kritik ist mir in hohem Grade wünschenswert und wichtig." *DB*, S. 117. In einem Brief an Ivanov vom 5. Dezember 1930 schrieb Medtner: „Ich schicke Ihnen den Artikel über Ihre russische Idee. Er wurde um ein Drittel gekürzt; außerdem war, wie ich Ihnen schon mitteilte, die erste Hälfte verloren gegangen und ich musste sie aus dem Gedächtnis wiederherstellen, was natürlich äußerst unangenehm war. Dass es mir gelungen ist, die *Neue Zürcher Zeitung* zu zwingen, zwei Feuilletons einer kleinen Broschüre zu widmen, zeigt, wie sehr die Redaktion den russischen ‚Stefan George' achtet." Russisches Original in: *DB*, S. 118–119.

2   Die russische Idee. (Übersetzt und mit einer Einleitung versehen von J. Schor. Verlag von J. C. B. Mohr, Tübingen 1930.) (*Medtners Anmerkung.*)

von jemand, der – wie eben Wjatscheslaw Iwanow – zu schöpferisch ist, um überhaupt ein Nachzügler sein zu können.

Es ist der bedeutendste der jetzt lebenden Dichter Russlands (geb. 1866), der hier das ureigenste Innenbild seiner Nation in vier Abschnitten entrollt. Es ist einer der begabtesten und nächsten Jünger Mommsens, der uns hier in dreizehn inhaltsschweren Paragraphen Seinsgesetze Russlands aufdeckt und sie mit Schärfe und Straffheit eines römischen Juristen in Worte fasst. Es ist ein mystisch veranlagter Mythologe, dem die Tiefen und Höhen sowohl des antiken Heidentums, als auch des östlichen *und* westlichen Christentums vertraut sind. Ein Mann von weitumspannender Kultur, jeder Zoll Russe und doch Europäer durch und durch, der sich unter allen Hauptvölkern unseres Erdteils zu Hause fühlt, stets aber eine stille Sehnsucht nach seinem Land und Volk im Herzen bewahrend. Ein Schriftsteller, der, wenn man die ebenso entschlossene, wie unbesonnene Vielschreiberei von heute in Betracht zieht, verhältnismäßig nicht viel, dafür aber nur bis in die Einzelheiten Durchdachtes und Formvollendetes erzeugt hat – gleich worum es sich, bei seiner Vielseitigkeit, handelte: „De societatibus vectigalium publicorum populi romani" oder um Abhandlungen über Goethe, Schiller, Nietzsche, Dostojewski, Tolstoi, Wladimir Ssolowjow... Und nun kommt das hinzu, was die aufgezählten Vorzüge zu unbestreitbarem Vorrecht gestaltet, über die russische Idee das Maßgebende und teilweise sogar Abschließende auszusagen, nämlich seine völlige Unparteilichkeit in politischer Hinsicht, wie er sich übrigens auch als Denker keiner philosophischen Schule verschrieben hat. Über jeder Partei befand sich der „zeitgeschichtliche Standort des Verfassers" im Jahre 1909, als „Die russische Idee" zuerst im Druck erschien (S. VIII der Einleitung). Dafür, dass dieser „Standort" auch heute und nicht nur im deutschen Text „unverändert geblieben", sondern auch im Gemüt des Verfassers, bürgt seine Erlaubnis zur Übertragung dieser Schrift ins Deutsche. Dieser „Standort" hat aber nichts mit dem politischen Relativismus (rechts gegen links, konservativ gegen liberal, monarchistisch gegen republikanisch usw.) zu tun – obschon er letzten Endes doch einen eigenartigen politisch-apolitischen Relativismus zu zeitigen nicht umhin konnte.

Dieser Versuch „das widerspruchsvolle Wesen des russischen Volkes" (wie es in seiner vortrefflichen Einleitung der Übersetzer richtig definiert) „von den Eigentümlichkeiten der russischen Religiosität her zu deuten" ist aber in russischer Sprache bereits vor zwei Dezennien erschienen; aufgefasst hat man ihn auch damals oft nur als noch eines der Kabinettstücke, mit denen dieser hellenisch-römische Dichterdenker die feinere russische Leserwelt schon so reichlich verwöhnt hat. Russlands Gesicht von 1930 (wird man sagen) trage aber ganz andere Züge, als dasjenige von 1910; es schaue nicht um zwei Dezennien älter, sondern um zwei Jahrhunderte jünger aus… Nein, Iwanows „Russische Idee" hat nach zwanzig Jahren an Aktualität gewonnen, mehr gewonnen, als irgend eines anderen Schriftstellers vorkriegszeitliche Auseinandersetzung mit diesen russischen „Sphinxen".

Möge man die Revolution von 1917 und ihre Folgen und Erzeugnisse beurteilen und bewerten wie man wolle, sie hat es nicht vermocht, die „Lebensfähigkeit" der vor dem Jahre 1909 „scheinbar abgelebten" Formel des „wesenhaften Gegensatzes: Volk – Intelligenz" zu untergraben. Die emporgekommene Arbeiterklasse, die ihrer Gesinnung nach „ein Mittelding zwischen Volk und Intelligenz" ist, war bis jetzt nicht imstande einen Ausgleich zu bewirken, eine „Vereinheitlichung der getrennten Energien" herzustellen. Mutatis mutandis steht das „Reich", das sich jetzt nicht „Rossia", sondern „U. S. S. R." nennt, und das „Land"[3], mindestens wie früher, im „schmerzlichen Zwiespalt" eines dem anderen gegenüber.

Den ganzen reichen Inhalt dieses Kabinettstückes von kaum 40 Seiten wiedergeben zu wollen, hieße etwas von einem Dichterdenker Verdichtetes noch zu verdichten… Übrigens indem man den Titel des ersten Paragraphen mit demjenigen des letzten zusammenbringt, hat man den Gehalt in nuce: hinter den alten *Sphinxen*, d. h. der russischen überzeitlichen Problematik, die auch dem westeuropäischen Leser durch Dostojewski und Mereschkowski genügend bekannt ist, erscheint dem Darsteller der russischen Idee *der heilige Christophorus*, als die symbolische Gestalt der „christtragenden" Nation. Soweit erstreckt aber Iwanow seine Objektivität, dass er das Fragwürdige dieses Anspruches, besonders in den Augen eines Fremden, prinzipiell zugibt, ohne den Glauben an psychologische und religiöse Rechtmäßigkeit dieses Anspruches für sich und Gleichgesinnte aufzugeben.

Jede nationale Idee ist nur dann allgemein wertvoll, wenn ihr auch eine übernationale Bedeutung zugesprochen werden darf. Hat sie eine solche, so ist sie dadurch, Iwanows Meinung nach, schon religiös, denn sie ruft die Nation zum Dienst der ganzen Welt auf. So ist auch die antike römische Idee in ihrem Kulturwert universal und dadurch religiös. Die russische Nation scheint von Natur aus vorwiegend religiös zu sein. Um so größeren religiösen Sinn und Wert sollte man also von der russischen Idee erhoffen, falls sie die übernationale Bedeutung gewinnen würde. Der russische Anspruch steigt aber noch höher, weil, wie es

---

3 „Semlja", buchstäblich Erde; erst indirekt bedeutet es Land und die Landbevölkerung, als gewissermaßen Urbevölkerung. Die Bedeutung des Landes hat also einen chthonischen Unterton. (*Medtners Anmerkung.*)

Iwanow behauptet, die Religiosität des Russentums, und zwar wieder von Natur aus, eine vorwiegend christliche sei: „Die gesamte unterbewusste Sphäre ist mit dem Fühlen Christi durchdrungen." Daraus wird auf eine *erlösende* Mission Russlands" geschlossen; auf die „neutestamentliche Synthese aller lebensbestimmenden Grundprinzipien und aller lebenverwirklichenden Energien"; erreicht werden kann diese Synthese zunächst durch die Herstellung der „All-Einheit des Volkes", d. h. durch die „Integration" der Intelligenz, durch die „Wiedervereinigung der losgerissenen Schichten mit dem Ganzen" des Volkstums, und sodann durch die „Selbstaufhebung des Staates", welche, um „weltbindend" werden zu dürfen, notgedrungenerweise die „größte Entfaltung der politischen Macht" voraussetzt.

Dieser Gedankengang ist kein individueller, sondern ein kultur-parteilicher; hier deckt sich Iwanows Ansicht mit derjenigen des Slawophilentums, die dank der immer mehr sich verbreitenden Dostojewski-Lektüre beim Westeuropäer als nicht unbekannt vorausgesetzt werden dürfte.

Es findet aber dadurch keine Identifizierung beider Ansichten statt. Was von vornherein einen Trennungsstrich zwischen Iwanow und dem Slawophilentum zieht, ist der allen Schattierungen dieser Richtung eigentümliche Fanatismus. Auch legt Iwanow auf die machtvolle Staatsauswirkung, als unumgängliche Etappe zur Staatsauflösung, überhaupt keinen besonderen Wert. Für seinen Begriff der Nation ist der Staat zufällig, nicht notwendig. Jede Kritik dieser wissenschaftlich unentschiedenen Frage unterlassend, muss hier nur gesagt werden, dass die Korrelativität beider Begriffe Nation – Staat wird, wenn nicht bewusst und ausdrücklich, so doch unwillkürlich und tatsächlich eben dadurch anerkannt, dass man die volle Verwirklichung der russischen nationalen Idee von der vollen Machtentfaltung des Reiches abhängig macht. Iwanow dagegen scheint alles nur von „der evangelischen Entelechie" der russischen Idee zu erwarten, d. h. aber, dass diese Idee aus sich selbst gewisse Energien wirksam zu machen weiß, die ihre vollendete Verwirklichung befördern; denn jede Entelechie besitzt auch eine Autarkie (Selbstgenügsamkeit) und ist zur Selbstverwirklichung fähig. Beiläufig bemerke ich hier, dass Iwanows Begriff der Idee voluntaristisch gefärbt ist. Im russischen Text seines Versuches findet sich folgender Satz: „Wahrhafter Wille ist ein Durchschauen der Notwendigkeit. Idee ist Seinswille gerichtet auf Verwirklichung im geschichtlichen Werden."

Was Iwanows kultur- und politisch-philosophischen Standpunkt für den ersten Blick dem Slawophilentum ähnlich, ja fast identisch erscheinen lässt – ist sein grundsätzliches Hinhorchen darauf, was das „schweigsame Volk" wolle, sein „Erschauen" desjenigen, was „in der unbewussten Sphäre der kollektiven Seele" an „Wurzeln der Ereignisse" verborgen liegt.

Aber dort, wo der Slawophile Teil der „Intelligenz" nach teilweise gelungenem „Enträtseln des geheimen Wesens" des Russentums schleunigst zur Aufstellung ideologischer Systeme schreitet, fährt Iwanow fort, weiter zu horchen und zu schauen, schließt das von selbst sich aufdrängende System der „Prognosen und Zielsetzungen" nicht ab und behauptet halb in skeptischer Einsicht, halb in mystischer Scheu das Bestehen „des Rätsels" und „der Hoffnung". Mit Recht nennt der Übersetzer J. Schor in seiner vorzüglichen Einleitung Iwanows Essay „eine Selbstbesinnung des russischen Geistes". Nur vor dem – offenbar nie zu überwindenden – russischen Messianismus macht seine Selbstbesinnung Halt, obschon auch dies Bekenntnis nicht im Wege Iwanows Selbstkritik steht. Das zeigt erstens die knappe, aber schneidende Analyse der beiden genialen „franziskanisch gestimmten Seher" und dabei „enthusiastischen Reichspropheten": Tüttschew und Dostojewski; durch diese Analyse musste die „Polarität der russischen Kultur" mit letzter Deutlichkeit zum Vorschein kommen. Diese Analyse beweist zur Genüge, wie scharf Iwanow die Kreislinie gezogen hat, die seinen „Standort" vom Eindringen der magisch wirkenden, mit widersprechenden Gefühlen geladenen Ideen dieser Art des Slawophilentums bewahren sollte – nicht um sie zu überwinden, sondern um sie auszuwerten. Das beweist zweitens die ausdrückliche Betonung der Schattenseiten und Gefahren des vorwiegend auf das religiöse Moment eingestellten „russischen Seelentums". Bei der entschlossenen Hervorhebung des Negativen kommt Iwanow seine tiefe Einsicht in das Wesen des vorhellenischen Dionysos zugute, von dessen „wildem Zauber" die Slawen von jeher „gebannt" waren: denn die meisten Auswirkungen von diesem Negativen lassen sich auf die urdionysischen Wesenszüge zurückführen, deren vornehmster die „Selbstverschwendung" zu sein scheint.

II.

Der Dionysismus ist bis jetzt das Hauptthema Iwanows gewesen. Zwei große Untersuchungen: *Die hellenische Religion des leidenden Gottes* (1905) und *Dionysos und die vordionysischen Kulte* (1923), ferner die Monographie *Nietzsche und Dionysos* und schließlich immerwährendes Zurückkommen auf dies Thema in vielen anderen Aufsätzen und Dichtungen, dies alles zeugt von Iwanows Verwachsensein mit diesem gewaltigen Mythos, der für ihn kein bloß philologisches ober religionsgeschichtliches Problem, welches er gewiss als Fachmann streng wissenschaftlich zu bewältigen weiß, sondern zunächst individuelles Urerlebnis gewesen sein musste.

Dies Thema hier auch nur flüchtig zu berühren wäre unmöglich, und ich muss mich damit begnügen, das Negative oder zum Negativen Sichumschlagende und Ausartende zu erwähnen, worauf das Augenmerk des Verfassers im Verlauf seiner Wesensschau des Russentums fallen musste. Dahin gehört: „die Neigung zur Rechtfertigung (im deutschen Text: ‚Rehabilitation') des Verbrechens", „die apolitische Gesinnung", „der Fatalismus", „der Wille zur Selbstvernichtung, zum Hinabsteigen", „dieser bisweilen selbstmörderische Trieb bei den genialsten Kulturbildnern Russlands, in den Fluten des Volkswesens alles aufzulösen, was sich abgesondert und emporgehoben hat". Diesen gefährlichen und grausigen Zügen entsprechen auch Tugenden, wie: das „vom Nationalismus nicht angekränkelte, auf der ursprünglichen Totalität des Bewusstseins beruhende religiöse Erleben", „der soziale Grundsatz der allgemeinen gegenseitigen Bürgschaft" – „bis zum lebendigen Bewusstsein der Verantwortung aller für alle", „die realistisch nüchterne Art unseres unbestechlichen rigorosen, ja leicht zur Skepsis hinneigenden Denkens", „die sittlich-praktische Gesinnung, die jeden Zwiespalt (im deutschen Text: ‚Diskrepanz') zwischen dem Bewusstsein und den Handlungen verschmäht", „die instinktive Abwendung von allem Konventionellen"... Die „typischen Entgleisungen und Verirrungen" der russischen Psyche sind – „nur eine Verzerrung ihres Wesens", das vorwiegend dionysisch erscheint.

Es werden aber nicht nur Schattenseiten hervorgehoben, sondern der Anspruch auf die „erlösende Mission" selbst wird der Kritik preisgegeben, und ein leiser Zweifel, ob das Russentum dieser Mission auch gewachsen sei, übt besonders großen Eindruck aus, wenn man bedenkt, dass dieser Zweifel im Jahre 1909 geäußert wurde. Einmal, und zwar während der ersten Revolution (1905), schien es Iwanow sogar, als sei Russland „einer langsamen Verwesung anheimgefallen"... Jedenfalls ist „der Verdacht einer unrechtmäßigen Übertragung des Kirchenbegriffes auf das Volk" auch für Iwanows Skepsis nicht „ausgeschlossen", ebenso wie „die Gefahr" für das „christtragende Volk" – „sich in Mühsalen zu erschöpfen und unter seiner allzu großen Bürde in den trüben Fluten zu ertrinken".

Diese dionysische Weisheit, die Iwanow auch die dionysische Unbesonnenheit und „alle selbstmörderischen Abgründe" gründlich zu erkennen geleitete, gibt ihm sowohl vor den Slawophilen als auch vor den Westlern entschiedenen Vorsprung in der *objektiveren* Beurteilung der russischen Psyche und der Psychologie der Beziehung zwischen Slawophilen und Westlern. Beide gegnerischen Parteien wählen oft nur einen verschiedenen Ausdruck für die selbe Hinneigung, glauben selbst aber dabei einander wesensverschieden zu empfinden. So ist es z. B. in Bezug auf die „übernationale Berufung" des Russentums und den „universalen Wert" seiner nationalen Idee; hier reichen sich die verträumten Slawophilen und die umstürzlerischen Westler unbewusst die Hände, denn ihre Träume sind letzten Endes auf die selbe unendliche Größe gerichtet, nur dass ihr einmal das positive Zeichen (Christentum), das andere Mal das negative

(Antichristentum) vorangeht. Diese Sachlage erblickte Iwanow damals vielleicht klarer als irgend jemand. Er selbst hält mit seinem Glauben trotz allem unnachgiebig an der „evangelischen Entelechie" des russischen Wesens fest.

Wollte das russische Volk „seine angeborene Eigenheit" als *populus christianus* „verleugnen", so würde es, Iwanows Überzeugung nach, „zum Salze des Gleichnisses" werden, „das seine Kraft verloren hat". Jeder andere nationale Weg und Aufstieg wird dadurch versperrt oder zur Etappe herabgesetzt. Der bisherige zurückgelegte Weg der russischen Geschichte muss oftmals notwendig als Um- und Abweg gedeutet werden.

Der springende Punkt liegt für Unbeteiligte in der Frage: Ob nicht das „christtragende Volk" sich nach „vielen Trübungen", welche „die christliche Idee" in seiner Seele „erfahren" hat, schon endgültig „verleugnete"? Diese Frage bleibt einstweilen offen. Ich glaube nicht, dass die „innerliche Frömmigkeit" des Volkes, von der Iwanow spricht, durch ein paar Dezennien des heute angebrochenen Antichristentums schon zerstört sei. Anderseits „verkennt" gerade das Volk selbst es „nicht", dass „das, in seinem mystischen Kerne heilige, Russland tatsächlich mit den schwersten Sünden beladen und vom obsiegenden antichristlichen Geiste verfinstert ist".

Eine Selbstverleugnung des Volkes wird kein Russe zugestehen. Hält er das Volk für „christtragend", so kann er bis ans Ende seines Lebens diesen Glauben nicht aufgeben; hat er vom Volk eine bescheidenere und insbesondere eine *weltlichere* Idee, so braucht er um so mehr nicht zu verzweifeln. Aber auch die Unbeteiligten werden es zugeben, dass eine schwerere Prüfungszeit keiner Nation beschieden worden sei, und, indem sowohl die Fremden als auch alle Russen nach dem besondern *Sinn* dieser Prüfung, der ihrer Schwere entsprechen muss, forschen, werden sie heute mit Staunen Iwanows weissagende Gedichte aus den Jahren 1901–1906 lesen. Wie grauenhaft und wirklichkeitstreu wird im Gedicht vom Jahre 1906 die heutige Schicksalsprüfung vorwegnehmend geschildert und das „wild-Dionysische" des Geschehens dabei betont: „Es soll die Raserei hauchen aus dem Abgrund."

III.

„Grundverschieden sind die Charakterzüge der Nation, je nachdem man sie unter dem Aspekte des Reiches oder dem des Landes betrachtet", meint Iwanow. Nun betrachtet Iwanow die russische Nation ausschließlich unter dem Aspekte des „Landes"; er strebt dabei zur möglichsten Objektivität, die aber gewiss durch den bloß *einen* Aspekt von vornherein beeinträchtigt werden muss; eine Betrachtung unter dem Aspekt des „Reiches" wäre die sachlichste Kritik und Korrektur seiner Auffassung. Hier muss gewiss davon abgesehen werden, denn schon ein Beweis zur Gleichberechtigung einer Betrachtung unter dem Aspekte des „Reiches" setzt eine eingehende Untersuchung der Beziehung zwischen „Land" und „Reich" voraus. Iwanow fasst diese Beziehung als eine Gegensätzlichkeit auf, wobei er die „Spaltung" zwischen diesen beiden „Subjekten der russischen Geschichte" teilweise überbetont. „Reich" als „staatsrechtlicher Begriff" und „Land" als „kultur-ökonomischer" widersprechen sich gewiss nicht; sie „ergänzen" einander; aber die tiefere Problematik liegt auch in Iwanows Darstellung nicht bei den *Begriffen* Reich – Land, sondern bei den *Ideen*. Die letzteren sind viel umfangreicher und inhaltsvoller als die ihnen entsprechenden Begriffe, und als solche sind sie restlos nicht darstellbar. Jede von ihnen zeigt immerfort neue Flächen auf, und schien es eben, man hätte die beidseitigen Flächen zueinander in eine sinnvolle Lage gebracht, so sind die neuen Flächen hie und da schon in einer unerwarteten Konfiguration begriffen.

Als Idee birgt in sich das „Land" die Schichten der Volksseele, sowohl die chthonischen Elemente als auch den slawischen Olympos, sodann die Spuren der ersten schöpferischen Berührung des Urheidentums mit dem Ostchristentum, wie: der urdionysischen Wesenheit mit der Christusidee, der Mutter-Erde mit dem Marienkulte. Seinerseits schließt das „Reich", als Idee, auch die sogenannte „Intelligenz" in sich ein, und hier im Unterschied zum „Land", das meistenteils unhistorisch verbleibt, umfasst es vorwiegend die geschichtlichen Momente, wobei sich dieser Unterschied zu Zeiten (wie heute!) tatsächlich zu einem Gegensatz verschärft, den Iwanow selbst (schon im Jahre 1909) zu einer „Alternative des leblosen Gedächtnisses und des gedächtnislosen Lebens" zuspitzt.

Alles was an Iwanows russischer Idee Bedenken erweckt, ist ausschließlich durch seine Behauptung der „evangelischen Entelechie" des russischen Urwesens bedingt, und entsteht also weder aus Mangel an logischem Durchdenken des äußerst schwierigen Problemkomplexes, noch aus dem Übermaß seiner dort eingewobenen mystischen und mythischen Leitgedanken.

Worin jeder Russe, gleich welcher politischen Richtung und kultur-philosophischen Gesinnung, Iwanow recht geben wird, ist dessen Behauptung, dass in der „Formel des wesenhaften Gegensatzes Volk–Intelligenz" – „die Wahrheit eines lebendigen Symbols enthalten ist" und dass in „dem Willen zur All-Einheit" der Nation alles „sehnsüchtige Langen und Streben" seinen Sinn erhält, soweit in dieser „All-Einheit" die nächstliegende nationale Aufgabe besteht.

Das Hauptziel dieser Anzeige konnte weder in einer ausführlichen Wiedergabe des Inhaltes, noch in einer eingehenden Besprechung des Standpunktes, sondern nur in der Ermittlung des Wertes der Schrift und des Ranges des Verfassers bestehen.

Die Überfülle an Gehalt in diesem kleinen, aber vollendeten Werk gibt jedem die Möglichkeit, einen raschen Blick zu werfen in die von den meisten ungeahnten Tiefen des sagenhaften russischen Sees, „aus dessen Fluten von Zeit zu Zeit ein fernes Glockengeläute dumpf ertönt".

Mag der Leser das Buch mit der Bemerkung zuschlagen, Iwanows russische Idee sei bloß *noch* ein „vielumstrittenes Zeichen", nichtsdestoweniger lässt er es aus den Händen, bereichert mit dem Wissen um das Wesen der rätselhaftesten aller europäischen Nationen.

Neue Zürcher Zeitung, Nr. 2305 und 2313 (28. und 29. November 1930)

1B

Iwanow: Die russische Idee. J. C. B. Mohr, Tübingen 1930. 40 S., 1,50 Mark.

Von Friedrich Muckermann S. J.[4]

Leo Trotzki spricht in seinem Buche „Mein Leben" vom russischen Thermidor. Bekanntlich brachte der 9. im „Hitzemonat", der 27. Juli 1794, in Frankreich das Ende des Robespierreschen Schreckensregimentes und seinen Ersatz durch Tallien, Barras, Fréron, damit den Übergang zum Direktorium und schließlich zur Militärdiktatur. Was in Frankreich blutig verlief, hat sich nach Trotzki in Russland schleichend vollzogen. Tatsächlich ist heute Stalin der Diktator der Sowjetunion. Von den jungen Talenten, namentlich den militärischen, die damals Frankreich hervorbrachte, ist allerdings in Russland einstweilen wenig zu spüren, während man umgekehrt Stimmen genug vernimmt, die einen rapiden Rückgang des geistigen Auftriebes in Moskau verkünden. Merkwürdig genug, dass gerade jetzt bei den Gebildeten Deutschlands eine gewisse Schwärmerei für die bolschewistischen Ideen spürbar wird. Man erklärt sich das am leichtesten aus unserer politischen und namentlich aus der wirtschaftlichen Lage. Obwohl ausgezeichnete Männer alles aufbieten, wollen sich die Dinge nicht zum Besseren wenden. Im Gegenteil scheint sich die Not des Tages ins vollkommen Aussichtslose zu verstärken. Der Industrieapparat ist auf der ganzen Welt zu groß, und auch die

---

4   Friedrich Muckermann (1883–1946), Jesuit und Philosoph, Herausgeber der Zeitschrift „Der Gral". In einem Brief an Emil Medtner vom 18. Dezember 1930 schrieb Ivanov: „Ihr Artikel gehört zu den wenigen Rezensionen, die den Autor selbst zu ernsthaftem Nachdenken zwingen. In der Presse haben sich nur Sie und der Jesuit Muckermann (in ‚Gral') mit meiner Broschüre ernsthaft auseinandergesetzt." Russisches Original in: V. Sapov, V. I. Ivanov i É. K. Metner. Perepiska iz dvuch mirov, *Voprosy literatury*, 1994, Nr. 3, S. 308–309.

Landwirtschaft produziert international mehr, als die Menschheit braucht. Was
Deutschland insbesondere betrifft, so verspricht zwar der geringere Kindernach-
wuchs eine gewisse Erleichterung im Arbeitslosenproblem, auf der andern Seite
aber auch eine Verringerung der Zahl der Verbraucher um Millionen. Durch
die künstliche Geburtenregulierung findet, ganz abgesehen von der moralischen
Seite, ein Eingriff in den Gang der Natur statt, der sich einmal katastrophal für
Industrie und Landwirtschaft auswirken muss. Obwohl der Diskont herabgesetzt wurde, obwohl also Geld genug zu haben ist, scheint die Lähmung vom
gesamten Erwerbsleben nicht weichen zu wollen. Empfindet die Allgemeinheit
all das wie einen unbestimmten Druck, so verstärkt sich dieser beim Gebildeten noch durch die Hoffnungslosigkeit des klareren Bewusstseins. Es ist darum
begreiflich, dass gerade der Gebildete mehr als je der lockenden Versuchung des
Ostens nachgibt. Gelehrte, die in Russland waren, deren ganze Richtung konservativ und antibolschewistisch war, haben uns berichtet, dass sie trotzdem einen
geheimnisvollen Zauber dort verspürt hätten, etwas, das trotz aller Ablehnung
des gegenwärtigen Systems in Moskau dennoch als eine heilige Ahnung und als
eine wundersam schwermütige Sehnsucht licht und dunkel zugleich in ihrer
Seele blieb. Für meinen Teil muss ich das selber bekennen: Einmal in die russische Tiefe geschaut zu haben, bedeutet ein unauslöschliches Bewusstsein von
etwas Weitem und Göttlichem, das einen nicht mehr zur Ruhe kommen lässt.
Dieses Gefühl hat etwas von der Angst in sich, die Goethe allem „Dämonischen"
gegenüber empfand, aber es lässt sich doch nicht dadurch verscheuchen, dass
man einfach diesen Osten ablehnt, vielmehr verlangt es gebieterisch, mit diesem
Ungeheueren zu ringen, bis es seinen Fluch in Segen verwandelt. In jedem Falle
überwindet man diese berühmte Versuchung des Ostens nicht in sich und im
ganzen Westen dadurch, dass man die Augen vor dem russischen Wesen ver-
schließt. Es ist eben doch das, was sich jetzt da drüben begibt, keineswegs nur
Marxismus und Antichristentum, sondern es ist das Stück eines Leidensweges,
den dieses Volk geht, selbst mit der Zuversicht im Herzen seiner Besten, dass auf
die Passion einmal die Auferstehung folgen werde.

Im Jahre 1907/08 erschien eine kleine aber hochbedeutende Schrift des russischen Symbolisten Wiatscheslaw Iwanow, die soeben von J. Schor ins Deutsche
übertragen worden ist. Sie trägt den Titel „Die russische Idee" und ist durchaus
gemeinverständlich geschrieben. Nach der Revolution von 1905 sieht der Verfasser, ein ebenso russischer wie europäischer Geist, „die alten Sphinxe" wieder auf-
tauchen, die alten Fragen, die nur scheinbar von einer Revolution gelöst werden.
Am Ende gilt für heute, was damals galt: „Als die unheimliche Stille der Reak-
tion eintrat, erkannten wir verwundert, dass die über uns waltenden Konstella-
tionen unverändert geblieben waren. Die alten Sphinxe standen unerschüttert,

als hätte der Schlamm der Überschwemmung kaum ihre Sockel zu überdecken vermocht." Zwei Seelen findet Iwanow auch in der Brust des Russen. Die eine ist vom „Lande" her bestimmt, es ist die eigentliche russische Volksseele, während die andere darauf denkt, das „Reich", das Imperium, zu verwirklichen, Russland als politisches Machtgebilde aufzubauen. Dostojewski habe diese zwei Seelen erkannt und ihre Vereinigung gesucht. Er wollte zunächst die Entfaltung der größten russischen Macht, um dann aber auf die Staatsform zugunsten der Kirche in einer freien Theokratie zu verzichten. In dieser Theokratie und durch sie sollte Russland sein Wort der Welt verkünden. Wir denken, wenn wir solches lesen, fortgesetzt an Parallelen aus dem heutigen Russland. Auch der messianische Kommunismus dort gibt wenigstens vor, die Macht in den Dienst der großen revolutionären Ideale stellen zu wollen. Demzufolge liegt in dem russischen Volk die schwere Aufgabe verborgen, die „Wahrheit der Erde" in Einklang zu bringen mit der Wahrheit der von der Erde Entwurzelten, vorzugsweise der Kinder der städtischen Kultur. Die Lösung dieser Aufgabe wird letztlich in der Religion gesucht: Das russische Volk „verkennt nicht, dass das in seinem mystischen Kerne heilige Russland tatsächlich mit den schwersten Sünden beladen und vom obsiegenden antichristlichen Geiste verfinstert ist; ja, die Alten sagen, der russische Boden werde auch den letzten Antichrist zeugen. Aber irgendwo im weiten russischen Lande, auf einem unbekannten Berge wird, nach frommer Pilger Kunde, auch eine unsichtbare Kirche aus unsichtbarem Stein von Gottes Erwählten fortwährend weiter aufgebaut. Denn die Kirche, die einst der Welt geleuchtet hatte, liegt ja tief unter der Erde oder unter dem klaren Wasserspiegel eines Sees verborgen, aus dessen Fluten von Zeit zu Zeit ein fernes Glockengeläute dumpf ertöne. Erst am Ende der Zeiten wird die Kirche der Heiligen sich offenbaren." Obwohl sich nun die gebildete Schicht in Russland eine kritische Kultur erarbeitet hat, so lebt doch in dieser Kultur immerfort der Drang wieder zum Volke zu kommen. Beides fließt in einen Strom zusammen, die Sehnsucht des Volkes nach Auferstehung und die Sehnsucht der Gebildeten nach Wiedervereinigung mit den unteren Schichten. Es ist ein gemeinsamer Zug, „die Lust des Einzelnen, im Ganzen zu verschwinden". Es ist, „als ob wir durch den unüberwindlichen Zauber eines wilden, vorhellenischen Dionysos gebannt wären – eines Dionysos, durch den die Selbstverschwendung zur begeisterungserfüllten, höchsten Wonne wird; als ob die andern Völker voll blassen Geizes wären und wir allein – das Volk der Selbstverbrenner – in der Geschichte „das Lebendige" vorstellen, was, wie Psyche – Schmetterling, nach Flammentod sich sehnt". Iwanow entwickelt klar, wie diesem Drange zur Selbstverschwendung die christliche Lehre gegenüberstehe, „die mit der größten Vollendung und Unbedingtheit die Idee der menschlichen Persönlichkeit zum Ausdruck bringt". Ganz richtig schließt darum dieser geniale Essay mit dem Verlangen: „Das Gesetz des Hinabsteigens des Lichtes muss sich im Einklange mit dem Gesetz der Bewahrung des Lichtes realisieren. Bevor das Hinabsteigen anfangen darf, sollen wir das Licht in uns befestigen; bevor wir die Kraft zur Erde wenden, müssen wir diese Kraft besitzen."

Aus diesen Zusammenhängen heraus versteht man erst recht den heutigen Bolschewismus, dessen Kommen Iwanow, ähnlich übrigens wie Dostojewski schon ahnt, der in der Tat in seiner Unbedingtheit, in seinem religiös gefärbten Religionshass, in seiner Übersteigerung der Massenbewegung nur eine Spielform des Irrens eines Intellektes ist, der schon in Peter dem Großen vergeblich versucht hat, die imperialistische Reichsidee mit dem Tiefeninstinkt der russischen Seele zu verbinden. Iwanow spricht gelegentlich von Wladimir Solowjew, der in den Spuren Tschaadajews das fand, was der Osten zur Klärung seiner Wirren vom Westen lernen kann, ohne darum das Beste des eigenen Wesens aufgeben zu müssen. Uns bestärkt Iwanow in der Überzeugung, dass der Bolschewismus nur ein Selbstmissverständnis des russischen Wesens ist und also nur eine Stufe, wenn auch eine grauenhaft leidvolle, zum wahren Kern dieses wunderbar begabten Volkes.

Der Gral: Katholische Monatsschrift für Dichtung und Leben. Juni 1930 (Jahrgang 24), S. 806–808.

Dostojewskij. Tragödie — Mythos — Mystik

2A

Dostojewskij

Rezension von Hans Barth[5]

In einem Notizbuch Dostojewskijs findet man zwei bekenntnisartige Bemerkungen, die sich zu widersprechen scheinen. Dostojewskij sagt: „Der Nihilismus ist darum bei uns (in Russland) entstanden, weil wir alle Nihilisten sind" und ferner „...man nennt mich einen Psychologen: das trifft nicht zu. Ich bin ein Realist im höheren Sinne: das heißt, ich zeige alle Tiefen der Menschenseele."

---

5   Der Autor der Rezension zeichnete als „Bth". Aus einem Brief von Herbert Steiner an Ivanov (*DB*, S. 156) geht hervor, dass sich hinter diesem Kürzel Hans Barth (1904–1965) verbarg. Barth war 1929–1946 Feuilleton-Redakteur der *Neuen Zürcher Zeitung* und danach Professor für Philosophie an der Universität Zürich. Über Ivanov schrieb er noch einmal in der Zeitung am 28. Februar 1936: „Wjatscheslaw Iwanow begeht heute seinen 70. Geburtstag. Iwanow, ein Führer des russischen Symbolismus, ist im deutschen Sprachgebiet bekannt durch einige wenige, äußerst wertvolle Aufsätze, die im ,Logos', in der ,Corona' und im ,Hochland' erschienen sind. 1926 war in der ,Kreatur' der berühmte ,Briefwechsel zwischen zwei Zimmerwinkeln' zu lesen und 1932 kam Iwanows Buch über Dostojewskij in deutscher Sprache heraus. Es steht wohl an der Spitze des Schrifttums über den großen russischen Dichter. Iwanow, der zum Katholizismus übergetreten ist, steht mit den russischen Emigranten Berdjajew, Bulgakow, Losskij und anderen in einer bedeutenden religionsphilosophischen Tradition, die eng mit dem Namen Wladimir Solowjows verbunden ist. Iwanow gehört zu den ursprünglich christlichen Denkern, denen die Erhellung des griechisch-heidnischen Geistes ein dringendes Anliegen war. So hat er 1905 sein Buch über ,Die hellenische Religion des leidenden Gottes' veröffentlicht. Die enge Verbindung mit der griechisch-römischen Kultur macht auch Iwanow besonders empfindlich für die Problematik, die in dem für das Abendland so ungeheuer wichtigen Begriff des Humanismus liegt. Davon zeugt seine Schrift ,Die Krisis des Humanismus' (deutsch 1929). Eine vermittelnde Rolle scheint Iwanow als seine Mission zu betrachten. Wie er die Antike vom Christentum her zu erforschen trachtete, so erblickte er nach seinem eigenen Zeugnis an Charles Du Bos seine Aufgabe in der Vermittlung zwischen Orient und Okzident, eine Aufgabe übrigens, ,qui paraît indiquée par la providence aux chrétiens en exil'. Dieser Aufgabe hat Iwanow in großer Verantwortung zeitlebens gedient. – Das aufschlussreiche Januar-Heft 1934 der Zeitschrift ,Il Convegno' ist dem Werk Iwanows gewidmet. Dort jedoch findet man auch nähere bibliographische Angaben." *Neue Zürcher Zeitung*, Freitag, 28. Februar 1936, Blatt 1, Morgenausgabe. Diese Notiz erschien unter der Rubrik „Kleine Chronik" und wurde ebenfalls mit "bth" (diesmal klein geschrieben) gezeichnet. Die französischen Worte stammen aus Ivanovs 1930 veröffentlichter „Lettre à Charles Du Bos".

Wer immer heute Dostojewskij liest, wird unter dem Zwange seiner apokalyptischen Visionen dazu angehalten, nicht nur den Dichter, den Schöpfer von bleibenden Gestalten wie des nur Don Quichotte zu vergleichenden Fürsten Myschkin, Aljoscha Karamasows, der vielen Frauengestalten bewundern, sondern er wird dem Gedankengebäude – dem weltanschaulichen, religionsphilosophischen Gerüst dieser Kunstwerke tiefste Anteilnahme und Beachtung widmen müssen. Oder vielmehr: er wird von der Wucht des Gedanklichen und seiner notwendigen Folgerichtigkeit überwältigt und gezwungen, sich darüber Rechenschaft abzulegen. Nicht umsonst nennt Nicolai *Berdjajew* in seinem Buche „Die Weltanschauung Dostojewskijs" (1925) sein Schaffen ein „rechtes Festmahl des Gedankens", und eine „erstaunliche, erschauernde Offenbarung des Verstandes". Es ist kein Zufall, wenn Berdjajew ihm den Ruhmestitel des „größten russischen Metaphysikers" verleiht. Die Erforschung und Darstellung von Dostojewskijs Metaphysik und Religionsphilosophie hat indessen die Anfänge noch kaum überschritten. Aber diese Anfänge sind nicht tastende Versuche, sie weisen schon Marksteine auf, die an richtunggebender Bedeutung ihren bestimmenden Einfluss nicht verfehlen werden. Berdjajews Buch ist bereits genannt worden; es hat den Nach- oder wenn man will den Vorteil, dass es neben dem Bild der Weltanschauung des Dichters zugleich einen Beitrag zur Kenntnis des Philosophen Berdjajew enthält.

In diesem Zusammenhange nennen wir ein kürzlich erschienenes Werk, das von Alexander Kresling aus dem Russischen übersetzt wurde: „*Dostojewskij. Tragödie – Mythos– Mystik*" von *Wiatscheslaw Iwanow* (J. C. B. Mohr-Verlag, Tübingen, 1932). Diese kongeniale, in ihrem reichen Inhalt gedrängte Deutung von Dostojewskijs philosophischen Auffassungen verdient große Beachtung. Iwanow vereinigt in sich den Sinn für den Künstler Dostojewskij mit dem Sinn für den religiösen Denker und Mystiker Dostojewskij. Diese ebenmäßige Verbindung erweckt im Leser ein schönes Vertrauen in den Verfasser, dessen kundiger Führung man sich dann unwillkürlich anheimgibt.

Iwanow geht aus von der Behauptung, Dostojewskijs epische Erzählungen folgten im ganzen und im Einzelnen mit innerer Notwendigkeit den Gesetzen der Tragödie. „Der Roman Dostojewskijs ist in seiner ganzen Anlage auf eine tragische Katastrophe gerichtet." Die jeder Tragödie zugrunde liegende Antinomie stellt sich dar als eine Übertretung entweder der kosmischen Ordnung oder der gesellschaftlichen Satzungen. Diese Art der Übertretung nennen wir, wenn sie ein bestimmtes Maß überschritten hat, ein Verbrechen. Die Erklärung dieses Begriffes nun führt uns bereits in die letzten metaphysischen Anschauungen des Dichters, nämlich in jenen Bezirk, den man die Lehre vom Sein bezeichnen könnte. Iwanow unterscheidet bei Dostojewskij drei Formen der Begründung eines Verbrechens. Ihnen entsprechen drei Seinssphären, in denen der Mensch eingeordnet ist und deren Gesetzlichkeiten sein Leben bestimmen. Das Verbrechen kann einmal begriffen werden „aus dem Pragmatismus der äußern Ereignisse", das heißt aus dem „unzerreißbaren Netz der scheinbar zufälligen Begebenheiten, aus der Tatenverkettung und dem Zusammentreffen der Umstände, deren Kausalität unabwendbar zum Verbrechen hinleitet." Hierher gehört, was wir „Milieu" nennen: Die Umwelt, aus der ein Mensch entsteht und in die er geboren wird, um in ihr zeitlebens zu wirken. Das Verbrechen bedarf ferner zu seiner Erklärung des „psychologischen Pragmatismus": es muss „aus dem Zusammenhang und der Entwicklung der peripheren Bewusstseinszustände, aus der Verkettung der Erlebnisinhalte, aus der Pathologie der Leidenschaften" begriffen werden. In dieser Sphäre wird der „Charakter", die Erbanlage, berücksichtigt. Und endlich offenbart sich im Verbrechen nach Dostojewskij eine „metaphysische Antinomie". Der Mensch kann aus seiner Umwelt und seinem seelischen Aufbau nicht verstanden werden. Wohl mögen die Gesetze seiner Seele und die Ordnungsverhältnisse seines „Milieu" einen derart bestimmenden Einfluss auf ihn ausüben, dass jeder Schein von Freiheit und sittlicher Selbstbestimmung verblasst, der Mensch – und das gerade unterscheidet ihn von der übrigen Kreatur und macht ihn erst eigentlich zum Menschen – trägt „in seinem innersten Kern ein eigenes autonomes Gesetz, dem sich alles, was ihn umgibt, am Ende irgendwie plastisch einfügt." Man kann sagen: Der Mensch wird Mensch durch die ihm innewohnende Freiheit, sich für oder gegen Gott zu entscheiden. Oder in der Frage von Berdjajews „Philosophie der Freiheit" ausgedrückt: „Liegt der Sinn des Welt- und Geschichtsprozesses nicht vielleicht in diesem Verlangen Gottes, die freierwidernde Liebe des Menschen zu finden?" Auf dieser metaphysischen Ebene nimmt die menschliche Tragödie ihren Ursprung; denn hier erfolgt die „endgültige Entscheidung des gottähnlichen Geisteswesens" (des Menschen) in einer Tat des freien Willens (Iwanow).

Mit diesen Einsichten ist der Bereich der Tragödie vorläufig abgeschlossen. Wir kommen zu Dostojewskij dem Mythologen. – Das Geschehen in seinen Romanen ist eine Darstellung „überpersönlicher, metaphysischer Ereignisse". Seine Kunst ist symbolisch, sie bleibt aber darum realistisch, weil alles, was in äußern Handlungen und innern Erlebnissen eines Menschen ausgedrückt wird, sich nur als Abglanz einer „wirklicheren" Wirklichkeit, als sie die Welt des alltäglichen, geschichtlichen Geschehens ist, zu erkennen gibt. „Der realistische Symbolismus in der Kunst" – sagt Iwanow – „führt die Seele des Anschauenden vom Wirklichen zum ‚Wirklicheren', das sich im Wirklichen offenbart, von der Wirklichkeit niederen Planes zur realsten Realität, während das künstlerische Erfinden... sich in der entgegengesetzten Richtung bewegt, indem der auf jene Wirkung zielende Künstler von einem intuitiven

Erfassen der höheren Realität zu ihrer Fleischwerdung in der niedern Realität hinabsteigt."

Iwanow spricht von der „mythischen Schuld" des Mörders Raskolnikoff. Sie ist darin zu erblicken, dass dieser sich in seiner Einsamkeit verschließende Mensch „gerade durch diese Einsamkeit aus dem Bunde der allmenschlichen Einheit und darum aus der Wirkungssphäre des moralischen Gesetzes herausfällt." Und nun gelingt es auch eine neue Brücke zum Verständnis des Verbrechens zu schlagen: die Urschuld des Menschen ist seine Entscheidung gegen das Göttliche. Sie ist eine Folge der teuflischen (luziferischen) Einflüsterung, dass der Mensch sei wie Gott, dass er sich selbst genüge, dass er ganz in sich und für sich und von allem getrennt zu sein vermöge (S. 107). Aus dieser selbstgewählten anmaßenden und eigenwilligen Selbstbehauptung entspringt sein Wunsch, seine Kraft zu erproben und seine „Vereinsamung" zu rechtfertigen, ein Versuch „der in der Ebene der äußeren Geschehnisse als Verbrechen zum Ausdruck kommt."

Wir müssen mit Iwanow noch einen letzten Schritt tun. Er leitet uns zum Mystiker Dostojewskij. Die Sehnsucht nach Erlösung von Schuld verheißt die restlose „Rechtfertigung des menschlichen Verlangens nach Befreiung aus den von der Ursünde geschmiedeten Fesseln des Gottentrücktseins". Die Geschichte und in ihr das Dasein des Menschen ist ein Kampf zwischen zwei realen Mächten, zwischen Mensch und Gott. Sein Ursprung liegt in der menschlichen Freiheit: das „Grunddilemma" ist die Anerkennung oder Nichtanerkennung Gottes. Das selbstische Ichsein, die Hybris des Menschen ist wie ein Fluch, der auf dem Menschengeschlecht lastet, und es ist verständlich wenn Dostojewskij die Hölle als einen vom Menschen abgesplitterten Teil seines Selbst auffasst.

Mit diesen Einsichten schließt sich die eiserne Kette von Dostojewskijs religions-philosophischem Bekenntnis. Es bleibt nur die Einfügung eines Gliedes noch übrig: die Erlösung des verschuldeten Menschen. Denn das Gefühl des Paradieses auf Erden ist – wie Iwanow sagt – für Dostojewskij „ein sicheres Merkmal des Gnadenstandes". Und dieser Gnadenstand wird erfahren in einer „über alles gehenden sehsüchtig glühenden Liebe zu Christus".

Die schuldvolle Selbstliebe und Selbstbehauptung gegenüber dem Göttlichen wird ausgelöscht und überwunden in der Liebe zu Christus, dessen Name und Gestalt alles ist, „was der christlichen ‚Idee' auf dem Wege ihrer Fleischwerdung gegeben ist".

Wir kommen auf die anfangs im Wortlaut wiedergegebenen Bemerkungen aus Dostojewskijs Notizbuch zurück. Es ging dort um die Begriffe Nihilismus und Realismus. Ihr Sinn hat sich durch die meisterhafte Analyse Iwanows geklärt, ihr Widerspruch sich gelöst. Nach dem Realismus Dostojewskijs lebt der Mensch in verschiedenen Seinssphären, die nach innerm Wert und Gehalt von oben nach unten geordnet sind. Nihilistisch ist jede Abspaltung vom wahren Sein: nihilistisch ist der eigenwillige, selbstherrliche Mensch, der ohne andere wesentlichere Mächte existieren zu können wähnt. Nihilistisch ist Michael Bakunins Formel, die noch in der Gegenwart nachwirkt: „Gott ist – und der Mensch ist ein Sklave; ist der Mensch frei – so ist Gott nicht."

Diese Anzeige von Iwanows großer Dostojewskij-Deutung sei mit einem Zitat beschlossen, das die Anschauungen des Dichters über ein verwirklichtes Christentum wiedergibt. „Die christliche All-Einheit wird eine unsichtbare und allumfassenden Einigung des fern zerstreuten und geteilten Bestandes sein... diese All-Einheit, der nichts gegeben ist, auf dass sie die Welt besiege, als der eine Name und die eine Gestalt, weist nach Dostojewskij für die innere Schau doch eine vollkommene Koordination ihrer lebendigen Teile und eine zu tiefst harmonische Struktur auf. Nach dem Merkmal ihrer inneren Struktur kann sie als Hagiokratie, als Herrschaft der Heiligen bezeichnet werden. Die Hagiokratie bereitet schon jetzt den Weg vor für die „freie Theokratie" (Wladimir Ssolowjow) – den Weg für die ersehnte Zukunft der Herrschaft Christi über die Menschen."

Neue Zürcher Zeitung, 6. März 1932, Bücher-Beilage, Erste Sonntagsausgabe, Nr. 414.

2B

Dostojewskij. *Tragödie, Mythos, Mystik*. Von W. Iwanow, Professor in Pavia. Autorisierte Übersetzung von Alexander Kresling. Tübingen 1932. J. C. B. Mohr (Paul Siebeck). VII u. 142 Seiten. 8°. Geh. M 4,20, geb. M 6,30.

Rezension von H. Fels (Bonn)[6]

Berdjajew hat in seinem Werk *Die Weltanschauung Dostojewskijs* (deutsch von W. E. Groeger, 1925) den Schlüssel zum tieferen Verstehen des größten, russischen Dialektikers des existenzialen Denkens gegeben durch die Erklärung: „Zum Verständnis Dostojewskijs gehört eine besondere Seelenart." Wie selten auch heute noch diese „besondere Seelenart" ist, wird ersichtlich aus den vielen und widersprechendsten Interpretationsversuchen, die sich um Dostojewskijs Lebensarbeit bemühen. Neben Berdjajew scheint mir der Verfasser der vorliegenden Studie zu den Deutern zu gehören, die noch am tiefsten

---

6   Heinrich Fels (1894–1969), Autor des Buches *Bernard Bolzano: Sein Leben und sein Werk* (Leipzig, 1929) und zahlreicher Rezensionen zur Religion und Philosophie im Philosophischen Jahrbuch der Görres-Gesellschaft.

eingedrungen sind in das Seelenleben des Mannes, der das Seelenleben des Menschen enträtselte, der aber selbst sein eigenes Seelenleben nur schwer enträtseln lässt. In dichterisch gehobener, schöner Sprache, in der die dämonische Wucht der Sprache Dostojewskis mitklingt, hat Iwanow den wohlgelungenen Versuch gemacht, die geistige Persönlichkeit des großen Russen zu enthüllen. Er findet in einer dreifachen Betrachtung des Dichters als Tragiker, Mythenbildner, Religionskünder (wir dürfen auch sagen: Religionsphilosoph!) die drei verschiedenen Gesichtspunkte, von denen aus eine Anschauung der einen ganzheitlichen Wesenheit möglich wird. Auf diese Weise wird die innere Einheitlichkeit Dostojewskijschen Schaffens herausgestellt; denn jeder der drei Gesichtspunkte setzt die beiden anderen voraus und bedingt sie. So erkennen wir in der Tragödie, im Mythos, in der Mystik den Ausdruck der drei Seelenkräfte (s. Kurt Breysig, *Die Geschichte der Seele!*[7]), aus denen der Mensch und das Werk geschaffen und der Ruhm Dostojewskys begründet wurde.

Philosophisches Jahrbuch der Görres-Gesellschaft. Bd. 46 (1933), S. 263–264.

2C

Wjatscheslaw Iwanow: Dostojewskij. Tragödie – Mythos – Mystik. Übersetzt von A. Kresling. J. C. B. Mohr (Paul Siebeck), Tübingen 1932. 142 S.

Rezension von Fred Höntzsch, Dresden[8]

Das Buch dieses gelehrtesten unter den russischen Dichtern, der in der russischen literarischen Bewegung zwischen 1900 bis 1910 nicht nur durch seine Dichtungen, seine kritischen und philosophischen Abhandlungen eine bedeutende Rolle gespielt hat, sondern auch dadurch, dass sein Haus in Petersburg der Sammelpunkt aller jungen Talente (Bjely, Block) war, darf man ohne Zweifel als die Krone der Dostojewskij-Literatur bezeichnen. Nicht so soll das verstanden werden, als ob damit das Thema Dostojewskij erschöpft wäre; diesem Irrtum gibt Iwanow sich nicht hin („Die Untersuchung der Religionsphilosophie Dostojewskijs ist eine ernste Aufgabe der Zukunft", S. 101), so aber, dass schon hier alle Richtlinien, in der die Dostojewskij-Deutung der Zukunft sich wird bewegen müssen, eindeutig bestimmt sind.

Iwanows dreifache Sicht: Dostojewskij als Tragiker. Mythenbildner und Religionskünder – ihr entspricht die Dreiteilung der Schrift in Tragodumena,

---

7   Kurt Breysig, *Die Geschichte der Seele im Werdegang der Menschheit.* Breslau, 1931.
8   Ausführlich zu Höntzsch, s. Einführung, S. 31–32.

Mythologumena, Theologumena – sie vereinigt sich zu einem Ganzen in dem Zentrum der Dostojewskijschen Welt: – in seinem Bekenntnis zu Christus. In wie hohem Maße das Werk Dostojewskijs christlich ist, das wird schon offenbar, wenn Iwanow das Werk Dostojewskijs neben die großen Tragiker der Antike stellt. Dostojewskijs Romane sind „Tragödien in epischer Einkleidung, wie die Ilias eine ist", ihre „Grundkonzeptionen sind durch und durch tragisch", aber das tragische Prinzip ist hier und dort ein anderes. Ist das Prinzip der antiken Tragödie die unerforschliche Bestimmung des Schicksals (Sophokles), so erhebt Dostojewskij die Wendung des menschlichen Daseins ins tragische zu einem übersinnlichen Willensakt der menschlichen Seele, welche sich entweder Gott zuwendet oder aber sich von Gott abkehrt. Dieser Akt der freien Entscheidung macht das Leben des Menschen erst zur Tragödie. Diese „außerzeitliche Urtragödie seines intelligiblen Wesens", der freien Entscheidung für oder wider Gott ist es, die sich in äußeren Tathandlungen abspielt, und „nur darum hört Dostojewskij auf das äußere Leben hin, um in ihm das entscheidende Wort der Persönlichkeit zu erlauschen: Dein Wille geschehe oder Anders will ichs, Dir zuwider". Dieses tragische Prinzip Dostojewskijs, die Freiheit des Menschen, das ein anderer Interpret Dostojewskijs, der Religionsphilosoph Nicolai Berdjajew, zum Mittelpunkt seines ganzen religiösen Weltbildes gemacht hat,[9] dieses tragische Prinzip ist christlich, kam überhaupt erst mit dem Christentum in die Welt.

Seinen Blick auf die fernsten Perspektiven dieser beiden Wege – der Anerkennung und der Nichtanerkennung Gottes – richtend, hat der Geist Dostojewskijs alle Abgründe des Bösen, die menschliche Seele in ihrem Erkranken, ihren Kataklysmen erforscht, das ganze Inferno der antichristlichen, widergöttlichen Dämonien durchwandert, das Inferno, das der Einzelne sich schafft, indem er sich von seinem in den Gesetzen des Seins gegründeten Ganzen lossagt, abspaltet. Raskolnikow (raskol = abspalten) war „die erste grundlegende Offenbarung von der mystischen Schuld der in ihrer Einsamkeit sich verschließenden Persönlichkeit", dem Wahn der menschlichen Autonomie, der „Autarchie ihres einsamen Denkens". Die Kraft aber, die in diesem Ich wirkt, ist Luzifer, das „Urbild der Vereinsamung", das Prinzip des selbstischen Insichseins und der eigenwilligen Selbstbehauptung, er ist der große Versucher – und als solcher eine dynamische Kraft –, der den Menschen bis an die äußersten Grenzen seiner Macht führt. An dieser äußersten Grenze aber muss der Mensch seine Ohnmacht erkennen und sich unter die Allmacht Gottes beugen. Das ist der Weg Raskolnikows, Iwan

---

9   Das grundlegende Werk Berdjajews: „Die Philosophie des freien Geistes", wurde an dieser Stelle besprochen. Vgl. *Tatwelt*, 7. Jg., H. 3, S. 111. (*Höntzschs Anmerkung*).

Karamasows. Oder aber der Mensch macht seine Entscheidung wider Gott zur endgültigen Entscheidung, beharrt auf seiner Eigenmacht und seinem Eigenwillen und überliefert sich ganz der Macht Ahrimans, des Gottes des Bösen und des Nicht-Seins, des furchtbaren „Unbildes der Verderbnis". Das ist der Weg Nicolai Stawrogins (Dämonen) und Swidrigailows (Raskolnikow), der zum Nichtsein, d. h. zum Selbstmord führt. Darum ist es ein tiefer Gedanke, den Iwanow aus dem Werk Dostojewskijs ans Licht hebt, wenn er sagt: „Die realen Widersacher sind Christus und Ahriman" (S. 112). Denn am Ende des dynamisch-luziferischen Prozesses der Versuchung des Menschen, der den Menschen an die äußerste Grenze seiner Macht führt, wo seine Macht in Ohnmacht umschlägt, muß der Mensch sich endgültig entscheiden zwischen dem Sein und Nicht-Sein, zwischen dem schmalen Pfade Christi, der durch die Auferstehung ins Leben, und der breiten Straße Ahrimans, die zu dem „zweiten Tode" führt, mit dem die Apokalypse so furchtbar droht.

Am Ende des Weges der Verneinung Gottes – das ist die positive, in ungeheuren Leiden errungene Erfahrung Dostojewskijs – steht nicht die Gemeinschaft, sondern das Nichts, die Vernichtung des Menschen, und zwar in doppelter Gestalt: als individualistisches, der Verzweiflung ausgeliefertes Insichverschlossensein des Menschen, aus dem ihn nur ein geistiger Tod, dem eine Wiedergeburt folgt, erretten kann; und als kollektivistisches, formal-logisch-technisches Miteinandersein der Menschen, das in Wahrheit gar kein Miteinandersein, sondern ein „Fürsichsein der Menschen als Ganzes, als Kollektiv" ist. Demgegenüber tritt Dostojewskij als Prophet und Verkünder einer Gemeinschaft auf, die nicht auf der „euklidischen Vernunft", der erkenntnistheoretischen Gegenüberstellung von Subjekt und Objekt gegründet ist, sondern auf einem Willens- und Glaubensakt des Sicheinssetzens: der Liebe, der „einzig realen Erkenntnis, weil sie mit dem absoluten Glauben an die Realität des Geliebten zusammenfällt". Hier ist das fremde Ich nicht mehr ein Objekt, sondern ein anderes Subjekt. „Du bist" heißt hier nicht mehr: „Du wirst von mir als seiend erkannt", sondern: „Dein Dasein erlebe ich als mein eigenes, durch dein Sein finde ich mich selbst als einen Seienden wieder." Und dieses Sicheinssetzen mit dem fremden Ich als Akt der die Einigung aller Menschen erstrebenden Liebe, die – den „Schlangenbiss des principium individuationis" zu entgiften trachtend – den Tod selbst in die Schranken fordert, enthält auch das Postulat Christi in sich, als des Ens realissimum, in dem allein die Persönlichkeit aus ihrer metaphysischen Einsamkeit, ihrem Insichverschlossensein heraustreten kann. An dem Buch Iwanows schon wird es deutlich, dass wir uns einem neuen Dostojewskijbild nähern, in dem – im Gegensatz zu dem der naturalistischen und der neuromantischen Epoche – Dostojewskij als der letzte große christliche Denker und Prophet im Vordergrund

steht. Es ist ja nicht zufällig, dass gleichzeitig mit dem Buch Iwanows Theode-
rich Kampmanns „Licht aus dem Osten" erscheint (Bergstadt-Verlag, Breslau),
in dem in gleicher Weise Dostojewskij der Christ im Zentrum der Analyse steht.
Ohne Ihn, d. h. ohne Christus war menschliche Gemeinschaft für Dostojewskij
nicht möglich. Er ist das Fundament seiner ganzen Welt. Zu ihm bekennt er sich
in dem machtvollsten Bekenntnis aus menschlichem Munde: „Wenn mir jemand
bewiesen hätte, dass Christus außerhalb der Wahrheit steht, so würde ich vorziehen, mit Christus und nicht mit der Wahrheit zu bleiben."

Den unerschöpflichen Reichtum des Buches von Iwanow auszuschöpfen, ist
unmöglich. Was in dem Kapitel „Dämonologie" über die Begriffssymbole des
Bösen – Luzifer-Ahriman-Legion, was in dem Kapitel „Hagiokratie" (d. i. Herrschaft der Heiligen) über die Gemeinschaft in Christus, die Gemeinschaft der
novae creaturae, der communio sanctorum gesagt ist, lässt uns das Werk Dostojewskijs von neuem machtvoll erstrahlen, das uns – richtig verstanden – wie
kaum ein anderes eine Leuchte sein kann in den schweren geistigen Entscheidungen, denen Europa entgegengeht.

Die Tatwelt, 1932, Heft 3, S. 167–169.

2D

Iwanow, Wjatscheslaw: Dostojewskij. Tragödie – Mythos – Mystik. Autor. Übersetzung von Alexander Kresling. Tübingen: J. C. B. Mohr 1932. (VII, 142 S.)
gr. 8°. RM 4.20; Lw. geb. RM 6.30.

Rezension von Fred Höntzsch

In der Einwirkung Dostojewskijs auf das europäische Geistesleben können wir
deutlich drei aufeinanderfolgende Epochen unterscheiden: die naturalistische,
die neuromantische und die expressionistische. Von der einen zur anderen steigt
der Stern Dostojewskijs höher und höher zum Zenit des abendländischen Him-
mels, von Epoche zu Epoche erschließen sich immer neue Horizonte, brechen
immer neue Tiefen seines Werkes auf. Während in der naturalistischen Epoche nur Dostojewskijs Psychologismus und Gesellschaftskritik im Vordergrund
standen, die metaphysischen Probleme aber, die Dostojewskij bewegten und in
entscheidenden Gegensatz zur europäischen Aufklärungsbewegung brachten,
ganz im Hintergrund blieben, trat in der zweiten Epoche, der neuromantischen,
der metaphysische Grübler Dostojewskij auf die Bühne des europäischen Geistes, begann der Metaphysiker Dostojewskij zu uns zu sprechen. Und in dem
neuen, mit dem Expressionismus beginnenden Abschnitt seiner Einwirkung
auf das europäische Denken trat wieder ein ganz neues Antlitz Dostojewskijs,

Dostojewskij der Christ, der letzte große christliche Denker und Prophet vor
uns hin. Hier sind vor allem die Bücher von Thurneysen, Berdjajew, Theode-
rich Kampmann[10] zu nennen, zu denen als letztes und tiefstes das Buch von
Wjatscheslaw Iwanow tritt.

Iwanows dreifacher Sicht: Dostojewskij als Tragiker, Mythenbildner und Religionskünder entspricht die Dreiteilung seines Buches in Tragodumena, Mythologumena, Theologumena; und diese Dreiteilung gewinnt ihre Einheit in dem
Zentrum der Dostojewskijschen Welt: in seinem Bekenntnis zu Christus. In wie
hohem Maße das Werk Dostojewskijs im Geiste des Christentums wurzelt, das
wird schon offenbar, wenn Iwanow – von der Untersuchung der Form ausge-
hend – das Werk Dostojewskijs neben das der großen Tragiker der Antike stellt.
Dostojewskijs Romane sind „Tragödien in epischer Einkleidung", ihre „Grundkonzeptionen sind durch und durch tragisch"; aber das tragische Prinzip ist
hier und dort ein anderes. Ist das tragische Prinzip der antiken Tragödie die
unerforschliche Bestimmung des Schicksals, das in des Menschen Leben ein-
bricht (Sophokles), so ist das tragische Prinzip Dostojewskijs die Freiheit des
Geistes, dadurch der Mensch sich von Gott abkehrt oder aber sich Gott zuwendet, d. h. zu seinem Schicksal aufbricht. Dieses tragische Prinzip Dostojewskijs
aber, die Freiheit des Menschen, – das der russische Religionsphilosoph Nicolai
Berdjajew zu einem Grundgedanken seiner christlichen Philosophie gemacht
hat[11] – ist christlich, kam überhaupt erst mit dem Christentum in die Welt.

Seinen Blick auf die fernsten Perspektiven jedes dieser beiden Wege, der
Anerkennung und der Nichtanerkennung Gottes richtend, zwischen welchen
der innere Mensch die endgültige Entscheidung zu treffen hat, ist nun Dostojewskij – nach Iwanows geistvoller Deutung – mit seinen Gedanken „in die ver-
borgensten Gesetze des wahren und des illusorischen Seins" gedrungen, äußert
er „tiefsinnige Einsichten in das mystische Leben der Kirche und in das Wesen
des Bösen", erforscht er – in Verfolgung des Weges der Verneinung Gottes – die
„menschliche Seele in ihrem Erkranken, ihren Kataklysmen" durchwandert
der Dichter das ganze Inferno der antichristlichen, widergöttlichen Dämonien.
In allen seinen „Epotragödien", die – scheinbar unzusammenhängend – in

---

10 Eduard Thurneysen: Dostojewskij. Ch. Kaiser-Verl. München. Nicolai Berdja-
    jew: Dostojewskijs Weltanschauung. C. H. Beck-Verl. München. Theoderich Kamp-
    mann: Dostojewskij in Deutschland. Helios-Verl. Münster/Westf. Licht aus dem Osten.
    Bergstadt-Verl. Breslau 1932. (*Höntzschs Anmerkung*)

11 Nicolai Berdjajew: Die Philosophie des freien Geistes. Problematik und Apologie
    des Christentums. J. C. B. Mohr (Paul Siebeck), Tübingen 1930. RM 10.–. (*Höntzschs
    Anmerkung*)

Wahrheit die „Glieder einer dialektischen Kette, die Stufenleiter eines steten Emporsteigens der sich selbst erkennenden Idee über die Sprossen genial aufgestellter und überwundener Antithesen" sind, offenbart Dostojewskij immer neue Formen und Tiefen der Hölle: ein Pandämonium, wie es seinesgleichen nur hat in Kierkegaards Schriften, besonders im „Begriff der Angst" und der christlich-strengeren „Krankheit zum Tode". Und dieser Seite Dostojewskijs, d. h. dem genialen Dialektiker und Philosophen des Bösen[12], wie er sich vor allem in den Gestalten Raskolnikow, Ivan Karamasow, Nicolai Stawrogin, Pjotr Werchowenskij u. a. manifestierte, war Europa fast ausschließlich zugewandt. Und wie jede einseitige Betrachtung hat auch diese zu Fehlschlüssen, ja zu Ablehnungen des düsteren Werkes Dostojewskijs geführt, das allerdings zu den düstersten aller menschlichen Schöpfungen gehörte, wäre Dostojewskij nur der geniale Dialektiker. Wie aber in seinem Werk der Märtyrer des Glaubens an die geistige Einheit der Menschheit (Myschkin) und der Abtrünnige dieses Glaubens (Raskolnikow) zueinander gehören als die zwei Pole einer Konzeption, so gehört zu dem genialen Dialektiker Dostojewskij auch Dostojewskij der Christ, der Prophet und Verkünder einer neuen Gemeinschaft, die nicht auf der „euklidischen Vernunft", sondern auf einem Willens- und Glaubensakt des Sicheinsetzens: der Liebe, gegründet ist. Es ist das große Verdienst E. Thurneysens, N. Berdjajews, Th. Kampmanns und im besonderen Wjatscheslaw Iwanows, diesen Glauben Dostojewskijs an ein nahes und doch unbekannt bleibendes Paradies, die gläubig der christlichen Alleinheit zugewandte Seite Dostojewskijs und seines Werkes als das eigentliche Vermächtnis des Dichters in den Vordergrund gerückt zu haben. Gegenüber diesem Glauben hat die Welt des Dialektikers Dostojewskij doch nur mehr vorläufige Bedeutung: nämlich die Katastrophe aufzuzeigen, die eintreten muss, wenn der Mensch das Fundament seines Lebens verlässt, d. h. sich gegen Gott entscheidet. Vor dem Hintergrund dieser Katastrophe erhebt sich dann um so machtvoller Dostojewskijs Bekenntnis zu Christus, in dem sich ihm „der göttliche Urgrund des Menschen" offenbarte, die „einzige positiv-schöne Gestalt", das „lebendige Unterpfand der verborgenen, transzendenten Wirklichkeit Gottes". Es hat einen tiefen Sinn, dass Dostojewskij nicht vom Glauben an Gott zu Christus, sondern umgekehrt vom Glauben an Christus zur Evidenz vom Sein Gottes kam. Wer so tief in die furchtbaren, schwindelnden Abgründe des menschlichen Daseins gesehen, die Ohnmacht des Menschen und die Macht des Todes erfahren hat, die sogar Ihn entstellte (man erinnere sich der Beschreibung

---

12 Er hat in Iwanows tiefschürfender Analyse der Begriffssymbole des Bösen: Luzifer, Ahriman, Legion eine kaum noch überbietbare Interpretation gefunden. (*Höntzschs Anmerkung*)

der Kreuzesabnahme in Dostojewskijs „Idiot"), der musste den Glauben an die
Welt und den Menschen als einer Schöpfung Gottes verlieren, gab es nicht ein
Zeichen dafür, daß diese Welt dennoch Gottes Welt sei. Dieses Zeichen aber ist
der in Jesus Christus dem Menschen geoffenbarte Gott. Allein vor dem Gott-
menschen Christus zerstoben alle Zweifel an der Welt und dem Menschen als der
Schöpfung Gottes. Denn „wenn der Mensch in seiner Vollendung so ist wie Er, so
ist auch die im Argen liegende Welt Gottes Welt und keine Teuflsposse" (S. 97).
„Niemand kommt zum Vater denn durch mich." M. a. W.: Dostojewskijs Glaube
an Gott ruhte in dem lebendigen Glauben an das wahrhafte Sein eines unauslösch-
lichen Ich im Menschen, an die Unsterblichkeit des menschlichen Ich als einer im
Ens realissimum – Gott – gegründeten Realität, die auch der Tod nicht auslöschen
kann, denn der Mensch wird auferstehen in Christus, dem Auferstandenen (das ist
der Sinn der vollendet-tiefen Symbolik des „Verwesungsgeruches" und der „Hoch-
zeit zu Kana" in den „Karamasow"). So ist es ganz im Geiste Dostojewskijs, wenn
Iwanow die große Bedeutung der von Aljoscha gestifteten Bruderschaft im Namen
des toten Iljuscha hervorhebt (S. 128), in deren tiefer Symbolik die innere Erfahrung der Unsterblichkeit gegeben ist im Gedenken des „kleinen Heiligen", der in
allen ist, ohne selbst am Wechsel der Erscheinungen teil zu haben, und der den
Samen des Glaubens an die Verbundenheit aller in Christus in seinen Freunden
zum Keimen bringen wird. „Und wenn die Freunde das Mysterium Christi, dessen
Zeichen sich nur in den Zügen des Nächsten finden lassen, in seiner ganzen Fülle
erfasst werden, dann werden sie auch begreifen, daß ihr Bund nach dem Urbild
der Kirche entstanden ist, als einer durch die lebendige Person Christi, nicht aber
durch ein abstraktes Prinzip verbundenen Gemeinschaft" (S. 128).

Dieses alleinheitliche Verbundensein aller Menschen in der lebendigen Person
Christi war aber für Dostojewskij nicht mit der empirischen Kirche identisch,
die nur allzu leicht – als ein aus weltlichen Bausteinen errichtetes Haus – dem
„Fürsten dieser Welt" hörig wird, wie die Erfahrung in den geschichtlichen
Erscheinungen des „Papocaesarismus" und „Caesaropapismus" (Berdjajew)
gezeigt hat. Wohl hat Dostojewskij in zu schroffer Abwehrhaltung gegen den
Westen die Sendung der Orthodoxie übersteigert; wohl verband der Dostojewskij
der „Politischen Schriften" die Verwirklichung seines theokratischen Ideals mit
der politischen Vormachtstellung Russlands; und es liegt Iwanow – der in seiner
Darstellung der „positiven religiösen Ideale" diese schwierige Problematik nur
berührt[13] – fern, Dostojewskijs Irrtum an dieser Stelle zu leugnen. Aber: er weist
darauf hin, dass dieser irrtümlichen Konzeption einer Verwirklichung des theokratischen Ideals auf dem Wege der politischen Evolution die andere des Starez

---

13 Vergl. Iwanow S. 132–133, Fußnote. (*Höntzschs Anmerkung*)

Sossima gegenübersteht, der diesen „römischen Denkgewohnheiten" keine Zuge-
ständnisse macht und daran festhält: Der Name und die Gestalt Christi, das ist
alles, was der „christlichen Idee" auf dem Wege ihrer Verwirklichung gegeben ist.
Seine Gestalt ist der einzige Maßstab, den der Mensch im Kampfe um die Verwirklichung des Reiches Gottes hat, das „unsichtbar wächst", „unabhängig von
irdischen Mitteln und Wegen", „einzig durch die Wirkung der göttlichen Gnade".
Keine Kulturform kann, da für Iwanow in jeder von ihr ein luziferisches Prinzip
mitwirksam ist, die neue Gemeinschaft, die Gemeinschaft der novae creaturae,
die communio sanctorum aufnehmen, die als eine „Welt" in der Welt, als ein
„Reich" im Reiche wirkend, die vorhandenen Kulturformen durchdringt, dem
„immanenten Gericht des in ihr lodernden Feuers unterstellt", durch welches sie
entweder sich zu neuen Formen umschmelzen ließen oder aber verbrennen müssen. So wird also das Bauen an dem Reiche, das „nicht von dieser Welt" ist, einem
„Bauen aus unsichtbaren Bausteinen" ähneln. (Was auf Erden nach menschlichen
Gesetzen geschaffen worden ist, trachtet nicht, es zu zerstören, euer Werk aber tut
nicht nach diesen Gesetzen.) Diesem unsichtbaren Bauen entspricht die „Tätigkeit" Aljoschas: die Stiftung der Bruderschaft im Namen des „kleinen Heiligen"
Iljuscha; Aljoschas Gang an die Universität, d. h. in das von der Kirche abgefallene,
luziferische Russland; sein „neues Mönchtum", eine durch „kein äußeres Merkmal erkennbare Askese und bestimmbare Klosterzucht und Dienstleistung an der
Welt". Dieses „namenlose Mönchtum und Tertiarertum" ist die „Gemeinschaft
der Heiligen", die – als der „fern zerstreute und geteilte Bestand" der unsichtbaren, allumfassenden christlichen Alleinheit – ausgesandt wird auf die menschliche Flur wie Regen und Sonnenwärme auf die Fluren der Erde – Wegbereiterin
der „freien Theokratie", der „ersehnten Herrschaft Christi über die Menschen".

Orient und Occident, 11. Heft 1932, S. 45–47.

2E

Wjatscheslaw Iwanow: Dostojewskij. Tragödie, Mythos, Mystik. Autorisierte
Übersetzung von Alexander Kresling. Tübingen bei J. C. B. Mohr (Paul Siebeck).
1932, 142 S.

Rezension von A. Bem (Prag)[14]

Dem Dostojevskij-Buch von V. Ivanov lag seine bekannte Abhandlung: Dostojevskij i roman-tragedija (1911) zugrunde, die für die weitere Erforschung

---

14 Al'fred Ljudvigovič Bem (1866–1945), Literaturhistoriker, ab 1920 in der Emigration, ab
    1922 in Prag. Zu dieser Rezension s. seinen Briefwechsel mit Ivanov (Briefe 285–289).

des Schaffens Dostojevskijs bekanntlich eine große Rolle gespielt hat. Ihre unmittelbare Fortsetzung bildete ein zweiter Aufsatz: Osnovnoj mif v romane Besy (1914), der auf einem ebenso hohen Niveau stand. Diese Arbeiten haben bis zum heutigen Tag ihre Bedeutung nicht eingebüßt. Noch im Jahre 1925 schrieb V. Komarovič, einer der bedeutendsten Kenner des Schaffens Dostojevskijs, in seiner Übersicht „Dostojevskij. Sovremennyje problemy istoriko-literaturnogo izučenija" (Leningrad 1925) über die erste Arbeit Ivanovs: „V. Ivanovs Abhandlung scheint der kühne Entwurf eines Planes zu einem grandiosen Bau zu sein, wo nicht nur die Proportion der Teile, sondern auch die Harmonie des Ganzen vorgesehen ist." Jedoch erst jetzt, 20 Jahre nach dem Erscheinen des ersten Aufsatzes von Ivanov, haben wir unter ganz geänderten Bedingungen die Möglichkeit erhalten, dieses „Ganze" des so glänzend begonnenen Gebäudes kennenzulernen. Es hat sich wohl nicht als grandios erwiesen, jedoch kann man ihm die Bedeutsamkeit und besonders die imponierende Architektonik des ganzen Baues nicht absprechen. Der Plan ist der alte geblieben: als Fundament diente die Analyse der Form, vor allem der Komposition der Romane Dostojevskijs, auf dem sich die Analyse der Weltanschauung erhebt. Was diese beiden Aspekte betrifft, so sind die Setzungen Ivanovs über die „Roman-Tragödie" Dostojevskijs schon festes Erbgut der Wissenschaft geworden und sein Verdienst um die Formulierung einzelner Gesetze der Poetik Dostojevskijs bleibt unbestreitbar. Nicht weniger fruchtbar erwies sich die Beobachtung Ivanovs, betreffend die Dreischichtigkeit der Werke Dostojevskijs, deren Handlung gleichzeitig in der fabulistischen, psychologischen und metaphysischen Schicht abläuft. Noch unlängst hat S. Hessen in seiner Arbeit „Tragedija dobra v Brat'jach Karamazovych", Sovrem<ennye> Zap<iski> 1928, 25 (deutsch im „Russischen Gedanken" 1929, Nr. 1) die Bedeutung dieser Beobachtung unterstrichen. So ist also der erste Teil des Buches unter dem Titel „Tragodumena" schon endgültig in die Dostojevskij-Forschung eingegangen und stellt bis zu einem gewissen Grade eine bereits durchlaufene Etappe dar. Weniger Glück hatte Ivanov mit der zweiten Arbeit über den Grund-Mythos des Romans „Dämonen". In dem neuen Buch eröffnet sie das zweite Kapitel, betitelt „Mythologumena". Erst jetzt, da die weitere Fortsetzung jener Abhandlung, die eine Analyse der den Romanen „Schuld und Sühne" und „Idiot" zugrunde liegenden Mythen bietet, wird die Bedeutung dieses Teiles ganz klar. Mir scheint die Grundidee sehr interessant, von der V. Ivanov bei der Erforschung der „Mythenschöpfung" des Dichters ausgeht. Ungeachtet dessen, dass er sich in den Grenzen der rein philosophischen Analyse hält, berühren sich seine Ausführungen durchwegs mit den neuesten Arbeiten über die Theorie der Literatur. Ivanov führt den Begriff der Idee des Werkes auf den des Grundmythos zurück, mit dessen Enthüllung auch das künstlerische

Wortgewand des Werkes erkannt wird. Hier begegnen wir derselben Ansicht, welche z. B. Ermatinger in das System der Elemente eines Kunstwerkes einführt unter dem Begriff der „inneren Form", der als formendes Prinzip in der Lehre der strukturalen Schule der Literaturwissenschaftler gilt. (Em. Ermatinger: Das dichterische Kunstwerk; Leipzig 1921, S. 206. J. Mukařovský: K problémům českého symbolismu – in dem Sammelband: Charisteria G. Mathesio, Prag 1932, S. 125. In der Lehre von dem „synthetischen Urteil", das seinem Wesen nach jeder Mythos ist, berührt sich V. Ivanov in vielem mit der von mir hervorgehobenen Theorie des „Kunstwerkes als Urteil", vgl. Chudožestvennoje proizvedenije-suždenije" in den Trudy Russkago narodnago universiteta, Pr<aga>. 1928, Bd. 1.) Wir können hier jedoch nicht alle Einzelheiten in den Ausführungen V. Ivanovs verfolgen, die gleichzeitig auch eine tiefe und interessante Analyse der bedeutendsten Romane Dostojevskijs, der „Schuld und Sühne", des „Idioten" und der „Dämonen" darstellen.

Sehr interessant sind auch die nebenhergehenden literarischen Parallelen, die Ivanov im Prozess seiner Analyse von Dostojevskijs Schaffen heraussondert. Ich hebe nur das heraus, was mit der deutschen Literatur in Verbindung steht. In erster Linie ist es die Annäherung der „Dämonen" an Goethes Faust. Die Frage nach dem Einfluss Goethes auf Dostojevskij stellt Ivanov nicht direkt. Er spricht wohl nebenbei von der Spiegelung der Goetheschen Mignon im Bild der Nelly in den „Erniedrigten und Beleidigten", worüber seinerzeit bereits Prof. Kirpičnikov schrieb (A. I. Kirpičnikov: Očerki po istorii novoj russkoj literatury, 2. Ausg., Moskau 1903, S. 372), doch interessiert ihn nicht die Frage der Beeinflussung, sondern des Zusammenfallens beider Dichter im „Grund-Mythos".

In den „Dämonen" wollte Dostojevskij zeigen, wie das „Ewig-Weibliche" der russischen Seele, das seinen Befreier und Erlöser erwartet, unter dem Betrug und der Gewalt von seiten des Usurpators leidet, des Betrügers und Verräters, der sich der Maske des Ivan-Carevič bedient. Hinter diesem Verräter stehen die Dämonen, die den Kampf um die russische Seele führen (S. 51). Aus dieser Problemstellung heraus fand Dostojevskij den Weg zu einem anderen Werk, in welchem ebenfalls das Problem der Wechselbeziehungen zwischen der Seele der Erde, dem wagenden und irrenden menschlichen Geist und den Kräften des Bösen gestellt ist, obwohl es nicht die Idee der erlösenden Mission darstellt. Dieses Werk ist Goethes Faust. Daher der tiefe Parallelismus beider Werke, der zum erstenmal von Ivanov in all seiner Bedeutsamkeit herausgestellt wird. Besonders wertvoll ist es, dass Ivanov die Bedeutung des Faust II für die Komposition der „Dämonen" unterstreicht. (V. Ivanov bemerkt nicht, dass in dem Roman „Dämonen" selbst sich ein unmittelbarer Hinweis auf Faust II vorfindet in der Besprechung des Poems von Stepan Trofimovič: „Das ist eine Art Allegorie, in

lyrisch dramatischer Form, die an den II. Teil des Faust erinnert", I. Teil, 1. Kap.)
Der folgende kleine Abschnitt aus dem Buch Ivanovs soll zeigen, wie tief sich
ihm die Frage der Beziehungen zwischen dem Faust und den „Dämonen" darstellt: „Marja Timofejevna hat den Platz von Gretchen eingenommen, die nach
den Enthüllungen im zweiten Teil der Tragödie als eine Gestalt des Ewig-Weiblichen sowohl mit Helena als auch mit der Mutter Erde identisch ist; Nikolaj Stavrogin ist der ins Negative gewandte russische Faust, und zwar deshalb ins
Negative, weil in ihm die Liebe erloschen ist und mit ihr jenes unaufhaltsame,
in Platos Sinne erotische Streben, durch welches Faust gerettet wird; die Rolle
des Mephisto wird von Peter Verchovenskij übernommen, der in allen entscheidenden Augenblicken mit all den Grimassen seines Prototyps hinter Stavrogin
auftaucht. Das Verhältnis zwischen Gretchen und der Mater Gloriosa ist dasselbe wie das zwischen Marja Timofejevna und der Mutter Gottes. Das Entset-
zen der Marja Timofejevna beim Erscheinen Stavrogins in ihrem Zimmer ist in
der Wahnsinnsszene Margarethens im Kerker vorgezeichnet. Ihre träumerische
Sehnsucht nach dem Kinde ist beinahe dasselbe Gefühl, das auch in den Wahn-
erinnerungen des Goetheschen Gretchens mitklingt" (S. 51–52).

Aus diesem Zitat wird klar, wieviel Fruchtbares der Literarhistoriker aus
den Zusammenstellungen Ivanovs ziehen kann. Das hier Angedeutete ist das
Wesentlichste, was bisher über das Faustproblem bei Dostojevskij gesagt wurde.

Unerwartet erscheint die Annäherung des Romans „Der Idiot" an das
Gedicht „Nächtliche Fahrt" aus dem „Romancero" H. Heines. Die Szene im
Schlafzimmer Rogožins nach der Ermordung der Nastasja Filipovna, bei deren
Leichnam Myškin und Rogožin sitzen, ruft V. Ivanov eine andere „Legende" ins
Gedächtnis, in welcher sich eine ähnliche Lage vorfindet: Aug in Auge bleiben
beide Gegner, welche in den Zauberkreis der Liebe zur irdischen Schönheit
gezogen wurden, die ihre Erlösung im Tode fand. Ivanov fragt: „Was für eine
Legende ist es, die gleichsam in einem fernen Echo in altersgrauen Ruinen diese
abgerissenen Sätze, diese dumpfen Aufschreie zweier Verzückter wiederholt, für
die die Welt aus den Angeln gesprungen ist und alle Bindungen und Bande des
Seins erschlafft und abgestreift sind? Wo haben wir diese zwei gesehen, die, in
Begleitung einer Frau, auf einem Kahn in das grenzenlose nächtliche Meer des
Unbekannten hinausfahren und allein, ohne sie, wieder zum Ufer zurückkeh-
ren? Wo haben wir diese wirren, aus dem Fieberwahn der Eifersucht und der
Verzweiflung geborenen, zusammenhanglosen Klagen von der Schönheit, die in
den Banden der Erde schmachtet, und von ihrer Erlösung durch den Tod schon
vernommen?" (S. 87, 88). Und wenn er auf diese Frage mit dem Hinweis auf die
„Nächtliche Fahrt" von Heine antwortet, so hat er nur insoweit recht, als er sich

mit der bloßen Feststellung begnügt. Für den Literarhistoriker gibt es in dieser Nebeneinanderstellung noch keine Elemente literarischen Zusammenhanges. Ja, man kann von solchen Zusammenhängen in diesem Falle überhaupt kaum sprechen.

Der letzte Teil des Buches „Theologumena", das auf diese Weise eine Art Trilogie darstellt, ist für den Literarhistoriker von weniger Interesse. Man fühlt, dass er ein Ergebnis des Schaffens aus Ivanovs letzten Jahren ist. Dafür spricht eine entschiedene Wendung zur Theologie, die die Analyse allgemein-philosophischer Fragen zurücktreten läßt. Interessant ist hier die Zusammenstellung mit Dante, welche unlängst auch Fr. Muckermann in seinem Buch über Goethe vorgenommen hat (Fr. Muckermann. Goethe, Bonn a. Rh., Buchgemeinde, 1931. Goethe, Dante und Dostojevskij, S. 224–288.) Einige wertvolle Gedanken sind auch gelegentlich über die „Memoiren aus der Unterwelt" und über die „Brüder Karamazov" ausgesprochen, besonders über die Gestalt des Aleša.

Das Buch V. Ivanovs verdient als Ganzes ernsteste Aufmerksamkeit. Obwohl es noch im Geiste der früheren Arbeiten über Dostojevskij befangen ist, die seine Weltanschauung nach seinen Werken konstruieren, so fühlt man zum Unterschied von den Arbeiten z. B. Merežkovskijs, L. Šestovs und anderer darin weit weniger den Subjektivismus des Autors, der Dostojevskij seiner eigenen Weltschau anpasst. Der Literarhistoriker findet in ihm eine Reihe von feinen und richtigen Ansichten, die in vielem durch die rein historisch-literarischen Untersuchungen der letzten Jahre bestätigt worden sind.

Germanoslavica, Jahrgang II, 1932–1933, S. 274–277.

Anhang

Briefwechsel Al'fred Bem – Vjačeslav Ivanov

Brief 285)   **Bem an Ivanov (CS)**

Společnost Dostojevského v Praze

Dostojevskij Gesellschaft. – Общество Достоевского – Société Dostojevskij.

Slovanský seminář Karlovy university. Filosofická fakulta. Smetanovo nám.,

Prague-I., Tchécoslovaquie

Presidium:

Předseda: Prof. Dr. Jan Máchal.

Místopředseda: Prof. Dr. Gerhard Gesemann.

"   "   : Prof. Dr. Jiří Horák.

"   "   : Prof. Dr. A. Štefánek.

Jednatel: Prof. Dr. Emil Svoboda.

"   "   : Anna Tesková.

Pokladník: Odb. rada Otokar Blažek.

Náhradník: JUDr. Josef Novotny.

Praha, den 12 марта 1932

Проф. В. И. Иванову. Павиа.

Многоуважаемый Вячеслав Иванович,

Обращаюсь к Вам от имени «Общества Достоевского» в Праге со следующей просьбой. Общество задумало издание небольшой серии брошюр, содержащих наиболее значительные работы о Достоевском. Правление остановилось между другими работами и на Вашей статье «Достоевский и роман-трагедия» и просило меня обратиться к Вам с просьбой о разрешении на чешский перевод ее. Я знаю, что она теперь вошла, кажется, в несколько измененном и дополненном виде в Вашу немецкую книжечку о Достоевском. Не знаю, придется ли теперь получать разрешение и у Вашего издателя на перевод? Во всяком случае, в первую очередь обращаюсь к Вам. К сожалению, Общество обладает очень ограниченными средствами, и ему было бы трудно выплатить гонорар за право перевода.

Остаюсь искренно преданный Вам

А Бем

Секретарь

Позвольте несколько слов добавить в частном порядке. Не знаю, приходилось ли Вам встречаться с моими работами о Достоевском. Они появлялись гл<авным> обр<азом> в научных заграничных изданиях («Славия», Тр<уды> Русск<ого> Нар<одного> Ун<иверситета> в Праге и др.) и легко могли пройти мимо Вашего внимания. Под моим руководством возник в Праге специальный Семинарий по изучению Достоевского, о работах которого дает некоторое представление сборник «О Достоевском», изданный в Праге под моей редакцией. Вашу немецкую книжку еще не читал, но собираюсь о ней писать в журналах «Славия» и «Германославика». Посылаю Вам оттиск своей статьи «Эволюция образа Ставрогина».

Искренне преданный Вам АБ

Мой личный адрес:
(Альфред Людвигович Бем.)
A. Bem. Bučkova 597
Bubeneč. Prague. Tchecoslovaquie.

<Übersetzung>

Prag, den 12. März 1932
An Prof. V. I. Ivanov, Pavia

Sehr geehrter Vjačeslav Ivanovič,

ich wende mich an Sie im Namen der „Dostoevskij-Gesellschaft" in Prag mit folgender Bitte. Die Gesellschaft beabsichtigt die Herausgabe einer kleinen Heftreihe mit den bedeutendsten Arbeiten über Dostoevskij. Der Vorstand erwägt neben anderen Arbeiten auch Ihren Artikel „Dostoevskij und die Romantragödie" und bat mich darum, mich mit der Bitte um Erlaubnis einer tschechischen Übersetzung des Artikels an Sie zu wenden.[15] Mir ist bekannt, dass der Artikel jetzt in einer, wie es scheint, etwas veränderten und erweiterten Form in Ihr deutsches Buch über Dostoevskij eingegangen ist. Ich weiß nicht, ob es nun nötig ist die Erlaubnis zur Übersetzung von Ihrem Verleger zu erhalten? Wie dem auch sei, wende ich mich zuerst einmal an Sie. Leider stehen der Gesellschaft nur sehr begrenzte Mittel zur Verfügung und es würde uns schwerfallen, ein Honorar für das Übersetzungsrecht zu zahlen.

Ich verbleibe Ihr aufrichtig ergebener

A. Bem
Sekretär

---

15 Es ist uns nicht bekannt, ob Ivanov diesen Brief je beantwortete. Eine tschechische Übersetzung seiner Arbeit ließ sich ebenfalls nicht nachweisen.

Erlauben Sie mir einige Worte in persönlicher Sache beizufügen. Ich weiß nicht, ob Sie zufällig schon auf meine Arbeiten über Dostoevskij gestoßen sind. Sie sind hauptsächlich in ausländischen Veröffentlichungen erschienen („Slavia", „Arbeiten der Russischen Nationaluniversität in Prag" und andere) und könnten somit leicht Ihrer Aufmerksamkeit entgangen sein. Unter meiner Leitung entstand in Prag ein spezielles Seminar zum Studium Dostoevskijs. Von der Arbeit des Seminars gibt der Sammelband „Über Dostoevskij", herausgegeben in Prag unter meiner Leitung, eine gewisse Vorstellung. Ihr deutsches Buch habe ich noch nicht gelesen, aber ich beabsichtige darüber in den Zeitschriften „Slavia" und „Germanoslavica" zu schreiben. Ich schicke Ihnen eine Kopie meines Artikels „Die Entwicklung der Gestalt Stavrogins".[16]

Ihr aufrichtig ergebener AB

Meine Privatadresse:
(Al'fred Ljudvigovič Bem)
A. Bem. Bučkova 597
Bubeneč. Prag. Tchecoslovaquie.

Brief 286)   Bem an Ivanov (CS)

Альфред Людвигович Бем. Bučkova 597. Praga XIX.

Прага, 30/V.1933

Глубокоуважаемый Вячеслав Иванович,

Посылаю Вам бандеролью небольшой отзыв о Вашей книге «Достоевский». Мне в нем пришлось считаться с особенностью журнала, посвященного нем<ецко>-славянским взаимоотношениям. Поэтому отзыв вышел однобоким. Он Вам, вероятно, покажется и недостаточно философически обоснованным, но я писал, как историк литературы. – В другой обстановке я говорил о Вашей книге подробнее, а именно в специально посвященном ей разбору заседании Семинария по изучению Достоевского, которым я руковожу.

Вам будет, вероятно, интересно узнать, что в прениях по моему докладу принял живое участие Ив. Ив. Лапшин.

---

16 Alfred Bem, „Die Entwicklung der Gestalt Stavrogins". In: D. Čyževskij (Hg.), *Dostojevs-kij-Studien*, Reichenberg, 1931, S. 69–97. Das Buch erschien in der Reihe der „Veröffentlichungen der Slavistischen Arbeitsgemeinschaft an der Deutschen Universität in Prag". Der Sonderdruck im Ivanov-Archiv (CS) ist mit einer Widmung versehen: „Вячеславу Ивановичу Иванову – автору работ о Достоевском, кот<орым> я многим обязан – в знак искреннего уважения. Прага 11 марта 1932 от автора". („An Vjačeslav Ivanovič Ivanov, den Autor der Arbeiten über Dostoevskij, denen ich um vieles verpflichtet bin – als Zeichen herzlicher Hochachtung. Prag, 11. März 1932 vom Verfasser".)

Готовлю к изданию второй том сборника «О Достоевском», который выходит в Праге под моей редакцией. Там будет кое-что интересное и для Вас. Меня очень радует возможность общения с Вами. Искренне преданный Вам

А. Бем

<Übersetzung>

Prag, den 30. Mai 1933

Hochverehrter Vjačeslav Ivanovič,

Ich sende Ihnen als Drucksache eine kurze Besprechung Ihres Dostoevskij-Buches. In ihm hatte ich die Besonderheit der Zeitschrift zu berücksichtigen, die den deutsch-slavischen Beziehungen gewidmet ist. Deshalb ist die Besprechung etwas einseitig geworden. Sie wird Ihnen wahrscheinlich auch nicht hinreichend philosophisch begründet erscheinen, aber ich habe sie als Literaturhistoriker verfasst. In einem anderen Zusammenhang habe ich in genauerem Detail über Ihr Buch gesprochen: in einer speziell seiner Erörterung gewidmeten Sitzung unseres Seminars zum Studium Dostoevskijs, welches ich leite.

Es wird Sie sicher interessieren, dass Iv<an> Iv<anovič> Lapšin an der Aussprache zu meinem Vortrag lebhaft teilgenommen hat.[17]

Ich bereite den zweiten Band der Sammlung „Über Dostoevskij" zur Veröffentlichung vor, welche in Prag unter meiner Leitung erscheint. Darin wird einiges für Sie Interessantes zu finden sein. Es freut mich sehr, dass ich die Möglichkeit habe, mich mit Ihnen auszutauschen.

Ihr aufrichtig ergebener

A. Bem

Brief 287)   Ivanov an Bem (LA)

Almo Collegio Borromeo, Pavia

5 июня 1933

Глубокоуважаемый Альфред Людвигович,

От всей души благодарю Вас за Ваши любезные строки и сочувственный отзыв о моей книге. Я высоко ценю его научную объективность – и то,

---

17 Ivan Ivanovič Lapšin (1870–1952), Philosoph. Nach der Exilierung aus Sowjetrussland 1922 wohnhaft in Prag als Professor der russischen juristischen Fakultät und Nachbar A. L. Bems. Es ist nicht bekannt, wo Ivanov und Lapšin sich kennenlernten. Im Ivanov-Archiv (CS) sind zwei Bücher von Lapšin erhalten: *Ėstetika Dostoevskogo.* Berlin, 1923 und *Filosofija izobretenija i izobretenie v filosofii.* Prag, 1924. (*Dostoevskijs Ästhetik* und *Die Philosophie der Erfindung und die Erfindung in der Philosophie.*) Die Seiten des letzteren blieben unaufgeschnitten.

что Вы признали его недочетом, а именно устранение других точек зрения на мою работу, кроме историко-литературной, склонен вменить ему в особливую заслугу, потому что это ограничение позволяет Вам более пристально рассмотреть одну часть проблемы, не менее важную чем ее философская часть. Но я не вполне понимаю, почему внутри этого круга Вы допускаете дальнейшие ограничения, напр.: „ich hebe mir das heraus, was mit der deutschen Literatur in Verbindung steht". Принципиально еще важнее, что Вы ограничиваете, по-видимому, задачу историка литературы установлением факта непосредственных литературных влияний и заимствований, и когда я ставлю вопрос о наличности общего мифа в произведениях, не сопряженных между собою связью литературной зависимости, Вам кажется, что эта проблематика выходит за пределы историко-литературного исследования. Я же усматриваю в таком съу́жении границ последнего une Befangenheit, от которой был свободен Александр Веселовский, и потому не могу согласиться с Вашими заключительными словами после экскурса о „Nächtliche Fahrt": „Für den Literaturhistoriker gibt es in dieser Nebeneinanderstellung noch keine Elemente literarischen Zusammenhangs. Ja, man kann von solchen Zusammenhängen in diesem Falle überhaupt kaum sprechen". Другое дело было бы, не правда ли, если бы мы знали, что „Romancero" Гейне был Достоевскому хорошо известен? Мне же это почти безразлично, и все-же факт встречи обоих поэтов на одном очень своеобразном мифическом представлении для меня не просто факт, но и проблема истории литературы. Как хотелось бы мне знать происхождение гейневской баллады! – В свою очередь Вы находите, что моя книга „noch im Geiste der früheren Arbeiten über D. befangen ist, die seine Weltanschauung nach seinen Arbeiten konstruieren": haben wir es denn heutzutage so herrlich weit gebracht, dass wir seine Weltanschauung (falls dieselbe den Literarhistoriker überhaupt noch beschäftigen soll) nicht mehr nach seinen Werken zu konstruieren vermeinen, sondern etwa lediglich aus seiner biographischen Empirie kennen lernen? – По поводу 3-й части моей «трилогии» Вы говорите: „Man fühlt dass er (der 3. Teil) ein Ergebnis des Schaffens aus I.'s letzten Jahren ist. Dafür spricht eine entschiedene Wendung zur Theologie, die die Analyse allgemein-philosophischer Fragen zurücktreten lässt (как так?!)". Третья часть – переработка статьи в „Русской мысли" 1917 г. (или 1918?). Важно здесь не мое „обращение к богословию", а Достоевского. И этот факт, по моему крайнему разумению, должен интересовать именно историка литературы, ибо дело идет об изменении стиля, или, если угодно, «внутренней формы», эпического творчества. О «Братьях Карамазовых» я пишу (стр. 59–60) после рассуждений о мифе, как основе произведений Д-го: „Und dennoch ist dieses erst nach einer religiösen Vorbereitung in Angriff genommene Werk mehr allegorisch und didaktisch als mythisch konzipiert… [Es] wird die religiöse Wahrheit im letzten Werke des Dichters direkt vorgetragen und in ihrer ans Wunder grenzenden Einwirkung auf das Leben gezeigt. Ihr reines weißes Licht, durch schonende dünne Hüllen gedämpft, leuchtet uns aus unmittelbarer Nähe entgegen, ohne sich im Farbenabglanz der mythisch-imaginativen Sphäre zu brechen. Diese Änderung der künstlerischen Manier unterscheidet die letzte Schaffensperiode des Meisters wesentlich von der Epoche, da sowohl ‚die Dämonen' als ‚der Idiot' entstanden sind: denn in dieser überwiegt im Gegenteil das Mythische".

Прошу Вас передать мое глубокое почтение Ив. Ив. Лапшину.

Простите вышеизложенные возражения и примите уверение в моем глубоком уважении, преданности и признательности.

Вячеслав Иванов

<*Übersetzung*>

Almo Collegio Borromeo, Pavia

5 Juni 1933

Hochverehrter Al'fred Ljudvigovič,

Von ganzem Herzen danke ich Ihnen für Ihre liebenswürdigen Zeilen und Ihre einfühlsame Besprechung meines Buches. Ich schätze ihre wissenschaftliche Objektivität sehr – und was Sie als den Mangel der Besprechung erkannten, nämlich die Aufhebung aller anderen Sichtweisen auf meine Arbeit als der literaturgeschichtlichen, bin ich geneigt ihr als besonderes Verdienst anzurechnen. Diese Eingrenzung erlaubt Ihnen einen Teil des Problems, der nicht weniger wichtig ist als der philosophische Teil, mit wacherem Blick zu betrachten. Allerdings verstehe ich nicht, wieso Sie innerhalb dieser Begrenzung weitere Einschränkungen vornehmen, zum Beispiel: „ich hebe mir das heraus, was mit der deutschen Literatur in Verbindung steht". Prinzipiell ist noch wichtiger, dass Sie anscheinend die Aufgabe des Literaturhistorikers auf die Festlegung der Tatsache unmittelbarer Einflüsse und Entlehnungen beschränken. Wenn ich die Frage stelle nach der Existenz eines allgemeinen Mythos in Werken, die durch literarische Abhängigkeit miteinander nicht direkt verbunden sind, erscheint Ihnen, dass diese Problematik über die Grenzen der literaturhistorischen Untersuchung hinausgeht. Ich jedoch erkenne in einer solchen Einschränkung der Grenzen der

Untersuchung eine Befangenheit, von welcher Aleksandr Veselovskij[18] frei war,
und kann deshalb nicht übereinstimmen mit Ihren abschließenden Worten nach
dem Exkurs über die „Nächtliche Fahrt": „Für den Literaturhistoriker gibt es
in dieser Nebeneinanderstellung noch keine Elemente literarischen Zusammenhangs. Ja, man kann von solchen Zusammenhängen in diesem Falle überhaupt
kaum sprechen". Eine andere Sache wäre es, wenn wir wüssten, dass Heines
„Romancero" Dostojevskij wohl bekannt war, nicht wahr? Mir ist das jedoch
fast gleichgültig und doch ist die Begegnung der beiden Dichter in einer sehr
eigentümlichen mythischen Vorstellung für mich nicht bloß ein Fakt, sondern
ein Problem der Literaturgeschichte. Wie wünschte ich doch den Ursprung der
heineschen Ballade zu kennen! – Sie wiederum finden, dass mein Buch „noch
im Geiste der früheren Arbeiten über D. befangen ist, die seine Weltanschauung
nach seinen Arbeiten konstruieren": haben wir es denn heutzutage so herrlich
weit gebracht, dass wir seine Weltanschauung (falls dieselbe den Literarhistoriker überhaupt noch beschäftigen soll) nicht mehr nach seinen Werken zu konstruieren vermeinen, sondern etwa lediglich aus seiner biographischen Empirie
kennen lernen? – Bezüglich des dritten Teils meiner „Trilogie" sagen Sie: „Man
fühlt dass er (der 3. Teil) ein Ergebnis des Schaffens aus I.'s letzten Jahren ist.
Dafür spricht eine entschiedene Wendung zur Theologie, die die Analyse allgemein-philosophischer Fragen zurücktreten lässt (wie das?!)". Der dritte Teil
ist die Überarbeitung eines Artikels in der Zeitschrift *Russkaja mysl'* von 1917
(oder 1918?).[19] Wichtig ist hier nicht meine „Hinwendung zur Theologie", sondern die Dostoevskijs. Und dieser Fakt, meinem letztendlichen Verständnis
nach, sollte gerade den Literaturhistoriker interessieren, denn es geht um den
Wandel des Stils oder, wenn man so will, der „inneren Form" des epischen Werkes.[20] Über die „Brüder Karamazov" schreibe ich (S. 59–60) nach dem Nachdenken über den Mythos als Grundlage der Werke Dostoevskijs: „Und dennoch
ist dieses erst nach einer religiösen Vorbereitung in Angriff genommene Werk
mehr allegorisch und didaktisch als mythisch konzipiert... Es wird die religiöse Wahrheit im letzten Werke des Dichters direkt vorgetragen und in ihrer
ans Wunder grenzenden Einwirkung auf das Leben gezeigt. Ihr reines weißes
Licht, durch schonende dünne Hüllen gedämpft, leuchtet uns aus unmittelbarer
Nähe entgegen, ohne sich im Farbenabglanz der mythisch-imaginativen Sphäre

---

18 Aleksandr Nikolaevič Veselovskij (1838–1906), führender russischer Philologe und
    Literaturhistoriker.
19 Dieser Aufsatz erschien im Jahre 1917.
20 Bem benutzten den Begriff der „inneren Form" in seiner Rezension.

zu brechen. Diese Änderung der künstlerischen Manier unterscheidet die letzte Schaffensperiode des Meisters wesentlich von der Epoche, da sowohl ‚die Dämonen' als ‚der Idiot' entstanden sind: denn in dieser überwiegt im Gegenteil das Mythische".

Ich bitte Sie, Iv. Iv. Lapšin meine zutiefst empfundene Hochachtung auszurichten.

Entschuldigen Sie die oben dargelegten Einwände und lassen Sie mich Ihnen meinen zutiefst empfundenen Respekt, Ergebenheit und Verbundenheit versichern.

Vjačeslav Ivanov

Brief 288)   Bem an Ivanov (CS)

14-го июня 1933

Глубокоуважаемый Вячеслав Иванович,

Мне было очень приятно, что Вы так живо откликнулись на мой отзыв о Вашей книжке. Я хотел бы все-таки устранить одно явное недоразумение, которое могло дать Вам неверное представление о моей рецензии. Дело в том, что она писалась для специального издания, которое интересуется исключительно проблемами славянско-германских взаимоотношений, следовательно мне пришлось выделить в Вашей книге именно то, что так или иначе связано с немецкой литературой. Сложнее обстоит вопрос с другим Вашим возражением. Я отнюдь не склонен в вопросах историко-литературного изучения все сводить к установлению заимствований и влияний. В юности на мое научное развитие оказали большое влияние взгляды Александра Веселовского – и поэтому Ваше противопоставление его «широты» моей «Befangenheit» вызывает во мне невольное желание оправдаться. Но должен признаться, что в данном случае это нелегко сделать. Ваш пример с Гейне мне показался недостаточно укорененным в «мифы» обоих писателей, я его скорее воспринял, как сюжетно-тематическое сближение, а как таковое что мне показалось с точки зрения историко-литературной довольно случайно. Очень уже несходна почва, на которой обнаружилось это внешнее совпадение: Достоевский – Гейне мне мало говорит. Я очень жалею, что не могу Вам послать своей работы „«Скупой рицыарь» Пушкина в творчестве Достоевского" (нап<ечатанной> в «Пушкинском сборнике», Прага 1929), т. к. у меня не сохранилось оттисков. По этой работе Вы могли бы себе составить некоторое представление о моем подходе к вопросу о историко-художественной связи произведений. Ваше последнее возражение – о незаконном устранении из обсуждений третьей части Вашей книги – имеет, пожалуй, известное

основание. Я сейчас вижу, что мое обоснование было совершенно недостаточно. Но недостаток места помешал мне подробнее остановиться на этом
вопросе. Я здесь с Вами довольно резко расхожусь. Мне кажется Ваше
утверждение, что «Бр. Кар.» качественно отличны по своей структуре и по
своей «внутренней форме» от других больших романов Д<остоевск>ого
недостаточно обоснованным. Во всяком случае, фаустовские мотивы,
которые Вы так блестяще выделили в «Бесах», играют существенную роль
и в «Карамазовых». Проблема пола – в последней основе Вам мешает,
едва ли не связуя все элементы этого романа в одно. Тема эта сложная,
не в письме ее решать, я только хочу намекнуть на свою мысль. С другой
стороны «учительный» элемент и по стилю своему имеется уже в «Под-
ростке», не столь сильно, но все же прорывается в «Идиоте». Граница,
кажется мне, проведенной искусственно; поэтому я воспринял в третьей
части больше всего «теологическую» сторону. М. б. я ошибаюсь, но у меня
пока нет оснований свою точку зрения изменять. Не Вы один меня упрек-
нули за недостаточное внимание к третьей главе Вашей книги. Указывал
мне на этот недостаток и С. И. Гессен.

Пожалуйста, не считайте себя этим моим письмом связанным. Я пишу
его, как простой отклик на Ваши меня заинтересовавшие возражения.
Если у Вас когда-нибудь выберется время и явится охота ответить, буду
очень рад (т. к. я очень благодарен случаю, вызвавшему нашу переписку),
но неполучение от Вас письма буду считать вполне естественным и
понятным. Я надеюсь, что явится еще какой-нибудь предлог обменяться
письмами. Во всяком случае осенью пошлю Вам II том сборника «О
Достоевском», который сейчас уже печатается.

Простите за отвратительный почерк.

Искренне преданный Вам

A Бем

<Übersetzung>

d. 14. Juni 1933

Hochverehrter Vjačeslav Ivanovič,

Es hat mich sehr gefreut, dass Sie so lebhaft auf meine Besprechung Ihres Buches
geantwortet haben. Ich würde dennoch gerne ein offensichtliches Missverständnis
bereinigen, welches Ihnen eine falsche Vorstellung von meiner Rezension gegeben
zu haben scheint. Die Sache ist die, dass sie für eine spezielle Veröffentlichung verfasst ist, die ausschließlich an Problemen der wechselseitigen slavisch-deutschen
Beziehungen interessiert ist. Folglich musste ich in Ihrem Buch gerade das her-
vorheben, was auf die eine oder andere Weise mit der deutschen Literatur in Verbindung steht. Schwieriger verhält es sich mit Ihren anderen Einwänden. Ich bin

bei Weitem nicht dazu geneigt, in den Fragen der literaturgeschichtlichen Untersuchung alles auf die Feststellung von Entlehnungen und Einflüsse zu reduzieren. In meiner Jugend hatte die Sichtweise Aleksandr Veselovskijs großen Einfluss auf meinen wissenschaftlichen Werdegang, weshalb Ihre Gegenüberstellung seiner „Breite" und meiner „Befangenheit" in mir den unwillkürlichen Wunsch sich zu rechtfertigen hervorruft. Ich muss allerdings zugeben, dass dies in diesem Fall nicht ganz einfach ist. Ihr Beispiel mit Heine erschien mir nicht hinreichend begründet in den „Mythen" der beiden Autoren. Ich verstünde es eher als eine Annäherung in Sujet und Thema. Aber an sich scheint es mir aus literaturhistorischer Sicht relativ zufällig gewählt. Sehr uneben ist der Grund, auf welchem diese äußere Gemeinsamkeit beobachtet wurde. Dostoevskij – Heine sagt mir wenig. Ich bedaure sehr, dass ich Ihnen nicht meine Arbeit „Puškins ‚Der geizige Ritter' im Werk Dostoevskijs" (gedruckt im „Puškinskij sbornik", Prag 1929) zusenden kann, da ich keine Abzüge mehr habe.[21] Diese Arbeit könnte Ihnen eine Vorstellung meiner Herangehensweise an die Frage der historischen und künstlerischen Beziehungen geben. Ihr letzter Einwand – bezüglich der unrechtmäßigen Auslassung des dritten Teiles Ihres Buches aus der Besprechung – hat wohl eine gewisse Berechtigung. Ich sehe jetzt, dass meine Begründung dafür völlig unzureichend war. Allerdings hinderte mich der Platzmangel daran, in größerem Detail bei dieser Frage zu verharren. An dieser Stelle stehen wir in relativ scharfem Gegensatz zueinander. Ihre Feststellung, dass die „Brüder Karamazov" in ihrer Struktur und in ihrer „inneren Form" von den anderen großen Romanen Dostoevskijs wesentlich verschieden sind, erscheint mir als nicht hinreichend begründet. Auf jeden Fall spielen die faustischen Motive, die Sie in den „Dämonen" so glänzend herausgearbeitet haben, eine bedeutende Rolle auch in den „Karamazovs". Es ist letzten Endes das Problem des Geschlechts, das Ihnen widerspricht, da es fast alle Elemente des Romanes in eins zusammenführt. Dieses Thema ist komplex und kann in einem Brief nicht völlig geklärt werden – ich möchte hier nur auf meinen Gedanken hindeuten.[22] Auf der anderen Seite ist das „lehrende" Element auch seinem Stil nach schon im „Jüngling" enthalten, zwar nicht so stark, aber es bricht auch im „Idioten" hervor.

Die Grenze scheint mir künstlich gezogen zu sein; deshalb nahm ich im dritten Teil vor allem die „theologische" Seite wahr. Möglicherweise irre ich mich, aber bis jetzt habe ich keinen Grund gehabt meinen Standpunkt zu ändern. Nicht nur Sie haben mich wegen der unzulänglichen Aufmerksamkeit auf das

---

21 Im Ivanov-Archiv (CS) sind zwei Exemplare dieses Buches erhalten, das eine mit einer Widmung von Bem an Ettore Lo Gatto (zur Person s. unten).

22 Anscheinend weist Bem auf Probleme hin, die später in seinem Buch *Dostoevskij: Psichologičeskie etjudy* (*Dostoevskij: Psychologische Essais*), Prag, 1938 erörtert werden.

dritte Kapitel Ihres Buches gerügt. Auch S. I. Gessen hat mich auf diesen Mangel hingewiesen.[23]

Bitte verstehen Sie sich nicht durch diesen meinen Brief gebunden. Ich schreibe ihn bloß als Antwort auf Ihre für mich sehr interessanten Einwände. Sollten sich bei Ihnen einmal Zeit und Wunsch zu antworten auftun, würde ich mich sehr freuen (denn ich bin für den Umstand, der unseren Briefwechsel hervorgerufen hat, sehr dankbar). Sollte ich aber von Ihnen keinen Brief erhalten, so wäre mir dies vollkommen natürlich und verständlich. Ich hoffe, dass sich noch einmal ein Anlass zu einem Briefwechsel ergibt. Jedenfalls werde ich Ihnen im Herbst den zweiten Band der Sammlung „Über Dostoevskij" senden, der zurzeit gedruckt wird.[24]

Bitte vergeben Sie meine scheußliche Handschrift.

Ihr aufrichtig ergebener

A. Bem

Brief 289)   Bem an Ivanov (CS)

Прага, 19 июля 1937

Глубокоуважаемый Вячеслав Иванович,

Вам, вероятно, уже говорил с моих слов проф. Эт. Ло-Гатто о моем плане издать Вашу книжку о Достоевском по-русски. Дело в том, что я предполагаю от поры до времени свой сборник целиком посвящать книжке одного автора о Достоевском. Первый опыт был со сборником моих статей «у истоков творчества Достоевского», и он пошел удачно. Конечно,

---

23 Sergius Hessen (Сергей Иосифович Гессен, 1887–1950), Philosoph und Erziehungswissenschaftler, ab 1922 in Prag, ab 1935 in Warschau, nach dem Krieg in Łódź. Es ist nicht bekannt, wann Hessen und Ivanov sich kennenlernten, aber Ivanov wusste von seiner Tätigkeit in der Emigration, denn Hessen führte jahrelang einen Briefwechsel mit Olga Schor. Hessens Aufsatz „Stavrogin als philosophische Gestalt: Die Idee des Bösen in den ‚Dämonen' Dostojevskijs" erschien in *Dostojevskij-Studien*, S. 51–68. Der im Ivanov-Archiv befindliche Separatabdruck trägt eine Widmung: „Дорогому Вячеславу Иванову с наилучшими пожеланиями к Новому Году от автора. Прага 15. 12. 1931". („Dem lieben Vjačeslav Ivanov mit besten Wünschen zu Neujahr vom Verfasser, Prag 15. 12. 1931"). Am 10. Februar 1932 ließ Ivanov ein Exemplar seines Dostoevskij-Buches an ihn schicken (Brief 141). In einem russischen Brief vom 26. 3. 32 (CS) lobte Hessen diese Schrift. „Я не отрываясь прочел Вашу книгу – лучшее, что написано о Достоевском, и вместе с тем лучшее, что написано прозаического Вами" („Ich las Ihr Buch in einem Zug. Es ist das Beste, was über Dostoevskij geschrieben worden ist und auch die beste Ihrer Prosa-Arbeiten").

24 Dieser Band ist im Ivanov-Archiv (CS) nicht erhalten.

материальная сторона будет всецело зависеть от условий, на каких согласится печатать «Петрополис». Вы, ведь, знаете, что сейчас издать русскую научную книгу почти подвиг. Я не могу Вам обещать авторского гонорара, но может быть удастся с «Петрополисом» сговориться на каком-нибудь проценте с проданных экземпляров, да и то, скорее всего, после продажи определенного числа экземпляров. Для простоты исходите из самого для Вас невыгодного: можете ли Вы удовлетвориться только тем, что книга выйдет на русском языке в приличном виде и с включением в серию, которая уже завоевала себе известное имя?

Но теперь вопрос – в каком виде Ваша рукопись и сохранился ли вообще русский текст? Захотите-ли Вы печатать в таком виде, как она вышла по-немецки или считаете, что ее надо для русского издания изменить? Что касается меня, как редактора сборников, то я буду гордиться, если мне удастся убедить Вас издать книгу в моей серии сборников «О Достоевском». Книга Ваша должна быть издана на русском языке, и то, что этого до сих пор никто не сделал, просто обидно.

Наша переписка с Вами оборвалась, и я не знаю, читали ли Вы мою книжку «У истоков творчества Достоевского». Вам она, вероятно, по характеру и методу чужда, но все же, думаю, кое-что интересное для Вас в ней найдется. Так как не знаю, есть ли у Вас моя книга, то одновременно с этим письмом посылаю Вам ее бандеролью. Если увидитесь с пр. Ло-Гатто, передайте ему мой привет.

Остаюсь искренне преданный Вам

А. Бем

Альфред Людвигович Бем
Прага

<*Übersetzung*>

Prag, d. 19. Juli 1937

Hochverehrter Vjačeslav Ivanovič,

Wahrscheinlich hat Prof. Ettore Lo Gatto Ihnen schon von meinem Plan, Ihr Buch über Dostoevskij auf Russisch herauszugeben, berichtet.[25] Die Sache ist die,

---

25 Ettore Lo Gatto (1890–1983), führender italienischer Slavist, 1936–1939 Gastprofessor in Prag. Im Sommer und Herbst 1936 traf er sich öfters mit Ivanov, um seine italienische Übersetzung von Puškins Versroman *Eugen Onegin* zu überarbeiten. DB, S. 193. Ausführlicher dazu, s. A. B. Šiškin und B. Sul'passo (Sulpasso), „Perepiska Vjačeslava Ivanova i Ettore lo Gatto", in: K. Ju. Lappo-Danilevskij, A. B. Šiškin (red.), *Vjačeslav Ivanov: Issledovanija i materialy.* Sankt-Peterburg, 2010, t. 1, S. 759–779.

dass ich beabsichtige einen Band meiner Reihe von Zeit zu Zeit gänzlich einem
Werk von einem Autoren über Dostoevskij zu widmen. Erste Erfahrungen habe
ich mit dem Band mit meinen Artikeln „An den Quellen des Schaffens Dostoevskijs" gemacht, und dieser Band hatte Erfolg.[26] Natürlich hängt die materielle
Seite ganz und gar von den Bedingungen ab, unter denen sich „Petropolis" mit
dem Druck einverstanden erklärt. Sie wissen sicherlich, dass es jetzt fast eine Hel-
dentat ist, ein russisches wissenschaftliches Buch herauszugeben. Ich kann Ihnen
kein Autorenhonorar versprechen, aber vielleicht gelingt es sich mit „Petropolis"
auf einen Prozentteil von den verkauften Exemplaren zu einigen – aber auch das
am ehesten nach dem Verkauf einer bestimmten Anzahl von Exemplaren. Der
Einfachheit halber gehen Sie vom für Sie am Unvorteilhaftesten aus: könnten Sie
sich damit zufriedengeben, dass das Buch auf Russisch herauskommt, in einer
respektablen Form und in einer Serie, die sich schon einen Namen gemacht hat?[27]
     Nun aber die Frage – in welchem Zustand ist Ihr Manuskript und ist überhaupt
ein russischer Text erhalten?[28] Würden Sie das Buch in der Form, in der es auch
auf Deutsch erschienen ist, drucken wollen, oder muss es für die russische Ausgabe
geändert werden? Was mich als den Herausgeber der Bände betrifft, würde es mich
mit Stolz erfüllen, wenn es mir gelingen sollte, Sie zu überzeugen Ihr Buch in meiner
Serie „Über Dostoevskij" herauszugeben. Ihr Buch muss doch auf Russisch herausgegeben werden, und dass dies bisher keiner getan hat, ist schlichtweg eine Schande.
     Unser Briefwechsel wurde unterbrochen und ich weiß nicht, ob Sie mein
Buch „An den Quellen des Schaffens Dostoevskijs" gelesen haben. Es ist Ihnen
wahrscheinlich dem Charakter und der Methode nach fremd, aber ich denke
doch, dass sich etwas für Sie Interessantes darin finden lässt. Da ich nicht weiß,
ob Sie mein Buch haben, sende ich es gleichzeitig mit diesem Brief als Drucksache.[29] Sollten Sie Professor Lo Gatto treffen, grüßen Sie Ihn bitte von mir.
     Ich verbleibe Ihr aufrichtig ergebener

                                                                      A. Bem

Al'fred Ljudvigovič Bem
Prag

---

26 A. L. Bem, *U istokov tvorčestva Dostoevskogo. Griboedov. Puškin. Gogol'. Tol'stoj i Dos-
     toevskij*. Prag, 1936.
27 Es ist unwahrscheinlich, dass Ivanov auf diesen Vorschlag einging. Kein weiterer Brief
     von Ivanov an Bem ist bekannt.
28 Ivanov hatte schon vor der Veröffentlichung des deutschen Buches vergebens ver-
     sucht, seinen russischen Text vom Übersetzer zurück zu bekommen. Vjačeslav Ivanov,
     Sobranie sočinenij. Bruxelles, 1987, t. 4, S. 758.
29 Ein Exemplar von diesem Buch ist im Ivanov-Archiv (CS) erhalten.

Abkürzungen

Bei den hier verwendeten Archivalien wird der jeweilige Aufbewahrungsort angegeben. Da in einigen Fällen sowohl Originale und als auch Kopien (Durchschläge) erhalten sind, können manche Dokumente an zwei verschiedenen Orten belegt werden. Auf Angabe der detaillierten Fundorte wurde jedoch weitgehend verzichtet, zumal mehrere Archive sich noch im Aufbau bzw. in der Katalogisierungsphase befinden. Folgende Abkürzungen der Archive werden verwendet:

BA   Martin Buber Archive (Jerusalem)
BL   The Beinecke Rare Book & Manuscript Library, Yale University, New Haven, CT
CS   Centro Studi Vjačeslav Ivanov, Rom
HL   Houghton Library, Harvard University, Cambridge, MA
HU   Universitätsarchiv, Humboldt-Universität zu Berlin
LA   Literární archiv Památníku národního písemnictví, Prag
NL   National Library of Israel, Jerusalem (Archives Department)
ÖNB   Österreichische Nationalbibliothek, Wien (Handschriftensammlung)
SBB   Staatsbibliothek Berlin (Handschriftenabteilung)
SV   Benno Schwabe Verlag, Basel (Archiv)
UB   Universität Basel (Handschriftenabteilung)

In den Fußnoten werden folgende Abkürzungen für häufig zitierte Werke benutzt:

DB

Vjačeslav Ivanov, *Dichtung und Briefwechsel aus dem deutschsprachigen Nachlass*. Herausgegeben von Michael Wachtel. Mainz, 1995 (Deutsch-russische Literaturbeziehungen, 6).

Hertfelder-Polschin

Olga Hertfelder-Polschin, *Verbanntes Denken – verbannte Sprache: Übersetzung und Rezeption des philosophischen Werkes von Nikolaj Berdjaev in Deutschland*. Berlin, 2013.

Hufen

Christian Hufen, *Fedor Stepun: Ein politischer Intellektueller aus Russland in Europa. Die Jahre 1884–1945*. Berlin, 2001.

Janzen 2002

Vladimir Jancen, Pis'ma russkich myslitelej v bazel'skom archive Frica Liba.
In: M. A. Kolerov (red.), *Issledovanija po istorii russkoj mysli 2001–2002*.
Moskva, 2002, S. 227–563.

Janzen 2004

Vladimir Jancen, Dialog nemeckich i russkich religioznych myslitelej: Orient
und Occident (1929–1934), Neue Folge (1936). In: M. A. Kolerov (red.),
Issledovanija po istorii russkoj mysli 2003. Moskva, 2004, S. 611–640.

Janzen 2006

Vladimir Jancen, Rossijskie učeniki Gusserlja iz freiburgskoj „svjatoj
obščiny": Fragmenty perepiski D. I. Čiževskogo i E. D. Šora, *Logos* 1 (52),
2006, S. 138–169.

Janzen 2006a

Vladimir Jancen, D. I. Čiževskij, E. D. Šor i G. G. Špet; E. D. Šor, Pis'ma k
G. G. Špetu i neizvestnomu parižskomu korrespondentu. In: *Gustav Špet
i sovremennaja filosofija gumanitarnogo znanija*. Moskva, 2006, S. 357–
382, 403–412.

Kondjurina

A. A. Kondjurina, L. N. Ivanova, D. Rizzi, A. B. Shishkin, Perepiska
Vjačeslava Ivanova s Ol'goj Šor. In: *Archivio Italo-Russo III: Vjačeslav
Ivanov – Testi inediti*, a cura di Daniela Rizzi und Andrej Shishkin. Salerno,
2001, S. 151–455.

PS

Fedor Stepun, Wjatscheslaw Iwanow: Eine Porträtstudie, *Hochland*,
31. Jahrgang, Januar 1934, S. 350–361.

Reichelt

Stefan G. Reichelt, *N. A. Berdjajew in Deutschland 1920–1950: Eine
rezeptionshistorische Studie*. Leipzig, 1999.

Segal und Segal 2002

Dimitrij Segal, Nina Segal, Načalo emigracii: Perepiska Šora s F. A.
Stepunom i Vjačeslavom Ivanovym. In: Sergej Averincev, Rosemarie
Ziegler (red.) *Vjačeslav Ivanov i ego vremja*. Frankfurt am Main, 2002,
S. 457–545.

Segal und Segal 2008

Dimitrij Segal, Nina Segal (Rudnik), „Nu, a po suščestvu ja Vaš neoplatnyj dolžnik": Fragmenty perepiski V. I. Ivanova s E. D. Šorom, *Simvol*, Nr. 53–54, 2008, S. 338–403.

Segal und Segal 2012

Dimitrij Segal, Nina Segal (Rudnik), „Ja že znaju, kakoj Vy duchovnyj režisser!": Perepiska O. I. Resnevič–Sinʼorelli i E. D. Šora. In: *Archivio Italo-Russo IX: Olʼga Resnevič Signorelli e lʼemigrazione russa: Corrispondenze*, a cura di Elda Garetto, Antonella DʼAmelia, Ksenija Kumpan e Daniela Rizzi. Salerno, 2012, Vol. II, S. 365–470.

Volkov und Šiškin

Aleksandr Volkov, Andrej Šiškin, Fedor Stepun – Olʼga Šor: Iz perepiski 1920-ch godov, *Wiener Slavistisches Jahrbuch* N. F. 1 (2013), S. 244–275.

Wachtel 2004

Michael Wachtel, Die Kunst des Redigierens: Das Übersetzungsverfahren bei Vjač. Ivanov. In: Miloš Okuka, Ulrich Schweier (Hg.), *Germano-slavistische Beiträge: Festschrift für Peter Rehder zum 65. Geburtstag*. München, 2004, S. 539–547 (Die Welt der Slaven. Sammelbände – Сборники, 21).

Bildnachweis

Register der Korrespondenten*

---

* Die Verweise beziehen sich auf die jeweilige Briefnummer.

Personenregister

РУССКАЯ КУЛЬТУРА В ЕВРОПЕ
RUSSIAN CULTURE IN EUROPE

Edited by Fedor B. Poljakov

www.peterlang.de